新时代经济管理特色教材

管理学

第三版

齐丽云 汪克夷 ◎ 主编

MANAGEMENT

清华大学出版社
北京

内 容 简 介

本书由两部分共六章构成：第一部分介绍了管理相关的基本概念，管理思想的演变与发展过程；第二部分以管理职能为主线，分四章介绍了计划、组织、领导和控制四大主要职能。

本书在保留管理学主要传统内容的基础上，尽可能地针对企业实践吸收了管理领域的新思想、新理论、新方法，如虚拟企业、学习型组织、企业社会责任等。本书注重案例学习与理论学习的结合，在各章节配备了大量案例供学习者讨论，方便在学习管理理论的同时与实践结合起来。

本书适合作为普通高校以案例学习为特色的工商管理类本科生和研究生，特别是 MBA 学员的教材，同时也可以供企业管理者和从事管理学研究的人士阅读与参考。

本书封面贴有清华大学出版社防伪标签，无标签者不得销售。

版权所有，侵权必究。举报：010-62782989，beiqinquan@tup.tsinghua.edu.cn。

图书在版编目（CIP）数据

管理学 / 齐丽云，汪克夷主编 . —3 版 . —北京：清华大学出版社，2022.3
新时代经济管理特色教材
ISBN 978-7-302-60044-2

Ⅰ.①管⋯ Ⅱ.①齐⋯②汪⋯ Ⅲ.①管理学－高等学校－教材 Ⅳ.① C93

中国版本图书馆 CIP 数据核字 (2022) 第 013925 号

责任编辑：刘志彬
封面设计：孙至付
版式设计：方加青
责任校对：王荣静
责任印制：朱雨萌

出版发行：清华大学出版社
网　　址：http://www.tup.com.cn，http://www.wqbook.com
地　　址：北京清华大学学研大厦 A 座　　邮　编：100084
社 总 机：010-83470000　　邮　购：010-62786544
投稿与读者服务：010-62776969，c-service@tup.tsinghua.edu.cn
质 量 反 馈：010-62772015，zhiliang@tup.tsinghua.edu.cn

印 装 者：三河市金元印装有限公司
经　　销：全国新华书店
开　　本：185mm×260mm　　印　张：20.5　　字　数：420 千字
版　　次：2010 年 6 月第 1 版　2022 年 3 月第 3 版　　印　次：2022 年 3 月第 1 次印刷
定　　价：60.00 元

产品编号：094046-01

前　言

管理学是一门系统研究人类社会管理活动中的普遍规律、基本规律和一般方法的科学，是在近代社会化大生产条件下和自然科学与社会科学日益发展的基础上形成的，是管理科学的一门基础课。管理学是在自然科学和社会科学两大领域交叉点上建立起来的一门综合交叉学科，涉及多个学科的知识，如哲学、数学、社会学、心理学、技术科学、决策科学等。

管理学也是各大高等院校管理学院和商学院本科生与研究生的必修课程，是管理类课程的基础。早在1987年，国家教委就明确要求把"管理学基础"作为普通高等院校本科经济管理专业的主干必修课程。因此，管理学课程教学在经济管理类，特别是管理类专业教学计划中的地位是非常重要的。

我们力图在本书中全面地介绍管理的基本思想、基本原理和基本方法以及管理思想的发展过程，抓住在现代科学技术飞速发展条件下管理思想的发展趋势。管理学是一门科学性和艺术性相结合的学科，要使学生既能牢牢掌握理论，又能在实践中灵活应用，即达到"既授之以鱼，又授之以渔"的目的，在编写过程中我们除了对理论进行清楚的阐述和讲解外，还充分体现了案例教学的价值和优势，注重对学生学习管理学的兴趣的引导和培养。

本书的编写特色主要体现在以下几点：首先，在每章内容之前都安排了学习目标，有助于学生对本章内容进行大致的了解和初步的认识，并且每章开篇都有短而精彩的案例作为引导。其次，在每章的相关理论介绍和阐述中，引入了情景小故事和扩展阅读供学生学习，加深对知识的理解。最后，在每章的结束部分都安排了能够反映我国企业管理实践中所面临的具体问题的讨论案例，帮助学生进一步掌握相关的理论，培养学生解决实践问题的能力。

本书由从事高校教学和科研工作多年、有着丰富的管理学教学经验的教师和研究生合著，由齐丽云副教授统稿。其中，汪克夷编写了第1章和第2章；齐丽云编写了第3～6章。同时研究生郑皓心、金菁、吕正纲、曹舒畅参与了教材编写过程中案例的收集、整理以及排版工作。

本书主要面向以案例学习为特色的 MBA（工商管理硕士）学员，也可作为企业管理、市场营销等工商管理专业研究生、本科生教材，从事管理工作和企业经营的工作者也可阅读和参考。

由于水平所限，书中难免有诸多不妥，恳请各位读者不吝批评，并提出改进意见和建议，在此表示感谢。

对书中所引用的相关案例的作者表示感谢。

编 者

2021 年 9 月 17 日

目　录

第一部分　管理的基本概念

第1章　管理、管理学和管理者 ··· 2
    1.1　管理 ··· 3
        1.1.1　管理的概念 ··· 3
        1.1.2　管理的重要性 ··· 8
        1.1.3　管理的二重性 ··· 10
    1.2　管理学 ··· 12
        1.2.1　管理学及其特点 ··· 12
        1.2.2　管理学的研究方法 ··· 18
        1.2.3　学习管理学的重要性 ··· 22
    1.3　管理者 ··· 22
        1.3.1　管理者的定义和类型 ··· 22
        1.3.2　管理者的作用 ··· 24
        1.3.3　管理者应具备的素质与技能 ··· 26
    1.4　本书的内容安排 ··· 31

第2章　管理思想的形成与发展 ··· 38
    2.1　管理思想的形成和发展阶段 ··· 40
        2.1.1　早期管理思想阶段（18世纪以前）··· 40
        2.1.2　管理思想的萌芽阶段（18—19世纪末）··· 40
        2.1.3　古典管理理论阶段（19世纪末至20世纪30年代）····························· 41
        2.1.4　新古典管理理论阶段（20世纪30—40年代）······································ 41
        2.1.5　现代管理理论阶段（第二次世界大战后）·· 42
    2.2　管理思想的早期和萌芽阶段 ··· 43

         2.2.1 早期管理活动和管理思想 ·· 43
         2.2.2 工业革命推动了管理思想的发展 ·· 45
   2.3 古典管理理论阶段 ·· 47
         2.3.1 泰勒的生平和贡献 ·· 47
         2.3.2 科学管理的内容 ·· 49
         2.3.3 科学管理理论的其他代表人物 ·· 52
         2.3.4 法约尔的管理思想和管理原则 ·· 53
         2.3.5 组织理论及其代表人物 ·· 61
   2.4 新古典管理理论阶段 ·· 63
         2.4.1 孟斯特伯格的工业心理学研究 ·· 63
         2.4.2 霍桑实验 ·· 63
         2.4.3 梅奥的人群关系理论 ·· 64
   2.5 现代管理理论阶段 ·· 66
         2.5.1 现代管理理论丛林 ·· 66
         2.5.2 企业文化理论 ·· 71
         2.5.3 变化与管理的未来 ·· 75
   2.6 企业社会责任和管理道德 ·· 77
         2.6.1 企业社会责任的定义和范围 ·· 77
         2.6.2 企业社会责任与经济绩效 ·· 80
         2.6.3 绿色管理与可持续性 ·· 81
         2.6.4 管理者与道德行为 ·· 82

第二部分 管 理 职 能

第3章 计划职能 ··· 90
   3.1 计划概述 ·· 91
         3.1.1 计划的含义和特征 ·· 91
         3.1.2 计划的类型 ·· 93
         3.1.3 计划的要素 ·· 96
   3.2 计划的程序和方法 ·· 98
         3.2.1 计划的程序 ·· 98
         3.2.2 计划的方法 ·· 100
   3.3 预测 ·· 107
         3.3.1 预测的概念 ·· 107

3.3.2　预测的方法 ·· 108
3.4　决策 ··· 112
　　　3.4.1　决策的概念 ·· 112
　　　3.4.2　决策的过程 ·· 112
　　　3.4.3　决策的类型 ·· 114
　　　3.4.4　决策的方法 ·· 116
3.5　目标和目标管理 ··· 127
　　　3.5.1　目标的性质及制订原则 ··· 127
　　　3.5.2　目标管理 ·· 129
3.6　战略管理 ··· 134
　　　3.6.1　战略管理的概念 ··· 134
　　　3.6.2　战略管理的过程 ··· 136
　　　3.6.3　管理环境 ·· 138

第4章　组织职能 ·· 147
4.1　组织概述 ··· 149
　　　4.1.1　组织的含义和特征 ·· 149
　　　4.1.2　组织的类型 ··· 150
　　　4.1.3　组织的功能 ··· 152
　　　4.1.4　组织职能的基本内容 ··· 152
4.2　组织设计 ··· 153
　　　4.2.1　组织设计的含义 ··· 153
　　　4.2.2　组织设计的内容 ··· 153
　　　4.2.3　组织设计的原则与程序 ·· 163
　　　4.2.4　组织设计的影响因素 ··· 167
4.3　组织结构 ··· 172
　　　4.3.1　直线型组织结构 ··· 172
　　　4.3.2　职能型组织结构 ··· 173
　　　4.3.3　直线职能型组织结构 ··· 173
　　　4.3.4　事业部型组织结构 ·· 174
　　　4.3.5　矩阵型组织结构 ··· 175
　　　4.3.6　团队型组织结构 ··· 176
　　　4.3.7　几种新型的组织结构 ··· 177
4.4　人力资源管理 ··· 180
　　　4.4.1　人力资源概述 ··· 180

        4.4.2 人员的培训、招聘与甄选 182
        4.4.3 绩效评估 188
        4.4.4 薪酬管理 191
        4.4.5 职业生涯规划 194
    4.5 组织变革与发展 196
        4.5.1 组织变革的动因与过程 196
        4.5.2 组织变革的内容 198
        4.5.3 组织惰性与变革阻力 200

第5章 领导职能 209
    5.1 领导概述 212
        5.1.1 领导的内涵 212
        5.1.2 领导与管理的关系 213
        5.1.3 领导者的素质 215
        5.1.4 领导者的权力和影响力 216
    5.2 领导理论 220
        5.2.1 领导特质理论 220
        5.2.2 领导行为理论 221
        5.2.3 领导权变理论 226
        5.2.4 领导理论的新发展 231
    5.3 激励 233
        5.3.1 激励概述 233
        5.3.2 激励理论 235
        5.3.3 激励的原则与手段 243
    5.4 沟通 248
        5.4.1 沟通的基本概念 248
        5.4.2 沟通类型与沟通网络 251
        5.4.3 沟通管理 255
    5.5 群体与团队管理 258
        5.5.1 群体的概念 258
        5.5.2 群体结构 260
        5.5.3 团队与团队管理 261

第6章 控制职能 272
    6.1 控制职能概述 274
        6.1.1 控制的含义 274

6.1.2 控制和其他职能的关系 …………………………………………………… 275
　　6.1.3 控制的内容 …………………………………………………………………… 276
　　6.1.4 控制的类型 …………………………………………………………………… 277
6.2 控制的程序和要求 ……………………………………………………………………… 282
　　6.2.1 控制的程序 …………………………………………………………………… 282
　　6.2.2 控制的要求 …………………………………………………………………… 287
6.3 控制的原理和方法 ……………………………………………………………………… 289
　　6.3.1 控制的原理 …………………………………………………………………… 289
　　6.3.2 控制的方法 …………………………………………………………………… 291
6.4 信息技术在管理中的应用 ……………………………………………………………… 301
　　6.4.1 管理信息系统 ………………………………………………………………… 301
　　6.4.2 企业资源计划 ………………………………………………………………… 304

第一部分
管理的基本概念

第1章 管理、管理学和管理者

学习目标

学习本章之后,你应该能够:
1. 详细阐述管理的含义。
2. 详细阐述管理的重要性。
3. 详细阐述管理学及其特点。
4. 了解管理学的研究方法。
5. 了解如何成为一名成功的管理者。

开篇案例

DX公司的库存管理困境

DX公司是一家汽车零部件企业,成立于2008年,主要生产汽车内部照明及控制模块。近些年,通过控制模块的引入,汽车内部照明实现了多功能和智能化,产品设计已经从对光源的设计转换为对控制模块的设计。DX公司的控制模块已经成为其产品中最具竞争力的部分。DX公司的客户主要为乘用车整车厂以及为整车厂配套的一级供应商。全球客户包括通用汽车公司、福特汽车公司、宝马汽车公司,国内客户主要包括上海延锋汽车零部件有限公司、上海岱美汽车内饰件股份有限公司等一批国内知名企业。

伴随着DX公司业务的快速发展以及汽车市场需求的不断变化,DX公司的产品线从最初的3条发展到62条,平均每天生产400多个成品料号,需求的物料超过800个料号;总的客户成品料号超过1 200种,总的物料号超过3 000种。但是,快速发展之下,公司的库存指标在不断恶化。首先表现为公司库存金额的增速明显高于销售额的增速:2018年末库存是2011年的12.4倍,达到12 400万元,同期的销售额仅增加了6.5倍;此外,自2011年开始,公司的库存周转率不断下降,从2011年的10.5降至2018年的5.5;库存周转天数不断攀升,从2011年的34天增加到2018年的66天。呆滞库存的风险也随之提高,2018年呆滞库存的比例已达到15%,金额接近两千万元,并且还有5%的库存在库时间接近90天,正在向呆滞库存转移。可以说DX公司面临着巨大的库存风险和压力。

面对如此大的库存压力,供应链经理马宏波陷入沉思,在自己办公室里点燃了一支烟,眉头紧锁,脑海中满是公司库存的问题!他知道,已经到了必须彻底解决库存管理的时刻了。

马宏波回过神来,开始梳理公司库存问题的成因。下游客户的霸王条款是DX公司库存高的主要原因。整车厂为了满足它们终端市场的客户需求，要求公司100%准时交货，否则按照4 000元每秒进行罚款，考虑到产品的生产周期，公司的应对策略是常备两周的成品库存；此外，整车厂为了降低自己的库存成本和风险，采取在线释放需求预测的方式拉动公司备料，而实际需求却以订单为准。不仅如此，整车厂在当周的订单可以有20%上下的浮动。

这些霸王条款对公司的影响体现在两个方面：第一，客户释放的需求预测肯定是不准确的，一般都偏高，但是面临高昂的罚款，明知该预测有水分，公司在驱动上游供应链时也不敢低于这个预测值；第二，客户下完订单后，还可以临时增加和减少订单，考虑到生产和采购周期，供应链无法对临时增加的订单作出快速反应，目前采取的措施是常备两个月的原材料库存；而如果订单减少，不可避免会造成更多原材料和成品的多余库存。

马宏波知道，准备库存对客户和对公司都是十分有利的，关键是做好供应商管理库存（VMI）。只不过客户又要马儿跑得快，又要马儿不吃草，把库存推给公司，却不愿意共享信息，而做好供应商管理库存，迫切需要客户共享信息。从表面上看，公司接到的客户订单变化是突然发生的，实际上，订单变化信息需要从客户企业内部的销售端传递到采购端，再从整车厂的采购端传递到公司的销售端，这个信息流往往历时一两周，甚至更久，如果能把这个时间省下来，就可以及时调整公司的生产和采购计划了。所以说，共享销售信息、库存信息就可以更准确地做出需求计划，库存问题也就迎刃而解了。

资料来源：本案例由大连理工大学经济管理学院的韩昭君、汪玥琦撰写，有删改。

1.1 管　　理

1.1.1 管理的概念

1. 什么是管理

管理是人类生活中最常见、最普遍和最重要的活动之一。

大到一个国家的治理，涉及社会的方方面面，内涵十分丰富，包括：建立一个完整的法律体系，制定和完善各项法律与各种规章制度；处理与其他国家之间的政治、经济关系，以及与各种世界性组织的关系；建设一支强大的国防力量，维护国家的主权和独立；制定社会发展规划，协调工农业、科技教育、财政金融、公检法、环境保护和治理污染、卫生体育、文化事业、宣传媒体等各行业各方面的发展，改善人民的生活。到了省、

扩展阅读1.1
从默默无闻到蜚声香港塑胶业界

自治区、直辖市这一级，除了外交和国防、地域范围变小、只可制定地方性法规外，管理工作还涉及社会的方方面面。再往下，市和地区，县和区，直至乡镇和作为政府派出机构的街道办事处，都是麻雀虽小五脏俱全，具备管理上的各种功能。

说到社会的最小组成单位：家庭和个人，也都面临着同样性质的管理活动。就拿个人来说：要处理好与周围同事的关系；要安排每天的时间去完成各项任务和工作；要安排好自己的收入和支出，制订购买大件商品的计划；等等。

以上我们是从国家到省市，一直到家庭和个人来考察所进行的管理活动，对各种各样的单位来讲也同样要从事管理活动，只是其内涵有所不同。

从兴办一个企业说起，要对所进入的行业进行一番细致的调查研究，对所计划生产销售产品的市场会怎么样进行调查，考察各种技术和工艺路线，完成可行性研究，一旦作出决定要马上筹措资金，制定企业章程，进行工商登记和注册，开展基建工作，一直到设备安装、调试完毕，原材料采购，投入生产，产品销售，在媒体上打广告，进行促销，建立完善的售后服务体系，搜集用户意见，改进原有产品的质量和性能，开发新产品。这一系列复杂的活动，也是管理活动。企业如此，学校、科研院所、医院等各种单位也都大同小异，同样有一系列的管理活动。即使政府机关、社会团体也都有内部的管理工作和管理活动，设置各种机构，配备人员，明确岗位责任，建立规章制度，来保障机关工作的正常运行，从而行使自己的职能。

这些活动都可以称作管理活动，但又各不相同。到底什么是管理呢？

对这个问题的回答众说纷纭。因为每个人的出发点不一样，看问题的角度不一样，强调的重点不一样，加上个人的经历不同、地位不同，很难得出一个共同的看法来。在管理学发展过程中，许多管理学家都提出了自己的见解。

如泰勒（Frederick Taylor）提倡的科学管理，改变了过去管理企业的传统方式，运用了标准化等方法大大提高了生产效率，这种通过分析来提高生产效率的方法很快推广到社会的其他领域。

法约尔（Henri Fayol）认为管理只是经营的六种职能活动之一（六种职能活动指技术活动、商业活动、财务活动、安全活动、会计活动和管理活动）。而管理活动则包含五种因素，即计划、组织、指挥、协调和控制。

卢瑟·古利克（Luther Gulick）进一步提出了管理七职能论，POSDCRB。这七项职能分别是：计划（planning）、组织（organizing）、人事（staffing）、指挥（directing）、协调（coordinating）、报告（reporting）和预算（budgeting）。取这些职能英文单词的第一个字母即成POSDCRB。

西蒙（H. A. Simon）认为决策贯穿管理的全过程，管理就是决策。西蒙等对决策的过程、准则等进行了深入研究。西蒙本人由于对决策理论所做的贡献，荣获1978年度诺贝尔经济学奖。

孔茨（Harold Koontz）则提出："管理就是设计和保持一种良好环境，使人在群体里高效率地完成既定目标。"为此，管理的职能是计划、组织、人事、领导和控制。管理适用于一切组织。

罗宾斯（S. P. Robbins）的看法与孔茨雷同，认为："管理是指同别人一起，或通过别人使活动完成得更有效的过程。"

我国的一些管理学家也都提出了自己的观点。

周三多教授认为："管理是社会组织中，为了实现预期目标，以人为中心进行的协调活动。"[①]

杨文士教授等的定义为："一定组织中的管理者，通过实施计划、组织、人员配备、指导与领导、控制等职能来协调他人的活动，使别人同自己一起实现既定目标的活动过程。"[②]

芮明杰教授给管理下的定义是："管理是对组织的有限资源进行有效整合，以达成组织既定目标与责任的动态创造性活动。"[③]

邢以群教授提出的概念为："管理是一个由计划、组织、领导、控制等职能组成的系统过程，是人们综合运用人力资源和其他资源以有效地实现目标的过程。"[④]

尽管各自研究管理的立场、方法和角度有所不同，综合起来看还是有相同之处的，即通过协调组织的各种资源来达到组织的目标，管理是一个实现目标的过程。

结合各家学说的长处和我们的实践工作，我们认为："管理是各级管理者在执行计划、组织、领导和控制四项基本职能的过程中，通过优化配置和协调使用组织内的各种资源：人力、财力、物力和信息等，有效地达到组织目标的过程。"

2. 管理工作中的基本职能

以上提到了管理工作中的四项基本职能，即计划、组织、领导和控制，这些职能的具体内容将分别在第 3 章到第 6 章论述。这里只做一个简单的介绍，以便更好地了解管理工作的特点。

因为中国文字的多义性，如"计划"，可以理解为制订好的计划，这时的计划是个名词；也可以认为是正在进行的计划，这时的计划是个动词。在文章中，可由上下文容易判断出同样的一个词是做名词讲还是做动词讲。在讲到管理的职能时，这些词都该做动词讲，理解为一种进行着的活动。

1) 计划职能

为了确定组织的目标，首先要对未来的资源供应、市场、社会等环境的变化作出预测，然后根据目标提出若干个可以实施的方案，经过评价，确定目标的可行性并选择一个合适的方案，进而制定出实施计划所需的政策。简而言之，就是要决定做什

[①] 周三多. 管理学——原理与方法[M]. 上海：复旦大学出版社，2018.
[②] 杨文士，焦叔斌，张雁，等. 管理学原理[M]. 北京：中国人民大学出版社，2014.
[③] 芮明杰. 管理学[M]. 北京：高等教育出版社，2009.
[④] 邢以群. 管理学[M]. 杭州：浙江大学出版社，2019.

么、什么时候做、怎样做和谁来做。

2）组织职能

一旦制订出很好的计划，就要对组织所拥有的各种资源进行配置和协调，把人员按一定的结构组织起来，使他们能按一定的程序运作，互相之间有明确的信息传递渠道，通过这一切来保证组织目标的实现。

3）领导职能

组织中各级管理者必须调动各自下级成员的积极性，才能保证组织目标的实现。一是要用各种方式和手段来激励下级成员，鼓励他们工作得更好；二是要带领和指挥下级成员同心协力去执行组织的任务。

4）控制职能

计划开始实施后，可能由于外界环境的变化超出了原来的预测，从而影响到计划的实施，或是由于人为因素的影响使计划中的某些工作产生了延误或返工等不正常情况，这样可能会使原目标不可能实现。此时，就要根据计划实施的实际情况进行调整，来保证原目标的实现。当然，也可能产生另外一种情况，即原目标已是不可能实现的了，那么就要对原目标进行修正，又要返回到计划职能。

管理工作中应该具有多少种职能，各有各的说法。法约尔认为管理活动包含五种因素，古利克认为有七项职能，孔茨提出五项职能：计划、组织、领导、人事和控制，国外有的学者精简为四项职能：计划、组织、领导和控制，我国的徐国华教授认为五项职能是：计划、组织、控制、激励和领导，张今声教授更把管理的职能简化为三项：计划、组织、控制。不管是分成三项也好，分成七项也好，它们所包含的内容是一致的，只是分法不同而已，对此不必拘泥于某种具体的分法。

3. 管理的含义

1）管理是一个围绕实现组织目标而展开的复杂过程

从以上对四项职能所包含内容的简单介绍可以看出，要想达到组织的目标，这些职能缺一不可。而达到目标的过程不会是简简单单、一帆风顺的。

拿确定组织目标来说，这应该是计划职能包含的内容。但在一开始提出目标时，带有一定的不确定性，通过对环境的预测，对各种资源的优化配置，制定出实施的步骤，并保证计划各部分的实施在时间上能衔接起来，这时候才能说这个目标是能实现的，成为整个组织为之奋斗的目标。如果这个目标不可能实现，就要修订原来的目标。如果目标是可以达到的，但不能激发整个组织为之奋斗，那么也要修订原来的目标。因此，制订目标的过程就可能是一个反复进行的过程。

每一项职能也是一个过程，在这个过程中也包含了其他职能的内容。以计划职能为例，为了提出组织的目标，并制订一个实施的计划，我们需要进行一些组织职能的活动：要做些什么工作、选什么人来参加、每一项工作由谁来负责、如何调配所用的资源、时间进度、整个计划进行的过程中怎样进行领导、信息怎样沟通、怎样发挥参加人员的聪明才智……

从控制职能的内涵可知，如果在计划实施过程中，因环境发生较大变化而导致组织目标无法通过对计划进行局部调整而实现，就有可能更改原定的目标和计划。

明确目标，制订计划，开始实施，不断趋向于达到目标的过程是一个循环的过程。由于环境的变化和人为因素的影响，计划的实施与原定计划总会出现偏差，这时就要调整计划和重新调配资源，或是针对偏差采取有效的更正措施，来保证计划的顺利实施。这样组织结构才能是比较稳定的。这样的过程循环进行，每一个循环都会有新的内容，直到达到组织目标，一个大的循环过程结束。在这样过程的后期某一时刻又会酝酿一个新的组织目标，意味着一个新的过程又在孕育，即将出现。循环过程周而复始，组织目标不断地提高到一个新的更高的境地，组织也就不断地发展壮大。

2）管理是优化配置，协调使用各种资源，更好地达到组织目标的过程

职能活动的开展，组织目标的实现，都必须使用各种资源（包括资金、厂房、设备等有形资产，也包括商标、品牌、商誉、知识产权等无形资产），可以概括成人、财、物和信息。

人力、财力和物力的重要性是显而易见的。在此需要强调一下信息资源。信息如同人力资源、资金、厂房、设备、钢材、水泥一样是不可缺少的重要资源。管理工作中，我们时时刻刻要根据计划进展的情况、资源使用的情况、组织成员的情绪、环境的变化这些信息来进行分析、判断，不断进行决策，以保障计划的实施，从而实现组织的目标。管理工作离不开信息资源，在这一点上，信息构成了管理工作的基础。

特别是在市场经济体制中的企业，面临着变化剧烈的市场、各具个性的顾客、有限的资源、强大的竞争对手，在市场里如同在战场上一样。如果企业能捕捉到一条有利于企业发展的信息，抓住了先机，就能在市场竞争中脱颖而出。否则，一旦企业的竞争对手占了先机，就意味着企业开始走下坡路，步履维艰，甚至可能倒闭。从中可以看出信息对企业发展的重要性。

在今天的信息社会里，信息的数量太多，而且还在不断地增长，这种近乎爆炸式的增长对我们社会的每个组织和每个人来说几乎是一场灾难。一个组织如何去收集市场的信息、用户对自己产品或服务的意见、竞争对手的所作所为、社会经济发展状况和政策法令等信息，并对收集到的信息进行分析、综合和判断，提供给决策者；在组织内部把各种信息送到相关部门，保持信息渠道的畅通，这些工作本身就是管理工作的重要组成部分。

任何一个组织都拥有一定数量的资源，但往往是有限的资源。组织在与环境进行物质、能量、信息的交换时，也从外界获得资源，但获取的数量也是有限的。组织的实力有强弱之分，其中一方面就体现在拥有资源的多寡和从外界获取资源的能力大小上，但这是一种相对的差别。在一般情况下，组织要以有限的资源去最有效地达到组织目标。

这里有一个效率和效益的问题。

效率是指用尽可能少的投入，得到尽可能多的产出。面对稀少或短缺的各种资源，一个组织自然要把这些资源的最大作用发挥出来。可以是同样的投入，提高利用率，使产出增加；也可以是同样的产出，减少投入。如企业中的资金周转加快，就等同于可以占用较少的流动资金，因此加快资金的周转，同样也是提高了效率。一个多样化经营的大型公司内，不同经营领域中的各个事业部对资金的需要可能存在一个时间差，那么公司总部就可充分利用这个时间差，把资金调度好，让有限的资金在不同的事业部之间合理地周转而得到充分的利用。资源的充分利用，必须靠管理工作，一是要对资源进行优化配置，二是在使用过程中要进行合理的协调。

效益是指达到组织目标的程度。如果达不到组织目标，管理工作就是无效益的；如果达到了组织目标，管理工作就是有效益的；如果能很好地达到组织目标，管理工作的效益就好。

在组织目标正确的前提下，效率与效益是相辅相成的。资源使用的效率高，在管理工作中上令下行，工作时间的利用率高，就一定能得到很好的效益。反之，效益就会变差。我们设想一下，目标决定错了，那么工作的效率越高，所造成的后果越糟糕。因此，在效率和效益中，效益是第一位的，它首先要求制订一个正确的目标，然后在实现目标的过程中要讲效率，效率越高，效益越好。

在现实生活中，人们往往对效率与效益的关系不能正确理解，在工作中造成了各种不应有的失误。如盖一幢楼，在片面强调节约投资的思想指导下，因陋就简，没有想到这栋楼要使用50年或50年以上，结果落成没过几年就落后了。此时扒掉也不是，不扒也不是。扒掉吧，再建新楼，以前的投资就白白地浪费了；不扒吧，与城市的建设、周围的环境、社会的发展太不协调。类似的例子不胜枚举。

因此，管理的第二个含义就是，要通过有效的管理来更好地达到组织的目标。

1.1.2 管理的重要性

1. 凡是有人群从事有目的的共同活动的地方都需要管理

在生产力水平低下的时代，有自给自足的庄园经济存在，农民基本靠自己生产的产品来维持一家人的生活。之所以说是基本，因为他还要用自己的产品去交换其他的生活必需品和劳动工具。但在今天的社会里，这种围墙早已被粉碎。一个人生活中所需的各种生活用品都是由许多员工在一起工作的企业生产的，而这个企业所用的原材料、零部件又是由其他企业提供的。你所享受到的各种服务，也是由各种各样的组织为你提供的。如银行是一个完整的组织，许多人在一起工作，加上装备精良的电子计算机系统，才能为你提供满意的金融服务。那么，作为你本人来讲，也许也在一个组织中工作，你与其他成员一起为社会提供产品和服务。

许多人在一个组织内共同工作，首先要靠一个共同的目标把大家维系在一起，按一定的结构组织起来，在共同遵守的规章制度下协调工作，这就需要管理。

企业、学校、医院、银行等各种不同的组织和许许多多的家庭又构成了更大范围的社会，也要靠管理来保证社会的各个部分有序地运行。

即使个人的工作、生活也都需要很好地管理，有张有弛，在工作之余做些什么、学些什么，都要很好地安排。

总之，管理的重要性之一就体现在管理的普遍性之中。社会、组织、家庭、个人都离不开管理。

2. 管理工作的好坏是决定一个组织实力和竞争力的最重要的因素之一

在激烈的市场竞争中，一个企业的实力如何、竞争力的强弱，往往决定了这个企业的命运。

一个企业的实力和竞争力取决于许多因素，如拥有的资源数量、商誉、开发新产品的能力、商品的品牌等。这些因素都会慢慢发生变化，这种变化取决于企业管理水平的高低。如果一个企业的管理水平逐渐在降低，那么这个企业的实力和竞争能力将逐渐下降。相反，管理水平的不断提高，将会促使企业的实力和竞争能力的增强。

企业能否适应变化的环境，能否生产出合乎市场需求的产品，能否以较低的成本生产出合乎质量要求的产品，能否以有效的促销方式打开市场，能否建立起完善的售后服务体系……都要靠科学的管理，这就是企业的"内功"。

企业如此，一所学校也是一样。要培养出合乎时代需要、社会需要的高素质人才，就要有一支高素质的师资队伍、好的教材、好的教学体系和后勤服务体系，这些也都要靠科学的管理。

3. 管理也是生产力

生产力取决于许多因素。就社会而言，取决于社会的政治经济体制、拥有的自然资源及资源的使用、国民素质和受教育水准等。就企业而言，取决于企业的经营体制和运行机制、拥有的各类资源和资源的利用、员工队伍的素质和员工积极性的发挥等。而把这些因素协调起来，充分发挥作用就离不开管理。

管理可以大大提高资源的使用效率，或是通过激励政策调动组织成员的积极性，更有效地达到组织目标。所以从这层含义上讲管理是一种实实在在的生产力。

科学技术是生产力，可以推动生产力的提高和社会的进步。科学技术的发展离不开管理，要把科学技术和生产力的其他要素很好地结合起来转化为生产力也离不开管理。

在市场经济条件下，一个组织的管理好坏是决定其成败最重要的因素之一。在现实生活中，不乏这样的例子：科技人员拿了自己的创造发明或研究成果兴办了高新技术企业，但是真正发展壮大起来的仅仅是少数。这里的原因很多，疏于管理肯定是一个重要的原因。有一位创业者感叹道："始于科技，成于管理。"

4. 管理水平是决定一个国家兴旺发达的重要因素之一

企业管理的好坏决定了一个企业的成败，对一个国家来说也是同样的。企业、学校、商场……都管理得很好，国家自然就兴旺发达。

最明显的例子莫过于日本了。第二次世界大战战败后，日本近乎一片废墟，虽然在美国发动的朝鲜战争中，日本的经济已经开始恢复，但日本毕竟是一个岛国，面积狭小，自然资源贫乏，可是在几十年间日本的经济飞速发展，日本的汽车、家电产品、照相机等许多产品遍布全世界，国民生产总值（GNP）一度居世界第二位。这一经济奇迹的出现引起了西方企业界的紧张和管理学界的兴趣。

研究的结果是：日本人在自己民族文化和历史的基础上形成了一套有效的管理方法。美国学者在比较了美国大公司和日本松下电器公司的管理后，提出了管理的"7S模型"，即结构（structure）、战略（strategy）、系统（system）、作风（style）、人员（staff）、技能（skill）、共同价值观（shared value）。显然日本的管理与西方的管理相比独具特色。日本人甚至提出了生产第四要素理论，即与土地、劳动和资本一样，管理也是生产要素之一。

5. 生产力的发展推动了管理的发展，而管理的发展又进一步推动了社会生产力的发展

英国在发生工业革命之前，生产力水平低，在手工作坊里，管理者同时也是生产者，主要是家庭成员在一起从事生产，一般只雇用少量的工人。在工业革命之后，蒸汽机的出现，把过去的手工作坊改变成工厂，管理与直接从事生产相分离，管理思想逐渐形成，出现了亚当·斯密等管理学的先驱者。当时最重要的管理思想是劳动分工、实行专业化、标准化生产。专业化、标准化的思想到了泰勒所处的时代，更进一步得到发展。以后各种管理思想纷纷涌现，科学的管理代替了以前的传统、经验型的管理，极大地推动了生产力的发展。

如果说早期的组织实施的只是简单的、粗放的管理，那么时至今日，随着社会生产力的发展，科学技术的日新月异，人类社会有组织的活动规模越来越大，协作的范围越来越广，管理也越来越向精细化、科学化方向发展，管理的地位也日益突出和重要。

今天科学技术的发展日新月异，生产力的发展更是突飞猛进，劳动生产率迅速提高，这一切向管理学提出了新的、更高的要求，也为管理学的发展创造了条件和提供了机会。

1.1.3 管理的二重性

马克思指出："一切规模较大的直接社会劳动或共同劳动，都或多或少地需要指挥，以协调个人的活动，并执行生产总体的运动——不同于这一总体的独立器官

的运动——所产生的一般职能。"①

马克思又指出："凡是直接生产过程具有社会结合的过程形态，而不是表现为独立生产者的独立劳动的地方，都必然产生监督劳动和指挥劳动。"②

这两段论述清楚地告诉我们，社会生产是由许多人的共同劳动构成的，必须进行协调才行，从这一点上说管理是与社会化大生产联结在一起的，同时社会化大生产也要求进行有效的管理，即通过发挥计划、组织、领导、控制职能，优化配置和高效地利用各种资源，以获得尽可能好的经济效益。如果不进行有效的管理，社会化大生产无法进行，社会也无法发展。这是规律，因此管理具有自然属性。

以上告诉我们，协调许多人的共同劳动，必然要充分体现生产资料所有者的指挥和监督职能。离开了这种指挥和监督，就无法进行协调，社会化大生产就无法进行。此时，管理又体现出生产关系这一社会属性。

管理所体现出的自然属性和社会属性实质上是由生产过程具有两重性所决定的，这就是社会生产既是物质资料的再生产又是生产关系的再生产。

我们过去对管理具有自然属性和社会属性的认识上有很大的片面性。往往过多地强调在资本主义制度下资本家采用各种现代化的管理方法来加大对工人创造的剩余价值的剥削，以取得最大的资本利润率，抹杀了管理在生产过程中所起到的巨大作用和所体现出来的自然规律。其结果必然是把管理作为资本家对工人进行剥削的手段而予以排斥。这样做的结果其实是阻碍了我们国家经济建设和发展的步伐。

列宁在对"泰勒制"进行科学分析时提出，一方面，它是为资产阶级服务的，是榨取工人血汗的"科学"制度；另一方面，它又包含了一系列最丰富的科学成就。我们可以从西方的管理方法、手段和管理学中学习到许多反映社会物质生产过程中具有普遍规律性的东西，在邓小平理论的指导下，为我所用，为建设中国特色社会主义所用。

这种学习不是生搬硬套，不是生吞活剥，而是要结合我国的国情，结合我们优秀的历史传统，创造和形成具有中国特色的管理理论与管理方法。

日本人创造了不同于欧美的一整套管理制度、方法和思想，其实他们在许多地方是借鉴了我们的文化、历史传统，儒家思想显然是日本管理思想的主导之一，如强调以人为本、对员工灌输效忠的思想等。在如同战场的商战中，《孙子兵法》《三国演义》等都被奉作神明，甚至"文化大革命"以前我国的"二参一改三结合"也为日本人所用。这充分说明我国几千年形成的文明之中有许多至今还闪闪发光的思想值得我们去发掘，发扬光大，古为今用。

中华民族的崛起呼唤着管理学者和管理工作者在伟大的实践中创造与发展具有中国特色的管理思想、管理方法，为管理科学的发展作出贡献。

---

① 马克思恩格斯全集：第23卷[M]. 北京：中央编译出版社，2006：307.
② 马克思恩格斯全集：第25卷[M]. 北京：中央编译出版社，2006：43.

1.2 管 理 学

1.2.1 管理学及其特点

1. 管理学的概念和分类

管理学是一门系统研究管理活动的普遍规律、管理基本原理和一般方法的科学。管理活动是普遍存在的，但是不同性质的组织有其独特的内涵，管理的内容不同，方法也不尽相同，在此基础上进行科学的总结和概括可以形成各具特色、专门性强的各种管理科学。

扩展阅读 1.2
美国麦考密克公司的起死回生

按照管理对象的不同，可以将管理分为以下几类。

1）公共管理

公共管理是以政府为核心的公共部门整合社会的各种力量，广泛运用政治的、经济的、管理的、法律的方法，强化政府的治理能力，提升政府绩效和公共服务品质，从而实现公共福利与公共利益。公共管理作为公共行政和公共事务广大领域的一个组成部分，其重点在于将公共行政视为一门职业，将公共管理者视为这一职业的实践者。

公共管理从学科意义上讲，内容包括公共管理原理、行政管理、城市管理、公共政策、发展管理、教育经济管理以及劳动社会保障等，公共管理学的兴起得益于全球化新公共管理运动，但进入 21 世纪后，新公共管理学在实践中不断遇到新的挑战，公共管理学研究进入百家争鸣的时代。

2）企业管理

所谓企业管理，就是由企业经理人员或经理机构对企业的经济活动过程进行计划、组织、领导和控制，以提高经济效益、实现盈利这一目的的活动总称。企业管理从内容上可以分为战略管理、人力资源管理、市场营销管理、生产运作管理、财务管理、企业文化管理、信息管理、知识管理等。企业管理的任务是不仅要合理地组织企业内部的全部生产活动，而且还必须把企业作为整个社会经济系统的一个要素，按照客观经济规律，科学地组织企业的全部经营活动。

企业管理是社会化大生产发展的客观要求和必然产物，是由人们在从事交换过程中的共同劳动所引起的。在社会生产发展到一定阶段，一切规模较大的共同劳动，都或多或少地需要进行指挥，以协调个人的活动；通过对整个劳动过程的监督和调节，使单个劳动服从生产总体的要求，以保证整个劳动过程按人们预定的目标正常进行。在科学技术高度发达、产品日新月异、市场瞬息万变的现代社会中，企业管理就显得更加重要。

3）其他管理

所谓其他管理，就是指各种微观领域的管理，如教育管理、卫生管理、各种公共场所的管理等。凡是有人群的地方都必须有管理。

按研究组织所处的行业或行业的细分来研究的话，可以去研究农业管理、林业管理、旅游管理、医院管理等。要上升到整个国家整个社会层次的话，可以有国民经济管理学。既然管理活动涉及整个社会的各个方面，不同领域、不同范围、不同层次的组织都会有自己的特殊内容，出现不同专业性的管理学是一点也不足为怪的。由于组织性质和目标不同，管理方式会有所差异，但其中仍然有许多共性的东西。在市场经济的社会里，企业是数量最多、作用最大的一类组织。本书重点以企业为对象叙述管理活动的基本规律和方法。

2. 管理学的特点

管理学作为一门学科与其他的学科相比，也有自己的特点。

1）管理学是一门综合性的学科

人类为了生活和生产，对周围自然环境变化的规律早就有了研究，较早地形成了天文学、数学等自然科学的分支。在原始社会，原始人群居，组织狩猎、分配食品……都离不开协调和配合，这也是一种管理，但在生产力十分低下的情况下，这种管理是十分简单的。一直到泰勒时代以后，才开始形成管理思想，科学的管理代替了以前的经验型管理，管理学的形成相对来说是比较晚的，但这也使管理学的产生和发展可以吸取与综合其他学科的思想。

管理活动包括的范围非常广，涉及的知识面也非常宽。在制订计划时，首先会遇到的是对自然环境和社会环境的预测，这就是一个很复杂的问题，如社会环境，它包括国家的和世界的整个经济形势、行业的状况、市场前景、有关的政策法规、科学技术的发展等，有些可以做定量的预测，有些不能量化的因素要用不同的方式去预测。再如，组织中最重要的资源是人，人有男女老少之分，组织成员会来自不同的地区、受过不同的教育、在社会中有各自不同的经历，作为一个管理者如何去调动下属的积极性？你得知道人的生理特点，去研究一点儿心理学，掌握人与人之间交往的技巧等。

在一个完整的管理过程中，要优化配置、协调使用各种资源，要适应复杂变化的环境，要解决组织中产生的各种问题：有的是人际关系方面的问题，有的是生产过程的组织问题，有的是合理使用资源问题……这些问题十分复杂。

管理学研究内容的复杂性就决定了管理学要涉及社会科学、自然科学和工程技术科学中的众多学科，如哲学、史学、社会学、政治学、法学、伦理学、人类学、生理学、心理学、数学、系统学、经济学、统计学、计算机学及其分支等。这也要求从事管理的实际工作者和管理学的教学工作者、研究工作者以广博的知识作为基础。

2）管理学是一门实践性很强的科学

理论来自实践，又对实践起着指导作用。管理学也同样是从人类千百年丰富的实践中总结而成的，也同样要去指导人们的管理工作。这与其他的学科是相同的，但相比之下，管理学的实践性更强。

我们已充分论述了管理工作是人类生活中最普遍的活动之一。有的人通过学习管理学，在掌握管理活动之间的内在联系和规律后，在实际管理工作中较自觉地运用科学的思想和方法，工作起来较有成效。有的人会说，我没有学过管理学，也不见得不会管理工作。对一些简单的管理工作，通过实践也会掌握管理工作中的规律，这不等于说管理学中的基本思想、原理、方法不存在，只是不自觉地在运用而已。这时，可能效率低些，会走些弯路。下面的事实有助于说明以上的道理。对一个刚进入大学校门的本科生来说，学起管理学来会觉得这是非常抽象的，不易理解；而对工作过几年的工商管理硕士研究生来说，学习管理学会有一种豁然开朗的感觉，实践中经常遇到管理学中论述的事情，过去不知如何来看待，现在再回过头来看看，茅塞顿开。因此，管理工作总是在管理学中讲述的基本思想、基本原理和基本方法指导下展开的，只是有的自觉、有的不自觉罢了。

那么是否学好了管理学就一定能成为一个很好的管理者呢？答案是否定的。通过管理学的学习，只是掌握了一些普遍的原理和规律性的东西，并不等于学会了解决复杂的实际问题的本领，这种本领必须在实践中获得和提高。

任何一个组织所处的社会环境和自然环境都是很复杂的，组织中的成员又各有特色，不是从一个模子中出来的，而且环境因素和人的因素总是在不断地变化，做好管理工作绝不是学一些普遍性的规律所能解决的，必须在实践中不断运用管理学的知识，不断增长才干和积累经验。

3）管理学是一门不精确的科学

像数学、物理学等科学是精确的科学，根据规律（一般都可以用数学公式表示，可以是线性的，也可以是用积分或微分形式表示的非线性的）和所给定的初始条件就可以得出问题的解。

像工程技术方面的科学，除了上述的表达事物内在关系的规律外，也可以通过大量的统计数据得出一种统计规律形成经验公式，在实际工作中加以应用。用这种体现内在关系或统计规律的数学公式——函数关系来处理的都是那种可用恰当的度量衡标准来度量的量，可以精确地用数来表示度量的结果。

管理工作中所遇到的因素、所要解决的问题，除了像一些资源（物料的数量、资金等）、时间等可以精确地用数来表示外，有许多因素是不能用数来表示的，也就是无法精确地度量的。现实中有些因素尽管不能度量，但可以按一定的规则来量化，像体操运动员的比赛、举办歌手大奖赛等，对运动员的技巧、对规则的掌握，或是歌手的气质、发声技巧、表演能力等都可以通过裁判员或评委打分来分出高低。这些因素我们可以称作可量化因素。但是管理工作中所遇到的一些环境因素及变化，人的思想情绪、心理变化等都是无法量化的。可见，在管理工作中同时存在可以精确度量的因素、可以量化的因素和不可量化的因素。

管理工作中许多因素之间存在明确的关系，可以用数学公式，即函数关系来表示，而更多的关系是无法用函数关系来表示的，呈现一种错综复杂的关系，有的甚至是演绎推理也无法表达清楚。例如某种激励政策在这个单位非常见效，到了别的单位就不怎么见效；或是对同一组织内的这部分成员起作用，对另一部分成员不太起作用。那么激励政策和所达到的效果之间就不存在一种明确的函数关系。

基于以上两点原因，我们说管理科学是不精确的。

大家知道，美国教授扎德在1965年创立了模糊数学——研究和处理模糊性现象的数学。模糊数学的一个重要特点是可以用数学语言（即隶属度）来研究和处理一部分用人类自然语言描述的内容。如一个人的高矮和胖瘦是可以精确度量的，但用自然语言描述某个人时不会迂腐到非要说身高多少厘米、体重多少公斤，只用高个子、不胖不瘦这样的语言描述即可。模糊数学中引入了对这些特征（高、胖）的隶属程度，然后可以进行逻辑推理等运算。模糊数学就是一种研究不确定性的数学。

模糊数学自1965年以来，发展很快，在许多领域得到了广泛的应用。智能型模糊控制的全自动洗衣机就是一个很好的例子，它可以根据衣物的多少自动确定水位，根据水的透明程度来决定漂洗的过程。根据模糊数学可以处理用自然语言描述的内容的特点，相信模糊数学如同运筹学等数学分支一样可以在管理学中找到用武之地，但它不可能完全处理那些不可量化因素，也不可能完全处理因素间复杂关系。因此，管理学的不精确性仍将存在。

在管理学的研究中，定量分析和定性分析都是必需的，不能有所偏废。现在有一种层次分析法（analytic hierarchy process，AHP）能把定性分析和定量分析结合起来。

4）管理学既是一门科学，又是一门艺术

管理学的基本思想来源于实践，经过科学的概括和抽象，同时吸取了其他学科门类的科学思想。这种概括和抽象更能真实地反映人类的实践，更能反映管理工作中的内在规律，具有科学性。而这些基本思想又在实践中得到了验证，并且不断地得到丰富和提高。

管理学中的基本思想互相联结，形成了一个完整的体系，具有逻辑性。

管理学的基本思想随着社会生产力的飞速发展也在不断向前发展，来适应社会实践对管理工作和管理学提出的新要求。特别是现代科学技术的巨大发展，为管理学的发展提供了有利的条件，同时也提出了许多有待进一步解决的新问题，从而极大地促进了管理学的发展。管理学与其他学科的结合也正在进一步进行，不但吸取其他学科的发展成果，而且学科间的交叉更加广泛和深入。

这些都充分说明了管理学是一门科学，来源于实践，经过科学的总结而成，又指导了新的实践；管理学的理论构成了一个完整的体系；管理学随着社会生产力的提高而发展，与其他学科的结合也在不断发展。

但是，管理学除了具备科学的特点以外，又是一门艺术。作为艺术来讲，是指人在工作中能灵活运用各种知识并能熟练地应用巧妙的技能来获得成效。管理工作确实体现了这种特点。尤其以前管理工作较少运用数学等定量计算和优化的技术，更多地体现了这种艺术性。30年前，我们曾为一家国有大型企业进行过产品结构优化的研究工作，这在当时的调度人员中引起了较大的震动。这些调度人员工作经验丰富，对生产中的工艺流程、企业的各种装置都了如指掌，对每年都要进行的排产已轻车熟路，他们认为这充分体现了他们工作中的艺术性。他们确实能根据经验和运用技巧较快地制订出几种较好的生产方案来。而我们经过研究，在同样的目标下，运用优化理论，建立起一个数学模型，运用电子计算机很快就在所有可能选择的方案中找到了最好的方案。

面对管理工作中所遇到的问题，往往因为个人对复杂环境的认识程度不同、对管理学基本原理理解的深度不同、个人的社会经历不同和经验不同，而提出不同的解决方法。这种不同或多或少体现出一种艺术性来。我们可以用音乐指挥家来说明这个问题，如果世界著名的指挥家卡拉扬、小泽征尔等去指挥同样的乐队演奏同一首世界名曲的话，他们对作曲家和乐曲的理解会有所不同，这种不同融入各自的指挥技巧中，就会给听众奉献上同一乐曲的不同风格。如果没有这种不同，不同的指挥家指挥同一乐曲的演奏都是千篇一律，那么就失去了艺术的魅力。

管理学的科学性和艺术性同时存在，两者之间并不排斥，重要的是如何把两者更好地结合起来。如在构建决策模型时，可以把领导者的经验和领导艺术结合到模型中，构造一个人—机系统，充分发挥人和计算机各自的优点与长处，人的经验和判断能力得以运用，加上计算机的强大计算能力，使决策模型更加灵活，决策过程又能一目了然，最后的结果更容易被接受。

5）管理学是一门软科学

自从有了电子计算机以后，人们习惯把计算机主机、打印机、光盘机、交换机等设备称作硬件，把操作系统、应用程序等称作软件。如果只有硬件而无软件，电子计算机将无法运行。在硬件条件相似情况下，电子计算机（或计算机系统）的功能能否充分发挥，则取决于软件的水平。软件的重要性由此可见一斑。随着电子计算机的普及，软件产业迅速发展。

如同计算机中有硬件、软件之分一样，一个组织里的人、财、物等有形的资源就是硬件，管理则称为软件，管理学则称为软科学。优秀的管理工作，可以充分调动组织成员的积极性，更好地利用各种资源，来获得好的经济效益和社会效益。

管理学作为一门软科学，与其他的科学知识、工程技术也有所不同。在企业里，工程技术人员可以运用他们的知识和技术改造现有的设备或改进现有的工艺过程或是设计新产品，在这一点上与管理是相同的：作用到有形的对象上，软的技术才能发挥作用。管理学除了要运用其他学科的知识作用于无生命的物体上，更重要的是要充分发挥组织中最重要的资源——人力资源的作用。管理者和管理工作的价值不能由自身来体现，而要通过其他的活动才能实现。如激励措施得当，设计人员的积极性调动得好，设计出的产品技术含量高、价值高、销路好，才体现出激励措施的价值来。管理工作是否有效，在实施前往往要靠管理者根据经验或主观意识来判断，它的成效要在较长时间里才能体现出来。

情景小故事

孙武练兵，杀一儆百

春秋时，齐国人孙武来到吴国，将他的《孙子兵法》呈给吴王。吴王细细阅读后对伍子胥说："孙武的这十三篇兵法好极了，他真是个奇才！"于是命伍子胥去请孙武来王宫相见。

见面之后，吴王说及本国兵微将寡，问孙武怎样才可以扩军强国。孙武将当前形势做了分析后，便说："我的十三篇兵法，不但可施于军旅，还可以动员妇人女子，驱而用之！"吴王大笑起来，说："我从来未曾听说过可以训练女人上战场杀敌的！"

孙武说："不相信可以当面试试，如不成功，甘当欺君之罪！"

"真的吗？"吴王说，"好，且看看你的本领！"于是就在后宫选180名宫女，交给孙武接受训练。

孙武将她们分为两队，命吴王的两个宠姬担任两队队长，右姬管右队，左姬管左队，各拿兵器，示以军法：一不许队伍混乱；二不许交谈喧哗；三不许私自行动。

第二天一早，全体齐集校场训练，吴王也坐在楼上观看。180名娘子军全副武装，右手握剑，左手拿盾，分站两旁。吴王看见心爱的宠姬威风凛凛，心里着实欢喜。孙武升帐，传令布阵，将黄旗两面授给两位队长，令为前导，众女跟随队长之后，五人为伍，十人为总，要紧随相继，不得脱离。听鼓声进退，脚步不得混乱。传谕已毕，令队伍皆跪下听命。一会儿，孙武又下命令："鼓声一响，两队齐起；鼓声再响，左队向右转，右队向左转；鼓起三通，各挺剑互斗。锣声起后收兵！"将规矩讲得一清二楚。

号令一出，众女都掩口嬉笑起来。击鼓的军士禀告，第一次鼓已击过了，但她们有的起、有的跪，参差不齐。孙武站起来非常严肃地说："规矩不明，号令不熟，是将领的罪过。可再申前令，解释清楚！"军吏奉命再大声告谕一次。鼓吏第二次击鼓，这些女子依旧嬉笑耳语，挨肩斜倚，乱成一片。

孙武忽然双目圆瞪，大发虎威，喝问："执法吏何在？""有！""我已说过，规矩不明，号令不熟，是将领的罪过：今已约束再三，号令已明，却明知故犯，违反号令，就是军官和兵士之罪。"左右见孙武正发怒，不敢违抗，便将两姬捆绑起来。吴王见要斩他的爱姬，大吃一惊，急命人阻止，传令曰："寡人已知将军的用兵能力了，但两姬乃寡人心爱之人，非此两人，食不甘味，睡不安寝，请看在寡人面上，赦免一番！"孙武拒绝，说："军中无戏言，臣已奉命为将，听君命，赦免有罪，将何以服众？斩！"

不一会儿，两姬的头颅挂起来，宫女无不身体发抖、牙关打战，诚惶诚恐地跪在帐下听令。

孙武又将副队长任命为队长。于是再击鼓发令，宫女们前、后、左、右、跪、起都符合规矩要求，没有一个敢出声的。

自此之后，吴王深知孙武善于用兵，于是拜孙武为将军。孙武纵兵驰骋，西破强楚，北威齐晋，捷报频传，显名诸侯，使吴王称雄一方。

资料来源：摘自《史记·孙子吴起列传》。

1.2.2 管理学的研究方法

1. 辩证唯物主义的观点和方法

与历史唯物主义一起组成了马克思主义哲学的辩证唯物主义是我们观察世界、认识世界的唯一正确的指导思想和方法，它不但构成了自然科学、社会科学和工程技术科学的基础，也提供了正确的、有效的研究方法。从管理学形成的发展过程和管理学的特点来看，确是如此。

管理学的基本思想都是从人们的社会实践，特别是生产实践中来，经过总结和归纳形成了一些概念，又在实践中加以验证，不断完善和深化，经过许许多多的实践者和管理学者的共同努力，才形成了管理学这门学科，而且随着社会的进步和生产力的飞速发展，管理学也遇到了许多新的问题，如何进一步开发人力资源、充分调动人的积极性，如何有效地吸取高新技术的各项成果来改进和完善管理的形式与方法等，管理学正努力在这两方面作出回答。正因如此，管理学可以说是一门既历史悠久又年轻的学科。从中可以充分看出管理学基本原理的形成完全符合辩证唯物主义认识论的规律。

辩证唯物主义不仅是我们研究管理学的方法，也同样是我们学习管理的方法。学习、实践、总结、提高……不断循环，而且每一个循环都有更充实的内容和新的提高。只要我们能自觉地运用辩证唯物主义的观点和方法，研究也好，学习也好，就能收到事半功倍的效果。

2. 系统科学的观点和方法

"系统科学是并列于自然科学和社会科学的，是基础科学。"[①] 因此，系统科学同样是管理学的理论基础。

1）系统的特点

系统如同管理一样是我们常见、常用的一个词。对系统的定义也是多种多样，这里我们从介绍系统的特点着手。

系统是由许多要素按一定的方式组合起来的，称之为"集合性"。这里的"许多"是指两个或两个以上，系统的大小和所组成的要素多少有密切关系。某些要素可以按一定的方式组合成一个较大的要素，若干个较大的要素又可以组合成一个更大的

---

① 钱学森. 大力发展系统工程，尽早建立系统科学的体系[M]//论系统工程. 长沙：湖南科学技术出版社，1982.

要素……反过来讲系统中的要素是可以分解的。

要素和要素以一定的方式结合在一起就构成了系统。从系统的结构来看，系统是由许多大要素构成的，而大要素又是由许多的中要素构成，中要素又是由许多的小要素构成……这样的分解一直可以进行下去。由此可见系统的结构具有"层次性"。

系统中组成要素互相关联、互相制约，称之为"关联性"。大家会有疑问，难道不可能有一个要素与其他要素不关联、不制约吗？如果有，你可以重复这样一个过程，把那个要素从系统中除掉，既然它与其他要素无关，那么除掉后既不会影响系统的结构，也不会影响系统的功能。最后留下的这些要素互相关联、互相制约，再去掉任一个都不再构成原来的系统。

任何系统都具有特定的功能，特别是人类所创造或所改造的系统，称之为"目的性"。汽车是人类创造的用于运输的系统，电视机是用于传递信息的系统，这样的例子太多了。

系统必须存在于并适应于特定的环境，与环境不断进行着物质、能量和信息的交换，称之为"环境适应性"。系统和环境之间的这种关系可以用图1.1表示。在这样的交换关系下，系统会对环境产生影响。

图 1.1 系统与环境间的交换关系

2）运用系统的观点学习和研究管理学

系统科学是基础科学，包含了丰富的内容，其本身又是由许多学科构成的，系统科学与管理学有着密切的关系，这将在下文中介绍，这部分将介绍一些研究和学习管理学的系统观点。

（1）整体性。系统是由许多要素构成的，研究要素和要素间的关系是为了研究系统。管理可分成四大职能，又有许多的管理活动，任何一项管理活动都是整个管理工作的有机组成部分，都是为了更好地使用资源，有效地达到组织目标。除此之外，仅为了管理而去从事具体的管理活动是无任何意义的，不能"只见树木，不见森林"。

（2）系统性。系统要素是有机地结合在一起的，不能孤立地就某个要素去研究，而是要把这个要素放在系统中去研究和分析。管理中的四大职能，许许多多的具体的管理活动，互相之间都紧密地联结在一起，要达到管理的目的，必须协调组织好各种管理活动。说管理的核心是协调就体现了这种系统性。

（3）可分解性。系统是由子系统构成的。一个巨型系统的构成要素不计其数，要素间的关系错综复杂，如果要描述动态性能的话，微分方程的阶数相当高，对这样的系统进行研究十分困难。运用这个观点，可以把巨型系统分解成几个大系统，大系统可再分解成小系统，一直分解下去，小系统的构成要素要少得多，要素之间的关系也会简单一些，微分方程的阶数也可降低，直到我们有办法研究为止。当然，这种分解的工作绝非一件容易的事，但至少是提供了一种可能有效地解决问题的方法。

（4）开放性。系统与周围不断进行着物质、能量和信息的交换，这就是系统的开放性。与此相反，一个系统与环境不进行这样的交换，即是一个封闭的系统，将变得越来越无序，最终走向死亡。这种交换性体现在系统具有的转换特性上，这也提供了一种研究系统的方法。如果系统内的每个要素的特性已知，要素间的关系已知，就可建立起一个数学模型来描述此系统，这就像一个箱子里的东西我们可以看得清清楚楚，称之为"白箱"。如果一个系统非常复杂，或是用现有的科学知识描述不了系统内的要素和要素间的关系，就像一个箱子里的东西看不清，称之为"黑箱"，这时对系统的研究可以用系统的输入和输出之间的关系来进行。如果一个系统的内部有些是清楚的、有些是不清楚的，如同一个"灰箱"，我们也可以去研究系统的输入与输出间的关系。

（5）发展性。系统要在环境中生存，要能适应环境。而环境时时刻刻都在发生变化。有时变得快些，有时变得慢些；有时变化大些，有时变化小些。总而言之，变是绝对的，不变是相对的。这种变化不以人们的意志为转移。环境变了，系统也要变，要变得能适应新的环境。如不能适应系统就要死亡。因此，我们要用发展的眼光来看待周围的事物和人，切忌持有一成不变的观点。

从以上这些基本的观点可以引申出许多观点。如系统的"目的性"是靠系统的转换特性来实现的。也就是说要使系统实现某些目的，就要使系统具有所要求的转换特性。

3）系统科学与管理学

用系统的观点和思想来改造自然界系统或创造出人类所需要的系统，这就是系统工程的任务，显然系统工程是工程技术。系统工程要和专业相结合，形成许多门类的系统工程，除了各种专业知识和理论外，系统工程有一个共同的学科基础，包括运筹学、控制论、计算科学、计算技术和非线性科学等。钱学森同志已把系统科学的作用提到了一门基础科学的地位。管理学中的基本思想和基本原理确实是建立在系统科学的思想、原理和方法之上的，系统科学与自然科学、社会科学和工程技术一样是管理学的基础。

系统科学非常年轻，发展得非常迅速。

路·冯·贝塔兰菲（Ludwig Von Bertalanffy）把生物整体及其环境作为一个大系统来研究，于20世纪40年代创立了"一般系统论"，强调系统的开放性，把研究工作推广到研究人的生理、人的心理和许多社会现象。

普利高津（I. Prigogine）于1969年提出了耗散结构理论，指出一个远离平衡的开放系统（甚至包括社会的、经济的系统）通过与外界不断交换物质和能量，可能从原来无序的混乱状态转变为在时间上、空间上或功能上的有效状态。

赫·哈肯（Hermann Haken）于1971年提出了称为"协同学"的理论，指出无论什么系统从无序向有序的变化都是大量子系统相互作用又协调一致的结果，社会中的许多问题都可以用"协同学"来进行某种解释。

勒·托姆（René Thom）1972年的"突变论"试图解释人类社会和自然界中不连续和突变的现象。

曼·艾根（Manfred Eigen）和彼·舒斯特（Peter Schuster）于1979年出版了《超循环：一个自然的自组织原理》，系统阐述了超循环理论。该理论探讨了生命起源的一个关键问题：生物信息起源问题，提出了自然界演化的自组织原理，并指出在神经组织和社会组织中也存在超循环的组织形式。

特别要介绍一下蓬勃发展中的非线性科学（包括孤立子、混沌、分维等部分）。我们研究客观世界习惯于把复杂的现象进行分解，然后进行研究，最后再综合起来，但这意味着我们认为世界是线性的。而客观世界是非线性的，线性只是非线性的一种近似。

我们只是简单地介绍了系统科学中一些新领域的发展，期待着这些理论的进一步发展，并能与管理学的研究逐渐结合起来，促进管理科学更好地发展。

3. 理论联系实践

管理学是一门实践性非常强的学科，它来自以前人类实践活动科学的总结，也将进一步指导新的实践活动。在给MBA研究生或本科生讲授管理学这门课时，老师所得到的感受完全不同。前者大学毕业后大多已有了几年的工作实践，担当过管理工作或接受别人的领导，对课堂上讲授的思想往往能产生一种共鸣：这些都是我们以往在工作中经常遇到的，怎么没有深入地去想想呢？学完后觉得在理论上有了大大的提高，豁然开朗。后者出了中学的校门，刚进入大学的校门，在管理工作中没有任何实践，只能是作为一种知识来学习。这样，前者的学习效果就好一些。

管理学的学习要理论联系实践，但更重要的是要指导今后的实践，不断研究实践中遇到的新问题，总结自己的经验，把这些经验系统化、科学化，以至于抽象、概括上升到理论。这样一个不断循环前进的过程，也同样要理论联系实践。在大学里是培养不出管理学家的。

在课堂上学习管理学除了联系自己的工作实践外，还有一种理论联系实践的方法，这样做对实践经验不足的部分MBA研究生和本科生也可起到一定的弥补作用，这就是案例教学。

采用案例教学法是著名的哈佛大学商学院的特色之一。哈佛大学商学院成立于1908年，100多年来向社会输送了大批优秀的工商管理人才，据美国《幸福》杂志的调查，全美500家最大公司的高级管理人员中，有近20%是哈佛大学商学院的毕业生，由此可见哈佛大学商学院的巨大影响和成功。

案例教学法是通过案例给学生们一个实际的情况，让他们在这样的环境里充当一个实际经营者的角色，可以是总经理、财务经理……通过案例分析，学生可以对企业管理中可能遇到的问题进行分析、判断，并作出决策，从而培养出实际工作能力。

国内的高校尽管在教学的硬件环境、案例的编写和积累上都存在不足，但在全国

MBA 教学指导委员会的指导下,越来越多地在各门课程中采用了案例教学。我们在编写本教材时,多数章节的开始和结束都安排了相关的案例,力争与该章节所介绍的内容有机地结合、互动,同时在每章结束都有一个综合性的案例,供教学参考使用。

1.2.3 学习管理学的重要性

管理学在总结前人管理工作实践的基础上,提出了管理工作中的基本思想和一般规律,为以后学习管理科学的其他学科,如组织行为学、人力资源管理、财务管理、市场营销、战略管理等打下了基础。

经过 40 多年的快速发展,中国经济已经实现质的飞跃,逐步跻身世界大国之列。而在当前社会经济不断发展的过程中,管理无疑成为现代社会存在与发展的重要支柱。无论是一个国家还是一个地区的社会和经济发展,都越来越依赖于管理的发展,正所谓管理与科技是社会发展的两个车轮,科学管理能使科学技术真正转化为生产力,是决定企业成败存亡的关键,管理无处不在,它正在通过信息技术改变着人类活动的方式、方法和内涵。

彼得·德鲁克说:"在当今世界,管理者的素质、能力决定企业的成败存亡。""没有管理者的领导,生产资源就只是资源,永远也不会变成生产。"他把管理者及其管理活动放在公司运营的核心地位。因此,对于任何一个企业或者组织,管理人员的专业培养都至关重要,其中,通过学习管理学和管理科学中的其他分支来提高管理人员的管理能力和管理水平则是重要一环。只有掌握扎实的管理理论与方法,才能很好地指导实践,并可缩短或加速管理者的成长过程。目前我国的管理人才,尤其是合格的管理人才并不充足,因此,学习、研究管理学,培养高质量的管理者成为当务之急。

1.3 管 理 者

1.3.1 管理者的定义和类型

1. 管理者的定义

一个企业有大量的成员从事生产第一线的工作,也有的从事生产辅助性、勤务性的工作,也有的从事管理工作,各有分工。其他的组织也与企业相类似。我们把在组织体中从事管理工作负有领导和指挥下级去完成任务职责的组织成员称为管理者。

2. 管理者的类型

1)按所从事的业务来区分

管理工作可以按具体的业务来区分。很自然,可以按所从事的业务工作来区分不同的管理者，如从事计划工作、统计工作、财会工作、技术工作、人事工作、销售工作等。

2）按管理者在组织结构中的层次来区分

扩展阅读1.3
永远都要坐前排

第一种区分方法侧重于区分不同的业务工作。但在管理学中研究的是带共性的对象和问题，尽管也研究人事职能、财务管理等，但我们是放在整个管理过程中来研究的。因此，第一种区分方法就有局限性。如果我们按管理者在组织结构中的层次来区分的话，就可以研究不同的管理者在组织中、管理过程中的地位和作用，而不会涉及具体的业务内容。

（1）高层管理者。高层管理者通俗地讲就是一个组织的头头们。组织有大小、成员有多少，但只要是能代表该组织的那些管理者，就是高层管理者，不必看称谓是什么。大学、中学、小学的校长、副校长，都是他们所代表的那个学校的高层管理者。大公司的头头称总裁或总经理，部门的头头称经理，但这个经理和一般小公司的头头也称经理就大不一样了。高层管理者除了代表一个组织外，主要是要把握本组织的发展方向、确定长远的目标、与其他组织沟通联系。

（2）中层管理者。我们通常把中层管理者称为中层干部。他们是一个组织中各个部门的负责人，如公司中的部门经理、企业中的车间主任等。他们要贯彻、执行高层管理者的意图，把任务落实到基层单位，并检查、督促、协调基层管理者的工作，保证任务的完成。他们要完成高层管理者交办的工作，并向他们提供进行决策所需的信息和各种方案。他们的作用主要是上情下达、下情上达、承上启下。

（3）基层管理者。他们是组织中最下层的管理者，直接面对在第一线工作的组织成员，组织他们按要求去完成各项任务。如企业车间里的班组长，职能部门中的科长或股长或组长。他们所接到的指令是具体的、明确的，所能调动的资源是有限的，是为完成任务所必需的，任务也是明确的：带领和指挥下级有效地完成任务。他们要向上级报告任务的执行情况，反映工作中遇到的困难并请求支持，也要起到承上启下的作用。

这种区分方法更能适应一般的情况，对一个只有几名、十几名雇员的私人企业来说，老板也就是管理者，他是直接指挥工人和具体从事管理工作业务的人员，此时相当于一个基层管理者，同时他又代表了这个企业并对此负全责，起到了高层管理者的作用，无非是集三个层次的管理者于一身而已。

上面讲到一个组织的高层管理者与他们所代表组织的大小无关，但要承认，组织越大，结构的层次越多，此时该组织内的高层管理者和基层管理者的含义不变，只是中层管理者又要分成若干层次。在三个层次的管理者中，中层管理者的情况最为复杂，高层管理者和基层管理者的概念清楚。因此，我们可以把中层管理者定义为处于高层管理者和基层管理者之间的管理者。

以一个活跃在多个经营领域的大公司为例，它可以对每一个经营领域设一个事业部，而事业部管理若干个生产企业，并可设立几个职能部门来分管各种管理工作，如计划、财务、人事、销售等。则该大公司的中层管理者就包括了事业部的总经理、企业的经理、事业部内职能部门的经理、公司本部职能部门的经理。公司的经营领域越多、经营区域越广、规模越大，层次就越多。以美国的通用电气公司为例，它是世界上最大的电器和电子设备制造公司，生产的产品种类繁多，从家用电器到工业电气设备一应俱全，还是一个巨大的军火承包商。通用电气公司在20世纪50年代初就采用了事业部制，一共分为20个独立经营、独立核算的事业部。随着公司业务的不断扩大，组织机构也在不断地调整。到了1963年，公司的机构为5个集团组、25个分部和110个部门。到1967年，又扩充为10个集团组、50个分部、170个部门。到1971年，为了适应市场的激烈竞争，又在事业部内设立了可对产品进行单独管理、便于事业部将人力、物力集中使用的"战略事业单位"。到1978年为了应付美国经济停滞不前的局面，在事业部之上又成立了"超事业部"来统辖和协调几个事业部，这样整个通用电气公司分为5个超事业部、9个集团、50个事业部和49个战略事业单位。由此可见，随着经营范围的扩大，机构越来越庞大，层次也越来越多。

这种区分方法又具有一定的相对性。如事业部的总经理在公司里只能算是一个中层管理者，但在自己的事业部内，他就是高层管理者。他在公司总部的协调下，根据总部的发展规划来制订事业部的发展规划，对事业部的经营负全责。

1.3.2 管理者的作用

不同层次管理者在管理过程中所发挥的作用可归纳为以下几点。

1. 人际关系方面

1）代表性

任何层次的管理者都有一种代表性，高层管理者代表整个组织，中层管理者代表一个部门，基层管理者代表一个基层单位。但是中层管理者和基层管理者的代表性只在本组织内部有意义。这种代表性体现于管理者可以在相应的正式场合或社交场合中代表自己所在的组织（或部门或基层单位）、与对等的组织进行沟通、在相应的文件上签字等。

扩展阅读1.4
丙吉问牛

2）沟通

管理者在管理过程中的主要工作是和人打交道，要向自己的上级汇报任务执行情况，要与同级管理者交换情况，要向下级布置工作。除此之外，人与人之间也需要交流思想感情。因此，任何一个管理者都要在组织内部，与上下左右进行沟通。

通过沟通，可以使信息在组织内部畅通，及时发挥作用；一旦组织作出一项决策，可以在充分交换意见的基础上,统一思想,从而统一行动;在组织成员之间,特别是在上下级之间建立和保持良好的人际关系。

为了使沟通能发挥其应有的作用,提倡沟通的双方进行双向沟通,即一方把沟通的内容告诉了另一方,另一方要把自己的想法、感受反馈给前者,往复进行。双向沟通较为费时,但起到的作用较大。

3)指挥和激励下级有效地完成任务

作为一个管理者,在与下级进行双向沟通中要发挥作用,但沟通并不是目的,而是要通过沟通更好地带领大家去完成组织交给的任务。在这一过程中,管理者对下级负有管理的责任,要指挥和激励他们,安排好每个人的工作,协调好彼此间的关系,对每个人的工作要给予指导或进行培训,考核每个人的工作,根据考核标准再给予奖励或惩罚,用各种方法来调动每个人的积极性。这样才能真正负起管理下级的责任。

2. 信息方面

管理者在信息方面除了要向上下左右传递信息,进行沟通外,还要起到以下作用。

1)发现信息

管理者在组织中要接收他人传递来的信息,更重要的是去发现、收集自己工作范围内的各种信息、与本组织相关的信息。其来源可以是调查研究的结果,社会公众的反应,报纸、杂志、广播、电视上的消息,出台的政策、法规,公布的统计数据、资料,相关组织或竞争对手的动向。这些有用的信息将对本组织制订发展目标、计划和政策起到极大的作用。

2)加工信息

由于了解到的情况可能有水分,或是竞争对手放的烟幕,或是传递环节过多产生了信息的失真,作为一个管理者还有对收集的信息进行加工的责任,进行适当的分析,做到去伪存真、由表及里、由此及彼。

3)保持信息渠道的畅通

这有两重含义。一是信息的传递要是双向的,发送者除了要把信息传递给接收者外,还应能及时收到反馈信息,保证接收者明确无误地收到。二是要保证信息正确地传递到需要的一方。现在办公自动化的设备越来越普及、性能好、操作方便,为信息传递带来了便利的条件,同时也带来了负面影响,即每个人收到的信息越来越多,造成了灾难性的局面:管理者被淹没在信息的海洋中,要花费大量的时间和精力才能从收到的大量信息中找到对自己有用的信息。信息正确传递,有利于避免这种堵塞现象。

在一个规模较大的组织内部,会存在类似信息中心这样的部门,它的职责除了保证计算机系统的正常运行外,还有收集、加工、分析、传递信息,但这并不能代替每个管理者在信息方面的作用。

3. 决策方面

一个管理者在自己的工作范围内,总是会遇到各种各样的问题,需要他拿主意、做决定,也就是说在决策方面发挥作用。大致有以下几方面内容。

1)提出供决策用的方案

遇到了问题,如在自己的职权范围内可以解决的话,他要在几个可以用来解决问题的方案中反复进行权衡,选出最合理、最好的方案来作出决策;如需要请求上级帮助和支援,他也要提出几种可供选择的方案供上级考虑。

2)调配资源,实施计划

根据实施计划的要求,管理者调配自己所掌握的各种资源,随着实施过程的进展,及时根据进度和外界环境的变化,调整资源的使用。合理地使用资源,包括资源使用量与时间的配合,才能保证资源使用的效率和任务的完成,以最小的投入获得尽可能大的产出。

3)协调好各方面的关系,解决好内部的矛盾和分歧

一个管理者往往要协调好三方面的关系。一是和上级的关系要协调好,及时向上级请示汇报,争取支持,也要交流各自的思想感情,建立良好的关系。二是要和平级部门的管理者建立良好的关系,以便在工作中发生困难和产生矛盾时,彼此间能相互理解和支持。三是要协调好下级间的关系,每个人的职责明确,保证在工作中彼此间不推诿、不扯皮,在工作中有矛盾时,认真听取各方的意见,不偏袒任何一方,真正做到一碗水端平,化解矛盾,解决分歧。

1.3.3 管理者应具备的素质与技能

管理者要做好自己所承担的管理工作,并获得成功,当然要学好管理学和管理学科中其他相关课程的基本思想、理论与方法,指导自己的管理工作实践,在实践中创造性地运用,不断总结,不断提高。做到这一点是完全必要的,但是还不够。基本的技能、优秀的品德、丰富的知识、良好的心理素质以及实践能力等素质也是影响管理者管理水平的重要因素。

1. 基本的技能

1)技术技能

管理者要具备一定的技术技能,要掌握解决自己分管范围内出现问题的技术和方法。不同层次管理者对技术技能的要求是不同的。基层管理者的工作明确,管理范围较窄,遇到的问题较简单、技术性较强、时间性较强,因此他必须是分管范围内的行家里手。随着职务的晋升、层次的升高,管理者的管理范围变宽,直至整个组织,这时,他所遇到的问题往往是全局性的,要综合运用各种知识来解决。管理者应该善于总结,积累解决问题的经验。丰富的经验不但有助于解决某个范围中的问题,也会提供不同的思路,起到举一反三的作用,帮助解决更大范围内的问题。

2)人际关系技能

管理者要接受上级的领导,要和同级协调关系,要指挥下级,总之要和人打交道,

因此人际关系方面的技能是必不可少的。在这方面，一是要以诚待人；二是要能设身处地为对方着想；三是说话要有分寸、讲究方式和方法。至于经验，也要在实践中总结。企业中不同层次的管理者对人际关系技能掌握的要求有所不同。相对于较低层次的管理者来讲，高层管理者要在不同的场合、在更复杂的情况下与人打交道，更要注意保持自己的形象，视不同对象采取不同的方式，与组织外的人打交道时是这样，与组织内的成员打交道时也是这样。地位越高，越要注意平等待人，不能盛气凌人，不能以势压人。在这方面，层次越高，对掌握好人际关系方面技能的要求也越高。

3）综合分析技能

管理者应该具备综合分析能力。工作中所产生的问题会以不同的形式表示出来，当我们观察到各种现象时，有的可能是一种假象，有的可能是表面现象。管理者必须掌握分析、综合的能力，透过现象看本质，在此基础上采取适当的措施，并要充分考虑到这些措施对其他方面可能产生的影响。高层管理者应该具备更强的综合分析能力。因为在其他各个层次的管理者都很好地担当起他们的职责后，出现在高层管理者面前的问题更具全局性、更复杂，涉及的因素更多、范围更广。基层管理者的错误只影响到组织中一个很小的局部，而且在其上级的干预下容易得到更正。而一个企业的高层管理者如果不能正确分析市场的变化，不能及时调整企业的战略，将给企业带来灾难性的后果。从这点来看，企业对高层管理者的分析、综合能力要求是非常高的。

4）创新技能

面对不断变化的环境和不断出现的新问题，管理者应具备创新的能力。由于时间、地点、环境的变化，管理者经常会遇到前所未有的新问题，管理者要研究新问题是在什么条件和什么背景下产生的，与以往相类似的问题有什么不同之处，运用自己多方面的知识和经验，进行分析和判断，找出新问题中的内在规律性的东西，进行逻辑推理，再到实践中去验证解决问题的方案，然后总结提高，形成新概念和新思想。

创新包括三层含义：首先，创新是推动经济社会发展的动力；其次，创新是一个过程，从科学技术知识的产生，到产品设计、试制、生产、营销，乃至实现产业化，形成规模经济；最后，创新是一个体系，包括技术创新、管理创新、组织创新和服务创新等。而具有中国特色的"自主创新"有三种模式：原始创新、集成创新和引进消化吸收再创新。

创新能力有一部分是来自不断发问的能力和坚持不懈的精神；创新能力还可以在一定的知识积累的基础上训练出来、启发出来，甚至可以"逼出来"；创新最关键的条件是要解放自己，因为一切创造力都根源于人的潜在能力的发挥。越是高层的管理者，他遇到新问题的可能性越多，就越需要有较强的创新能力。尤其是我国正处于不断变革的社会主义建设时期，新情况、新问题层出不穷，需要每个人去进行创新。

上面论述到的管理者应该具有的技术技能、人际关系技能、综合分析技能和创新技能，对不同层次管理者的要求是不相同的，可以用图1.2来表明。

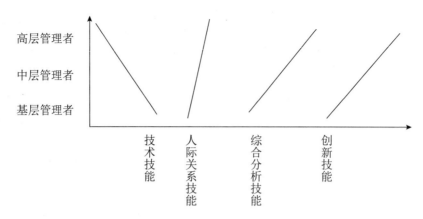

图1.2　对不同层次管理者的技能要求

情景小故事

孙权识才

三国鼎立之时，孙权是吴国国君。当时北方青州一个叫隐蕃的人，从魏逃到东吴，对孙权说道："久闻陛下最能识人、用人，又以仁义慈悲冠称天下，我综观现今的帝王，乃至过去的明君，没有能比得上陛下的。我在魏地就已向往陛下这里，今天终于能为陛下效忠，真是我的荣幸啊！"同时也对时局政事做了分析，他辞色严谨、态度诚恳地说："业今虽三国鼎立，但面对强魏，我们只有联合蜀国才能与之抗衡，因此，现在重要的是搞好和蜀汉的关系。"听完这些，孙权有点动心，隐蕃退下后，他就问陪坐在一旁的胡综："爱卿看此人如何？"

胡综说："他的话，大处有东方朔的滑稽，巧捷诡辩有点像祢衡，但才不如二人。倒有一种滥竽充数的感觉，陛下不妨仔细考察后再加以重用。"

孙权又问："爱卿认为应当给他什么职务呢？"

胡综回答道："不可让他直接治理臣民，只可先派他去做小官试试。"考虑到隐蕃大讲刑狱之道，孙权就派他到刑部任职。左将军朱据等人听说此事，都说隐蕃有王佐之才，都到孙权面前为他的大材小用叫屈，并亲为接纳宣扬。因此，隐蕃门前车马如云、宾客云集。甚至一位曾在关羽败走麦城时擒住关羽的大将之子也与隐蕃往来密切，大将听闻此事后，把他的儿子叫到家中，大骂一顿，而后又拿出家法狠狠地打了儿子一顿说："我家深受国恩，你却与降虏往来，打你一百鞭子。以后不许再同那些人交往！"

于是当时人们都非常迷惑，隐蕃到底是好人还是坏人实在是难以辨别。到后来、隐蕃作乱于东吴，事发逃走，被孙权搜回而诛杀。于是人们才感叹对似是而非之人的辨识的确不易。与隐蕃交往密切的左将军朱据等人对于与这种人交往后悔万分，同时对孙权不重用隐蕃的行为佩服不已。

资料来源：摘自《资治通鉴·魏纪·魏纪三》。

2. 优秀的品德

改革开放后，我国的经济建设快速发展。往往在变革、社会向前发展的时候，总会涌现出一大批杰出的英雄人物，其中包括优秀的企业家，同时也总会有昙花一现的人物。后者风光一时，最终还是被历史无情地淘汰，究其原因，有挡不住金钱的诱惑而贪婪成性，有追求享乐而无穷尽地挥霍国家或集体的财富，有权钱交易、自我恶性膨胀……根子还是人生观出了问题——为什么活在世界上。树立正确的人生观是具备优秀品德的首要之点。

一个人具有什么样的品德，核心是他有什么样的价值观。价值观是抽象的，它体现了每个人对周围客观存在的、影响自身发展的各种事物的重要性的看法和评价，从他的思想观念和行为准则上表现出来。中华民族的腾飞将是一个较长时间的过程，振兴中华、匹夫有责，作为管理者更要有强烈的使命感和紧迫的责任感，把小我融合到振兴中华的伟业中去。把远大的理想落实到本职工作中，怀着强烈的进取心，渴望在管理工作的岗位上有所作为，踏踏实实，勇挑重担，克服种种困难，在工作中做出成绩。

3. 丰富的知识

我们已经论述过管理学是一门综合性强的科学，在学习管理学时要涉及许多学科。在管理工作的实践中，也要接触到管理学科和其他学科的知识。

以企业为例，要做好管理工作就要熟悉本企业相关的许多工程技术方面的知识。计算机在企业中的应用越来越广泛，办公自动化（office automation，OA）、管理信息系统（management information system，MIS）、决策支持系统（decision support system，DSS）等，已经成为管理工作中不可缺少的组成部分，这就需要管理者熟练掌握信息处理能力、管理工作中的业务知识。要有心理学方面的知识，用于协调上下、左右的关系，做好人的工作。要掌握政治、经济方面的知识，以学好和掌握好党的方针、政策和国家的有关法规，把握经济发展的规律。

特别要强调的是掌握法律知识。市场经济在某种意义上可以说是法制经济，在市场经济体制中的企业与企业间、企业与消费者间的关系和行为要靠法律来规范。我国在历史上就是一个法制不健全的国家，改革开放以后，全国人大加紧制定各项法律，各省区市人大也纷纷出台了许多地方性的条例，在全国持续展开了法制教育，这都是为了使国家和经济能在一个健全的法律体系中正常运行。与企业有关的法律，如公司法、反不正当竞争法、专利法等越来越健全。企业要在法律允许的范围内运行，需要管理者自觉学习法律方面的知识，同时也要会运用法律武器来维护企业的正当权益，在市场经济错综复杂的情况下，企业被人钻了法律的空子而上当受骗的案例不在少数，这也迫使管理者非要认真学习法律知识不可。

也许你会说，我的本职工作是管理工作而不是去当一个律师，不可能熟知各种法律的条文。但是管理工作需要管理者学习法律方面的知识，建立法制观念，这样一旦有了问题你就会去找企业聘请的法律顾问或律师事务所的律师征求意见和寻求法律上的帮助。特别是企业在采取重大行动和签订重大合同时，事先都要详细征求律师的意见，避免因可能会出现的漏洞而造成的损失和遗憾。

4. 良好的心理素质

一个人具有很高的智商和很强的能力，未必能在他的事业中获得成功，这说明还有一个因素——心理素质在起着很重要的作用。而这一点往往容易被人所忽略。

一个管理者在日常工作中可能由于疏忽而造成失误；也可能在与同事交往中，一片好意被人误解；也可能遇到了新问题，在新产品开发、开拓新市场、工作中采用新方法时能大胆创新，但未获成功；在解决困难的过程中，遇到了挫折；在与对手竞争中，遭到了失败；等等。诸如此类，举不胜举。此时，首先遇到的问题是：在困难、误解、风险、失败、挫折面前你能否承受住巨大的压力。能，则还有前进和成功的可能；否，则为压力所压垮，什么也谈不上。在人的一生中，遭受挫折和失败是常事，而能以良好的心理素质来承受各种压力却不是人人都能做到的，再加上一些客观原因，事业上的成功者只是少数。

要有很强的自我控制能力。一个人会遇到许多逆境；自己的好主意、好办法，不能被别人接受，甚至遭到拒绝；下级未能按指示办事，把事情办砸了；在工作、生活中遇到了不顺心的事；到了一个新环境，人生地不熟，焦虑不安。这时人的情绪往往波动大，这就需要有很强的自我控制能力才行，控制情绪、控制言行。在承受压力的同时，也需要自我控制能力。

在工作中要能承受压力，要能自我控制，在个人生活、家庭生活中也是如此。但是一个人不可能永远在压力下生活，这就需要自我调节，有张有弛。以乐观的态度看待人生，看待竞争和压力，适时调节一下自己的生活，参加一些娱乐活动，休几天假养精蓄锐。适当地转移一下自己的兴奋点，阅读几本书，做些手工。

除了要具有优秀的品质、丰富的知识和良好的心理素质外，注意自己的穿着、仪表、举止和谈吐也都是必要的。

5. 实践能力

成功的管理者不可能是天生的。既要承认一个人的天赋在成长过程中的作用，也要强调教育和实践的作用。我们在学校里接受教育，学习各种知识，打好基础。走上工作岗位后，再回学校深造，在工作之余持之以恒地更新和补充知识。因此，接受教育是成长过程中不可缺少的，但又不是为了学习而学习，学是为了用，从这一点上说，实践是成长的关键。

管理者要在事业中获得成功，必须在管理工作的实践中经受磨炼、积累经验、增长才干、不断学习、不断提高素质，舍此别无他法。

1.4　本书的内容安排

本书共包括两个大的部分，6 章内容。

第一部分：管理的基本概念，包含第 1 章和第 2 章。第 1 章介绍了管理的概念，什么是管理学和管理者，为本书建立了相关的基本概念。第 2 章介绍了管理思想的形成过程和发展，从中可以领悟到一个基本原理，即管理思想是随着生产力的发展而发展起来的，今后还将继续不断地发展。

第二部分：管理职能，包含第 3 章到第 6 章，分别介绍了管理中的四个职能，即计划职能、组织职能、领导职能和控制职能，从而掌握管理工作中具体内容和管理的过程。

这 6 章内容的关系可用图 1.3 来表示。

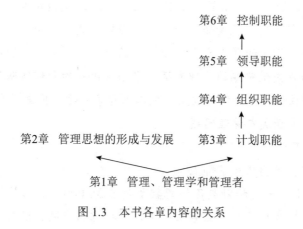

图 1.3　本书各章内容的关系

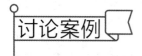

价值链成本管理——D 海洋工程公司成本管理的探索之路

引言

又到了年终考核的时间，D 海洋工程公司郑经理早早地来到了办公室，桌上放着集团下发的 2019 年年度考核报告：营业收入 3 739.64 万元，营业成本 3 657.68 万元，利润总额 81.96 万元……考核结果：及格。看到这里，郑经理脸上的表情和窗外的乌云一样凝重。今年又是勉强完成了考核指标，在集团考核中处于垫底水平，员工的总体绩效水平将会受到很大影响。去年同样是由于考核名次靠后，员工没有拿到期待的绩效工资，导致工作积极性不高，长此以往，将会形成恶性循环。如果明年不能有很好的业绩水平，集团将会出台一定的惩罚性措施。想到这里，郑经理心情愈发沉重，随后叫来了财务刘经理，"看看今年集团考核报告，我们的处境很不利。"刘经理翻看后沉思了片刻，"近几年公司船舶运营成本一直处于较高水平，降低成本将是提高利润的重要举措，以应对这种被动的局面。"郑经理点点头，说："9点各部门领导开会，你去准备准备。"

1. 背靠大树好乘凉——D海洋工程公司简介

D海洋工程公司于20世纪90年代成立，位于辽宁省大连市，是S集团下属公司，主营业务是为S集团提供海洋工程服务，占整个公司营业收入的50%以上。业务范围包括海洋工程测试、海上运输、海上后勤保障与服务。D海洋工程公司拥有自己的船舶和码头，属于资本密集型企业，同时也是技术密集型与成本密集型企业。截至2008年，公司仅有3艘船舶，近年来为适应时代需求，对海洋工程项目投入加大，扩大了经营规模，又先后建造了5艘船舶，共计8艘，总吨位共计1.8万吨，总价值4.3亿元。其中包含工程测试船5艘、运输保障船2艘、拖轮1艘。然而，随着船舶数量增多、管理难度增大，对管理者的管理水平提出更高的要求。目前，管理队伍年轻化，管理经验缺乏，对于工程测试船舶的管理和运营水平与优秀的管理团队还有一定的差距。加上不确定的市场因素、燃油价格波动、成本上升等问题，其盈利能力下降。

2. 穿越迷雾，直面成本管理问题

9点会议准时开始。

行政处周经理：采购错在了哪里？

公司2019年全年采购物料与备件的数量超过35 000件，成本超过400万元；采购品类近1 000种，涉及多个专业领域；不仅有标准品采购，还有非标准品采购。我们的采购人员加班加点工作，尽自己最大努力将各部门和各船舶所需的物资采购回来，到头来还落得一身埋怨：采购物资的质量不好，采购效率太低了，耽误工作的进度等。

在采购成本管理上，燃油、物料与备件采购，经过三家比价，并且选择报价最低的供应商进行合作，尽可能地降低成本。我们部门这么卖力工作，还受到指责，究竟是错在哪里了？周经理一脸的委屈。

财务刘经理：成本管理有什么新方法？

现在公司实行预算管理制度：各部门和各船舶每年年初上报预算计划，年终对各部门进行成本考核，成本制度侧重于事后对成本审核与监督过程。对成本预测和成本计划的重视程度不足，缺乏事中的成本控制，忽略了对燃油、物料与备件申请过程、使用过程和船舶维修保养过程中的成本控制。对采购产品企业资信、原材料信息、产品工艺、产品质量、售后以及船舶维修企业的维修保养水平等非财务信息重视程度不足，不能为管理层决策提供足够的信息支持。

通过对近几年的成本情况分析可知，船舶的运营成本处于较高水平，而目前的成本管理方法对船舶的运营成本控制效果有限。有什么新方法可以对船舶运营成本进行统筹与全面的管理，刘经理苦苦思索着。

人事王经理：如何激励员工？

与其他公司相比，本公司的员工工资在行业中处于较低水平，去年和前年绩效工资降低，员工已经有很大的意见，如果因为降低成本而降低工资，员工不一定会理解，往小了说会打击员工工作的劲头，往大了说可能会直接造成员工流失，这样做就得不偿失了。

目前公司船员的管理模式采用按职称评级的管理方式，但是由于船员工作量大、工作环境恶劣，除船长和轮机长外，普通船员由于工作的限制，很难获得高级别的职称，工资待遇很难得到有效的提升，不仅对企业的归属感不强，工作积极性也不高，对成本管理的制度执行力度有限。如何制订有效的激励措施，是一个问题。

船管部赵经理：燃油成本如何进行管理？

燃油成本也是船舶运营成本中占比较大的项目，2019年全年燃油成本665.15万元，占船舶运营总成本的18.2%，我们对燃油成本管理一直没有给予足够的重视。燃油管理仅仅停留在安全和日常使用管理上，现有的燃油月报表制度，只是进行简单的月度消耗统计，年末只关注全年的燃油消耗量。燃油使用过程应该如何进行控制？赵经理积极寻找问题的答案。

质量安全处冯经理：质量、价格能两全吗？

我们需要质量有保证的产品，品质越好的物资意味着越高的价格，有没有办法可以买到价格实惠、质量好的物资。比如说在一个供应商处多买些，总会给个便宜的价格。冯经理向行政处建议。

2号船张船长：制度如何监管与落实？

目前一些对船舶燃油的管理制度作为指导性意见，对船员的约束力不足。例如，意见要求在航渡和海上作业过程中，如条件允许，使用经济航速航行。但是在实际海上航行时，如果海况条件允许，通常使用全速航行。如何更好地进行制度设计，促进制度有效性，如何进行监管是需要进一步考虑的。

郑经理：各部门齐心协力破解成本难题。

"各位的苦恼，也暴露出很多问题，说明我们在成本管理上还有很大的上升空间，公司的发展前景是非常乐观的，"郑经理神情坚毅地说，紧接着话锋一转，"但是我们对成本管理的重视程度不足，导致船舶运营成本逐年上升。今天的会议，给我们提供了一些降低成本的方向，会后各部门再想一想还有没有降低成本的环节或成本管理新方法。这样，刘经理来牵头，协调各部门，大家辛苦一点，齐心协力，尽快找全问题，制订方案，下周一继续开会讨论。"

会议之后，财务刘经理与各部门进行沟通，深入了解各部门的核心诉求，又对成本管理方法进行多方了解，发现价值链成本管理是成本分析与成本管理的有效方法。同时，利用周末的时间加班与各部门一起梳理目前工作流程和成本管理方法，从价值链的角度整体进行考虑，识别成本管理问题。

3. 柳暗花明，成本管理新方向

时间转眼到了下周一，9点会议再次准时开始。

郑经理望向财务刘经理："老刘，进展得怎么样了，有新的想法了吗？具体说一说。"

"我了解到价值链成本管理是企业成本管理的一种新方法，从价值链角度对企业进行成本管理，企业提供产品和服务的同时，历经一系列的价值活动，而价值活动的发生伴随着企业成本消耗。一系列的价值活动构成企业的一条完整的价值链，处于价值链上的各个环节都存在降低成本的潜力。它区别于传统的成本管理方法：将企业所拥有的资源、能力和竞争优势作为整体来考虑，导致这些竞争优势不容易被识别。因此需要把企业的作业活动进行分解，通过单个作业活动的本身与作业活动之间的联系来确定企业的竞争优势。通过对价值链的分析，我们可将价值活动贡献与发生的成本进行比较，以确定成本是否合理，是否需要进行改进。"刘经理不慌不忙地讲述着。

郑经理紧锁的眉头舒展了一些："听起来是个不错的方法，具体是怎样执行的？"

"我们利用价值链成本管理，对公司的成本管理问题进行分析与识别，确定公司成本管理的几个关键问题，接下来可以根据问题逐个进行击破。我们也了解到，解决公司成本管理问题不仅仅是财务部门的事情，而是我们全公司、全体人员的事情，是要大家相互协作，一起努力才能完成的一项任务。"财务刘经理兴奋地说。

郑经理强调："我们既要完成明年的短期目标，也要保持在未来市场上的竞争力。需要各部门的全力配合与支持，明年船舶的运营成本下降，给你们都记一件大功。"

各部门应声表示同意。随后财务刘经理将价值链成本分析报告分发给在座的每一个人，并向郑经理进行汇报。

4. 抽丝剥茧

厘清成本管理问题，刘经理打开了早已准备好的PPT（演示文稿），信心十足地开始了汇报讲解，大家整齐地望向会议室前的大屏幕。

近几天，我和各位同事一起梳理了公司的成本管理问题，现在向大家汇报。D海洋工程公司提供海洋工程服务，成本的发生反映在提供服务和保障服务的过程中。根据公司的组织结构和业务流程情况，应用价值链理论识别公司的价值链，并对D海洋工程公司的船舶运营成本进行分析，发现D海洋工程公司固定成本占总成本的比例超过50%，且不会受到工程任务的影响；在变动成本中船舶燃油成本、物料与备件成本及船舶维修保养成本，占总成本的比例超过40%，会随着工程任务的增减而发生变化。又对占比较大的变动成本项目进行成本动因分析，确定导致各项成本变化的因素，以便寻找更好的成本管理方式，来降低船舶运营成本。

在进行价值链分析时，不仅要关注企业内部的作业活动，也要将注意力转移到企业外部。通过对公司船舶运营的各种作业活动进行分析，发现各项作业活动成本之间有一定的关联性，彼此之间相互依存，构成完整的企业价值链系统。结合公司成本消耗情况，识别出四个成本管理的关键问题。

1）采购与供应商管理

（1）采购效率低。采购效率低的原因为采购流程复杂、审批部门多。采购效率的高低间接影响物资备件的使用成本，因为存在采购到货时间慢的问题，在申请物料和备件时，申请数量通常会高于实际的使用量，使采购成本增大。

（2）议价能力弱。对于供应商的管理没有足够重视，未建立供应商的准入、选择、评估与管理制度，无法对供应商作出客观、全面、准确的评估。供应商选择人为因素大，将价格作为主要因素，其次考虑产品的交货时间、质量等因素。供应商更换频繁，未与供应商建立长期稳定的合作伙伴关系，从而导致供应商的不稳定性，缺乏长期合作的基础。对于同品类的物资，合作的供应商有多家，单一供应商采购量小，议价能力弱，而议价能力弱将直接导致采购成本提高。

2）库存管理

目前，公司的库存管理模式为：各艘船舶设立物料与备件仓库，单独管理各自的物料与备件。通过对库存结构与库存量的分析，物料和备件总体数量库存总量大，但库存积压与不足现象同时存在，部分物料和备件的库存数量大，可能数年也用不上，甚至是报废，也有部分物料和备件面临库存量不足的风险。

（1）库存结构不合理。船员凭经验进行申请物料与备件。这种方式虽然一定程度上反映了船舶对物料与备件的需求情况，但是也存在一定的个人偏好，申请物料和备件的结构可能与实际需求情况有较大的出入，不能真实地反映船舶需求情况。

（2）库存数量大。公司在船舶物料与备件的管理中设定了安全库存，当库存低于安全库存时，进行申请与采购。但是由于公司采购效率低导致采购周期长，船员为了防止物料与备件短缺风险的出现，会增加申请的数量，以防止申请的物料与备件不能及时到货而影响船舶航行安全。目前不论是公司管理层还是船舶的实际使用者，都存在着物料与备件的数量越大越安全的理念，没有对物料与备件的申请量进行限制。但是由于物料与备件作用、使用频率、使用寿命、可替代性等各不相同，较高的申报数量与库存水平也会存在短缺的风险。

3）燃油管理

（1）缺乏完善的燃油成本管理制度。公司对船舶燃油管理的重点在燃油使用安全上，对燃油用量只是进行简单的统计。公司设立的燃油报表制度，要求各船舶在每月末将当月燃油消耗量与剩余量报送至船管部，在年末进行燃油消耗总量的统计，仅关注年度总体消耗量，没有将船舶的航次数量、航行里程与燃油总消耗进行对比分析。没有建立燃油成本管理的制度，难以促进船员对燃油成本管理的自觉性，不能对燃油成本进行有效的监督与管理。

（2）船舶未使用经济航速航行。公司将船舶使用经济航速航行作为一个控制燃油成本的指导意见，在船舶实际运营过程中，既没有对船舶经济航速作出明确的界定，也没有对船舶使用经济航速航行形成明确的制度，所以对使用经济航速航行指导意见的执行力度有限。

（3）未选择合适的加油时间、加油合同策略与加油港公司。加油时间是当燃油剩余不足或有远航任务时，将燃油加至满舱。加油时间选择只考虑了船舶燃油的剩余量，没有对燃油价格波动因素进行考虑。燃油进行采购时，没有使用合同策略。与供应商签订单次的燃油采购合同，以当时的价格进行交易，不能获得批量采购价格。公司船舶加油港一般选择在大连地区港口，没有根据不同地区油价的差异选择加油港。

4）维修保养管理

（1）船舶进船厂维修频次设置不合理。公司采取了控制坞修频次，提高两次坞修的时间间隔，增加航修项目数量的方式降低成本。坞修时间间隔平均3年左右，但是这样的做法存在一定的风险，就是缺少对船体以及船底设备等水下部分的检查，而船体或水下部分出现问题，修理的费用将会更高。

（2）修船厂的选择不合理，坞修项目数量大。修船厂的选择不合理。选择维修船厂主要关注修船价格和修船厂距离母港的距离，对修船厂服务范围和服务水平等其他影响维修的因素估计不足。坞修项目数量大。通常情况下，船员为了维修的便利性，将必须进厂维修项目与非必须进厂维修项目不加区分，统一进厂修理，而维修项目的增加，延长了船舶进厂驻坞时间，从而增加了维修成本。

（3）自修积极性不高。船舶有效的保养可以减少船舶维修的次数，延长船舶的使用寿命。目前公司各船舶总体自修与保养频次不高，主要是因为船员对船舶自修与保养的积极性不高，缺乏必要的激励措施。部分自身可以完成的维修保养项目，外协修船厂进行航修。

5. 尾声

听完刘经理的汇报后，郑经理微笑着点点头。看到郑经理的表情，刘经理也松了一口气，想着："这段时间的加班总算值了，也多亏了大家的帮助。"脸上露出一丝喜悦的表情。郑经理放下手里的分析报告，"这份报告对我们公司的成本管理问题的分析非常细致到位，大家辛苦了，接下来根据这份分析报告制订成本管理方案，相信在接下来的一年，只要我们公司全体员工守住降低成本这一目标不放松，一定可以创造出更好的业绩。"

资料来源：本案例由大连理工大学经济管理学院的郭艳红、王海涛撰写，有删改。

思考题

1. 请你分析一下D海洋工程公司成本一直处于较高水平的原因是什么。
2. D海洋工程公司是如何通过价值链识别成本管理问题的？
3. 如果你是D海洋工程公司的管理者，你将如何制定公司的成本管理策略？
4. 本案例中价值链成本管理方法是否适用于其他企业？应注意哪些问题？

本章小结

管理是人类生活中最常见、最普遍和最重要的活动之一。大到一个国家，小到家庭和个人，都要开展管理活动。然而不同领域、不同范围的管理活动又各不相同。在人类社会发展过程中，许多管理学家就"什么是管理"提出了自己的见解。虽然各学者对管理的定义各不相同，然而管理的重要性却得到了普遍认可。从生产力水平低下的庄园经济时代到生产力水平高度发达的市场经济时代，这一观点贯穿了整个人类发展历史。

管理既具有社会化大生产这一自然属性，又体现出生产关系这一社会属性。

经过历代管理学家的抽象，管理渐渐形成一门学科：管理学。管理学是一门系统研究管理活动的普遍规律、管理基本原理和一般方法的科学，有综合性、实践性强、不精确等特点，它既是一门科学又是一门艺术。研究管理学主要用辩证唯物主义和系统科学的观点与方法。

管理者是从事管理工作负有领导和指挥下级去完成任务职责的组织成员。管理者按照不同的方法有不同的分类，一般可以根据其在组织结构中的层次来区分为高层管理者、中层管理者和基层管理者。虽然不同层次的管理者在管理过程中所发挥的作用不同，但是不同层次的管理者也有其共性，这些共性主要体现在人际关系、信息和决策三个方面。这也决定了一个管理者应该具有的技能：技术技能、人际关系技能、综合分析技能和创新技能等。

管理者要在事业中获得成功，必须经受磨炼、积累经验、增长才干，在管理工作的实践中不断成长。

即测即练题

第 2 章 管理思想的形成与发展

学习目标

学习本章之后，你应该能够：
1. 了解管理思想形成和发展阶段的特点。
2. 了解管理思想早期和萌芽阶段的特点。
3. 了解泰勒的贡献。
4. 熟悉科学管理的内容，以及法约尔的管理思想和管理原则。
5. 了解霍桑实验。
6. 了解梅奥的人群关系理论。
7. 了解现代管理理论的基本思想。

开篇案例

云南腾药：中华老字号品牌文化何以生生不息

1. 云南腾药与腾药文化

云南腾药是一个老牌的国营制药厂，坐落在神奇而秀美的"极边第一城"——云南腾冲，成立于1956年，当时腾冲医药供应社联合了几家有名的私营药店后，以公私合营的方式，在药王宫内成立国营制药厂，并开始使用"腾药"商标，后被认定为中国驰名商标，并被商务部授予"中华老字号"称号。

云南腾药以诚信制药作为发展之本，以为人类健康创造卓越价值作为企业使命。药王宫是腾药文化的发祥地，始建于明天启六年（1626年），为明代万历年间随江西丰城邓子龙将军平叛至腾的军医李仲春所倡建，得医药界同道相赞，祀唐代名医孙思邈并建有邓子龙将军祠。2003年4月，药王宫被腾冲县人民政府确定为县级重点文物保护单位，2005年被保山市人民政府确定为市级重点文物保护单位，2019年被云南省人民政府确定为省级重点文物保护单位。据传在民国时期，腾冲中医药制作传承着前店后厂的经营模式，有一家人在做药的过程中，偷偷减少了一味贵重药的剂量，以为不会有人发现，谁知事情还是被人披露出来，在当年的医师公会上，受到了大家的严厉谴责，大家就商议惩罚这家人，最终决定由他们家出资在药王宫的莲池之上修建思过亭，一是要让当事药商悔过自新，二是要警戒医药界同行不可再犯。一代又一代腾药人每年在思过亭前宣誓"人命关天，诚信制药"，为百年腾药打下坚实的人文基础！思过亭上有一副对联"宁为上药三分利，莫负良医九折肱"，这已成为近400年来腾药的训言。"诚信制药，做良心药"业已成为腾药的制药精神。

2. 腾药品牌文化定位

集团总经理李筱玲深知腾药文化对于企业的重要意义,于是开展一期关于腾药品牌文化战略专题研讨会,邀请公司所有中高层领导、部分高校的专家和学者出席。

会上,销售部门负责人介绍了经验交流会上销售人员反映的问题,并以PPT形式详细介绍了腾药近3年的销售情况、市场占有率等。紧接着,质检部门负责人发言,他说,腾药作为一家现代中药制药企业,其制药过程一直遵循"精选道地药材、秉承古法炮制、健全标准体系、保障优质供给"的原则,经历50多年历史积淀,具备了雄厚的制药技术基础,在不断汲取现代科学技术的基础上具备了一流的检测手段,使"腾药"产品有了过硬的质量。因此,建议腾药品牌文化应聚焦于"质量上乘""精品""诚信"。

主管生产的副总监发言,她说:"在腾药,'宁为上药三分利,莫负良医九折肱'是人人熟知的古训。公司一直教育职工,制药关乎人的健康和性命,必须精益求精。因此,腾药品牌文化应强调'古法炮制''精益求精'。"

接着,总经理李筱玲发言,她说:"我们的传统优秀普药产品如安宫牛黄丸、藿香正气水、六味地黄丸等的生产加工,一直秉承道地选材、遵古炮制的剂型加工生产,这些成药由于配方合理、用料讲究、遵古制剂,最终制成了疗效显著的精品良药。"她喝了一口水,继续阐发自己的观点:"一些独具特色的工艺作为我们腾药的精髓一直流传至今,这些技艺单靠书面规程及控制参数无法成功制作,必须通过言传身教的"制药经验+参数化",采用'传帮带'模式,实行'以老带新'及'轮岗制度',让传统制药工艺最大限度地保留及传承,最后制成疗效显著的精品良药,这些传统的制作技艺已列入云南省非物质文化遗产,并正在申报国家非物质文化遗产。因此,我认为,秉承古方、精品良药是腾药独特的制药风格和品牌文化。"

经过与会者的热烈讨论,最后大家达成了共识:将腾药品牌文化定位为"中华老字号""百年腾药""精诚腾药"。"中华老字号"品牌文化呈现的是中华民族优良传统,体现的是腾药精益求精的工匠精神;"百年腾药"体现的是腾药悠久的历史文化传承和品牌价值;"精诚腾药"中的"精"指的是"遵古炮制、精品良药","诚"指的是"诚信制药""真诚服务于人类健康"。

3. 老字号+新时代:腾药品牌文化的精进

顾名思义,"中华老字号"是指历史比较悠久的企业,拥有世代传承的产品、技艺或服务,具有鲜明的中华民族传统文化背景和深厚的文化底蕴,取得社会广泛认同,形成良好信誉的品牌等。老字号之所以经久不衰是因为诚信、品质、拼搏、创新,并举几代人精益求精、艰苦奋斗打造出来的。

腾药人在李筱玲的带领下统一了思想,全体管理者和员工必须树立现代传播意识、公关意识、互联网思维,制定腾药品牌文化弘扬战略,对内要走出腾冲、云南,向全国拓展;对外要先向东南亚、南亚进军,积累经验后再向全球推广。在数字化、智能化、日新月异的新时代，要尽快改变传统的线下单一渠道传播腾药品牌文化的做法，尽快拥抱互联网，利用"线上网络平台＋线下传播渠道"等全方位打造腾药品牌文化价值。

4.思考：腾药品牌文化何以生生不息？

2020年1月突如其来的新冠肺炎疫情，对腾药人来说既是机遇又是挑战。李筱玲说，所谓机遇，是在抗击疫情过程中，腾药生产的安宫牛黄丸、藿香正气水、板蓝根颗粒等都是疫情急需药品，在这次抗疫中，中药为挽救生命起到了重要作用，使人们对中药的价值有了更深的认识，这对以生产中药为主的腾药今后的发展大有裨益。所谓挑战，是作为深居云南边陲的中华老字号，尽管腾药产品品类在不断增多、市场在逐步扩大，社会公众认同度在逐步提高，有了一定的知名度、美誉度、忠诚度，但与云南白药、同仁堂等老字号相比较，的确还有很大差距，这是腾药面临的现实挑战。要让腾药品牌文化生生不息，腾药人任重道远！

资料来源：本案例由大连理工大学经济管理学院的郭文臣、王淑娟撰写，有删改。

2.1　管理思想的形成和发展阶段

管理思想的产生可以追溯到世界上有了人类的时候，随着人类社会的进步，管理思想逐步发展起来。管理思想的发展大致可以分为五个阶段，即早期管理思想阶段、管理思想的萌芽阶段、古典管理理论阶段、新古典管理理论阶段和现代管理理论阶段。

2.1.1　早期管理思想阶段（18世纪以前）

原始社会的生产力水平非常低，人们为了在恶劣的自然环境中生存，必须集体从事生产活动，如狩猎需要由一群人来合作进行，有的驱赶野兽，有的挖掘陷阱，有的担任射杀任务，有的在捕获了猎物后进行分配，等等。这些活动都需要人们组织起来协调进行，实际上这就是管理活动。

一直到18世纪，在这漫长的历史时期，生产力增长十分缓慢，庄园式的自给自足的农村经济和作坊式的手工工业，基本上都是以家庭为单位进行的，家长在从事生产活动的同时进行简单的管理工作。尽管在古代，中、外也都有一些浩大的工程，其组织工作的复杂连今人都自叹不如。但在当时的历史条件下虽有管理活动和管理实践，却无法形成系统的管理思想。

2.1.2　管理思想的萌芽阶段（18—19世纪末）

早在14—15世纪，欧洲就产生了资本主义的萌芽，英国、法国先后爆发了资产阶级革命，推翻了封建地主阶级的统治，为生产力的进一步发展扫清了道路。经过18世纪到19世纪的工业革命，才最后确立了资本主义。

1733年，英国人约翰·怀亚特发明了纺织机，机器的大量使用使手工作坊向工厂发展，大量的工人在一起从事生产活动，社会生产力大大提高。工厂制逐渐替代了手工作坊，也带来了一系列的新问题：在专业化生产的条件下，许多工人彼此之间如何协调工作，工人与机器之间、机器与机器之间如何配合，怎样对工人进行培训、激励和管理等，这些问题与手工作坊的管理完全不同。在这样的背景下，管理工作中的计划、组织、控制等职能逐渐形成，同时专门从事管理工作的管理人员从工人中逐渐分离出来，在实践的基础上开始形成管理思想。同期出版的许多著作也开始探讨管理思想。

2.1.3 古典管理理论阶段（19世纪末至20世纪30年代）

随着生产力的提高，整个社会发生了巨大的变化。技术进步加快，企业的规模越来越大，遇到了中、小型企业中没有遇到过的问题，如效率低、管理困难、机构如何设置等。怎样运用一套完整的、科学的管理思想和管理方法来解决这些管理上的新问题，使之与迅速扩大的生产力相适应？这是当时必须考虑的问题。

工厂主靠自己的经验，采用传统的方法进行管理，为了能获取更高的利润，往往采取延长劳动时间、加大劳动强度的办法，这样做必然激起工人的反抗，引起劳资双方关系的紧张。单靠经验的传统管理方法不行，迫切需要通过改进管理来缓和劳资之间的矛盾，并使工厂主获得利润。

在上述原因的推动下，许多管理者和工程师进行了改进管理的研究。泰勒（Frederick Winslow Taylor）是其中的代表人物，他成就显著，被后人尊称为"科学管理之父"，他的代表作是1911年发表的《科学管理原理》一书。在这一阶段，管理学逐步形成。

2.1.4 新古典管理理论阶段（20世纪30—40年代）

泰勒的科学管理理论和方法得到了广泛的运用，对提高劳动生产率起了很大的作用，但是科学管理思想的特点是重视物而轻视人的因素，把人看作机器，强调对工人严加管理，以规范化和标准化的措施，辅以金钱的刺激来提高劳动生产率，而没有顾及工人在社会生活中与他人之间的交往和精神上、感情上的需求，其结果并没有有效地提高劳动生产率，反而引起了工人的不满和反抗。

随着科学技术的进步，企业的生产规模不断扩大，工人的文化水平和技术水平都有了提高，在这种情况下采用严格管理和金钱刺激就失去了过去所能起到的作用。在新形势下需要研究人的因素，研究怎样才能调动工人的积极性，从而提高劳动生产率。

当初为了验证生产环境对工人劳动生产率的影响，1924年开始在位于美国芝加哥郊外的西方电器公司霍桑工厂进行实验。但是却发现实验的结果与原来的想象并不一致，那么到底是什么因素与工人的劳动生产率有关呢？于是西方电器公司邀请了哈佛大学心理学家梅奥和罗特利斯伯格从1927年开始重新进行实验，一直到1932年结束。这就是管理思想发展过程中具有重要意义的霍桑实验，并在此基础上创建了人际关系学说。

这一阶段管理思想的特点是把人看作社会的人，研究与人相关的社会因素。

2.1.5 现代管理理论阶段（第二次世界大战后）

第二次世界大战后，许多国家都致力于本国经济的发展，科学技术迅速发展，生产规模急剧扩大，生产的社会化程度日益提高，这一切都推动了生产力的迅速发展和对管理研究的进一步深入。许多学者结合前人的经验和理论，从不同的角度出发对管理进行多方面的研究，提出各种不同的分析方法和思想，产生了多种管理学派，出现了"管理理论丛林"现象。这种现象的出现说明了管理受到社会各界广泛的重视，大家都来进行研究，出现了"百家争鸣"的局面，这些学派之间互相补充，从各个方面来阐述管理中的有关问题，极大地丰富了管理思想和管理科学。

这一阶段的另一个显著特点是，数学在管理中得到了日益广泛的应用，主要是运筹学（operational research，OR）。在第二次世界大战期间，英国为了使其有限的空中力量能与德国大规模的空中力量相抗衡，并取得最佳战果，请数学家来解决空中力量的最优配置问题。无独有偶，当时美国组织了盟国的船队穿越大西洋向英国等欧洲盟国运送军需品和人员，船队在大西洋遭到了德国U形潜艇肆无忌惮的攻击，损失惨重。怎样配置和协调使用飞机与水面舰艇来护航，如何确定深水炸弹的最佳爆炸深度，来提高盟国船队的生存概率，成了亟待解决的重要问题。在数学家的帮助下，运用数学方法圆满地解决了这一难题。第二次世界大战中发展起来的运筹学在战后得到了广泛的应用，特别是在管理工作中。

运筹学是一种定量的科学方法，它研究的是在一定条件下，统筹安排各个环节、各个活动，从许多可行的方案中去选择一个使目标最好的方案，达到最好的效果或最高的效益。在计划、决策和控制等方面能发挥很大的作用。

数学模型在管理工作中得到越来越多的应用，加上计算机技术的迅速发展，促进了管理科学的进一步发展。

管理思想发展阶段的划分并不是绝对的。从不同的研究角度出发，划分的阶段数不一样，起止年代也可能不一样。一个阶段的主导管理思想往往孕育于前一个阶段之中，如对人的心理因素研究早在以泰勒为代表的阶段中就开始了，只是霍桑实验对人类行为的研究起了巨大的推动作用。

> 情景小故事

田忌赛马

孙膑曾经和庞涓一起学习兵法。庞涓已经为魏国效力,又被惠王封为将军,但是他嫉妒孙膑的才能,就暗中把孙膑叫来。孙膑来了后,庞涓用刑法将孙膑的膝盖割掉,并在他的脸上刻字,想把他藏起来不让人看见。

齐国使者到魏国都城大梁来,孙膑以刑徒的身份秘密拜见,齐国使者觉得此人是个奇人,就偷偷地把他载回齐国。齐国将军田忌非常赏识他,并且待他如上宾。

田忌经常与齐国众公子赛马,设重金赌注。孙膑发现他们的马脚力都差不多,马分为上、中、下三等,于是对田忌说:"您只管下大赌注,我能让您取胜。"田忌相信并答应了他,与齐王和诸公子用千金做赌注。比赛即将开始,孙膑说:"现在用您的下等马对付他们的上等马,拿您的上等马对付他们的中等马,拿您的中等马对付他们的下等马。"三场比赛后,田忌一场败两场胜,最终赢得千金赌注。

资料来源:摘自《史记·孙子吴起列传》。

2.2 管理思想的早期和萌芽阶段

2.2.1 早期管理活动和管理思想

自从有了人类,就有了分工协作和组织管理工作。尽管生产力低下,但在严密的组织和管理下,无论在外国还是在中国都出现过宏伟的建设工程,著名的埃及金字塔和中国的万里长城就是最好的例证。

扩展阅读 2.1
摩西出埃及记

1. 国外古代的管理活动和管理思想

在公元前 5000 年左右,古埃及人建造了世界七大奇迹之一的大金字塔。据考察,建造大金字塔共耗用万斤重的大石块 230 多万块,动用了 10 万人力,耗时 20 年。在浩大的工程中先干什么、后干什么,每个人每天都干什么活儿,采石、运输、砌石等工作之间如何协调,等等,涉及一系列的工程设计、组织施工、工程管理等方面知识。组织管理工作的严密和卓有成效,连我们现代人也要叹为观止。

古罗马帝国兴盛时期,疆域辽阔,包括整个欧洲和北非,人口 5 000 万,治理这样一个庞大的帝国谈何容易。公元 284 年,当时的皇帝戴克利先把整个帝国分成 101 个省,这些省归并为 13 个区,再进一步归并为 4 个大区。皇帝自己兼任一个大区的领导,再委派 3 个助手分别管辖余下的 3 个大区。大区的首脑委派领导各个区的总督,再由总督委派领导各省的省长。省长只管本省内的民政，而不统率军队。这样做使省长既无法以军队来反抗中央政权，又能根据当地的特点来治理好本省。这种政权的组织形式使罗马能号令整个帝国并保持了帝国的稳定。

公元前 2000 年左右，古巴比伦国王汉谟拉比建立了强大的中央集权国家，并颁布了有 282 条法规的《汉谟拉比法典》，其中有许多条款对人的行为和活动做了规定，以此来调节人与人之间的关系和规范个人的行为。

公元前 370 年，希腊学者瑟诺芬以做鞋为例，一个人缝鞋底，一个人进行裁剪，另一个人制作鞋帮，再由一个人把鞋的各部分组装起来，指出一个从事高度专业化工作的人一定能工作得最好。这种思想和 19 世纪初泰勒提出的专业化分工的思想几乎是一致的。

到了 16 世纪，意大利著名的思想家和历史学家马基雅维利在其多部著作中阐述了许多管理思想，具有较大影响的是他提出了管理四原则。

1）群众认可

所有的政府要持续存在都必须依赖于群众的支持。即权力是自下而上的，而不是自上而下的。

2）内聚力

要使国家持续存在，必须有内聚力。一个君主要依靠自己的朋友来维持组织的统一并使自己的事业获得成功。同时，要使人民确信自己的君主是值得信赖的，也知道君主期望他们做什么，有明确的责任感。国家要有固定的法律和政策来维持稳定。

3）领导方法

君主要通过努力刻苦的学习来掌握领导方法。一个君主要以自己的榜样来鼓舞自己的人民，振奋精神，在国家遭受侵略时，能使人民团结在君主的周围同仇敌忾。要能与各个集团打成一片，又要处处维持尊严。要奖励那些对国家有益、作出贡献的人，保证公民受到公正的对待，以此鼓励公民从事各种职业。能明智地利用各种机会，能顺应时代的潮流。总之，作为一个君主要有特殊的能力。

4）生存意志

要有强烈的生存意志，在困难的时候能够坚韧不拔，为国家的生存而奋斗。

马基雅维利所说的原则既适用于君主领导和管理一个国家，同样适用于管理一个组织，在管理思想的发展中起了相当大的作用。

2. 中国古代的管理活动和管理思想

万里长城始建于公元前 200 多年，动用人力几十万，历时 100 年。东起河北省的山海关，西止甘肃省的嘉峪关，横跨河北、北京、山西、内蒙古、陕西、宁夏和甘肃 7 个省、区、市，蜿蜒于崇山峻岭之中长达 6 700 千米。这样浩大的工程必须靠严密的组织、完善的管理才能完成。据《春秋》记载，当时的计划十分周到细致，不仅计算了城墙的土石方量，连所需的人力、材料，以及从何处征集劳力，他们往返的路程、所需口粮，各地应担负的任务也都一一明确分配。万里长城不仅是古代中国人民留给世界的一个奇迹，也是古代中国人民最好的管理实践。

在宋真宗祥符年间，由于皇城失火，宏伟的昭君宫被烧毁，大臣丁渭受命全权负责宫殿的修复。这在当时，工程浩大，不仅要进行完整的施工设计，还要解决诸多的困难：清理废墟的垃圾无处堆放、烧砖烧瓦无处取土、大型木材石料运输极其困难。丁渭对此提出了一个巧妙的方案：先在宫殿前的街道挖沟，用取出的土烧砖烧瓦；再把京城附近的汴水引入沟渠中，形成一条运河，用船把各地的木材石料等建筑材料运到宫前，解决了运输问题；最后沟渠撤水，把清理废墟的碎砖烂瓦就地回填，修复原来的街道。这个方案合理、高效的同时解决了三个问题。这是中国古代成功的一次管理实践。

中国古代的许多著作都有管理思想的论述。

春秋战国时期，杰出的军事家孙武的《孙子兵法》共13篇，充满着辩证法的智慧，许多策略思想不仅在军事方面能发挥巨大作用，在管理上也有重要意义。今天日本的许多公司把《孙子兵法》作为培训经理的必读书籍。

春秋战国时期的另一部著作《周礼》对封建国家管理体制进行了理想化的设计，内容包括政治、经济、财政、教育、军事、司法和工程各个方面。特别是对封建国家的经济管理方面的论述和设计都达到了相当高的水平。

中国古代关于领导艺术、经济管理方面的思想可以在许多著作中找到，如《孙子兵法》《周礼》《墨子》《老子》《齐民要术》《天工开物》等，极大地丰富了管理思想。

2.2.2 工业革命推动了管理思想的发展

工业革命促进了生产力的较大发展，工厂制的建立对管理提出了许多新问题，这一时期的许多人从各方面对管理工作进行了研究，推动了管理思想的发展。

1. 劳动分工

英国政治经济学家亚当·斯密于1776年发表的《国富论》中以制针业为例说明了劳动分工可提高劳动生产率。

一个受过训练的工人独自完成制针的全过程，最快每天也不过制作20根针。如果将制针分解成许多单一的作业，由几个工人分别来完成其中之一的作业，如拔丝、矫直、切段、磨针尖、在另一端钻孔做针鼻……则平均每个人每天可以制针4 800根。

斯密分析了其中的原因，劳动分工使每个人只从事单一性和重复性的作业，提高了技巧和熟练程度，节省了从一种作业变换到另一种作业所耗费的时间，有利于发明专门使用的机器，更进一步节省了时间。今天广泛采用的专业化工作和专业化生产无疑与斯密的劳动分工可以提高劳动生产率的思想是一脉相承的。

斯密通过对社会经济活动的研究，提出了如下的观点：人们在经济活动中出自追求个人利益的目的，必须顾及他人的利益，形成了共同利益的基础，由此推动了社会的发展，每个人在经济活动中追求个人的经济利益，即是"经济人"的观点构成了当时管理活动的一个理论基础。

英国的数学家查尔斯·巴贝奇在几年时间里到英国和欧洲的许多工厂研究管理问题，1832年在出版的《关于机械和制造的经济效益》一书中，他把管理问题分为制造的经济原理和制造的机械原理来进行研究。在有关经济原理的研究中，他强调劳动分工的有效性，通过劳动分工可以节省训练时间，减少训练中所耗费的材料，节省了从一道工序转向下一道工序所需的时间，不必改变所用的工具而节省了时间，通过反复进行同一类的作业而使技术熟悉并加快了工作速度，便于改进和发明工具和机械。

2. 企业所有权和管理权的关系

亚当·斯密在《国富论》中认为企业的所有权和管理权一般是分开的，特别是当赚钱的时候更是如此。

法国经济学家萨伊首先提出除了土地、劳动力、资本外，管理是生产的第四个要素。并且指出，有些企业家由于同其他人合伙或借入资本而只拥有企业的部分所有权。此时，这类企业家承担起了经营这个企业的责任，要雇用工人、购买原材料、寻求消费者、保持生产的正常进行，经营企业要冒风险，他就必须负全责来监督和经营企业。这样的企业家只有部分的所有权，却掌握企业全部的经营权。

3. 管理的职能

许多经济学家都提出了管理工作中的一些职能。

如：萨伊强调计划职能的重要。塞缪尔·纽曼（Samuel Newman）在1835年出版的著作中认为管理人员的职能是"计划、安排和实施各种不同的生产过程"。劳伦斯·劳克林（Lawrence Laughlin）提出，"管理人员选择厂址，控制财务，买进原料并卖出产品，同工人打交道，给工人安排任务并进行劳动分级，注意市场动态，知道什么时候应该出售产品，什么时候应该保留自己的产品，能够满意地找出什么是买主真正需要的，并使自己的货物适合于这种需要。"

有一些经济学家则注意到了组织职能和对员工的培训。范布伦·邓斯洛（Van Buren Denslo）在1868年出版的《社会、政府和工业的经济哲学原则》中指出："雇主从属于公众，而每一雇员从属于自己的雇主。这样，整个企业的力量才能从事于满足公众需要的工作。这就是工业中的组织。"弗朗西斯·鲍恩（Francis Bowen）则强调了命令统一原则，"任何一个大企业要取得成功，其主要条件是要有一个行政首脑，而且要是一个很能干的行政首脑。"埃米尔·德·拉维勒耶（Emile de Laveleye）指出："通过对一无所有的工人的训练来帮助他们，是劳动力雇主的责任。""政府首先应关心建立一些训练良好的工业管理人员的机构。"艾尔弗雷德·马歇尔（Alfred Marshall）则在1892年出版的《工业经济学原理》一书中提出："在培训工人的能力方面的投资费用不论是由谁来负担，这种能力都将成为工人自己的财产，而那些帮助工人的人的美德，就将主要成为它本身的报酬。"

4. 管理人员应具备的品质

塞缪尔·纽曼在 1835 年出版的《政治经济学原理》中认为:"要成为一个好的企业家,需要有一些品质,而这些品质,很少发现在同一个人身上都具备。他应该具备不寻常的远见和深思熟虑,使他能很好地制定计划。他在实施计划时必须有不屈不挠和坚持目标的精神。他还必须常常监督和指挥别人的工作。为了做好这项工作,他必须既谨慎又有决断。为了成功地从事某些生产工作,既要有丰富的一般事务的知识,又要有丰富的具体的职业知识。"有人还认为应该加上忠诚和热心,有人把自力更生和敏捷也作为合格的管理人员必须具备的品德。

5. 激励

埃米尔·德·拉维勒耶认为凡是能实行激励的地方,计件工资最能提高生产率。约翰·斯图尔特·穆勒则在《政治经济学原理》中提出:"有许多办法可以使职工的利益同公司营业的成功发生更密切的关系。在全部自负盈亏的工作同为他人工作而领取固定的日薪、周薪或年薪之间,是有许多中间的办法的。"

值得一提的是查尔斯·巴贝奇在《关于机械和制造的经济效益》中主张采用工资加利润分享的制度,来调动工人的积极性,并且可以调和劳资之间的关系。他认为这样做有许多好处,每个工人的利益与工厂的发展和效益的高低直接有关;每个工人都会关心浪费和管理不善的问题,并提出改进的建议;促使每个部门改进工作;有利于激励工人提高自己的技术水平和形成良好的品德;工人和雇主的利益一致,消除隔阂,减少矛盾和冲突,有利于企业的进一步发展。

总之,在这一阶段对管理问题的研究有了进展,提出了许多思想,但还未能形成一门管理的科学。

2.3 古典管理理论阶段

2.3.1 泰勒的生平和贡献

1. 生平简介

泰勒出生于美国费城的一个律师家庭,在母亲的抚育下长大。从少年时代起,他对任何事情都有一股刨根问底、追求真理的劲头,观察问题缜密,并有进行验证的决心。在继承父业的思想指导下,他考上了哈佛大学的法律系,由于得了眼疾,不得不辍学。1875 年他进入费城的一家机械厂当徒工。1878 年他进入费城的米德维尔钢铁公司当技工,由于工作努力、表现突出,很快由一般工人提拔为车间管理员、技师、工长、维修工厂制图部主任,于 1884 年被提升为总工程师。

1890—1893 年,泰勒在一家制造纸板纤维的制造投资公司担任总经理。1893—

1898年，他独立创业从事管理咨询工作。1898—1901年，他受雇于宾夕法尼亚的伯利恒钢铁公司从事顾问工作，进行了著名的搬运生铁块和铁锹实验。1901年以后，他用大部分的时间从事写作、讲演，宣传他的科学管理。1906年他出任美国机械工程师学会主席。1915年3月21日他于费城去世，后人在他的墓碑上刻着：科学管理之父——F.W.泰勒。

2. 对管理思想的贡献

泰勒在企业里从工人干起，对工人的劳动和生活有切身的体会。当时，企业家往往采用低工资、延长劳动时间、提高劳动强度、雇用女工和童工等手段来剥削工人、追求利润。工人的实际工资收入不断下降，劳资双方之间的对立加深，发生了有组织怠工。泰勒认识到，粗陋、因循守旧、放任自流的管理是造成有组织怠工的原因。

管理人员只凭过去的经验和感觉进行管理，不对工作进行科学的分析，没有一定的计划和程序，一切放任自流。工人要绝对服从管理，在工作中每个人根据各自的经验和技能、任意选择工具、采取自认为适当的方法来进行。作业的流程、材料的采购和运输、产品的销售等，既无一定的计划，也无一定的程序。正确核算成本的制度很落后。在这种放任式的管理下，只能希望工人在获得最大限度工资的动机下，用计件工资制来提高劳动生产率，管理人员则不必做任何努力来改进管理工作。实际上，工人如果提高了效率，增加了工资收入，管理人员就单方面降低工资率，工人则以有组织怠工来对抗。

泰勒发现，由于怠工，工人的实际劳动生产率只有他们可发挥的劳动生产率的1/3左右。产生有组织怠工的原因，不外乎是：工人怕都以最佳的效率工作的话，会迫使有的工人失业；每天的工作量是由管理者任意决定的，管理者还经常降低工人的工资率；管理者对工人的劳动不做任何的科学研究，不对工人进行帮助和指导，只是一味地用计件工资制刺激工人提高效率。泰勒认为通过科学的管理，可以提高劳动生产率，工人会因此增加工资收入，企业家会因单位产品劳务费的下降而增加利润。拿今天的话来说，只要把蛋糕做大了，劳资双方各自所得从量上说都多了。

泰勒定义的科学管理四原则如下。

（1）科学研究工人的工作，以科学的操作方法代替过去单凭经验的老方法。

（2）认真挑选工人，对他们进行科学操作方法的培训。

（3）与工人进行真诚的合作，一切工作都按科学的原则进行。

（4）改变过去所有工作和责任都由工人承担的做法，由管理者和工人共同来承担。

泰勒本人取得过发明高速工具钢等专利，在管理方面发表过许多重要著作，有《计件工资制》（1895年）、《车间管理》（1903年）、《科学管理原理》（1911年）以及1912年他在美国国会众院特别委员会对科学管理听证会上的证词。他的代表作《科学管理原理》一书的出版意味着管理科学的形成。

2.3.2 科学管理的内容

科学管理的中心问题是提高劳动生产率。

1. 工作定额

为了科学地制定工作定额,首先要进行时间和动作研究。把工人的操作分解成基本动作,再对尽可能多的工人测定完成这些基本动作所需的时间。同时选定最适用的工具、机器,决定最适当的操作程序,消除错误和不必要的动作,得出最有效的操作方法,作为标准。然后,累计完成这些基本动作的时间,加上必要的休息时间和其他延误时间,就可以得到完成这些操作的标准时间。由此来制定"合理的日工作量"。

扩展阅读 2.2 吉尔布雷斯的动作研究——《可以量化的管理学》

泰勒在伯利恒钢铁公司进行了有名的搬运生铁块试验。该公司有 75 名工人负责把 92 磅重的生铁块搬运 30 米的距离装到铁路货车上,他们每天平均搬运 12.5 吨,日工资 1.15 美元。泰勒找了一名工人进行试验,试验各种搬运姿势、行走的速度、持握的位置对搬运量的影响,多长的休息时间为好。经过分析确定装运生铁块的最佳方法和 57% 的时间用于休息,使每个工人的日搬运量达到 47 吨至 48 吨。同时工人的工资收入也有了提高,日工资达到了 1.85 美元。

2. 标准化

要使工人在工作中采用标准的操作方法,使用标准化的工具、机器和材料,来提高劳动生产率。

泰勒在伯利恒钢铁公司做过另一项著名的铁锹试验。当时公司的铲运工人拿着自己家的铁锹上班,这些铁锹各式各样、大小不等。堆料场里的物料有铁矿石、煤粉、焦炭等,每个工人的平均日工作量为 16 吨。泰勒经过观察,发现由于物料的比重不一样,一铁锹的负载就大不一样,如果是铁矿石的话,一铁锹有 38 磅;如果是煤粉,一铁锹只有 3.5 磅。到底一铁锹多大的负载才是最好的?经过试验最后确定一铁锹 21 磅对工人是最适宜的。他又进一步研究了为达到这一标准负载,适用于每种物料的各种铁锹的形状和规格。这样大大提高了工作效率,平均每人每天的操作量提高到 59 吨,堆料场的工人从 400 人至 600 人降到了仅需 140 人,工人的日工资从 1.15 美元提高到 1.88 美元。

把铁锹试验中一系列的数据归纳成数据表。经过适当的计算,铁锹试验的结果如表 2.1 所示。

表 2.1 铁锹试验的结果

项 目	单 位	试 验 前	试 验 后
日工作量	吨/日	16	59
铲运工人数	人	516	140
铲运工人日工资	美元/人	1.15	1.88
铲运工人工资总数	美元	593.4	263.2

3. 能力与工作相适应

为了提高劳动生产率，泰勒认为必须挑选一流的工人去工作。所谓的一流，就是指该工人的能力最适合做这种工作，并且愿意去做。要根据每个人不同的能力，把他们分配到相应的工作岗位上，并进行培训，教会他们科学的工作方法，使他们成为一流的工人，激励他们努力工作。

在制定工作定额时，泰勒提出以"一流的工人在不损害其健康的情况下维护较长年限的速度"为标准。这种速度不是突击性的、短时冲刺式的，而是可以长期维持的正常速度。

4. 差别计件付酬制

付酬制度合理与否和工人的积极性有很大的关系。计时付酬，体现不出工人劳动的数量。计件工资虽是按工人的劳动数量付酬，但工人怕一旦提高了劳动效率，雇主再降低工资率，这等于增加了劳动强度。

泰勒提出了新的付酬制度，首先要科学地制定工作定额，然后对不同的工作规定不同的工资率，用差别计件工资制来鼓励工人完成或超额完成工作定额。如果工人完成或超额完成定额，则定额内的部分连同超额部分都按比正常单价高25%计酬。如果工人完不成定额，则按比正常单价低20%计酬。泰勒认为这样做会大大提高工人的积极性，从而大大提高劳动生产率。

5. 计划职能与执行职能相分离

泰勒认为应该用科学的工作方法取代经验工作法。经验工作法是指每个工人使用什么样的操作方法、使用什么工具都根据自己的经验决定。这样工效的高低取决于他们的操作方法和所用的工具是否合理，以及个人的熟练程度和努力程度。泰勒主张明确划分计划职能和执行职能，由管理部门来进行时间和动作研究，制定科学的工作定额和标准化的操作方法，选用工具、拟订计划和发布指示、命令，把实际的执行情况与标准相比较并进行控制，由工人执行。这样做，科学的工作方法才被采用和实施。

以上五条为科学管理的主要内容。

泰勒认为科学管理的关键是工人和雇主都要进行精神革命，"对雇主和工人在相互关系和相互的职务与责任方面的精神态度实行根本性的革命"。通过劳资双方互相协作来提高劳动生产率，对双方都有利，工人可以得到更多的工资，雇主可以降低成本。前述的铁锹试验中，工人平均日工资从1.15美元提高到1.88美元，而每吨物料的搬运费从7.2美分降到3.2美分。泰勒论述道："劳资双方在科学管理中所发生的精神革命是，双方都不把盈余的分配看成头等大事，而把注意力转移到增加盈余的量上来，直到盈余大到这样的程度，以至不必为任何分配而进行争吵。……他们共同努力所创造的盈余，足够给工人大量增加工资，并同样给雇主大量增加利润。"

科学管理理论并非泰勒一个人的发明，而是把19世纪在英、美等国产生、发展起来的管理思想加以综合而成的一整套理论。

> 扩展阅读

泰勒，一个光芒四射的背锅者

跟企业管理有关的所有故事，几乎都要从这个人开始。他叫弗雷德里克·温斯洛·泰勒。

输入他的名字，网上遍布他的信息：

他是一个在死后被尊称为"科学管理之父"的人；他是一个影响了流水线生产方式产生的人；他是一个被社会主义伟大导师列宁推崇备至的人；他是一个影响了人类工业化进程、流水线作业方式的人。

由于眼疾，他从哈佛大学法学系被迫辍学，从一名水泵厂的见习工人开始自己的职业生涯。目睹工厂中充斥的怠工、不信任、效率低下——这些情况到今天依然存在，他决心要改变这一切，并且，通过科学管理法他几乎实现了这个目标，却又被他改变的对象——工人称为"野兽般残忍"。

1856年，泰勒出生在美国费城一个富裕的律师家庭。19岁参加工作——当然，不幸的辍学让他从本来应该成为的白领变成了蓝领。然而，天才的心始终不会安分。为了提高生产效率，他用秒表计算时间，用尺子计算距离，他用精确代替差不多。1898年，他在伯利恒钢铁公司进行了著名的铁锹试验。其具体内容是：让搬运矿石、粉末的工人用不同型号的铁锹，通过科学测量得出铁锹每次铲物在重21磅时，劳动效率最高的结论。为此，他制定了8种不同型号的铁锹，安排员工根据不同工作内容来使用。他的优化研究甚至具体到铁锹每锹下铲的速度与高度，上扬的时间。结果，每个工人每天的平均搬运量从原来的16吨提高到了59吨！并且，他怀着极大的善意，优化了工资体系，提出了为超额工作量支付超额工资的阶梯形工资制度。这种制度使工人每天的工资从1.15美元提高到1.88美元。综合算下来，每吨矿石、粉末的搬运费从7.2美分降到3.2美分！

这对工人、经营者来说是一件双赢的事情。然而，经营者违背了泰勒的善意，背弃了他的规则。他们只是把他的科学管理方法当作提高劳动生产率的工具，却拒绝与工人分享多得的收益。这理所当然地遭到了工人的抗议，很多劳动者组织拒绝引入科学管理方法。因为他们认为这种方法"缺乏人性"。

劳动者当然没有错，喜剧大师卓别林的《摩登时代》真实地还原了劳动者的不幸——单调、重复、高强度，把人物化为高速运转的机器上的一个零件，完全失去了自我。1915年，大师在他的老家费城，在争议与批判声中，因肺炎与世长辞，终年59岁。

他从这里来，又从这里离开。

他生前毁誉参半，他死后荣耀天下。

时间对他来说仿佛回到原点，对世界来说却已经改头换面。泰勒给我们今天的管理留下了宝贵的财富，没有接收到这些财富的企业，今天依然会损失惨重。

2.3.3 科学管理理论的其他代表人物

1. 亨利·甘特

亨利·甘特是美国管理学家、机械工程师，是泰勒在米德维尔钢铁公司和伯利恒钢铁公司的亲密合作者。他与泰勒合作通过调查研究来科学地提高工人的劳动生产率，发展了泰勒的某些思想。如他提出了计件奖励工资制，除了按日支付有保证的工资外，超额部分给予奖励，这样完不成定额的可以得到原定的日工资。他引入了一种对领班的奖金制度，只要领班手下所有的工人都完成了定额，不仅工人而且领班本人都可得到一份额外的奖金。

甘特的最大贡献是创造了甘特图，在纵坐标轴上表示出所计划的工作，在横坐标轴上表示时间，可方便地用于工期安排和控制，为以后出现的关键路线法打下了基础。

2. 弗兰克·吉尔布雷斯和莉莲·吉尔布雷斯

他们是泰勒最杰出的追随者。弗兰克·吉尔布雷斯（Frank Bunker Gilbreth）曾是位建筑承包商，于1912年聆听了泰勒的演讲后，与他的心理学家夫人一起致力于研究科学管理。

弗兰克·吉尔布雷斯毕生致力于提高效率，用减少劳动中不必要的动作来提高效率。他在研究砌砖动作时，把砌外墙砖的动作从18个减少到4个，砌内墙砖的动作从18个减少到2个。开发出一种新的堆放砖的方法，利用专门设计的脚手架减少弯腰动作；调配灰浆的浓度，减少工人平放砖后用泥刀去敲砖的动作。

吉尔布雷斯夫妇首先使用摄影的方法来记录和分析工人的动作，寻找出合理的最佳动作，纠正工人在操作中的多余动作，来提高工作效率。他们设计出一套称为基本动作元素的体系来标识手的17种基本动作，研究起来更精确。

3. 福特

美国的福特在泰勒的单工序动作研究的基础上，为了提高企业的竞争力，进而对如何提高整个生产过程的生产效率进行了研究。他充分考虑了大量生产的优点，规定了各个工序的标准时间，使整个生产过程在时间上协调起来，创造工厂第一条流水生产线——汽车流水生产线，从而提高了整个企业的生产效率，并使成本明显降低。福特为了利于企业向大量生产发展，进行了多方面的标准化工作，包括：产品系列化——减少产品类型，以便实行大量生产；零件规格化——以利于提高零件的互换性；工厂专业化——不同的零件分别由专门的工厂或车间制造；机器及工具专业化——以提高工作效率并为自动化打下基础；作业专门化——使各工种的工人反复地进行同一种简单的作业。

4. 艾默森

艾默森是美国圣太妃铁路的工程师，也是美国早期的科学管理研究工作者，他曾和泰勒有过密切的联系，并独立地发展了科学管理的许多原理，在工时测定、成本、提高效率、消除浪费等方面都作出了贡献。他积极宣传效率观念，1912年发表了《十二项效率原则》一书，书中提出的十二条效率原则是：①明确的目标；②科学的判断；③优秀的咨询；④纪律；⑤公平的处理；⑥可行、及时、准确、充分、永久的记录；⑦生产调度；⑧时间安排标准化；⑨工作环境标准化；⑩操作标准化；⑪工作标准化的书面说明；⑫效率奖励。

扩展阅读

动作研究之父——弗兰克·吉尔布雷斯

弗兰克·吉尔布雷斯（1868—1924），出生于美国康涅狄格州费尔菲尔德。1885年，他通过了麻省理工学院的入学考试，却因家庭困难没有入学，而是进入建筑行业，并以一个砌砖学徒工的身份开始了职业生涯。在以后的10年时间里，吉尔布雷斯刻苦钻研，努力工作，终于设计出一种新的脚手架，发明了建造防水地窖的新方法……因其技术上的杰出成就，他成为公司总监。1895年，他在波士顿注册登记了自己的建筑承包公司，取得了辉煌的成就，被誉为"动作研究之父"。

动作研究是把作业动作分解为最小的分析单位，然后通过定性分析，找出最合理的动作，以使作业达到高效、省力和标准化的方法。该方法研究和确定完成一个特定任务的最佳动作的个数及其组合。

吉尔布雷斯通过对动作的分解研究发现，一般所用的动作分类，对于细致分析来说是过于粗略了。因此，吉尔布雷斯把手的动作分为17种基本动作，如拿工具这一动作可以分解成17种基本动作：寻找、选择、抓取、移动、定位、装备、使用、拆卸、检验、预对、放手、运空、延迟（不可避免）、故延（可避免）、休息、计划、夹持等。吉尔布雷斯把这些基本动作定义为动素，而动素是不可再分的。这是一个比较精确分析动作的方法。

吉尔布雷斯为了记录各种生产程序和流程模式，制定了生产程序图和流程图。这两种图至今都还被广泛应用。

资料来源：知网。

2.3.4 法约尔的管理思想和管理原则

1. 法约尔的生平

亨利·法约尔（Henri Fayol），法国人，1860年从圣太田国立高等矿业学院（Saint-Etienne National Institute of Mines）毕业后进入法国一流的科芒特里（Commentry）煤矿工作，成为一名采矿工程师。不久被提拔为该公司一个矿井的经理，1888年出任该公司的总经理。当时这家公司正面临破产的危机，法约尔用新的管理方式挽救了危局，在法国产业史上留下了光辉的业绩。

1916年，法国《矿业学会公报》公开发表了法约尔的名著《工业管理与一般管理》。

1918年，他辞去矿业公司的总经理职务，开设了管理研究所。在这之后，他不仅把他的管理理论应用于企业的经营，也为该理论在军队组织和行政机构中的普及和应用进行不懈的努力。

法约尔和泰勒都是同时代的杰出人物、管理科学的奠基人。泰勒是以普通工人的身份进入工厂的，他以工厂内部提高效率为出发点来研究管理。法约尔作为公司的高层领导，将其30年的经验经过升华，形成了涉及整个企业的管理理论，管理理论还适用于政府、军队等各个部门。他说："不管规模大小，也不管工业、商业、政治、宗教等事业如何，在一切事业的经营中，管理发挥着极其重要的作用。"

2. 法约尔的管理思想

1）企业的基本活动

法约尔指出，任何企业的经营包括六种基本活动，管理只是其中之一，这六种基本活动具体如下。

（1）技术性的活动，指生产、制造、加工等活动。

（2）商业性的活动，指采购、销售和交换。

（3）财务性的活动，指资金的筹措、运用和控制。

（4）会计性的活动，指货物盘点、会计、成本统计、核算。

（5）安全性的活动，指设备维护、商品和人员的保护。

（6）管理性的活动，指计划、组织、指挥、协调和控制。

法约尔经过分析后发现，工人侧重于技术能力。随着在组织层次中职位的提高，人员的技术能力的重要性降低，对管理能力的要求逐渐加大。随着企业规模的扩大，管理能力显得越来越重要。

2）管理的基本职能

法约尔首次把管理活动划分为计划、组织、指挥、协调和控制五大基本职能，并对此进行了详细的分析，指出："计划就是探索未来和制定行动方案；组织就是建立企业的物质和社会的双重结构；指挥就是使其人员发挥作用；协调就是连接、联合、调和所有的活动和力量；控制就是注意一切是否按已制定的规章和下达的命令进行。"

管理活动不是经理或领导人个人的责任，是由领导人和全体组织成员共同分工承担的。

管理与经营不同。法约尔说："所谓经营，就是努力确保六种固有活动的顺利运转，以便把事业拥有的资源变成最大的成果，从而导致事业实现它的目的。"而管理仅仅是六种基本活动中的一种。

3. 法约尔的管理原则

法约尔在他的《工业管理与一般管理》一书中首先提出了一般管理的14条原则。

1）分工

在技术工作和管理工作中进行专业化分工可以提高效率。

2）权力与责任

权力是指"指挥他人的权以及促使他人服从的力"。在行使权力的同时，必须承担相应的责任，不能出现有权无责和有责无权的现象。

法约尔区分了管理者的职位权力和个人权力，前者因个人的职位而获得，后者是由个人的品德、智慧和能力等个人特性形成的。作为一个优秀的领导人必须是两者兼有。

3）纪律

纪律是企业领导人同下属人员之间在服从、勤勉、积极、举止和尊敬方面所达成的一种协议。组织内所有成员都要通过各方达成的协议对自己在组织内的行为进行控制，这对企业管理成功至关重要。任何一级的管理者和其下属都必须受纪律的约束。执行纪律要严明、公正。

4）统一指挥

无论何时组织内每一个人只能服从一个上级并接受他的命令，这不仅是一条管理原则，而且是一条定律。组织中的冲突、不稳定往往源于双重命令。因此各级领导人应特别注意这一条。

5）统一领导

凡具有相同目标的活动，只能有一个领导、一个计划。

统一领导原则与统一指挥原则是不相同的。通过建立完善的组织来实现一个社会团体的统一领导，而统一指挥取决于人员如何发挥作用。统一指挥必须在统一领导下才能存在，但不是来源于统一领导。

6）个人利益服从集体利益

集体的目标必须包含员工个人的目标，但个人和小集体的利益不能超越组织的利益。当两者矛盾时，各级管理者都要以身作则，使其一致。

7）合理的报酬

工资制度应当公平，对工作成绩与效率优良者应给予奖励。但奖励应有一定的限度，即以能激起员工的积极性为限。法约尔认为，任何良好的工资制度都无法取代优良的管理。

8）适当的集权与分权

提高下属重要性的做法就是分权，降低这种重要性的做法就是集权。要根据企业的性质、条件、环境、成员的素质来恰当地决定集权和分权的程度。当企业的实际情况发生变化时，要适时改变集权和分权的程度。

9）跳板原则

在企业的管理机构中，从最高一级到最低一级有一条明确的等级链，它既是执行权力的线路，又是信息传递的渠道。为了保证命令的统一，不能轻易违背等级链，请示要逐级进行，指令也要逐级下达。有时这样做会产生信息延误现象，为此法约尔设计了一种"跳板"，也称"法约尔桥"（Fayol bridge）。

法约尔用图来解释跳板原则（图2.1）。他说："在一个等级制度表现为I—A—S双梯形式的企业里，假设要使它的F部门与P部门发生联系，这就需要沿着等级路线攀登从F到A的阶梯，然后再从A下到P。这之间，在每一级都要停下来。然后再从P上升到A，从A下降到F，回到原出发点。"

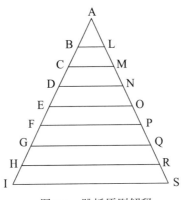

图2.1 跳板原则解释

"非常明显，如果通过F－P这一'跳板'，直接从F到P，问题就简单多了，速度也快多了，人们经常也是这样做的。"

这时要有一个前提，即F和P各自的上级E和O要允许他们直接联系，F和P共同商定的事情也要立即分别向E和O汇报。这样做既维护了统一指挥的原则，又大大提高了组织的工作效率。

10）秩序

设备、工具要排列有序，每个成员都有自己确定的位置，都在各自的岗位上发挥作用。做到这一点有赖于有效的组织，以及为每个岗位选择合适的人。

11）公平

每个人都希望自己的领导人能公平地对待他及他的工作，如果领导人做不到这一点，就会影响他们发挥积极性。

12）保持人员稳定

经过长时间的实践后，一个人方能有效地从事某项工作，因此人员的经常调动，将使工作收不到良好的效果。任何组织都要保持稳定的员工队伍，鼓励员工长期为组织服务。

13）首创精神

首创精神是创立和推行一项计划的动力。领导者要有首创精神，还要鼓励全体成员发挥其首创精神，一方面培养成员的敏感性和能力，另一方面也将有利于组织的发展。

14）团结精神

注意保持和维护集体中人与人之间团结、和谐、协作的关系，这是企业发展的巨大力量。所以领导者应尽力保持和巩固企业成员之间的团结。

以上14条管理原则是法约尔总结了成功的经验和失败的教训后提出的。这些原则是灵活的，要能真正用好它们，就需要在实践中积累经验，掌握好尺度。

扩展阅读

从工程师到管理大师——亨利·法约尔

在圣太田国立高等矿业学院学生绘制的钢笔肖像画《一个伟大的工程师——亨利·法约尔》旁边，有这么一段文字说明："还那么年轻——昂然微笑，目光直率而炯炯有神。法约尔先生待人常一见如故，他那不加做作的权威气度，他的仁慈，他那不甘心于寂寞的充满青春活力的心灵，正在使画面上的这位祖父（甚至是一位高祖）又变成事业界的元老，两者都给人以深刻印象，同时又都极具吸引力。"

1. 实践经历

亨利·法约尔（1841—1925），法国人，著名的管理实践家、管理学家、地质学家、国务活动家，古典管理理论创始人之一。1841年7月29日，法约尔出生于伊斯坦布尔（君士坦丁堡）。亨利的父亲安德烈·法约尔是一名军人，在伊斯坦布尔监督法国与土耳其合作的工程。安德烈退役返回法国后，住在拉武尔特（Lavoux Falter），在勒普赞（Le Pouzin）和勒泰伊（Le Teil）的铸铁厂担任主管。幼小的亨利被送到一所教会学校接受启蒙，15岁时，又被送到瓦朗斯（Valence）皇家高中（lycée impérial）读书，两年后转入圣太田国立高等矿业学院。在同届学生中，法约尔是年龄最小的。1860年，19岁的法约尔毕业，并取得了矿业工程师的资格。

1860年，法约尔作为矿山工程师进入法国的科芒特里煤矿工作。很快，他就崭露头角，在防治煤矿火灾上作出了卓越贡献。25岁时，法约尔就独当一面被提拔为矿长，6年后又被提拔为公司煤矿群的总经理。当这个煤矿由合伙公司变成股份公司——科芒特里-福尚堡矿业公司（The Company Commentry-Fourchambault）时，法约尔已经成为公司的中层骨干。此后，法约尔在煤矿地质和采煤技术研究上不断作出新的成就。本来，他是有望成为著名技术专家的，但是，矿长和经理的工作实践，使他深切地感受到管理比技术更重要，时势也把他由技术人员推向管理人员，当公司陷入财务危机后，47岁的法约尔被任命为公司总经理，由偏重于技术的中层管理者转向偏重于经营的高层管理者。一直到1918年退休，法约尔在该公司担任了30年总经理职务。

从担任公司总经理开始，法约尔就深刻地感到，对于企业来说，管理事关生死存亡。他受命于危难之际，出任总经理时，公司财务已极度困难，自1885年起就没有分发红利，在福尚堡（Fourchambault）和蒙吕松（Montlucon）的钢铁厂出现亏损，在科芒特里和蒙特维克的煤矿已经枯竭，公司总休濒临破产。在这种情况下，法约尔凭借自己的经验和胆识，开始对公司经营进行全盘改革。他调整公司的产能布局，关闭并出售了福尚堡的钢铁厂，保留了蒙吕松的高炉，在因瓦合金（一种铁镍合金，以近于零膨胀系数而形成特殊用途，主要用于制造钟表游丝和测量工具，因法文 Invar 得名）上取得了技术领先地位。针对科芒特里煤源的枯竭，他主持购进了布雷萨卡矿井和德卡斯维尔（Decazeville）矿井。并购的德卡斯维尔矿区问题较多，法约尔调动了他在科芒特里培养出来的干练人员，很快就扭转了局势。到 1900 年，原来阴云密布的公司绽露出明媚的阳光。按照雷恩的说法，法约尔是最早用并购方式扩展公司能力、重新进行战略定位并以特种钢取得竞争优势的战略管理先驱。

科芒特里-福尚堡-德卡斯维尔公司（简称"科芒堡德"）在法约尔的主持下，终于重新步入兴旺发达的境界。到 20 世纪初，这个公司已经是法国财力最雄厚的公司之一。在第一次世界大战中，这个公司为法国作出了举足轻重的贡献。1918 年，当法约尔以 77 岁高龄离职时，公司的财务状况已相当稳定，人员素质也有显著提高。后来，这个公司成为法国中部最大的采矿和冶金联合公司——克勒佐-卢瓦尔公司（Creusot-Loire）的一个组成部分。法约尔总结这段经历说："尽管矿井、工厂、财源、销路、董事会、职工同原来都是一样的，只是运用了新的管理方法，公司才得以同衰落时一样的步调复兴和发展。"实践中的成就，使法约尔做好了创建理论的准备。

按照英国学者林德尔·厄威克在为法约尔的《工业管理与一般管理》英译本写的那篇著名序言中的总结，法约尔的实践经历可以分为四个阶段：1860—1872 年是第一阶段，这时的法约尔作为下级管理者，聪明才智主要用于采矿的工程问题，特别是致力于解决煤矿开采中的火灾事故问题。1872—1888 年是第二阶段，由于法约尔已经主管一批矿井，他开始更多地关注煤田地质和矿井寿命等问题，这使他在地质学上有了深入钻研，写出了专门研究科芒特里煤田的著名地质著作，在 1886 年和 1893 年以三卷集形式出版。1888—1918 年是第三阶段，法约尔担任科芒堡德总经理，一头扎进了高层管理，事务繁杂，很少写作。他具有很强的意志，也很有个性，可以为了经营需要放弃自己的学术兴趣，不接受任何与公司无关的名誉职务，以免分散本职工作的精力。正因为如此，他才能在管理理论思考上作出远远超出常人的贡献。1918—1925 年是第四阶段，法约尔退休后致力于宣传普及自己的管理理论，指导国家管理，成为一代伟人。

法约尔一生在几个不同领域都作出了卓越贡献，这也是他的管理理论影响广泛的原因之一。厄威克总结说：法约尔毕生从事的事业，包括四个领域。在这四个领域中他都出类拔萃，取得了非凡的成就。作为一个技术人员，他获得了矿业管理的国家勋章；作为一个地质学者，他提出了一套建立在大规模地质调查基础上的完整的地下煤层地质结构的新理论；作为一个科学家出身的工业领导人，他在科学的应用和经营理财方面有杰出的成就；作为一个管理哲学家和国务活动家，他在法国和其他欧洲国家的思想史上留下的影响并不逊于泰勒给美国留下的影响。

2. 理论创新

根据自己的切身实践，法约尔形成了自己的管理思想。1900 年，他在提交给国际矿冶联合会（IMMC）的一篇论文中，开始区分管理能力与技术能力。1908年，他在冶金工业协会（SMI）50周年庆祝讨论会上发表的讲演《论管理的一般原则》，奠定了后来《工业管理与一般管理》的主要基础。法约尔认为，高明的技术，有可能被有缺陷的管理所葬送，所以，"对一个企业而言，一个管理能力不错而技术上平庸的领导人一般要比一个技术上出色而管理能力平庸的领导人有价值得多"。出于这一感受，他开始梳理自己经营中的经验，把它体系化。1916年，代表法约尔管理思想的著作《工业管理与一般管理》开始在《矿业学会公报》第3期上发表。

法约尔的这本书尽管没有完成（原计划写四篇，实际发表的为两篇），却具有划时代的意义。也许他自己没有意识到，这本书在后来会产生那么大的影响。他所撰写的这本不太长的著作（汉译本只有不到10万字），标志着一般管理理论的诞生。

法约尔认为，管理知识是可以在大学课堂上传授的。由于他作为总经理的成功不是得益于技术能力，而是得益于管理能力，所以，他对大学过多的数学类教学颇有批评。他在自己著作的序言中强调："在处理工业、商业、政治、宗教或其他各方面的大小事务时，'管理'都起着非常重要的作用。"他呼吁，从小学、中学开始，到大学的课堂，都要进行必要的管理教育。管理与技术是两种不同的领域，当时的实际状况是学校不讲管理学而只培育技术能力，无论是社会大众还是产业领袖都认为实践和经验是训练管理者的唯一方法。法约尔力图改变这一局面，创立一种能够进入大学课堂的管理理论。他做到了。

当然，企业经营中不仅仅是管理，还有其他活动。按照法约尔的归纳，企业的所有活动，可以概括为六种：①技术活动（包括生产、制造、加工等）；②商业活动（包括购买、销售、交换等）；③财务活动（筹集和利用资本）；④安全活动（保护财产和人员）；⑤会计活动（包括各种核算、统计等）；⑥管理活动（包括计划、组织、指挥、协调和控制）。管理活动在这六种活动中占据核心地位。所有组织都离不开管理。对于一个组织成员来讲，他在组织中的地位层次越高，管理能力就越重要。法约尔的书，就是要构建一个全面完整的管理学知识体系。克劳德·小乔治（Claude S. George）认为，《工业管理与一般管理》一书的贡献主要表现在法约尔提出的三项革命性内容上：①管理是可以应用于各种形式团体活动的一套独立的知识——管理的普遍性；②能够应用于所有工作的第一个全面和综合的管理理论；③在学院和大学中开设管理课程的思想。

尽管法约尔的努力在当时也引起了一定的社会反响，但是，由于各种原因，法约尔在当时并没有引起全世界的重视。原因之一，泰勒制传播造成的影响，冲减了人们对法约尔的关注。20世纪初，几乎全世界都在推广泰勒的科学管理，包括法约尔的母国，"一战"期间的法国总理克列孟梭，也曾要求军品生产商实行泰勒制。泰勒过于耀眼，在一定程度上遮住了法约尔的光芒。原因之二，法约尔的著作本身存在的一些因素。如同雷恩所言："法约尔的成果很容易被人低估。他的观点和术语在现代管理文献中是如此普通和平凡,以至于人们往往把它们视为理所当然的内容。"直到当代,关于法约尔理论是"人所尽知的谚语"之类批评还不绝于耳。

1929年,设在日内瓦的国际管理学会(International Management Institute)出版了库布拉夫(J. A. Coubrough)翻译的《工业管理与一般管理》英文本,但这个版本的影响很小,仅仅传入英国几百本。1937年,林德尔·厄威克和卢瑟·古利克合编《管理科学论文集》时,收录了法约尔1923年提交给第二届国际管理科学会议的论文《国家管理论》英译本,但这篇文章的影响主要限于学界。直到1949年,斯托尔斯(Constance Storrs)翻译的《工业管理与一般管理》英文本由艾萨克·皮特曼公司(Sir Isaac Pitman and Sons)出版,法约尔的思想才真正走向世界。此后,管理学的发展,处处都映射出法约尔的贡献。

3. 最后岁月

1918年,法约尔以77岁的高龄从总经理岗位上退了下来。他虽然年逾古稀,但精力不衰,为推广自己的学说而努力。在法约尔生命的最后7年,他主要从事两个方面的工作:一是创办管理研究中心,普及管理知识;二是致力于改进法国政府的管理工作,提高政府管理水平。

法约尔创办的管理研究中心,在法国上层形成了一定影响。连续几年,该中心每周都要举办一次由各界名人参加的会议,会议由法约尔亲自主持,其宗旨是推动"法约尔主义"的发展,法约尔的许多论著就是在这里面世的。

很多人认为,法约尔的学说同泰勒的学说是不一样的,有人把二者有意无意地对立起来。对此,法约尔自己曾经做过解释,在布鲁塞尔召开的国际会议上,法约尔在开幕词中专门声明说,有人把他推到同泰勒对立的地位是荒谬的。他强调,他和泰勒是通过不同的方法来研究管理,两种理论是互相补充的。他的这一声明,使他在逝世前,看到了法国两大组织的合并——管理研究中心与法国组织协会合并为"法国组织委员会"。前者由法约尔创立于1918年,致力于一般管理理论;后者由夏特里尔(Henri Le Chatelier)和弗雷门维尔(C. Freminville)创立于1920年,致力于推广泰勒制。

法约尔特别重视法国的政府管理问题。第三共和时期,法国政府一直动荡不定,权力不稳,严重影响了国家运行。对此,法约尔痛心疾首,认为法国政府是在玩"危险的游戏"。法约尔尽自己的力量推动政府管理的改进。他曾受邀在高级军事学校做过管理知识的系列讲座,还曾答应国家邮电次长德尚的邀请,对邮电部门进行了一次全面调查并提出改革建议。他的《论邮电部门行政改革》于1921年出版,同年《国家在管理上的无能——邮政与电讯》一文在《政治与国会评论》上发表。迫于国会不断倒阁的压力,法国政府也试图借助法约尔理论之力重新振作起来。1922年7月,法国政府向国会提交了一个议案,要求根据法约尔的理论,把邮政、电报、电话部门予以重组。1925年,法约尔又受邀对政府专营的法国烟草工业进行组织结构调查。可以说,法约尔不但是一般管理学的奠基人,也是公共管理研究的首创者。而他对法国政府的改组期望,在第四共和以后在戴高乐将军主持下变成了现实。

1923 年,法约尔参与了在布鲁塞尔举行的第二届国际管理科学会议的组织领导工作。1924 年,在国际联盟大会期间,他受邀向日内瓦国际大学联合会发表了《管理要义的重要性》演讲。1925 年 11 月 19 日,84 岁高龄的法约尔离开了人世。就在他去世的这年 7 月,圣太田国立高等矿业学院为他在巴黎举行了盛大的毕业 65 周年纪念活动。他一生中获得过多种荣誉,最重要的有法国科学院德雷塞奖章、全国工业促进会金质奖、矿业学会金质奖与荣誉奖,担任过法国政府管理顾问,是圣太田国立高等矿业学院的名誉院长。

法约尔年事已高、失去亲自参与调查能力时,仍注重把科学方法应用于各方面实际问题的研究,并鼓励他人也这样做。法约尔倡导的这种在实践中进行科学研究的途径,对于那些热衷于象牙塔的学者来说,无疑是一种警示。有些人往往认为实践中的科学分量不够,属于"小儿科",难以出大成果。但事实上,一些表面上不起眼的"琐事",只要下功夫研究,也能产生影响世界的重大发现。同法约尔的这种思想相辉映,出身于钟表世家的国际计量局局长纪尧姆(Charles Edouard Guillaume),通过对钟表游丝和精密计量仪器的研究,发现了铁镍合金膨胀系数的特殊机理,获得了 1920 年的诺贝尔物理学奖,佐证了法约尔的卓见。而这种铁镍因瓦合金,正是法约尔当总经理时在公司经营中确定的特种钢竞争优势之一。到今天,法国的克勒佐公司还以生产特种钢(如坦克装甲)闻名,说明法约尔的遗泽深远。

资料来源:新浪博客。

2.3.5 组织理论及其代表人物

1. 韦伯的古典组织理论

韦伯 1864 年生于德国爱尔福特的一个富裕家庭,1882 年进入海德堡大学攻读法律,以后先后就读于柏林大学和哥廷根大学,1889 年撰写了关于中世纪商业公司的博士论文。他担任过柏林大学的教授、政府顾问等,是德国著名的社会学家。他的代表作为《社会组织与经济组织理论》,在该书中他提出了现代社会最有效和合理的组织形式,因此韦伯被称为古典组织理论的创始人。

韦伯认为任何组织都必须以某种形式的权力作为基础。有三种纯粹形式的权力:理性—合法的权力、传统的权力和超凡的权力。传统的权力是靠世袭得来而非靠能力,超凡的权力过于带有感性色彩和非理性,只有理性—合法的权力才能作为理想组织结构的基础。这种理想组织模式的特点有以下几个方面。

1)明确分工

把组织内的所有工作分解,有明确的分工,明确规定每个职位的权力和责任。

2)权力体系

各种职位按权力等级排列,下级人员要服从上一级人员的指挥和领导。

3）人员的考评和教育

人员的任用完全根据职务的要求，通过正式考评和教育、训练来实行。

4）职业管理人员

管理人员有固定的薪金和明文规定的晋升制度，是一种职业管理人员，而不是组织的所有者。

5）遵守规则和纪律

组织中包括管理人员在内的所有成员必须严格遵守组织的规则和纪律，确保统一性。

6）组织中成员之间的关系

这种关系以理性准则为指导，不受个人情感的影响。组织内部是这样，组织与外界的关系也是如此。

韦伯的组织模式为许多组织的设计提供了一种规范化的典型。

2. 厄威克和古利克

林德尔·厄威克早年就读于英国牛津大学，先后出任过国际管理学院院长、伦敦厄威克·奥尔管理顾问公司董事长等职，主要著作有《管理的要素》《组织的科学原则》《管理备要》等。他提出了适用于一切组织的十条原则。

1）目标原则

每个组织和它的每个部分都需有明确的目标。

2）专业化原则

应尽可能规定每个成员和每个集体执行单一的任务。

3）协调原则

组织工作的目的是协调，促进集体活动的步调一致。

4）职权原则

应从上到下规定各级人员的职权范围。

5）职责原则

上级对下级承担绝对的责任。

6）明确性原则

每个职位的内容、所承担的责任、享有的职权及同其他职位的相互关系都应明文规定并公布周知。

7）一致性原则

每个职位的职责和职权相一致。

8）管理跨度原则

每个上级管理所属的下级最多应是6个，管理层次越低则跨度越大。

9）平衡原则

组织内各单位的工作内容应互相平衡，工作与职权平衡。

10）连续性原则

改组是连续不断的过程，对此每个单位应有具体规定。

卢瑟·古利克在与厄威克合编的《管理科学论文集》（1937年出版）中，把古典管理学派的管理职能加以系统化，提出了"POSDCRB"七职能论。

2.4 新古典管理理论阶段

2.4.1 孟斯特伯格的工业心理学研究

早在18世纪，罗伯特·欧文由于见到许多苏格兰的工厂中恶劣的生产环境，工人每天要工作13个小时，大量雇用童工，有的童工年龄还未满10岁，雇主关心自己的机器设备胜过关心他们的雇员，于是在1825年提出要在法律上规定日工作时间，制定童工法，普及教育，由企业提供午餐，企业要参与社区发展计划。他指出，把钱花在提高劳动力素质上是最佳的投资之一。他认为，关心雇员既能为企业带来高利润，又能减轻工人的痛苦。这些思想使欧文领先于时代100多年，成为现代管理中的行为学派的先驱者之一。

雨果·孟斯特伯格是位德国人，工业心理学的创始人之一。他的专业是心理学和医学，后来把兴趣转向心理学在工业中的应用，并于1913年发表了《心理学与工业效率》一书。在书中，他论述了对人类行为进行科学研究以辨认出一般模式和解释个人差异之间的重要性；建议用心理测验来改进对雇员的选拔，通过对人类行为的研究来使生产率和心理调适最大化，弄清用什么样的方式刺激和诱导工人是最有效的；认为科学管理和工业心理学一样，都是通过科学的工作分析，使个人的技能和能力更好地适合各种工作的要求，来提高生产率。

2.4.2 霍桑实验

霍桑实验是在西方电器公司设在芝加哥附近的霍桑电话机工厂中实施的，从1924年至1932年，历时8年。

开始，西方电器公司的工程师想检查不同的照明水平对工人生产率的影响。为此设立一个实验组和一个对照组，在实验组中给予了不同的照明强度，在对照组中则保持原有的照明强度不变。实验中发现，当实验组的照明强度增加时，两个组的产量都增加；当实验组的照明强度下降时，两个组的产量继续增加；只有当照明光线降到月光的水平时，实验组的产量才下降。由此得出结论：工作条件的好坏与劳动生产率没有直接关系，但又如何解释工人的行为呢？

到1927年，工程师们邀请哈佛大学的埃尔顿·梅奥等人参加研究。

第二阶段从 1927 年至 1928 年，在继电器装配室进行。选择了 5 位女装配工和 1 位画线工在单独的一间工作室内工作，以便有效地控制各种影响产量的因素。在实验中分期改善条件，如改进材料供应方法、增加工间休息、供应午餐和茶点、缩短工作时间、实行团体计件工资制等，在工作时间内大家可以互相自由交谈。这些条件的变化，使产量上升。但一年半后，取消了工间休息和供应的午餐、茶点，恢复每周工作 6 天，但产量仍维持在高水平上。经过研究，发现其他因素对产量无多大影响，而监督和指导方式的改善能促使工人改变工作态度、增加产量，于是决定进一步研究工人的工作态度和可能影响工人工作态度的其他因素。这成为霍桑实验的一个转折点。

第三阶段从 1928 年至 1931 年，进行大规模的访谈。两年内在全公司范围内进行访问和调查，达 2 万多人次。从开始的问卷式访谈，到后来的自由交谈，使研究人员发现影响生产力最重要的因素是工作中形成的人群关系，而不是待遇和工作环境。每个工人的工作效率不完全取决于他们自身，而且要受小组内其他同事的影响。在此基础上进入实验的第四阶段。

第四阶段从 1931 年至 1932 年，在接线板接线工作室进行。该室有 9 位接线工、3 位焊接工和 2 位检查员。在第四阶段有许多重要发现。

第一，大部分成员都自行限制产量。公司规定的工作定额为每天焊接 7 312 个接点，但工人们只完成 6 000～6 600 个接点，原因是怕公司再提高工作定额，怕因此造成一部分人失业，要保护工作速度较慢的同事。

第二，工人对不同级别的上级持不同态度。把小组长看作是组内的成员，对小组长以上的上级，级别越高，越受大家的尊敬，大家的表现也越好。

第三，成员中存在着一些小派系。每一个小派系都有自己的一套行为规范，派系中的成员如违反这些规范就要受到惩罚，谁要想加入就必须遵守这些规范。

通过霍桑实验，可以得出一个结论：人们的生产效率不仅要受到物质条件和环境的影响，更重要的是受社会因素和心理因素等方面的影响。

2.4.3 梅奥的人群关系理论

扩展阅读 2.3
梅奥与霍桑试验

梅奥是澳大利亚人，后移居美国。他曾经学过逻辑学、哲学和医学三个专业，从 1926 年起受聘于哈佛大学，于 1933 年出版了《工业文明中人的问题》一书。在书中，梅奥总结了亲身参加和指导霍桑实验的经验，阐述了与古典管理理论不同的观点——人群关系理论，为管理思想的发展作出了巨大的贡献。

人群关系理论的主要内容如下。

1. 工人是"社会人"而不是"经济人"

科学管理认为金钱是刺激人们工作积极性的唯一动力，把人看作是"经济人"。

梅奥认为，工人是"社会人"，除了物质方面的条件外，他们有社会、心理方面的需求，因此社会、心理因素对积极性的影响更大。

2. 企业中存在着非正式组织

正式组织是为了实现企业目标而规定成员之间职责范围的一种结构。而企业成员在共同的工作中必然相互间产生关系，由此而形成人们之间的共同感情，进而构成一个体系，成为非正式组织。形成非正式组织的原因多种多样，可以是有共同的兴趣爱好、来自同一个地区、毕业于同一所学校、亲朋关系、工作关系等。非正式组织客观存在，而古典管理理论仅注重正式组织是远远不够的。

非正式组织的存在对企业有利有弊。当非正式组织中部分成员认为上级的政策和目标对己不利，就可能强迫其他成员与他们保持一致，进行集体抵制，不利于企业政策的贯彻执行，使劳动生产率无法提高。但非正式组织的存在也为其成员提供了一个交流感情的场合和机会，使人感到温暖，促进人员的稳定。作为管理者来说，要认识到非正式组织存在的作用，搞好成员间的沟通和协作，充分发挥每个人的作用，来提高劳动生产率。

3. 生产效率的提高主要取决于员工的工作态度和他与周围人的关系

梅奥认为提高生产效率的主要途径是力争提高员工的满足度，即工人对社会因素特别是人群关系方面的满足程度，如安全方面、友谊方面、自己的工作能否被社会、上级和同事承认等。如果满足度高，则工作的积极性、主动性与协作精神就高，即士气高。士气越高，生产效率就越高。所以，管理者要善于提高员工的士气。

梅奥的人群关系理论开辟了管理理论的一个新领域，为行为科学的发展奠定了基础。

扩展阅读

孙子兵法四则

【原文】故用兵之法，十则围之，五则攻之，倍则分之，敌则能战之，少则能逃之，不若则能避之。故小敌之坚，大敌之擒也。

【译文】所以，在实际作战中运用的原则是：我十倍于敌，就实施围歼；五倍于敌，就实施进攻；两倍于敌，就要努力分散敌军；势均力敌，则设法分散各个击破之；兵力少就要摆脱他们；兵力弱于敌人，就避免作战。所以，弱小的一方若死拼固守，那就会成为强大敌人的俘虏。

【原文】兵法：一曰度，二曰量，三曰数，四曰称，五曰胜。地生度，度生量，量生数，数生称，称生胜。

【译文】兵法：一是度，即估算土地的面积，二是量，即推算物资资源的容量，三是数，即统计兵源的数量，四是称，即比较双方的军事综合实力，五是胜，即得出胜负的判断。所处地域不同则土地面积大小不同，土地面积的大小决定物力、人力资源的容量，资源的容量决定可投入部队的数目，部队的数目决定双方兵力的强弱，双方的强弱得出胜负的概率。

【原文】故君之所以患于军者三：不知军之不可以进而谓之进，不知军之不可以退而谓之退，是谓縻军；不知三军之事而同三军之政，则军士惑矣；不知三军之权而同三军之任，则军士疑矣。三军既惑且疑，则诸侯之难至矣。是谓乱军引胜。

【译文】所以，国君对军队的危害有三种：不知道军队不可以前进而下令前进，不知道军队不可以后退而下令后退，这叫作束缚军队；不知道军队的战守之事、内部事务而干涉军中行政管理，将士们会无所适从；不知道军队战略战术的权宜变化，却干预军队的指挥，将士就会疑虑。军队既无所适从，又疑虑重重，诸侯就会趁机兴兵作难。这就是自乱其军，坐失胜机。

【原文】凡用兵之法，驰车千驷，革车千乘，带甲十万，千里馈粮。则内外之费，宾客之用，胶漆之材，车甲之奉，日费千金，然后十万之师举矣。

【译文】要兴兵作战，需做的物资准备有，轻车千辆，重车千辆，全副武装的士兵十万，并向千里之外运送粮食。那么前后方的军内外开支，招待使节、策士的用度，用于武器维修的胶漆等材料费用，保养战车、甲胄的支出等，每天要消耗千金。按照这样的标准准备之后，十万大军才可出发上战场。

资料来源：摘自《史记·孙子吴起列传》。

2.5 现代管理理论阶段

第二次世界大战以后，现代科学技术迅速发展，生产力迅速增长，企业的规模越来越大，经济的国际化进程加速，这一切都给管理工作提出了许多新问题，引起了人们对管理工作的普遍重视。科学技术，特别是运筹学、电子计算机等与管理紧密结合。除管理工作者和管理学家外，其他领域的一些专家，如社会学家、经济学家、生物学家、数学家等都纷纷加入研究管理的队伍，他们从不同的角度，用不同的方法来进行研究。这一切为管理理论的发展创造了极其有利的条件，出现了研究管理理论的各种学派，呈现出"百家争鸣、百花齐放"的繁荣景象。已故的美国管理学家哈罗德·孔茨形象地称之为"管理理论丛林"。

在这一节里，主要介绍第二次世界大战后出现的一些新理论和主要学派。学派怎么分，由于各人的看法不一致，分法也肯定不同，只是希望通过介绍使大家了解一个全貌。

2.5.1 现代管理理论丛林

1. 管理程序学派

管理程序学派是在法约尔管理思想的基础上发展起来的，代表人物为美国的哈罗德·孔茨和西里尔·奥唐奈，他们的代表作为两人合著的《管理学》。

在法约尔将管理分为计划、组织、指挥、控制、协调五种职能的基础上，该学派将管理看作是组织实现其目标的过程，这样的过程是一种程序和许多相关联的职能，这就为研究管理提供了一个框架式的结构。一方面可以对这些职能分别进行分析和研究，提出和采取有效措施，更好地达到组织目标；另一方面新的方法和新的思想可以容纳在计划、组织和控制等职能中。通过对过程的分析，得出规律，建立起相应的管理理论。因此，该学派的思想容易为大家所接受。

该学派的理论建立在以下几个方面。

（1）管理是个过程，在对管理人员的功能进行分析的基础上，可将此过程进行优化分解。

（2）许多企业在长期实践中形成的管理经验可作为获取一些基本概念和普遍原则的基础。可运用这些原理来改进管理。

（3）这些概念可作为研究的重点，以确定它们的正确性，并提高它们在实践中的作用和可行性。

（4）这些概念的正确性被验证后，可成为管理理论的组成部分。

（5）管理是一种技能，可通过掌握其基本规律来提高技能。

（6）管理的原理客观存在，并不因为在某种情况下没得到应用而否认其的存在。

（7）管理理论极有必要涵盖知识的各个领域，把它们作为自己学科的理论基础。

这一学派的基本方法是首先研究管理者的功能，然后对这些功能进行分析，从复杂的管理实践中提炼出基本概念。

但该学派的思想也存在一些缺陷，把管理看作是一种程序的观点较适用于静态的、稳定的组织，不适用于动态多变的环境。管理的职能不能普遍适用于各种性质不同、结构不同的组织。实现组织目标的过程对不同的组织和组织内不同的层次来说有较大的差别。

2. 社会合作系统学派

该学派的创始人为巴纳德，出生于1886年，1906年进入哈佛大学经济系学习。1909年离开哈佛大学后，进入美国电报电话公司，1927年起担任美国新泽西贝尔公司的总经理直至退休。他还先后在许多组织中兼过职，如在洛克菲勒基金会任董事长四年等，他的代表作为《经理的职能》。

他把组织分成正式组织和非正式组织。正式组织不论其规模大小和级别高低，要存在和发展必须具备三个条件：明确的目标、协作的意愿和意见交流。在正式组织中还存在着一种因工作关系而形成的有一定的看法、习惯和准则的非正式组织，它存在于正式组织中，会给正式组织带来双重影响，既有不利的一面，也可能有利于提高效率。

他提出，组织是否能继续存在，取决于成员在向组织做"贡献"的同时能否从组织得到满足个人目标而提供的效用，称之为"诱因"。如果组织提供的诱因等于或大于个人的贡献，组织就保持平衡。只有这样，组织才能存在和发展。同时要看到成员向组织提供的贡献是组织提供诱因的源泉,如果不能有效地产生诱因,两者间的平衡也难以维持。组织效率是指实现组织目标的程度,它不仅取决于通过保持诱因和贡献的内部平衡,确保实现组织目标所需的成员间进行协作的积极性;也取决于组织的对外平衡,即同组织以外的经济、技术和社会的外部环境之间的平衡。

巴纳德不赞同完全依靠权力结构来使下级服从命令的做法,提出了权力来源于接受的理论。只有当下级理解命令并且有执行的能力时,当要求他们采取的行动符合他们对组织目标的看法,同时也符合他们的个人利益时,命令才会被接受。

这一学派以组织理论为研究重点,将组织看作是人与人相互之间协作的一个系统,是一个社会系统,要受到社会环境各方面因素的影响。其主要的理论观点如下。

(1) 正式组织存在有三个条件:有一个共同的目标;每一成员都有协作的意愿,并愿意为实现组织目标而作出贡献;有一个彼此沟通的信息系统,可进行意见交流。

(2) 组织能否继续生存将取决于组织能否顺利地实现目标以及在达到目标的过程中能否使成员顺利达到个人的目的,还要取决于组织对环境适应的程度。

(3) 经理的职能有三条,建立和维持一套信息传递的系统,善于激励组织成员为实现组织目标而作出贡献,确定组织目标。

组织是协作社会系统的概念,为许多涉及管理的社会科学家所接受,并将它应用到任何具有明确目标的协作集体和行为系统中,把这个领域的研究称为"组织理论"。

3. 群体行为学派

这个学派与人际关系行为学派密切相关,两者常常被混淆在一起。但群体行为学派主要关心的是人在群体中的行为,而不是个人行为;以社会学和社会心理学为基础,而不是以个人心理学为基础。它研究的对象是各种群体的行为方式,从小群体的文化和行为方式到大群体的行为构成。一般把群体行为学派的内容称为"组织行为"(organizational behavior),这里的组织可以是公司、政府机关、医院或任何一种事业内任何群体关系的系统或模式。

最早的代表人物就是参与和组织霍桑实验的梅奥,20 世纪 50 年代,美国管理学家克里斯·阿吉里斯(Chris Argyris)提出一种"不成熟—成熟交替循环的模式",指出"如果一个组织不为人们提供使他们成熟起来的机会,或不提供把他们作为已经成熟的个人来对待的机会,那么人们就会变得忧虑、沮丧,甚至还会按违背组织目标的方式行事"。

该学派中的许多研究者对管理作出了很多有价值的贡献。

群体行为学派对群体行为的研究和分析对管理的研究与对实际工作的指导都有很大的作用,但这种研究和分析并不是管理工作的全部内容。

4. 系统管理理论学派

系统管理理论是用系统的观念来分析和研究组织结构模式、管理的基本职能和管理过程,并建立系统模式用于分析。这一理论是卡斯特、罗森茨威克和约翰逊等美国管理学家在系统论和控制论的基础上建立起来的。卡斯特的代表作为《系统理论和管理》。该学派的主要思想如下。

组织是一个人们建立的系统,是由相互关联、相互依存的要素构成的。根据需要我们可以把系统分解成子系统,子系统还可以再分解。如为了研究一个系统的构成,可以把系统分解成各个结构子系统;如为了研究一个系统的功能,可以把系统分解成各个功能子系统。则对系统的研究可以从研究子系统和子系统之间的关系着手。

系统在环境中生存,与环境进行物质、能量和信息的交换,是一个开放的系统。系统从环境输入资源,通过转化过程把资源转化为产出物,一部分产出物为维持系统而消耗,其余部分输出到环境中,在投入—转化—产出的过程中不断进行自我调节,以获得自身的发展。

运用系统的思想可以充分认识到组织中的各个部分是互相关联、互相影响的,整个管理工作的各个职能和各个过程之间也是互相关联、互相影响的,这样有利于克服管理人员只重视自己那部分的工作而忽视了组织中整体的作用和组织目标,提高运用全局观念来做好本职工作的自觉性。

5. 决策理论学派

决策理论学派主要代表人物是曾获 1978 年诺贝尔经济学奖的美国卡内基-梅隆大学的教授赫伯特·西蒙,他的代表作为《管理决策新科学》。这一学派的思想是在社会系统学派的基础上发展起来的,结合了第二次世界大战以后发展起来的系统理论、运筹学、计算机技术等科学技术,形成了关于决策和决策方法的完整理论体系,其要点如下。

管理的关键是决策,因此管理中要采用制定决策的科学方法和合理的决策程序。

决策是个复杂的过程,一般来说包括四个阶段:首先是收集情况阶段,收集组织所处的环境中有关社会、经济、技术等各方面的信息和组织内部的情况,为下一步拟订方案提供依据。其次是在已确定的目标基础上,尽可能找出所有可能采用的方案来。再次是在多个可选用的方案中选择一个令人满意的方案。最后是对该方案进行评价。实际上在进行决策时,这四个阶段可能要交叉,可能要反复。我们把决策通俗地称为"拍板",这仅仅是最后下决心的时候,而为了拍这个板要做许多的工作才行。

组织中的决策问题,有一些是反复经常出现的或是例行的决策,一般可以采用上述的四个阶段来进行,称之程序化决策。也会遇到那种从未出现过的,或问题的确切性质和结构还不很清楚的相当复杂的决策,也可能是对一些突发事件要马上进行决策,这类决策称为非程序化决策。根据决策条件,决策还可分为确定型决策、随机型决策和非确定型决策,每一种决策所采用的方法都不同。

在决策过程中往往采用满意准则而不是最优准则。进行决策时涉及方方面面的很多因素,能构建成数学模型的只是少数,很难使用优化方法。由于决策问题所面临的环境十分复杂,我们不可能掌握所有有关的信息,也可能所掌握的信息中有些部分并不真实地反映实际,在这种情况下我们无法使决策达到最优。加上环境的多变,导致了作出最优决策所依据的条件时时在变,最优决策也得经常变化,这给决策的实施造成了极大的困难,甚至于无法实施。如果问题比较复杂,为了使决策方案有微小的改进而要花费大量的时间、精力和经费的话,显然也是不合算的,因此没有必要追求最优。所以我们在决策中往往采用满意准则。

随着信息技术的不断发展,计算机系统被广泛应用于管理工作中,出现了人机交互的决策支持系统(DSS),DSS可以帮助决策者进行决策分析,而绝不是代替决策者进行决策。

6. 权变理论学派

权变理论是一种较新的管理思想,代表人物为琼·伍德沃德,其代表作为《工业组织:理论和实践》。

权变理论认为,组织和组织成员的行为是复杂的,加上环境的复杂性和不断的变化,使得普遍适用的有效管理方法实质上是不可能存在的。没有一种理论和一种方法适用于所有的情况,那么就应该根据具体情况来选用合适的管理方法。为此,要进行大量的调查研究,然后把组织的情况进行分类,建立不同的模式,再选用合适的管理方式。该学派是从系统观点来考察问题的,它的理论核心就是通过组织的各子系统内部和各子系统之间的相互联系,以及组织和它所处的环境之间的联系,来确定各种变数的关系类型和结构。它强调在管理中要根据组织所处的内外部条件随机应变,针对不同的具体条件寻求不同的最合适的管理模式、方案或方法。

在建立模式时要考虑到:组织的规模越大,所需的协调工作量就越大;不同形式的组织,有不同的目标,采用不同的工艺技术;管理者位置的高低直接影响到他所采用的管理方式;不同的职位要求不同的权力;由于个人之间的差异,管理者对每个下级的影响是不同的;管理者要考虑到环境因素的稳定性,来采取不同的管理方法。

权变理论学派同经验主义学派有密切的关系,但又有所不同。经验主义学派的研究重点是各个企业的实际管理经验,是个别实例的具体解决办法,然后才在比较研究的基础上作出概括;而权变理论学派的重点则是通过大量事例的研究和概括,把各种各样的情况归纳为几个基本类型,并给每一类型找出一种模型。所以它强调权变关系是两个或更多可变因数之间的函数关系,权变管理是一种依据环境自变量和管理思想及管理技术因变量之间的函数关系,来确定的对当时当地最有效的管理方法。

权变理论可以说是继承了各种管理思想,只是强调了在各种不同情况下要找到适用的理论和方法。

7. 数量管理学派

数量管理学派产生于第二次世界大战时期,其理论是指以现代自然科学和技术的最新成果(如先进的数学方法、电子计算机技术、系统论、信息论和控制论等)为手段,运用数学模型,对管理领域中的人、财、物和信息资料进行系统的定量分析,并作出最优规划和决策的理论。其特点如下。

（1）注重选择与运用科学的方法。

（2）通过建立数学模型来解决管理中存在的问题。

（3）注重系统分析方法在管理实践中的应用，强调系统性。

（4）注重决策的科学化。有助于管理人员估计不同的可能选择，如果明确各种方案包括的风险与机会，便更有可能作出正确的决策。

（5）强调的是经济与技术问题，而不注重社会心理问题。

（6）注重于强调计算机在企业管理中的应用。

因而，从一定意义上说，这一学派注重对技术问题和经济问题的定量的、系统的分析。

数量管理理论的主要内容包括以下两方面。

1）运筹学

运筹学是数量管理理论的基础，是在第二次世界大战中，一些英国科学家为了解决雷达的合理布置问题而发展的数学分析和计算技术。就其内容而言，运筹学是一种分析的、实验的和定量的方法，专门研究在既定的物质条件（人、财、物）下，为达到一定目的，运用科学方法（主要是数学方法），进行数量分析，统筹兼顾研究对象的整个活动中各个环节之间的关系，为选择最优方案提供数量上的依据，以便作出综合性的合理安排，从而最经济、最有效地使用人、财、物。运筹学后来被应用到管理领域。

2）系统分析

"系统分析"这一概念最初由美国兰德公司于 1949 年提出。运用科学和数学的方法对系统中的事件进行研究和分析，就是系统分析。其特点是，解决管理问题时要从全局出发，进行分析和研究，以制定出正确的决策。因此，系统分析一般有以下几个步骤。

（1）弄清并确定这一系统的最终目标，同时明确每个特定阶段的目标和任务。

（2）必须把研究对象看作一个整体，一个统一的系统，然后确定每个局部要解决的任务，研究它们之间以及它们与总体目标之间的相互关系和相互影响。

（3）寻求完成总体目标及与之相联系的各个局部任务的可供选择的方案。

（4）对可供选择的方案进行分析和比较，选出最优方案。

（5）组织各项工作的实施。

2.5.2 企业文化理论

1980 年秋，美国《商业周刊》的一期报道中首先使用了"企业文化"，而后为企业界和理论界认同。1982 年，哈佛大学首次开设了"企业文化课"，许多大学竞相效仿。20 世纪 80 年代初，美国先后出版了 4 部重要著作，威廉·大内的《Z 理论——美国企业界怎样迎接日本的挑战》、理查德·帕斯卡尔和安东尼·阿索斯的《日本企业管理艺术》、特伦斯·迪尔和爱伦·肯尼迪的《企业文化——企业生活中的礼仪与仪式》、托马斯·彼德斯和小罗伯特·沃特曼的《追求卓越——美国管理最佳公司的经验》，标志着企业文化理论的诞生。

1. 产生的背景

第二次世界大战后，美国的经济发展迅速，成为世界头号经济强国。但在20世纪70年代初石油危机的冲击下，美国企业的竞争能力被大大削弱。而第二次世界大战的战败国之一日本，经过短短的二三十年的发展，以锐不可当的态势，迅速成为世界经济强国之一。为什么资源匮乏的狭小的岛国，能取得如此成就？

许多美国专家认真总结本国公司的管理理论和实践，同时对日本企业的成功进行考察和研究，通过比较和分析得出了一个结论：美国的企业管理思想和管理方式落后于日本。日本很好地把民族传统文化融合到企业管理中，形成企业全体员工共有的集体价值观念，在企业中营造一种和谐共处、感情色彩浓厚的文化氛围，使员工树立起与企业荣辱与共的信念、团队精神、强烈的责任感。企业着力于人的管理、培养人才、提高员工的文化素质，而员工则努力工作，效忠于企业。美国企业看重的是技术和装备，在管理中注重理性化，在管理技术上强调严密的组织结构和规章制度以及定量分析，与日本的管理相比没能重视精神的作用和文化的力量。

正是从日本成功的企业管理的实践中，发展起了企业文化理论。

2. 企业文化理论简介

这部分内容主要介绍以上提到的奠定了企业文化理论的4部名著的内容。

日裔美籍教授大内花费了八九年的时间，对日、美两国典型企业进行深入的调查和对比研究后，出版了《Z理论——美国企业界怎样迎接日本的挑战》一书，针对美国企业盛行的A型组织和日本成功的J型组织，提出了"Z型组织"的模式。Z型组织的特点如下。

（1）实行长期雇佣制或终身雇佣制，使员工在职业有保障的前提下，更关心企业的利益。

（2）对员工实行长期考核和逐步提升制度。

（3）培养多专多能的人才。

（4）采取集体研究、集体决策和个人负责的决策方式。

（5）既要依靠科学的定量分析和严格的控制手段，又要注重对人的经验和潜能进行细致有效的启发。

（6）树立员工平等观念，上下级之间建立一种融洽、信任的关系。

（7）利润并不是企业的重要目的，更多的是通过向顾客提供真正的价值和帮助员工成长而得到回报。

A、J、Z三种组织的管理模式比较可以归纳成表2.2。

表 2.2　A、J、Z 三种组织的管理模式比较

项　　目	A 模式	J 模式	Z 模式
雇佣制	短期雇佣制	终身雇佣制	长期雇佣制
决策方式	个人决策	集体决策	集体决策
负责制	个人负责	集体负责	个人负责
评价和提升的速度	短期而快速	长期而缓慢	长期而缓慢
控制过程	明确的控制	含蓄的控制	含蓄与明确兼用
员工的发展	专业化方向	多面性发展	适当倾向多面性发展
对员工的关怀	只关心在职期	长期关心	在职期的个人和家庭

在《日本企业管理艺术》一书中，作者通过对日、美许多行业的 32 家企业的调查，提出了"7S 理论"：结构（structure）、战略（strategy）、制度（system）、技能（skill）、作风（style）、人员（staff）和共同价值观（shared values）。这 7 个 S 构成了以共同价值观为核心的网络，忽视了其中任何一个因素或各因素间的协调将影响管理的成效。在 7 个因素中，战略、结构和制度是硬性因素，人员、技能、作风和共同价值观是软性因素。美国企业过于强调硬性因素，而日本企业在肯定硬性因素作用的前提下，较好地兼顾了软性因素，这就是在石油危机等严峻形势下，日本企业经营得比美国企业好的原因之一。

《企业文化——企业生活中的礼仪与仪式》一书在收集数万家美国企业的丰富材料后，提出：塑造一个强有力的文化是企业取得成功的取胜之道。认为企业文化包含了五个要素：企业环境——企业所处的环境是形成企业文化唯一的影响因素；价值观——企业的基本概念和信仰，是企业文化的核心；英雄——企业的模范，最好地体现了企业的价值观，是全体员工学习的榜样；习俗和仪式——企业的风俗习惯、文化活动；文化网络——管理者传播文化的各种渠道，用来培育企业价值观，增强凝聚力。

《追求卓越——美国管理最佳公司的经验》一书的作者通过对美国 40 多家公司的研究，概括了美国优秀公司的八大特征：贵在行动；紧靠顾客；自主和企业家精神；尊重员工；领导身体力行；发挥优势，扬长避短；组织结构简单，公司总部精干；宽严相济，张弛结合。

除了以上介绍的一些美国学者的著作外，也有许多日本学者著书来论述企业文化。如河野丰弘在《改造企业文化——如何使企业展现活力》一书中，认为企业文化包含两个层次的内容：一是体现了经营理念的指导文化；二是在指导文化影响下的企业日常文化，体现为各层次员工具有的价值观念和行为方式。森岛通夫在《日本为什么"成功"》中提出日本的成功在某种意义上是弘扬了本国文化传统的结果。名和太郎的《经济与文化》中论述了发展经济要重视文化力的作用。

这些著作都是在大量的调查研究的基础上，通过科学的分析，提出了独到的新见解，为企业文化理论构建了理论基础。

3. 企业文化的功能

企业文化是企业在环境中生存和发展过程中形成的，它也必然对环境产生影响。

环境是独立于企业之外，不以企业的主观意志为转移的，对企业的生存和发展产生影响的各种因素之总和。它包括自然因素和社会因素，社会因素主要有政治、经济、科学技术等。在改革开放方针的指引下，我国走上了以经济建设为中心的道路，随着经济体制的改革，企业面临着激烈的市场竞争，优胜劣汰是每个企业面临的考验和挑战。正因如此，发挥企业员工的积极性，把他们的意志力量聚集起来，建设好自己的企业文化成为每个企业所关注的重要工作之一，这也是推动我国对企业文化的研究和实践的不竭动力。

企业是社会的重要组成部分，企业文化也是社会大文化的重要组成部分。每个企业都能建设好自己的企业文化必将有利于整个社会的文化建设，这就是企业文化的辐射功能。

在管理中真正做到以人为中心，充分调动员工的积极性，创造条件让员工发挥各自的聪明才智，有利于企业搞好科学管理，劳动生产率的提高必然有利于实现经济增长方式的转变，最终有利于实现我国经济健康、快速、持续的增长。社会发展的经济基础建设好了，也会有利于社会文化的建设。

企业文化对企业管理的更直接、更重要的作用一般可从以下五个方面来论述。

1）导向功能

企业文化作为一种价值取向，规定了企业所追求的目标，体现出企业在一定时期内的发展方向。这是企业整体的共同追求和共同的利益，与员工的个人目标相融合，使员工能自觉地为实现企业目标而努力奋斗。同时，共同的价值观为全体员工提供了具有方向性的思想观念，他们以此为准绳来判断周围的事物和指导自己的日常言行。

2）凝聚功能

在共有的价值观基础上和共同目标的激励下，全体员工紧密地团结在一起，同心同德，为了共同的事业而努力奋斗、拼搏。共同的目标、共同的利益，使企业与员工、员工与员工之间凝聚在一起并形成了团队精神。在这种奋斗的过程中，领导者与被领导之间、员工之间互相关怀、互相理解、互相帮助，真正融合成一个命运的共同体。每个人都为生活在这样一个企业中感到自豪，同时努力处处维护集体并为集体作出贡献。

3）规范功能

通过制度文化和道德规范对员工的行为产生约束作用，使其符合企业的价值观和发展的需要。企业在生产经营中需要制定出各种规章制度来保证企业的正常运作，而企业文化则通过共有的价值观、道德观念、舆论等的作用使员工认同企业的规章制度，并产生约束力量，使员工不但能自觉遵守规章制度，而且能自觉地规范自己的言和行。

4）激励功能

在实现企业目标的奋斗过程中，企业文化为员工创造了一种努力进取、团结拼搏的良好氛围，以人为中心的管理思想和管理方式特别重视培养员工的素质，调动他们的积极性和创造性，在实现企业目标的过程中体现出自身的价值。在良好的氛围中，每个人都因自己对企业所做的贡献而得到大家的尊重，在日常生活和工作中得到大家的关心与理解。员工在参与管理和参与决策的过程中都有机会施展自己的聪明才智，使得企业中的优秀人才能脱颖而出。通过学习和实践，每个人都可以为今后的发展打下基础和创造条件。

5）调适功能

由于企业员工具有共同的价值观，对一些问题的看法比较一致，加上有共同的语言、相互信任、彼此理解，能进行充分、有效的交流，形成团结、融洽、互相关心、互相帮助的氛围。外界环境的变化，总会在员工的思想中产生影响，需要员工能及时地调整自己的心态，正确认识和对待这种变化，消除不利影响和吸收积极因素。企业为了适应环境的变化，也在不断地进行各种调整，有时这种调整会改变已有的工作习惯或是影响到个人的利益，需要员工迅速地响应这种调整，增强自觉性和适应能力。除了企业进行的调整外，企业时时处在变化中，这种变化最终会影响已形成的良好人际关系，此时需要员工能积极主动地进行调整和适应，继续保持企业与员工、员工与员工之间的良好关系。企业文化的建立有助于员工在变化中调整自己的心态，主动适应环境变化和由此带来的企业内各种变化。

2.5.3 变化与管理的未来

1. 大数据管理

大数据在当前实践领域和学术领域受到越来越高的重视，对大数据进行全面有效的研究和分析，能够为社会进步和发展提供良好的前提条件，人们在这一点上已经逐步达成了共识。大数据主要是指数据信息十分庞大繁杂，需要使用云计算等数据挖掘技术才能够对数据信息进行深度的挖掘，由此获取到具有高潜在价值的巨量资料。大数据具有较高的潜藏价值，并且数据量本身就较为庞大，具有一定的复杂性，这就需要企业在进行数据信息的处理过程中，有更强的能力进行挖掘和分析。

随着大数据应用日益渗透到各行各业中，数据所蕴含的巨大商业价值也越来越为人们所重视，数据日益成为重要的企业资产和国家战略资源。因此，大数据管理是每一家企业都要做的事情，企业的信息化与网络化程度不高，则会直接影响企业的竞争能力。企业大数据管理是将企业内部海量的战略、文化、运营、营销、人力资源、财务等数据以及企业外部的环境数据整合起来，通过数据挖掘和解读工作打造管理大数据结构化平台。

大数据时代对传统行业形成了新一轮挑战。以前传统产业的经营与营销决策是由经营者按照经验制定的；而在大数据时代，则需要通过管理与分析同行业或是跨界行业数据，进而制定出有操作价值的决策。随着产业互联网、物联网以及云计算技术的飞速发展，进行企业生产与储存还有传播与分析数据管理是很有必要的，大数据管理能轻松实现这个操作，让企业从容面对新一轮挑战。

2. 人本管理

《尚书·五子之歌》中所言"民惟邦本，本固邦宁"，可谓是中国最早的民本思想。企业中对于人的管理，从最早的劳动资料，到人力资源，再到现在的人力资本，层层叠进，体现了企业人本管理的重要性。人本管理，已然成为当今社会经济活动中出现频率最高的词之一。

所谓人本管理，不同于"见物不见人"或把人作为工具、手段的传统管理模式，而是在深刻认识人在社会经济活动中的作用的基础上，突出人在管理中的地位，实现以人为中心的管理。其核心要点有：①员工是企业的主体；②有效管理的关键是员工的参与；③现代管理的核心是使人性得到最完善的发展；④管理是为人服务的。

为此，管理都要以人为中心，把提高人的素质、处理人际关系、满足人的需求、调动人的主动性、积极性和创造性的工作放在首位。在管理方式上，现代管理更强调用柔的方法，尊重个人的价值和能力，通过激励、鼓励人，以感情调动员工积极性、主动性和创造性，以实现人力资源的优化及合理配置。

3. 知识管理

随着以微型电脑、激光技术、生物工程和新能源开发为中心的新科技革命的兴起与发展，生产技术、社会需求以及市场竞争等日新月异、瞬息万变。随着知识经济的到来，知识成为企业发展的重要资源之一。获取丰富而准确的知识，是正确而迅速地进行决策的前提。企业知识化就是将知识技术应用于企业产品的研究、开发、生产、销售和经营之中，不断提高资源开发效率，获取经济效益的过程。

一个企业能否在激烈的竞争中得以生存和发展，它的产品和服务能否满足客户的需求，首先在于企业能否及时获取必要和准确的知识，包括市场知识、客户知识、供应商的知识、联盟伙伴的知识等，能否将获取的知识按照企业的需求进行整合，进而企业是否具有一定的平台和措施保证知识可以迅速地在员工之间、员工与客户之间、员工和组织之间分享，最重要的是能否把知识融合到企业的产品和生产研发与服务过程之中，融合到企业的整个经营与管理工作之中，进行创新和发展，形成企业的知识螺旋。

知识管理也是随着时代的需求而新兴起来的一个管理学研究领域。比尔·盖茨在《未来时速》一书中多处谈及知识管理，他说："作为一个总的概念辐射——收集和组织信息、把信息传播给需要它的人、不断地通过分析和合作来优化信息——知识管理对企业的发展是很有用的……知识管理是个手段，不是目的。"美国生产力和质量中心（American Productivity & Quality Center，APQC）认为知识管理应该是组织一种有意识采取的战略，它保证能够在最需要的时间将最需要的知识传送给最需要的人。这样可以帮助人们共享信息，并进而通过不同的方式付诸实践，最终达到提高组织业绩的目的。

4. 全球化

经济全球化的进程，全球的资源共享，在平坦的世界里，人才、信息、技术以及资本的高速流动和迁移，改变了全球商业竞争的游戏规则，越来越多的企业加入全球扩张的行列。跨国公司作为企业全球化经营的主要推动者，在这场浪潮中起到了关键的作用。跨国公司主要是指以本国为基地，通过对外直接投资，在世界各地设立分支机构或子公司，从事国际化生产和经营活动的垄断企业。跨国公司应具备以下三要素：第一，跨国公司是指一个工商企业，组成这个企业的实体在两个或两个以上的国家内经营业务，而不论其采取何种法律形式经营，也不论其在哪一经济部门经营。第二，这种企业有一个中央决策体系，因而具有共同的政策，此等政策可能反映企业的全球战略目标。第三，这种企业的各个实体分享资源、信息以及分担责任。

全球化经营的趋势导致了管理向全球化方向的发展。世界范围内的大分工，生产资料和产品的世界性转移让更多的本土企业身份发生了变化。在管理中需要考虑更多的全球化的因素，不能只将眼光局限于一国或者一个地区。管理的全球化就是要立足于全球来对组织进行管理，这不仅是对跨国企业的要求，对于每一个想要把握机遇的小企业来说也是必须拥有的胸怀。道理就在于，胸怀天下者才有可能得天下。

2.6 企业社会责任和管理道德

2.6.1 企业社会责任的定义和范围

1. 企业社会责任的定义

企业社会责任（corporate social responsibility，CSR）是任何企业都不可逃避的"强制性"责任，具有普适性，同时又"与时俱变、因地而异、因企而异"，具有动态性。CSR 内涵的变化反映了人们认知水平以及价值标准的变化。其内涵的日益丰富以及包容性的增强也说明人们对企业功能及使命的认识由狭隘走向全面。至今，关于 CSR，还没有统一的定义。然而，其基本原则却是有共同底线的，即 CSR 不具有排他性，而是讲求多方利益相关者的和谐，不以某一方的利益为牺牲，也不以某一方的利益为唯一追求。CSR 的发展过程实际上是多方利益相关者诉求趋向一致的过程，是从单独地或重经济或重环境或重社会的发展理念转变为支持协调推进经济、环境、社会和谐发展理念的过程，是企业和利益相关者共同意义建构的过程。为了对CSR 的内涵有较为全面的认识，本研究系统梳理了国内外学者的研究中关于 CSR 的定义，以及一些权威性机构和企业对 CSR 的理解。

扩展阅读 2.4
布伦特与尼日利亚事件

1）国外学者的观点

企业社会责任的概念最早由美国学者 Sheldon 于 1924 年提出，而真正让关于 CSR 的研究变得广泛的是两次大论战。第一次论战是 20 世纪 30 年代到 50 年代 Dodd 和 Berly 关于企业是否只应对股东负责的争论，第二次论战是 20 世纪 60 年代 Berly 和 Manney 关于现代公司作用的争论。正是这些争论，使得 CSR 的发展能够更加符合众多利益相关者的诉求，不再单一地强调某一个利益相关者的利益，在对立中获得了统一。

对比国外学者的研究，其中影响较大的主要有以下几种观点。1953 年，Bowen 在他的著作《商人的社会责任》中提到：商人的社会责任是指商人有责任根据社会价值观和目标的要求来拟定政策、制定决策或遵守行动规则。商人要在一个比损益表更广的范围内，为他们的行为后果负责。他甚至认为，即使社会责任活动会对企业的利润造成负面影响，商人也应当自觉地以对社会负责任的态度进行经营活动。Bowen 的观点是把商人作为 CSR 的承担方，具有一定的时代局限性，但对其后的 CSR 研究具有十分重大的影响，被一些学者认为是真正的 CSR 定义之端。Davis 提出了著名的"责任铁律"，认为商人应当关注被企业行为影响的其他人的利益和需求，并将社会责任视为"企业直接利益以外的因素"。同时期的学者 Frederick 则认为，社会责任就是商人要有这样一种意愿，将企业的资源应用于广泛的社会目的，而不是仅仅限制在对个人和企业利益的追求上。

在早些时候，商人的社会责任的提法多于 CSR 的提法，企业被视为商人的私有财产，因而其行为决策主要受商人的决策影响，其目的应是为商人谋利。随着企业理论的发展，人们逐渐认识到商人不再是企业的唯一主人，企业的社会责任也就不再仅仅是商人的社会责任。到了 20 世纪 70 年代，商人的社会责任的提法逐渐为 CSR 所取代。这一转变是 CSR 理念发展上的重要突破。

很长一段时期，CSR 都是被放在股东利益的对立面，受到一些著名学者的反对和排斥。诺贝尔经济学奖获得者 Milton Friedman 就认为，企业管理者履行社会责任会极大地毁坏自由社会的基础。但归根结底来看，Milton Friedman 并不是反对现代意义上的 CSR，只是在他的那个年代，他听到的关于 CSR 的观念是对立于追求经济发展的，是有损于股东利益的，因而是欠妥的。

在不断的争论中，人们对 CSR 的认识不断改变，学者们所下的定义也逐渐地摆脱了"排他性"。Carroll 提出的 CSR 定义是迄今为止最为广泛认可的。他认为，CSR 包括社会在某一时点上对组织的经济、法律、伦理和慈善期望。具体来说就是，第一，经济责任，是企业最基本也是最重要的社会责任，它是企业一切其他行动的基础。第二，法律责任，企业要在法律允许的范围内行动，否则就会受到法律的制裁。第三，伦理责任，企业应该遵循那些受到社会公众普遍遵从的伦理规范。第四，慈善责任，企业作为社会的组成成员，必须为社会的繁荣、进步和人类生活水平的提高作出自己应有的贡献。后续日益增多的 CSR 定义，虽然具体的形式和表达有所差异，但都没有能够突破他的框架。

2）国内学者的观点

我国的 CSR 实践和理论研究大都较国外晚一些。其中，最早对 CSR 进行定义的是袁家方，他认为 CSR 是企业在争取自身生存与发展的同时，面对社会需要和各种社会问题，为维护国家、社会和人类的根本利益，必须承担的义务。刘俊海则对袁家方提到的"社会和人类的根本利益"做了进一步的划分，认为这些利益包括雇员、消费者、中小竞争者、债权人、当地社区等的利益。

卢代富将 CSR 视作企业的维护和增进社会公益的义务，并从四个方面对其特点进行了阐述：第一，是一种关系责任。第二，是对非股东利益相关者的责任。第三，是企业的法律或道德要求下的责任。第四，是对股东利润最大化原则的改进。谭深和刘开明则认为，CSR 是指公司不能仅仅以股东利益最大化为唯一目的，也应当考虑股东之外的其他群体的利益。相较而言，本研究认为谭深和刘开明的观点更具有包容性。其他学者的观点大致与上述观点相似，这里不再赘述。

3）国际上权威机构的观点

国际上一些关注 CSR 问题的权威组织，如美国经济发展委员会（Committee for Economic Development，CED）、世界可持续发展工商理事会、英国的"企业公民会社"、国际标准化组织等给出的关于 CSR 的定义对于理解 CSR 也具有十分重要的帮助，详见表 2.3。

表 2.3　国际组织的 CSR 定义

国际组织	CSR 定义
美国经济发展委员会	"三个同心圆"定义：内圈圆环责任表示经济责任；中间圆环责任是通过敏锐感知社会价值观和优先次序的变化来履行经济功能，如保护环境、劳资关系、满足顾客更高的知情期望、公平待遇和安全保护等；外圈圆环责任表示的是改善社会整体环境的责任
世界可持续发展工商理事会	包括遵守道德规范，贡献经济可持续发展，改善员工、企业所在社区的生活品质
英国的"企业公民会社"	包括四点含义：第一，企业是社会的一个主要部分。第二，企业是国家的公民之一。第三，企业有权利也有责任。第四，为社会的可持续发展作出贡献
国际标准化组织	组织在运营过程中要注意四点问题：第一，行为要符合社会利益和可持续发展要求。第二，以道德行为为基础。第三，要遵守法律以及与政府间的契约。第四，要将以上要求全面融入企业的各项活动

2. 企业社会责任的范围

随着企业社会责任内涵的演变，出现了不同的责任范围。美国国家经济委员会在 1971 年将社会责任分为三个同心圆，分别代表了三个层次的社会责任。

（1）内圆责任（inner circle）：最基本的企业责任，即有效执行企业的经济功能。

（2）中圆责任（inter mediate circle）：企业应在考虑和配合社会价值变化的前提

下，运作经济功能。

（3）外圆责任（outer circle）：强调企业应主动积极地改善社会环境。

学者Sethi则依据不同时代社会产生的不同需求，将企业社会责任区分成三个等级，即社会义务（social obligation）、社会责任（social responsibility）和社会回应（social responsiveness）。

（1）社会义务：企业的行为或决策主要是回应法律及市场规则。

（2）社会责任：企业的行为规范是以企业所处社会的道德、价值及期望为依据。

（3）社会回应：企业要以其在社会的长远角色做决策及行为，包括企业的各种前瞻性规划及各种预防性规范。

Steiner将企业社会责任依据对内外部环境影响分成内在社会责任和外在社会责任。

（1）内在社会责任：包含改善员工的工作环境及合理公正地选择和教育员工。

（2）外在社会责任：包括训练及雇用残障者，改善公平给付。

美国会计协会（American Accounting Association，AAA）的企业社会行动会计委员会提出企业承担社会责任应涵盖以下四个范畴。

（1）人力资源的开发：提供给员工教育训练、最低基本工资的保障，舒适安全的工作环境；让员工有工作满足感、实现自我愿景的机会；提供平等雇用的机会，没有性别歧视或种族歧视等。

（2）参与社区活动：赞助或举办社区教育、文化、公益活动，即结合社区民众参与社区建设发展计划，以提升社区的生活品质等措施。

（3）自然资源的利用效率及环境保护：包括妥善有效地利用自然资源，注重环保，减少空气、水、噪声及固体废弃物的污染。

（4）提供商品与服务：此部分涉及企业与顾客间的关系，以及产品或服务对社会所造成的影响。如制造安全、可信赖及高品质的产品，提供完善的服务，与消费者建立良好的互动关系等。

哈佛大学商学院教授Porter则将企业社会责任分为两种类型。

（1）回应式的企业社会责任：包括扮演好企业公民的角色（应处理好利益相关者关心的社会议题）以及降低公司活动目前和未来可能会对社会造成的负面影响。

（2）策略性的企业社会责任：并不是要成为优良的社会公民，而是为社会和公司创造明确利润。虽然策略性的企业社会责任计划的数量可能会比回应式的企业社会责任计划少，但能共享的价值会更高。

2.6.2 企业社会责任与经济绩效

经过近一个世纪的发展，企业社会责任已经逐渐从"企业是否要履行社会责任"的争论转变成一项企业普遍接受的商业规则。尽管学术界和商界已经基本达成企业应履行社会责任的共识,但是对于履行企业社会责任是否能够给企业带来经济回报问题的讨论还在继续。因此,企业社会责任与企业经济绩效的关系问题吸引了社会各界越来越多的注意力,相关学者针对二者关系展开了全面研究,但得到的结论却不尽相同。

一种观点认为企业社会责任对企业财务绩效存在着负向影响,持该观点的学者认为企业承担社会责任将会浪费一定的企业资源,从而增加企业成本,降低整体经济利益,不利于企业进一步发展。

另一种观点认为履行企业社会责任有助于提升企业短期或长期的经济绩效。学者们认为,首先,企业积极承担社会责任会给利益相关者留下积极向上的印象,树立企业良好形象,提高企业声誉。因此,消费者更愿意购买企业的产品,政府也还会减少对企业的干预,使其获得更多的发展空间和发展资源,从而对企业经济绩效产生积极影响。其次,企业承担社会责任也包括对员工的责任,营造和谐的工作氛围,从而增强企业内部员工的凝聚力,激发他们的工作热情,有利于企业实现长期利益。

如此看来,企业承担社会责任对企业的经济绩效是一把双刃剑。正如乔治·斯蒂纳和约翰·斯蒂纳所认为,企业能够盈利是企业愿意承担企业社会责任的前提,一个企业只有盈利越多,它才有可能承担越多的社会责任。相反,一个企业如果正处于经营困难的阶段,那么就有可能削减企业承担的社会责任。因此,企业承担社会责任与企业经济绩效的关系变得十分模糊。也正因如此,在现实社会中,企业承担社会责任的情况差异才会如此大。

2.6.3 绿色管理与可持续性

人类在创造高度现代物质文明的同时,也产生了一定的负面影响,导致资源耗竭、环境污染、生态经济失衡恶化等,人类逐渐地认识到必须与大自然和谐共处,实现人类的可持续发展。随着人们环保意识的觉醒,越来越多的组织逐渐意识到,企业要生存发展就必须实现由单纯经济管理向生态环境管理有机统一的绿色管理转变。绿色管理思想作为一种新型的现代管理思想,就是把生态环境管理纳入企业管理之中,使生态环境管理和生产经营管理紧密结合起来,形成生态与经济协调互促型的现代企业管理模式①。实行绿色管理,不仅是重建人与自然和谐统一的内在要求,而且是现代企业可持续发展的客观要求。

那么,组织如何才能变得绿色呢?实际上,企业和组织可以做很多事情来保护自然环境实现绿色。例如,一些企业只做法律要求做的事情,即他们履行了自身的社会义务,而有些企业则彻底改变了自己的产品生产过程变得绿色。首先,法律方法,做

---

① 刘永涛.从绿色管理思想的兴起看企业可持续发展[J].科学管理研究,1997,15(6):9-12.

法律要求的事,这类组织几乎没有表现出环境敏感度。其次,随着组织对环境问题变得越来越敏感,管理者可能采取市场方法响应消费者的环境偏好。再次,利益相关者方法,即组织努力满足各种利益相关者,如员工、供应商或者是社区的环境要求。最后,激进主义者方法,即组织积极寻找能够保护环境的方法,这反映了最高的环境敏感度,阐明了企业社会责任。

2.6.4 管理者与道德行为

道德是以善恶判断、调节人们相互关系的一种社会意识,管理则是围绕组织目标,整合各类资源的一种综合性社会活动。实际上,每一个管理者都确实会面临道德问题或困境。例如,公车私用的行为道德吗?因私人原因使用公司电话或邮件沟通处理你怎么看?销售代表通过送礼诱导采购代表购买是道德的吗?因此,当管理者在进行计划、组织、领导和控制的时候,他们必须考虑道德的维度。

那么,道德的含义是什么呢?本书将其定义为明确决策和行为对错的原则、价值观和信念。因此,道德要求管理者作出决策时应考虑其过程和受到结果影响的人。为了更好地理解管理中的道德问题,学者们总结了决定管理者行为是否符合道德的多个因素,当管理者面临道德困境时,其行为是否符合道德受到以下几个因素的影响:其道德发展阶段和其他中介变量,包括个人特点、组织结构、组织文化和道德问题的严重性。其中的道德发展阶段被分为三个层级,每个层级有两个阶段。在每个连续的阶段中,个人的道德判断受到外界影响程度逐渐减小,变得更加内在化。如图2.2所示。在第一层级,道德成规前,管理者的选择是基于外界环境的影响所产生的结果,如规则中设定的奖惩制度。在第二层级,惯例时期,道德标准是符合别人的期望和预期设定的标准。在第三层级,原则时期,管理者建立自己的道德价值观。人们普遍按照顺序经历这六个阶段,但多数成年人处于第四个阶段,即止步于遵守规则,趋向于做出道德行为。

层级	阶段描述
原则时期	6.遵循自己的道德原则,即使它们可能违背法律
	5.重视别人的权利,支持绝对的价值观和权利,不顾多数人的看法
惯例时期	4.通过履行义务维持惯例秩序
	3.符合周围人的期望
道德成规前	2.只遵守符合直接利益的规则
	1.只遵守能够规避身体惩罚的规则

图2.2 道德发展阶段

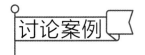

用爱牵手你我他——大连宜家家居社区责任之行

引言

2015年12月20日,"与弱势儿童同在——2015年宜家(中国)社区责任实践交流会"如期举行,宜家(中国)可持续发展部李明经理及下设全国18家商场的可持续发展经理齐聚一堂,一起分享各自开展的社区责任实践活动,旨在通过互相学习和交流来更好地担负起社区责任。从2012年起,宜家(中国)一直致力于改善"妇女与儿童"的生活。几年来各地宜家家居深入社区,通过与企业、工会等非营利组织展开合作,以妇女与儿童的最大利益为行动出发点,齐心协力为他们创造更加美好的生活和未来。和往年一样,通过100名来自中国18家商场的代表员工以及50名供应商代表的在线投票,宜家(中国)评选出"2015财年最具价值社区责任实践项目",大连宜家家居"工人村小学图书走廊"社区责任实践活动以85%的得票率当之无愧地拿下当年的最具价值奖。评委会用一首小诗来评价它:大连宜家虽年轻,责任态度不输人;缓慢摸索向前走,遇到困难不退后;紧抓利益相关者,携手齐把责任行;价值传播最大化,只为共益你我他。

"紧密团结利益相关者,追求价值传播最大化",一首朴实无华的小诗,精准地向我们展示出大连宜家家居践行社区责任时坚守的理念。那么"工人村小学图书走廊"是怎样的一个项目呢?不由得令人想一探究竟。

1. 背景介绍

宜家集团于2009年2月19日正式进军大连,这是继上海、北京、广州、成都、深圳、南京商场之后在中国内地开设的第七家商场。大连宜家家居始建时,便清楚明白地将"为人们与社区创造更加美好的日常生活"作为其运营过程中必须坚守的信念。宜家集团,从瑞典南部一个资源贫瘠、环境恶劣的小村子一步步走到今天,它始终以"崇尚自然,尊重人权,高度自治和坦诚合作"为生存之本,并将其化为一把椅子的四条腿——价格、交货能力、质量、社会责任,它们支撑着整个宜家集团的生存和发展,缺一不可。质量是保障,价格和交货能力是竞争优势,社会责任则像血液一样贯穿于每一环节。大连宜家家居将椅子理论充分运用到日常经营的每个环节中,紧随总部步伐,在做好日常运营、服务好顾客的同时,寻找融入其所在社区——大连的突破点,努力谋求自身与社区的共赢,一步步走进大连人的生活,一点点融入大连市的发展,渐渐将根系深扎于大连这片土地。

2. 路在何方,迈开第一步的苦与乐

2014年9月1日,阳光清新明媚,大连宜家家居可持续发展经理张昊整整自己衣阳黄色的工作服，坐在电脑旁，手指轻点桌面，思考着应如何根据儿童这一落脚点开展 2015 财年大连宜家家居的社区责任实践。他毫无目的地一页一页翻着自己的会议记录本，仿佛翻着本子便能解决自己的烦恼似的。不经意间，看到这样一句话："比做慈善更重要的，是从根本上改善人们的生活，帮他们创造能更好生存的机会。"只有教给人们解决问题的根本方法，鼓励他们勇于实践，敢于为生活付出，才能彻底解决问题。可是什么样的责任实践形式才是最好的呢？如何履行社区责任才能使大连宜家家居和社区双赢，如何能找到最适合的帮扶对象呢？

3. 群策群力，寻找帮扶对象

终究要迈开第一步，张昊苦想了两天，最终下定决心：这次项目，一不考虑捐钱，二不推崇捐物。他希望以多赢的方式开展这次活动——既能将大连宜家家居自身优势融入其中，又能使帮扶对象直接受益，更能让公司员工参与其中切实感受到大连宜家家居在积极努力地对社会负责。有了"两不原则"及"初步的愿景"，张昊带领他的组员一起梳理了几个问题：活动的初衷是助力弱势儿童勇敢追求美好未来，那么大连周边弱势儿童群体聚集在哪里？只有公益组织和儿童福利机构吗？大连宜家家居能为帮扶对象提供的力量有哪些？资金、生活用品还是宜家家居产品？在寻找帮扶对象时可以借力哪些利益相关者？

张昊利用工作时间的所有间隙——午餐时，茶水间休息时，甚至下班回家的路上，碰到同事就会拉着他们问同一个问题："我们要开展和弱势儿童相关的社区责任实践活动，你觉得该怎样才能找到合适的帮扶对象呢？"果然团队的力量是巨大的，运营部经理池岩提供一个渠道，他说：大连宜家家居位于西岗区，西岗区是一个外来务工人员大量聚集地，无疑会有很多流动儿童，西岗区本身的情况和项目所寻找的目标群体是比较吻合的，或许有突破点。

4. 柳暗花明，帮扶对象在眼前

张昊抓住每一个机会，说干就干，和西岗区妇联主席段京华约好时间，前去拜访。没想到他和段主席一拍即合，聊得甚欢，在思想上碰出了很多火花。段主席说："我个人来看，工人村小学应该正是你们所找的那个对象。该校由于临近大连船舶重工集团，周边外来务工人员较多，他们的孩子大多在这个学校上学。该校领导有心帮助这些流动儿童获得更高质量的教育，但无奈太'穷'，资金不够。你们的项目既然是针对弱势儿童，而他们又迫切希望改善孩子们的学习环境，双方的意愿很契合。我把校长的联系方式给你，并将大连宜家家居社区责任实践项目的情况简要给他说一下，你们相互联系好好沟通一下，看能不能达成合作，这是一件实实在在的好事呀！"

2015 年 4 月 29 日，张昊和工人村小学校长第一次见面，这也当之无愧地称得上是"工人村小学图书走廊"项目的里程碑时刻。校长介绍：学校 70% 孩子的爸妈都是外来务工人员，他们学历普遍较低，工作流动性强，这就造成了孩子们的生活学习环境相对较差；他们大多也没有意识给孩子培养才艺，或者为孩子买课外书籍开阔视野。

学校想丰富孩子们在校的学习时间，培养他们更多的兴趣爱好。你看学校在每个教室专门设置了一块练习书法的地方，后来又在楼道口处架了书架，摆上些课外书，充实孩子们的课外读物。说来书架还是我在你们的折扣区淘来的呢，这些书孩子们都快翻烂了。走廊空地大，我想在走廊里架上更多的书架，摆放更多的书。你不知道，孩子们捧着书靠在走廊里认真看时，当老师的多么欣慰；孩子们抱怨书少时，我们又是多么无奈！

回到公司，张昊便拨通李明的电话，将他在工人村小学的所观所想一一汇报，听完张昊的话，李明简短而有力地说出几个字："我同意，加油！"

5. 责任实践进行时，大家一起搭把手

五一小长假过后的第一天，一面大大的社区责任实践活动员工志愿者招募海报张贴在大连宜家家居员工走廊中，鼓励大家积极参与2015年大连宜家家居社区责任实践活动，共同为工人村小学打造多姿多彩的图书走廊。

"考虑到小学生大多是'冒险家'，喜动、活泼，为他们设计书架，安全性是首先要考虑的。应避免带有锐角、尖角等，表面最好不能粗糙，固定要牢固，这些在选购儿童书架时都是必须要注意的，"大连宜家家居室内设计部经理张强主动找到张昊说，"宜家也有专门的儿童家具系列，但是不同环境适合不同系列的产品。我希望我们部门能够去学校实地看一下，根据环境为孩子们设计出最合适的布置结构，置办最合适的书架。"

可是，风波再起，供应商乔老板说，今年二、三季度的工作计划排得很满，实在抽不出时间再赶制这批书架。在没有信心保质保量完成产品生产的情况下，不会接单。吃了乔老板的闭门羹，张昊诚恳地说："您担心生产压力太大会导致产品不能保质保量生产，我们非常能理解。但是我们信赖您的能力，我们非常期望能为工人村小学贡献一份力量，真心希望您能和我们一起完成这项活动。这是我的名片，恳请您看过方案规划书和书架产品明细后能再认真考虑下。"张昊满含诚意的双眼令乔老板不敢再轻易拒绝，听张昊讲起工人村小学学生们的校园生活时，乔老板突然想起多年前的自己，那时的他背井离乡，带着妻儿初来大连辛苦闯天下，夜以继日地工作与奋斗，换来了越来越好的生活却失去了望子成龙的梦想，对两个孩子的学业关爱与监督不足，导致他们早早辍学在家，只能跟着自己干起木材行当。儿子年幼时自己没能尽到责任，年迈的乔老板十分注重孙子们的学业，他始终认为儿童教育的好坏会影响一个人的一生命运。乔老板将张昊的名片放进衬衫口袋，承诺会认真考虑并在第二天下午之前给出答复。

乔老板在第二天上午给张昊打来电话表示接受此订单并一定保质保量完成，但为不影响目前的生产计划，建议将书架分三个阶段来生产。供应商乔老板加班加点的工作付出，最终换来了书架生产与运输的准时完成，顺利进入安装阶段。

2015年8月16日，夕阳西下，志愿者们固定好最后一颗钉子，看着或是红白相间、或是粉绿装点的书架在走廊里整整齐齐地站成一排，幻想着孩子们在看到它们时惊喜的表情，志愿者们擦擦额角的汗，开心地笑了。

6. 圆满完成，展开责任之"翼"

"工人村小学图书走廊"社区责任实践活动从启动之初到后来的圆满成功，共历时3个多月。2015年8月31日，2015财年的最后一天，宜家举办了一场别开生面的小聚会，大家围在一起，张昊将"工人村小学图书走廊"项目的整个进展过程及现在的书架使用情况向公司员工做了报告，并特别感谢所有参与者对活动的付出。一次社区责任实践活动犹如一只展翅的蝴蝶，扇动翅膀，带来阵阵轻风，逐渐吹拂开来，牵动着有爱的人去温暖那些渴望获得爱的心。

7. 尾声：一种发自内心的企盼

2015年12月22日晚，窗外霓虹灯光闪烁，万家灯火通明，透露着静谧祥和。明天便要回大连，张昊坐在宾馆落地窗前，回忆这两天来在交流会上的所见所闻，思绪翻涌，脑海中时刻跳动着那一帧帧活泼而充满爱与欢笑的画面。自入职大连宜家家居以来，张昊在企业社会责任这条路上实实在在地走了5年。开始时大连宜家家居也曾热衷于捐钱捐物等"输血"式的企业社会责任实践方式，但越来越发现这种方式并不能真正地造福社区。如何寻找到适合大连宜家家居的"造血"式实践方式，不仅能帮助受助者获得物质资源，更能着眼长期的利益，帮助他们重拾生活的信心，是大连宜家家居，也是全球每个宜家人都在探索的问题。

资料来源：本案例由大连理工大学经济管理学院的齐丽云、尚可、李腾飞、郭亚楠撰写，有所删改。

思考题

1. 假如你是大连宜家家居可持续发展部经理张昊，你会选择"工人村小学图书走廊"来作为社区责任实践活动的落脚点吗？为什么？

2. 大连宜家家居开展的社区责任实践活动对宜家和工人村小学所在的西岗区有何重要意义？

3. 大连宜家家居在履行社区责任时应考虑哪些利益相关者？

本章小结

管理思想的产生可以追溯到世界上有了人类的时候，随着人类社会的进步，管理思想逐步发展起来。发展大致可以分为五个阶段，即早期管理思想阶段、管理思想的萌芽阶段、古典管理理论阶段、新古典管理理论阶段和现代管理理论阶段。

管理思想的早期阶段和萌芽阶段持续到19世纪末期。18世纪以前的生产力水平非常低，农村经济和作坊式的手工业基本上都是以家庭为单位进行的，家长在从事生产活动的同时进行简单的管理工作。工业革命促进了生产力的较大发展，工厂制度的建立对管理提出了许多新问题，推动了管理思想的发展。

古典管理理论阶段从19世纪末持续到20世纪30年代，在这一阶段，管理学逐步形成。许多管理者和工程师进行了改进管理的研究，主要代表人物是"科学管理之父"泰勒，他的科学管理理论和方法在新古典管理理论阶段（20世纪30—40年代）得到了广泛的运用。在这一阶段，管理者发现随着公司规模的扩大以及工人文化水平的提高，采用严格管理和金钱刺激已经失去过去所能起到的作用。于是在新形势下，在霍桑工厂于1924年至1932年进行了为期8年的霍桑实验，并在此基础上创建了人际关系学说。

第二次世界大战以后，管理的研究进入现代管理理论的研究阶段。在这一阶段，许多学者结合前人的经验和理论，从不同的角度出发对管理进行多方面的研究，产生了多种管理学派，出现了"百家争鸣"的局面。各学派之间互相补充，从各个方面来阐述管理中的有关问题，极大地丰富了管理思想和管理科学。

管理思想发展阶段的划分并不是绝对的。本书按照上述阶段对其进行划分，并在此基础上，分阶段阐述了管理思想的发展。作为管理者，实践锻炼纵然重要，在理论上了解管理思想的发展历程也是必要的。

即测即练题

第二部分

管理职能

第3章　计划职能

学习目标

学习本章之后，你应该能够：
1. 理解计划的概念。
2. 理解计划的特征。
3. 了解计划的类型。
4. 了解计划的程序。
5. 掌握制订计划的方法。
6. 理解预测的概念和程序。
7. 了解预测方法。
8. 理解决策的概念。
9. 掌握决策的过程。
10. 掌握决策的各种类型。
11. 学会用不同的决策方法解决不同的决策问题。
12. 理解目标的性质及制订原则。
13. 掌握目标管理的特点和基本程序。
14. 掌握战略的基本理论。

开篇案例

阿波罗登月计划

阿波罗计划（Project Apollo），是美国从1961年到1972年组织实施的一系列载人登月飞行任务。目的是实现载人登月飞行和人对月球的实地考察，为载人行星飞行和探测进行技术准备，它是世界航天史上具有划时代意义的一项成就。"阿波罗"是古希腊神话中掌管诗歌和音乐的太阳神，它和月亮神是双胞胎姐弟，阿波罗计划是姐妹相会的计划。阿波罗计划始于1961年5月，至1972年12月第6次登月成功结束，历时约11年，耗资255亿美元。在工程高峰时期，参加工程的有2万家企业、200多所大学和80多个科研机构，总人数超过30万人。

为了顺利登月，总共制订了三个方案，如图3.1所示。

据保守的估计，第三种方案使阿波罗的登月着陆至少提前了两年。阿波罗登月方案对比：直接登月法大推力火箭需106亿美元，1968年以前难以实现；地球轨道对接法地球轨道会合对接需92亿美元，1968年中可实现；月球轨道对接法月球轨道会合对接需77亿美元，1967年底可实现。

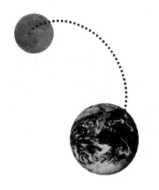
方案1：直飞月球

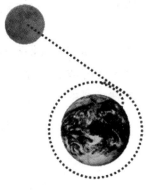
方案2：在地球轨道上发射登月飞船

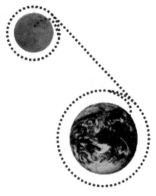
方案3：在月球轨道上发射登月飞船

图 3.1　阿波罗登月方案

3.1　计划概述

3.1.1　计划的含义和特征

1. 计划的含义

"计划"一词既可以是名词，也可以是动词。从动词方面看，计划是指对各种企业目标的分析、制订和调整以及对企业实现这些目标的各种可行方案的设计这一系列相关联的行为、行动或活动。从名词方面看，计划是指计划活动的结果，包括企业使命和目标的说明以及战略、政策、预算等计划方案。管理者的计划工作，就是把计划作为一种特定的管理行为。只有企业中每个人都清楚了解工作的目标和目的以及实现它们的方法，每个人的工作才能取得有效的成果。计划职能就是使人们知道他们被希望去实现的是什么，这样企业整体的努力才有效。计划是管理最基本的职能，也是管理的基本活动。

扩展阅读 3.1
日产复兴计划

计划工作就像一座桥梁，尽管我们所处的现实与预期的目标有天壤之别，但计划工作能帮助我们实现预期的目标。

2. 计划的特征

计划的特征可以概括为目的性、首位性、普遍性、效率性和创造性。

1）目的性

在企业中，各种计划及其所有的派生计划，都应该有助于完成企业的总目标和各个阶段的目标。一个企业能够生存，首要的一点就是通过有意识的合作来完成群体的目标，这是管理的基本特征，计划工作是最明确反映管理基本特征的主要职能活动。

2）首位性

由于计划、组织、领导和控制等方面的管理活动都是为了支持实现企业的目标，而计划工作直接涉及制订整个集体努力完成的目标，因此，计划工作放在其他管理职能的实施之前是合乎逻辑的，虽然在实践中，所有的管理职能相互交织形成一个行动的网络，但计划工作直接影响且始终贯穿于组织、领导和控制等管理活动中。图3.2概略地描述了这种相互关系。

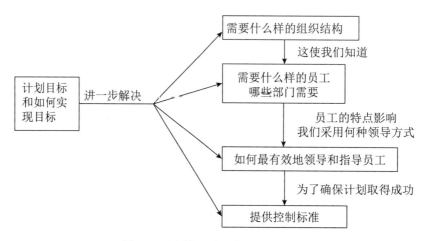

图 3.2　计划位于各种管理职能首位

计划对组织、领导工作的影响表现在：企业要实现某一特定的目标，可能要在局部或整体上改变企业的组织结构，如设立新的职能部门或改变原有的职权关系，这就需要在人员配备方面考虑委任新的部门管理者，调整和充实关键部门的人员以及培训员工等。而组织结构和员工构成的变化，必然会影响到领导方式和激励方式。

计划工作和控制工作更是不可分割的。计划是控制的基础，为控制工作提供标准。因为控制就是纠正偏离计划的偏差，以保证计划的目标能够实现。显然未经计划的活动是无法控制的，没有计划指导的控制是无意义的。另外，要有效地行使控制职能，就要根据情况的变化拟订新的计划或不断修改原有计划，而这又将成为下一步控制工作的基础。计划工作与控制工作这种相辅相成、连续不断的关系，通常被称为计划—控制—计划循环。

3）普遍性

虽然计划工作的特点和范围随着各级管理者的层次、职权不同而不同，但计划工作是每一位管理者无法回避的职能工作。每一位管理者，无论是总经理还是班组长都要从事计划工作。高层管理者不可能也没必要对自己组织内的一切活动作出确切的说明，他的任务应该是负责制订战略性计划，而那些具体的计划由下级制订。这种情况的出现主要是由于人的能力是有限的，而现代组织中工作却是纷繁复杂的，即使是最聪明、最能干的领导人也不可能包揽全部的计划工作。另外，授予下级某些制订计划的权力，还有助于调动下级的积极性，挖掘下级的潜力，使下级感受到自身存在的价值。这无疑对贯彻执行计划、高效地完成组织目标大有好处。

4）效率性

计划的效率是用来衡量计划的经济效益的。它是用实现企业的总目标和一定时期的目标所得到的利益，扣除为制订和实施计划所需要的费用与其他预计不到的损失之后的总额来测定的。要使计划工作有效，不仅要确保实现目标，还要从众多方案中选择最合理的资源配置方案，以求得合理利用资源和提高效率。就效率这个概念而言，一般是指投入和产出之间的比率，但计划效率这个概念，不仅包括人们通常理解的按资金、工时或成本表示的投入产出比率，还包括组织成员个人或群体的满意程度，后者对计划效率的影响也是不难理解的，如果计划使一个企业内很多人不满意或不高兴，那么这样的计划甚至连目标都不可能实现，更谈不上效率了。例如，一个赔本公司新上任的总经理企图通过成批裁减员工，来达到改组公司和迅速削减支出的目的，这样做的后果是员工终日忧心忡忡，导致生产率大大降低。最后，这位新上任的总经理消灭亏损、获得利润的目标，不得不以失败告终。

5）创造性

计划工作总是针对需要解决的新问题和可能发生的新变化、新机会而作出决定的，因而它是一个创造性的管理过程。它是对管理活动的设计，这一点类似于一种产品或一项工程的设计。正如一种新产品的成功在于创新一样，成功的计划也依赖于创新。

3.1.2 计划的类型

1. 按计划的期限分类

按计划的期限，可将计划分为长期计划、中期计划和短期计划。

长期计划一般在 5 年以上，它规定在这段较长的时间内组织以及组织的各部分从事活动应该达到什么样的状态和目标，是企业发展的蓝图。

中期计划在 1～5 年，中期计划来自组织的长期计划，并按照长期计划的执行情况和预测到的具体条件变化进行编制。它比长期计划更详细、更具体，具有衔接长期计划和短期计划的作用，它赋予长期计划具体内容，又为短期计划指明了方向。

短期计划在 1 年左右。短期计划比中期计划更为详细具体，能够满足具体实施的需要，短期计划与企业中每个成员都密切相关，它的实施是实现企业整体目标和战略计划的基础。

不同的企业计划活动的期限有很大的差异，长、中、短期计划分界线并不是绝对的。一项计划宜覆盖多长的时间间隔，应该考虑以下两方面因素：一是计划前提条件在这段时期内的明确程度能与计划内容所要求的详尽程度相吻合。计划工作所依据的前提条件是指在制订计划时需设定的该计划在未来执行期间内将面临的环境条件。

计划所要规定的内容越是详尽，或者计划所涉及的领域越是宽广，那么制订计划时需要设定的环境条件就越多，同样，计划执行期跨越的时间越长，对较远未来的环境条件就越难以作出准确的预期。因此，从经济和有效地确立计划所需依据的前提条件角度考虑，计划必须保持适当的范围。二是当前计划影响到组织对未来许诺的程度。当前的计划越是影响到对未来的许诺，那么计划的时间期限就应当越长。因为企业不是为未来的决策制订计划，而是为现在正作出的决策制订其落实的计划。今天的决策往往成为企业对未来行动或开支的一种许诺。许诺概念要求计划期限应该延伸到足够远，以便在此期限内能够实现企业当前作出的许诺。计划覆盖的时间跨度过长或者过短，都将是无效的。

2. 按制订计划的层次分类

按制订计划的层次，可将计划分为战略计划、战术计划和作业计划。

1）战略计划

战略计划是确定组织主要目标、采取行动并合理配置实现目标所需资源的一种总体规划。它是一种方向性决策，是一种受环境约束的决策。战略计划一般由组织的高层管理者来制订，是关于企业长期利益最大化的决策。战略计划具体来讲，是企业围绕它与环境长期关系这一核心问题，从企业内部不同层次上系统地提出有关自身发展的方向和行动方案，用以指导企业整体经营活动，达到资源运用效率和效益的统一，侧重于确定企业要做"什么事"（what）以及"为什么"（why）要做这件事。战略计划时间跨度长、涉及范围广；内容比较抽象，不要求直接的操作性；计划的前提是不确定的，具有较高的风险性。

通常地，战略计划就是一种长期计划，但长期计划并不一定都是战略计划。在长期计划过程中，企业有可能只是根据历史数据，运用简单的外推法来预见企业的未来，这样所制订的计划方案未必能反映外部环境的变化，也不会将企业引导到体现活动目标和内容有重大变革的战略方向上来。战略计划并不是一般的长期计划，而是在对企业内外环境进行战略分析并作出具有战略意义的决策的基础上而制订的长期计划；战略计划已经被许多大组织所采用，而且越来越引起普遍的重视。

2）战术计划

战术计划是为实现战略计划而采取的手段，比战略计划具有更大的灵活性。它是战略计划的一部分，服从于战略计划，为实现战略目标服务。战术计划一般由中层管理者制订，时间跨度较短，内容也比较具体，是实施总战略计划的步骤和方法，回答由"何人"在"何时""何地"、通过"何种办法"以及使用"多少资源"来做这事。

战略计划与战术计划的关系是全局与局部、长远利益与当前利益的辩证统一的关系。战略计划就是总的布局的规划，战术计划则是具体的计划。组织的战略计划主要针对资源、目标、政策和环境等方面，战术计划则主要涉及资源和时间等的具体规定和限制以及对人力的合理调配和使用。战略计划是通过具体战术计划的有效实现而实现的。

3）作业计划

作业计划是根据战略计划和战术计划而制订的执行性计划，目的是指导管理者逐步而又系统地实施战略计划及战术计划规定的任务。它一般由下级管理者制订，时间跨度短且非常具体，涉及每一天工作活动的安排。

3. 按计划的职能分类

按计划的职能，可将计划分为生产计划、销售计划、财务计划、人事计划等。企业要从事生产、营销、财务、人事等方面的活动，就要相应地为这些活动和职能业务部门制订计划。

4. 按计划的内容分类

按计划的内容，可将计划分为综合性计划和专业性计划。

综合性计划是对业务经营过程各方面所做的全面的规划和安排。在较长一段时期内执行的战略计划往往是覆盖面较广泛的综合性计划，但短期计划也有的是综合性的，如企业在制订年度生产经营计划时就往往需要编制综合经营计划。

专业性计划则是对某一专业领域职能工作所做的计划，它通常是对综合性计划某一方面内容的分解和落实。例如，与业务经营活动直接相关的产品研发计划、生产计划、销售计划以及为业务活动顺利开展服务的人力资源计划、产品成本计划、财务计划、物资供应计划、设备维修计划和技术改造计划等，就是特定职能领域的专业性计划。这些计划都只涉及企业活动的某一方面，它们与综合性计划构成一种局部与整体的关系。专业领域的计划并不一定都是短期的。相对来说，长期性的专业计划主要涉及该业务领域的活动能力调整或业务规模的发展，短期性的专业计划则主要涉及业务活动的具体安排。例如，长期产品计划主要涉及新产品系列和新品种的开发，短期产品计划则主要与已有品种的结构改进、功能完善有关。长期生产计划安排了企业生产规模的扩张及实施步骤，短期生产计划则主要涉及不同车间和班组的季、月、旬乃至周的作业进度安排。长期的营销计划关系到推销方式或销售渠道的选择与建立，而短期的营销计划则寻求对现有营销手段和网络的充分利用。再以服务于这些业务经营活动开展的辅助性职能来说，长期财务计划是要决定为满足业务规模发展和资金（本）量增加的需要，企业应如何建立新的融资渠道或选择不同的融资方式，而短期财务计划则研究如何保证资金的供应或如何监督这些资金的利用效果。相似地，长期人事计划要研究如何为了保证组织的发展、提高成员的素质而建设一支强有力的员工队伍，短期人事计划则研究如何将具备不同素质和特点的组织成员安排在不同的岗位上，使他们的能力和积极性得到充分的发挥。显然，从不同角度划分的各种计划形式并不是孤立存在的，而是彼此交叉和相互关联在一起的。

3.1.3 计划的要素

计划的要素可以分为宗旨（mission）、目标（objective）、战略（strategy）、政策（policy）、程序（procedure）、规则（rule）、规划（program）和预算（budget）等几种。在某种程度上，这些要素是一种层次体系，可以用图 3.3 表示。

图 3.3 计划要素的层次体系

1. 宗旨

宗旨是一个企业继续生存的目的或原因，它反映的是企业的价值观念、经营理念和管理哲学等根本性的问题。企业内每个管理层次都应在明确理解宗旨的基础上进行自己的工作。要确定一个企业的宗旨，首先必须回答一个问题：我们在管理上试图为谁来干什么？比如说一个企业的宗旨是回答企业生存于社会的目的是什么。显然企业要为社会提供所需要的产品或服务，高等学校要为社会培养人才、从事科学研究、提供服务。

2. 目标

目标是在充分理解企业宗旨的条件下建立的，它是任何一项活动的预期结果。企业中各个管理层次都应该建立自己的目标，但是企业低层目标必须和企业高层目标相一致。要成功地确立一个企业目标，首先应尽量将目标量化。例如，在某一时期将利润增长 10% 这样一个目标比仅仅说"我们要增长利润"要好得多。其次，实现目标的时间应尽量具体。每个人都应该知道目标应在什么时候完成。很明显，一个没有时间期限的目标是没有挑战性的，也是没有意义的。例如，利润增长 10% 这样一个目标是在年底完成还是在三五年后完成呢？它们的差异是显而易见的。最后，确定的目标应既具有挑战性又能够实现。如果一个目标定得太低，太容易实现，就不会对员工有什么激励作用，目标实现了，也不会有太多的成就感和满意感。相反，如果目标定得太高，可望而不可即，又会大大挫伤员工的士气。

3. 战略

"战略"这个词来自军事用语，是指通过对交战双方进行分析判断而作出对战争全局的筹划和指导。它具有对抗和竞争的含义，总是针对竞争对手的优势和劣势以及对方正在和可能采取的行动来作出反应。因此，只要存在竞争，且竞争成败取决于因长期准备和持续努力而获得的优势地位，就需要制定战略。

对企业来说，战略是为实现企业长远目标所选择的发展方向、所确定的行动方针以及资源分配方针和资源分配方案的一个总纲。战略的目的是通过一系列的主要目标和政策来决定组织未来的长远发展，它并不涉及企业如何去实现目标，因为这是企业很多主要的和次要的支持性计划的任务。

4. 政策

政策是预先确定的用来指导或沟通决策过程中思想和行为的明文规定。制定政策首先应该充分分析企业目标。任何一个企业都有相应的很多部门，企业中各部门都要制定自己部门的政策，如人事、市场、研究发展、生产和财务等部门的政策。但是不同部门的政策应该相互协调，它们的目标应该是企业整体利益最优，而不是追求制定政策部门的利益而损害整体利益。要制定政策，管理者必须具有下属相应部门的知识。制定政策应注意以下几方面。首先，制定政策必须以客观存在的真实信息为基础。其次，政策应该是明确的、可理解的、易于文字表达的。政策是用来指导行动的，只有相关人员意识到它的存在，才能按照政策的要求去做。最后，政策应该既灵活又稳定，这两者并不矛盾，而是相互依赖的。一般情况下，政策应该是稳定的，但当环境条件发生变化时，政策又应该足够灵活来适应这种变化。组织层次越高，它相应的政策应该越稳定。因为组织的高层次政策应用的范围广、涉及的因素多，与企业的目标息息相关。一般来说，政策允许有例外。

5. 程序

程序是为完成某一特定计划而规定的一系列步骤。企业中许多管理活动是重复发生的，完成这类活动应该有标准的过程，这就是程序。如果说政策是人们思考问题的指南，那么程序则是行动的指南，它详细说明完成某种活动的准确方式，其实质是对未来要进行的行动规定时间顺序。对企业内大多数政策来说，都应该规定相应的程序来指导政策的执行。

6. 规则

规则是一种最简单的计划。它是指导或禁止在某种场合采取某种特定行动的具体的、详细的规定。例如，在某个特定场所要求戴安全帽就是一种规则。规则和程序在定义上可能有一些重叠。程序由许多步骤组成，若不考虑时间顺序，其中的一步可能就是规则。另外，与政策相比，规则主要阐明某一活动中必须遵循的法则，具有强制性。

制定政策、程序和规则都是为了指导实现企业目标的行动。如果我们能够保证企业内每个人都非常清楚根本的目标，而且他们的工作都与企业的目标完全一致，就没有太大的必要制定政策、程序和规则了。但很多情况下，不是每个成员对目标的理解都是很明确的，有时各部门可能会制订出相互冲突的目标，这样，企业就有必要制定政策、程序和规则，而且它们应该比作为基础的目标更明确、更具体、更易于理解。通常情况下，规则不允许有例外。

7. 规划

规划是为实施某一既定方针而做的一个综合性计划。它包括目标、政策、程序、规则、任务分配、执行步骤、使用资源等。规划有大有小，例如，一个航空公司用几亿美元购买一个机群的客机，就是一个很大的规划；而一个企业质量管理小组的活动规划则要小得多。规划的时限也差别很大，长远的规划如企业为提高员工素质制订的5年培训规划。规划一般是粗线条的、纲要性的。许多大的规划都需要有派生出来的小的规划来支持，每个小的规划也都会给总的规划带来影响。由于计划工作的质量总是受制于薄弱环节，小规划的不当或失误会造成不必要的费用和利润损失，甚至最终会耽误主要规划的完成。因此，规划工作的各个部分彼此协调并不是件容易的事，需要有特别精湛的管理技能，需要严谨地运用系统思想和系统方法。

8. 预算

预算是用数字表示预期结果的一份报表。它也是一种计划，可以称之为"数字化"的计划，这种数字形式有助于更准确地执行计划，预算可以用财务术语或其他计量单位来表示。它的主要作用就是帮助组织的高层管理者和各级管理人员从数字的角度，更全面、细致地了解组织经营管理活动的规模、重点和预期成果。预算也是一种控制方法，这一点将在控制职能中详细介绍。

3.2　计划的程序和方法

3.2.1　计划的程序

1. 估量机会

估量机会是在实际编制计划之前进行的，是对未来可能出现的机会加以估计，并以此为基础，对组织所处的环境条件作出初步分析，包括外部的和内部的、定量的和定性的、可控的和不可控的环境条件的分析。估量机会是计划工作的真正起点。组织只有充分认识到自身的优势和劣势、面临的机会和威胁，才能真正摆正自己的位置，明确组织希望去解决什么问题、为什么要解决这些问题、期望得到的是什么等。制订切实可行的目标取决于对这些内容的正确估计。

扩展阅读 3.2
杜邦公司的变革计划

2. 确定目标

在估量机会的基础上，确定整个组织的目标以及每个下属部门的目标。确定目标的过程中，要说明基本的方针和要达到的目标是什么，说明制定战略、政策、规则、程序、规划和预算的任务，指出工作的重点。

3. 拟定前提条件

计划的前提条件就是计划工作的假设条件，也就是计划实施时的预期环境。确定计划的前提条件主要靠预测，预测内容包括市场、销售量、价格、产品、技术等方面。企业应该对环境作出正确的预测。但由于预期环境是复杂的，影响因素很多，有的可以控制，如开发新产品、新市场等；有的不能控制，如税率、政府政策等；也有的在相当范围内可以控制，如企业内的价格政策、劳动生产率等。因此，预测环境、确定计划的前提，并不是对将来环境的每一个细节都给予预测，而应对对计划工作有重大影响的主要因素进行预测，如经济形势的预测、政府政策的预测、销售预测等。

4. 拟订可供选择的方案

调查和设想可供选择的行动方案。完成某一项任务不可能只有一种方案，即每一项行动均有异途存在，这叫作异途原理。但并不是所有可行方案都是显而易见的，只有发掘了各种可行的方案，才有可能从中抉择出最佳方案。另外，即使采用数学方法和借助计算机，可以进行彻底检查，可供选择方案的数量也是有限的。因此，要减少可供选择方案的数量，以便分析最有希望的方案。

5. 评价可供选择的方案

确定了各种可供选择的方案之后，要根据计划目标和前提来权衡各种因素，比较各个方案的优点和缺点，对各个方案进行评价。比较和评价可供选择方案时，首先，要特别注意发现各个方案的制约因素，即那些妨碍实现目标的因素，只有清楚地认识到这些制约因素，才能提高选择方案的效率。其次，将每个方案的预测结果和原有目标进行比较时，既要考虑到那些有形的、可以用数量表示的因素，也要考虑到许多无形的、不能用数量表示的因素，如企业的声誉、人际关系等。最后，要用总体的效益观点来衡量方案，因为对某一部门有利的方案不一定对全局有利，对某项目标有利的方案不一定对总体目标有利。在评价方法方面，由于在多数情况下，都有很多可供选择的方案，而且有很多可待考虑的可变因素和限制条件，会给评估带来困难，通常可以采用一些数学方法进行评估，如建立评价的数学模型、层次分析法以及多目标评价方法等。

6. 选择方案

选择方案是计划工作的关键一步，也是决策的实质性阶段——抉择阶段。计划工作的前几步都是在为方案的选择打基础，都是为这一步服务的。选择方案通常是在经验、实验和研究分析的基础上进行，有时我们经过评估会发现一个最佳方案，但更多的时候可能有两个或更多的方案是合适的，这时管理者必须确定应优先选择的方案，然后将另外的方案进行细化、完善，以作为备选方案。

7. 拟订派生计划

选择了方案，并不意味着计划工作的完成，因为一个基本计划总是需要若干个派生计划来支持，只有在完成派生计划的基础上才能完成基本计划。

8. 编制预算

预算是数字化了的计划，是企业各种计划的综合反映，它实质上是资源的分配计划。通过编制预算，对组织各类计划进行汇总和综合平衡，控制计划的完成进度，才能保证计划目标的实现。

3.2.2 计划的方法

1. 制订计划的原理

计划工作作为一种基本的管理职能活动，有自己应遵循的规律和原理。计划工作的主要原理有限定因素原理、灵活性原理、承诺原理和改变航道原理。

1）限定因素原理

限定因素，是指妨碍企业目标实现的因素，如果它们发生变化，即使其他因素不变，也会影响企业目标的实现程度。其含义正如木桶原理所表述的那样：木桶所盛的水量，是由木桶壁上最短的那块木板决定的。这就是说，管理者在制订计划时，应该尽量了解那些对目标实现起主要限制作用的因素或战略因素，才能有针对性地、有效地拟订各种方案，计划方案才可能趋于最优。

2）灵活性原理

确定计划实施的预期环境靠的是预测，但未来情况有时是难以预测的。因此，计划需要有灵活性，才有能力在出现意外时改变方向，不至于使组织遭受太大的损失，这就是计划的灵活性原理。灵活性原理在计划工作中非常重要，特别是承担任务重、计划期限长的情况，如战略计划，它的作用更明显。虽然计划中体现的灵活性越大，出现意外事件时适应能力就越强，对组织的危害性越小，但灵活性是有一定限度的。例如，不能为保证计划的灵活性而一味推迟决策的时间，未来总有些不确定的因素，当断不断，则会错失良机。

3）承诺原理

计划应是长期的还是短期的？计划期限的合理选择应该遵循承诺原理。长期计划的编制并不是为了未来的决策，而是通过今天的决策对未来施加影响。这就是说，任何一项计划都是对完成各项工作所作出的承诺，承诺越多，计划期限越长，实现承诺的可能性越小，这就是承诺原理。该原理要求合理地确定计划期限，不能随意缩短计划期限，计划承诺也不能过多，致使计划期限过长，如果管理者实现承诺所需的时间比他可能正确预见的未来期限还要长，他的计划就不会有足够的灵活性适应未来的变化,他应减少承诺,缩短计划期限。

4)改变航道原理

计划是面向未来的,而未来情况随时都可能发生变化,所制订的计划显然也不能一成不变,在保证计划总目标不变的情况下,随时改变实现目标的进程(即航道),就是改变航道原理。应该注意的是,该原理与灵活性原理不同,灵活性原理是使计划本身具有适应未来情况变化的能力。而改变航道原理是使计划执行过程具有应变能力,就像航海家一样,随时核对航线,一旦遇到障碍就绕道而行。

2. 制订计划的方法

1)甘特图法

甘特图是在 20 世纪由亨利·甘特开发的。在二维坐标中,横轴表示时间,纵轴表示要安排的活动及其进度,如图 3.4 所示。甘特图可直观地表明任务计划定在什么时候进行和完成,并且可以对实际进展与计划要求做对比检查。这种方法虽然简单,但却是一种重要的作业计划与管理工具。甘特图能使管理者随时看到计划及其进展情况,很容易弄清楚一项任务或项目还剩下哪些工作要做,并及时采取相应措施和手段保证任务或项目按时完成。

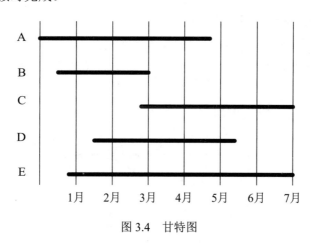

图 3.4　甘特图

2)网络计划技术

工程项目是由许多顺序连接的工序(也可称作业或活动)构成的,这些工序都完成了就意味着该工程项目的完成。工序与工序间有其内在的关系,有的要先做,有的要后做,不能颠倒。

(1)网络图的构成要素。网络图由工序、节点和路线三个主要部分和辅助部分及虚工序构成。网络图有单代号和双代号之分,前者用位于箭尾的节点和所连的一条箭线表示工序,后者用两个节点夹一条箭线表示工序。普遍使用双代号网络图。

①工序(作业、活动)。工序是指一项需消耗时间、资源和人力才能完成的工作,是工程项目的基本组成部分。通常用一条箭线"→"和两端的点表示,$(i) \rightarrow (j)$,箭杆上方标明工序名称,下方标明该工序所需时间,箭尾的点表示该工序的开始,箭头的

点表示该工序的结束。从箭尾到箭头则表示该工序完成。

②节点（事项、事件）。节点是前后工序的交结点，不消耗时间和资源，用圆圈表示。下图中，节点②既表示 A 工序的结束，又表示 B 工序的开始。对中间节点②来说，A 为其紧前工序，B 为其紧后工序。①是②的紧前节点，③是②的紧后节点。①不是③的紧前节点，③不是①的紧后节点。

$$① \xrightarrow{A} ② \xrightarrow{B} ③$$

③路线。从网络始点开始，顺着箭线方向连续不断地到达网络终点的各条通道，都称为网络的路线。其中作业时间之和最长的那一条路线称为关键路线。

④虚工序。虚工序是指不耗用人力、资源，也不需要时间的一种虚拟作业。它只表示前后工序之间的逻辑关系，在图中用虚箭线（┈▶）和两端的点表示。

（2）网络图的绘制规则。

①有向性。各项工序都用箭线表示，且箭头方向要从左向右。

②无回路。箭线不能从一个节点出发，又回到原来的节点上，即不能出现循环回路。

③两点一线。两个节点之间，只允许画一条箭线，当出现平行工序或交叉工序时，应引入虚工序来表示前后逻辑关系。

④源汇各一。网络图中只有一个始点、一个终点。

⑤节点编号应从小到大、从左向右，顺序编制，不能重复。保证箭尾节点号小于箭头节点号。

图 3.5 表示了一个正确的网络图。

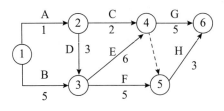

图 3.5　网络图

（3）网络参数计算。网络参数计算有电子计算机计算法、图上计算法、表格计算法和矩阵计算法四种。下面介绍表格计算法。

用表格法计算网络参数，首先要绘制一个合适的表格，如表 3.1 所示。然后在表格上按照一定的顺序和规定的算法计算网络图各参数。

表 3.1　图 3.5 网络图的计算表格

工序号	工时	最早		最迟		机动		关键工序
		开工	完工	开工	完工	总	单	
$i-j$	$T(i, j)$	ES	EF	LS	LF	TF	FF	CP
1—2	3	4	5	6	7	8	9	10

续表

工序号	工时	最早		最迟		机动		关键工序
		开工	完工	开工	完工	总	单	
①—②	1	0	1	1	2	1	0	
①—③	5	0	5	0	5	0	0	√
②—③	3	1	4	2	5	1	1	
②—④	2	1	3	9	11	8	8	
③—④	6	5	11	5	11	0	0	√
③—⑤	5	5	10	8	13	3	1	
④—⑤	0	11	11	13	13	2	0	
④—⑥	5	11	16	11	16	0	0	√
⑤—⑥	3	11	14	13	16	2	2	

下面，以图 3.5 所示网络图为例来说明表格法应用步骤。

第一步，把工序的起始节点号、结束号和工时填入表的第 1 列、第 2 列内。

第二步，计算工序的最早开工时间（ES）和最早完工时间（EF），填入表中第 3 列、第 4 列。

这两列从上至下逐行计算，与网络始点相连的工序的最早开工时间是 0；工序的最早完工时间就是最早开工时间再加上该工序工时；然后按以下规则计算，某工序的最早完工时间就是它的紧后工序的最早开工时间，当一工序有多个紧后工序时，选其中的最大者，即顺向计算，多中选大。

第三步，计算工序最迟开工时间（LS）和最迟完工时间（LF），填入表中第 5 列、第 6 列。

这两列从下至上逐行计算。从终点事项开始，因为与终点事项相连的各工序的最迟完工时间应该是工程的工期，也就是与终点事项相连的各工序最早完工时间的最大值；某工序的最迟开工时间等于其最迟完工时间减去该工序工时。然后按以下规则计算，某工序的最迟完工时间等于它紧后工序的最迟开工时间，当一个工序有多个紧后工序时，选其中的最小者，即逆向计算，多中选小。

第四步，计算工序的总时差（TF）和单时差（FF），填入表中第 7 列、第 8 列。工序的总时差是指该工序的完工期可推迟多长时间，还不影响整个工程的总工期，可由各工序在第 5 列与第 3 列上数字相减，或由第 6 列与第 4 列上数字相减求得。即

$$TF = LS - ES = LF - EF$$

工序的单时差是指在不影响下一道工序最早开工时间的前提下，工序的完工期可有多大的机动时间，它是由紧后工序的最早开工时间减去该工序的最早完工时间求得的。即

$$FF(i, j) = ES(j, k) - EF(i, j)$$

第五步，标出关键工序 CP，填入表中第 9 列。

将第 7 列上时差为 0 的工序标在第 9 列上，所得的从网络始点到网络终点由关键工序组成的路线就是关键路线，计算结果见表 3.1。

（4）网络计划优化和调整。网络计划优化和调整，一方面要缩短工期，另一方面还要考虑资源合理利用和降低成本费用问题。对一个生产经营或工程项目的指挥者来说，掌握和控制关键路线是网络计划技术的精华，因为只要设法缩短关键路线的时间，或将非关键路线上各工序富余的人力、物力和财力抽出来支援关键路线，就能缩短整个工期时间，提前完成任务。但是，时间、资源和成本是相互联系、互为条件的，有时还是相互矛盾的。如果成本和资源有限，或因意外情况某些工序不能进行，就需要在项目实施过程中重新调整网络计划，对调整方案的选择过程就是优化。网络计划优化调整就是要利用时差不断改善网络计划的最初方案，使之获得最佳的工期、最低的成本和对资源的最合理利用。随着网络计划的优化，时差将逐次减少，直至大部分或全部消失，求得最优方案。

随着项目的实施，关键路线有可能发生转移，此时管理者所关注的或是要进行优化的关键路线，只不过是转移后的新关键路线罢了。

3）滚动计划法

滚动计划法是一种动态编制计划的方法，与静态计划相比，它不是等计划全部执行之后再重新编制下一个时期的计划，而是在每次编制或调整计划时，均将计划向前推移，即向前滚动一次。五年计划改为每年编制一次，其程序如图 3.6 所示。

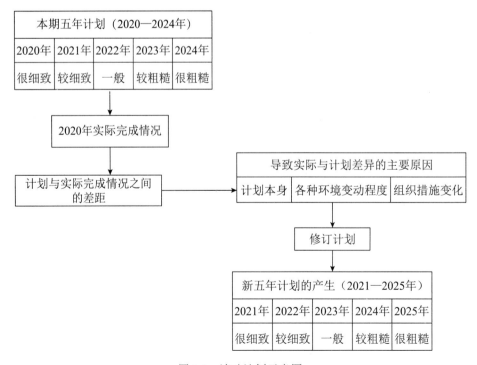

图 3.6 滚动计划示意图

滚动计划适用于计划期限较长、不确定因素较多的场合。这种方法，对于距现在较远的时期的计划编制得较粗，只是概括性的，以便以后根据计划因素的变化而调整和修正，而对较近时期的计划制订得比较详细、具体。这种"近细远粗"计划的连续滚动，既切合实际，又有利于长远目标的实现，同时使计划具有弹性，便于根据新时期、新情况，把握时机、避免风险。

上面所说的只是滚动计划编制的原理，在现实生活中不会每年都编一个滚动的五年计划。因为每一个五年计划的起止年份都是固定的，按上述原理编制的五年计划就不合常理。因此可采用简洁的过程来编。在1995年，党中央提出了1996—2010年我国的发展纲要，这个时间段横跨三个五年计划，即"九五""十五""十一五"。在纲要中对2010年只提了发展的方向和要求，而无具体的数字目标。对"九五"计划的要求则要具体得多，对1996年要达到的目标是非常明确的。到了1996年年末才会制订1997年的计划，以此类推，只有到了本年度末才会制订下一年度的计划，到了本五年计划的末期才会制订下一个五年计划。

4）投入产出法

投入产出法是一种应用极为广泛的现代计划方法。这种方法是由美国哈佛大学的瓦西里·列昂节夫（Wassily W. Leontief）教授创立的，它的核心是一张根据调查和统计结果精心编制的投入产出表。这里的投入是指社会在组织物质生产时，对各种原材料、燃料、动力、辅助材料、机器设备以及活劳动等的生产性消耗；产出是指生产出来的产品数量及其分配去向。投入产出法就是通过编制投入产出表，建立投入产出数学模型来反映国民经济各部门、再生产各环节间内在联系的一种方法。下面，如表3.2所示，我们看一下投入产出表的结构及基本的投入产出数学模型。

表 3.2　投入产出表

投入	产出	中间产品					最终产品					总产品
		部门1	部门2	部门3	…	部门n	固定资产更新大修	消费	积累	出口	合计	
物质消耗	部门1	X_{11}	X_{12}	X_{13}	…	X_{1n}					Y_1	X_1
	部门2	X_{21}	X_{22}	X_{23}	…	X_{2n}					Y_2	X_2
	⋮	⋮	⋮	⋮		⋮					⋮	⋮
	部门n	X_{n1}	X_{n2}	X_{n3}	…	X_{nn}					Y_n	X_n
折旧		D_1	D_2	D_3	…	D_n						
新创价值	劳动报酬	V_1	V_2	V_3	…	V_n						
	社会纯收入	M_1	M_2	M_3	…	M_n						
总产值		X_1	X_2	X_3	…	X_n						

表3.2中双线将表分为四个部分，左上角部分主要反映国民经济各部门间在产品

生产和消耗上的技术经济联系。它是一个排列规则的 $n\times n$ 棋盘式表格，表中的每一项（用 X_{ij} 表示）都具有双重含义：从横向看，它说明 i 部门产品分配给各 j 部门用于中间产品的数量；从纵向看，表示第 j 部门生产产品时，消耗各 i 部门产品的数量。表 3.2 中右上角部分称最终产品向量，反映各部门产品的分配去向，也就是各部门产品在固定资产更新和大修理、消费基金、积累以及出口等四项的最终使用比例和构成。表 3.2 中左下角部分为折旧及新创造价值向量，包括提取折旧基金价值、工资及劳动报酬以及社会纯收入（利润、税金等），反映国民收入在物质生产各部门间初次分配情况。表 3.2 中 X 部分为社会总产品向量。社会总产出与总投入的恒等是投入产出法的前提。

投入产出表适用于各种规模的经济部门。这些部门产品的流向可以分成三部分：一部分作为生产消耗留做本部门使用；一部分作为生产消耗提供给其他部门；最后一部分直接满足社会最终需要，包括固定资产更新、大修、消费、积累及出口等。例如，对于表 3.2 中横行第一个部门来说，X_{11} 表示自己产品留作自己使用，X_{12}，X_{13}，$\cdots$，X_{1n} 表示提供给其他部门生产消耗部分；Y_1 就是第一个部门生产的直接满足社会最终需要部分。所以，第一部门生产的总产品 X_1 就是这三部分之和：

$$X_1 = \sum_{j=1}^{n} X_{1j} + Y_1$$

仍以第一个部门为例，从表 3.2 的纵向来看，X_{11} 是本部门提供的产品投入，X_{21}，X_{31}，$\cdots$，X_{n1} 是其他部门产品作为本部门投入。这些投入是本部门生产必需的，也是物质方面的全部投入。表 3.2 中左下角部分中的 D_1 是提取折旧基金价值，V_1 是给人的劳动报酬，M_1 是剩余的社会纯收入部分，将这一列全部加起来，就构成第一个部门的总产值：

$$X_1 = \sum_{i=1}^{n} X_{i1} + V_1 + D_1 + M_1$$

根据社会总产值等于社会总产品，总产品中的 X_1 和总产值中的 X_1 是相等的。这是投入产出法最基本的关系式。

从以上分析可知，根据投入产出表各部分之间的关系，只要我们规划出计划期末的最终产品数量、构成和分配比例（主要是积累与消费的比例、生产性积累与非生产性积累的比例、居民消费与社会消费的比例等），也就是确定出最终产品 Y，就可以将计划期内各部门的总产品（生产值）数量预测出来。可见，这里最终产品的预测是计划的前提，对各部门总产量的预测规划是计划的结果。而对各部门总产量的预测又成为各部门制订计划的前提和依据。

应用投入产出法可以确定整个国民经济或部门、企业经济发展中的各种比例关系，可以预测某项政策实施后所产生的效果。另外，这种方法还可以从整个系统的角度编制长期或中期计划，而且易于做好综合平衡。

3.3 预测

3.3.1 预测的概念

所谓预测（forecasting），就是根据过去和现在的已知因素，运用已有的知识、经验和科学方法，对未来事件进行判定和估算，并推测其结果的一种科学方法。预测是计划的前提和基础，没有科学的预测就不会有成功的计划，更谈不上成功的管理。

计划工作的前提条件是做好计划的重要依据。确定计划工作的前提条件，就是通过预测，估计未来环境中可能出现的影响计划实施的不确定因素以及这些因素的变化、发展趋势和影响程度的可能性，从而增强计划的可实施性。可以说，预测既是计划工作的前提条件，又是计划工作的一个重要组成部分。

一个完整的预测程序一般由以下几个基本步骤组成。

1. 确定预测目标

预测一般是要解决管理中存在的问题，根据解决问题的设想，考虑需要预测哪些情况来实现设想，明确为实现这些设想主要应预测什么，就是确定预测目标。预测的目标应尽可能用一些定量的指标来描述，如产品的发展方向、产品的生命周期、产品的市场容量、消费者需求和市场价格等。

2. 收集和整理预测资料

资料是预测的依据。目标确定后，必须收集预测目标范围以内的各个因素及其相互关系的资料，既包括目前的资料，也包括重要的历史资料。收集的资料要求可靠、完整并有代表性，还要尽可能地用精确的数据表示。另外，有关的经济、技术、社会、政治和文化等预测的背景材料，对成功的预测也是至关重要的。

3. 建立预测模型

建立符合客观实际的预测模型，是预测的核心。模型可以分为归纳模式、数学模式和演绎模式三类。归纳模式属于定性分析方法，就是从各个方面收集对同一预测目标的意见和资料，把其中一致的结论归纳在一起；数学模式是定量分析方法，就是用数学公式将预测项目中的各个因素的内在联系表达出来；演绎模式是前两种模式的综合，属于定性-定量分析方法，就是根据公认的原理和经验进行逻辑推理与数学演算。三种预测模型应根据预测目标的具体情况具体选择。模型建立是否得当，对预测的准确性有很大影响。因此，必须根据预测的目标和获取的资料，正确地建立模型。

4. 计算、分析评价

经过定量计算或定性分析得出预测结果后，还必须进行分析和评价，也就是检验预测结果与其影响因素之间的关系，分析各主要因素的影响范围和程度，指出预测与实际情况的差别。这样，才能判断预测结果是否合理，确定误差变动范围以及未来条件变化对预测结果的影响程度,分析产生误差的原因。

5. 修正预测结果

由于预测方法的局限性以及预测模型的近似性,预测结果经常出现偏差。这就需要根据误差的大小及其产生的原因,考虑已经发生变化的情况以及未来情况的变化趋势,对预测结果进行修正,以得出符合客观情况的恰当的预测值。将预测结果提交决策者或计划人员,这是因为预测终究是为计划和决策服务的。

除了上述的情况外,我们必须清楚地看到,在建立预测模型时,会有众多的因素需要考虑,情况非常复杂。为了建立模型,便于问题的解决,我们总是趋向于选择那些重要的因素作为研究的对象,忽略那些被认为是不重要的因素。这时就隐藏了一个问题:是否正确地判别了各个因素的重要性。为了避免预测的结果出现大的偏差,就有必要重新审视那些当初被忽略的因素,看看它们会不会对预测结果产生影响。

3.3.2 预测的方法

由于预测期限和内容不同,采用的预测方法也不同。从方法本身的性质来看,可以分为定性预测法和定量预测法。

1. 定性预测法

定性预测法也称直观预测法,主要是根据已有的历史资料和现实资料,依靠个人的主观经验和综合分析能力,对预测对象的未来发展趋势作出判断,这类方法虽然有些粗糙,但简便易行,特别是在无法进行定量分析的情况下更加有用。例如,长期的经济预测和技术预测等。主要的定性预测方法包括典型分析法、专家预测法、类比法及相关图法等。这里主要介绍专家预测法中的专家调查法。

专家调查法,是由美国兰德公司的奥拉夫·海尔默等人发明的一种专家意见调查法,其又称德尔菲法(Delphi method),是借用古希腊传说中的神谕之地——德尔菲之名。

概括地讲,德尔菲法就是有反馈的函询调查法,即将所要决策的问题和必要的背景材料,通过信函寄给专家,请他们提出意见或看法,在不泄露决策人倾向的条件下,将收到的专家答复意见加以综合整理,然后不注姓名将归纳后的结果寄回专家,继续征询意见,如此反复几次,直到对决策问题的意见趋于集中为止。其工作要点如下。

(1) 在有关领域内确定专家名单,一般30~50人为宜,以信件的形式,向专家提出所要决策的问题,并附上有关这个问题的各种背景材料,请他们书面答复。应该注意的是,问题的提出不应带有任何倾向性。

(2) 采取背靠背的方式,各专家在回答问题时,不与其他专家交换意见,只表达自己的意见和看法。

（3）将各专家第一次回函所得的意见进行统计、归纳、综合并列表，不注姓名，再交给各位专家，请他们修正或坚持自己的判断，并书面答复调查人员。

（4）将反馈回来的各专家意见或判断置于修正表内，制成第三轮表格，再一次交给各专家，以便他们参照比较，再一次修正或坚持自己的意见。

（5）专家们的意见几经反馈后，通常对决策问题的看法渐趋一致，这个意见或判断即可作为决策的基础。

这种方法最大的优点是：既依靠专家，又避免了专家会议方式的不足。例如，减少了因迷信权威而使自己的意见"随大流"，或是因不愿当面放弃自己的观点而固执己见的现象。它的缺点是：信件往返时间长，可靠性不高，容易对不明确的问题过分敏感。

2. 定量预测法

定量预测法是指借助数学模型进行预测分析的方法。这类方法又可分为时间序列外推法和因果分析预测法。

1）时间序列外推法

时间序列外推法是根据预测对象历史发展的统计资料，运用一定的数学方法推测其在今后一系列时间内的发展趋势和可能达到的水平的数理统计方法。使用这种方法的基本前提是：预测对象过去随时间变化趋势与其在未来随时间变化趋势相同。下面介绍几种常见方法。

（1）移动平均法。这种方法的基本思想是：假定预测对象的未来状况与邻近几期的数据有关，而与较远的数据无关，因此，只选近期几个数据加以算术平均，作为下期的预测值。随着预测时期的向前推移，邻近几期的数据也向前推移，因此称为移动平均法。

假设被预测对象共有 t 个时期的数值，本期为第 t 期，那么包括第 t 期在内的最近 N 个时期的数据的算术平均值，就是第 t 期的移动平均数，可记为 M_t，作为第 $t+1$ 期的预测值，记为 X_{t+1}，其计算公式为

$$X_{t+1} = M_t = \frac{x_t + x_{t-1} + x_{t-2} + \cdots + x_{t-N+1}}{N} = \frac{1}{N}\sum_{i=t-N+1}^{t} x_i$$

式中，X_{t+1} 为第 $t+1$ 期的简单移动平均法预测值；N 为移动平均法选定的数据个数；x_i 为第 i 期的实际发生值。

运用移动平均法进行预测时，关键是确定应选几期的数据来求平均值作为预测值，即确定移动平均时距 N。这应根据预测对象历史资料时间序列的变动情况而定。如果 N 取大一些，则修正能力强，可更好地消除随机因素的影响。但如果 N 过大，又会使时间序列的差异平均化，显示不出时序变化的特点，缺乏对突变事物的敏感性，影响预测的准确性。因此，在计算移动平均数之前，应先分析时间序列数值的变化情况，

若变动平缓，N 可取大一些；否则，N 取小一些。

用移动平均法预测的优点是非常简单，但它存在明显的缺点：平等对待移动平均时距内的数据；预测值出现滞后偏差。这主要是因为没有考虑时间因素对预测值的影响。要克服上述缺点，可以分别采用加权移动平均法和趋势修正移动平均法。

（2）加权移动平均法。在加权移动平均法下，在计算平均值时，并不同等对待各时间序列数据，而是给近期数据以更大的权重，这样近期数据就会对移动平均值（预测值）有更大的影响。

加权移动平均法可以解决平等对待时间序列数据的问题，使预测值更符合实际。但不能解决滞后偏差的问题，趋势修正移动平均法正是为解决这一问题而提出来的一种预测方法。

（3）趋势修正移动平均法。趋势修正移动平均法就是在移动平均法的基础上，求出相邻两个移动平均值之差，即变动趋势值，再对变动趋势值进行移动平均，求出几期变动趋势的平均值，作为修正值来修正原来的移动平均值。用趋势修正移动平均法进行预测，步骤如下。

第一步，求移动平均值 X_{t+1}。

第二步，求变动趋势值，其公式为

$$F_t = X_{t+1} - X_t$$

式中，F_t 为第 t 期变动趋势值；X_{t+1} 为移动平均值；X_t 为第 t 期简单（或加权）移动平均值。

第三步，对变动趋势值进行移动平均，即求第 t 期变动趋势的平均值 $\bar{F}_t$。

第四步，利用变动趋势移动平均值修正预测值。其公式为

$$\bar{X}_{t+1} = X_{t+1} + \bar{F}_t$$

式中，$\bar{X}_{t+1}$ 为趋势修正移动平均法对第 $t+1$ 期预测值；$\bar{F}_t$ 为第 t 期变动趋势平均值。

（4）指数平滑法。指数平滑法可以看作是权数特殊的加权平均法。它是通过本期的实际值与紧前期对本期的预测值加权平均，求得一个指数平滑值作为下一期预测值的一种方法。其计算公式为

$$S_t = \alpha x_t + (1-\alpha) S_{t-1}$$

式中，S_t 为第 t 期的一次指数平滑值，即第 $t+1$ 期的预测值；x_t 为第 t 期的实际值；α 为平滑系数，取值范围为 $0<\alpha<1$；S_{t-1} 为第 $t-1$ 期的一次指数平滑值，即第 t 期的预测值。

运用指数平滑法预测时，平滑系数 α 取值不同，预测结果也不一样。一般，若数据变化比较平缓，或者想消除随机因素产生的偶然误差对预测值的影响，则 α 可取小些，如取 0.1～0.3；若数据变化趋势很大，α 则应取大一些，如 0.7～0.9。

与加权移动平均法相比，指数平滑法对权数进行了改进，使权数的确定更容易，并且能够提供良好的短期预测精度。

2）因果分析预测法

因果分析预测法是根据事物间的因果关系，建立变量间的函数关系，通过已知数据对变量的未来变化进行预测。因果分析预测法主要有回归分析法和计量经济学法。这里介绍回归分析法。

回归分析是反映事物发展变化中一个因变量对一个或多个自变量的关系，用适当的回归预测模型（也称回归方程）表达出来，从而进行预测。常用的回归分析预测法有一元线性回归和多元线性回归。

一元线性回归是回归分析中最简单但应用很广的一种预测模型。它是处理一个自变量 x 与因变量 y 之间线性关系的预测方法。其公式为

$$y = a + bx$$

式中，y 为因变量；x 为自变量；a，b 为回归系数。

一元线性回归的基本思想是：首先，把 x，y 当作已知数，根据现有的 x，y 的实验数据或收集到的统计数据，求出回归系数 a，b，确定回归方程。然后，把 a，b 作为已知数，根据回归方程预测自变量 x 取某一数值时因变量 y 的取值情况。

确定回归系数。假定回归线性方程为 $y=a+bx$。要合理确定回归系数 a，b，就是要保证预测值 y 与实际观测值 y_i 之间的误差最小，这里可以用最小二乘法以及微分学的极值原理。回归系数 a，b 计算公式如下：

$$a = \bar{y} - b\bar{x}$$

$$b = \frac{\sum_{i=1}^{n} x_i y_i - n\overline{xy}}{\sum_{i=1}^{n} x_i^2 - n\bar{x}^2}$$

式中，x_i，y_i 为实际观测值；$\bar{x}$ 为 x_i 的平均值 $\left(\bar{x} = \frac{1}{n}\sum_{i=1}^{n} x_i\right)$；$\bar{y}$ 为 y_i 的平均值 $\left(\bar{y} = \frac{1}{n}\sum_{i=1}^{n} y_i\right)$；$n$ 为观测值的个数。

然后进行相关分析。通常，任何一组数据都可以用以上方法求出回归直线方程。但只有当 y 与 x 确实存在线性关系时，回归方程才有意义，所以还必须对此加以检验。

两个变量之间的线性相关程度可以用相关系数 r 来描述，其计算公式为

$$r = \frac{\sum_{i=1}^{n}(x_i - \bar{x})(y_i - \bar{y})}{\sqrt{\sum_{i=1}^{n}(x_i - \bar{x})^2 \sum_{i=1}^{n}(y_i - \bar{y})^2}}$$

当 $r=0$ 时，自变量 x 与因变量 y 没有线性关系；

当 $r=\pm 1$ 时，自变量 x 与因变量 y 保持准确的线性关系；

当 $0<r<1$ 或 $-1<r<0$ 时，变量间保持某种程度的线性关系。

3.4 决 策

3.4.1 决策的概念

决策（decision-making）是人们确定未来行动目标、拟订评价实现目标的各种可行方案，并从中选择一个合理方案的分析判断过程。

扩展阅读 3.3
肯德基怎样在中国选点投资

任何一个组织和管理者的大部分工作都是做决策，决策也是每一个员工工作的一部分。大学教授要对他向学生提供的信息作出决策；医生要诊断病情，然后开处方；科学家要选择实验来验证假设。无论对组织还是对个人，决策都是行动的前提和基础。正确的行动来源于正确的决策。管理的关键在于决策，正如著名学者西蒙所说，"管理就是决策"。

3.4.2 决策的过程

1. 发现问题或机会

有些人认为，决策就是解决问题的过程，而机会也往往蕴藏在问题之中。因此，决策过程的第一步就要发现问题，进而发现更多的机会。发现问题并不是一件容易的事，必须不断地调查、分析、研究组织与环境的适应情况，才能准确地找到问题的关键，而不是头痛医头、脚痛医脚。发现问题后，还必须对问题进行分析，找出产生问题的内在原因，为决策的下一程序做好准备。

2. 确定决策目标

目标是指管理者在特定条件下所要达到的一定结果。能否正确地确定目标，是关系到决策成败的关键。确定正确而又明确的目标应符合以下要求。

（1）目标要有根据。要明确了解决策所需解决的问题的性质、范围、特点和原因。确定决策目标就好像医生诊断疾病，拟订与选择行动方案好比医生开处方，只有诊断正确，对症下药，才能治好病。

（2）目标必须具体明确。决策目标的表达应当是单义的，可以分解落实到具体部门、具体单位，这样执行者才会明确地领会目标的含义。目标要有具体的衡量指标，如费用指标、效益指标，目标应尽量数量化，否则可用专家咨询法等将决策目标划分为几个等级。

（3）目标应分清主次。在进行多个目标的复杂决策时，在满足决策需要的前提下，要尽量减少目标的个数，因为目标越多，决策难度越大。然后对各个目标确定一个优先顺序，先集中力量实现必须达到的重要目标。如果多个目标之间不是协调一致的，上下级的目标存在矛盾冲突，要按照局部服从全局的原则，采取适当的办法来解决。

（4）要规定目标的约束条件。对于有条件的目标，所附加的条件就是约束条件，这可能包括人、财、物等客观存在的限制条件，也可能是一定的主观愿望。有条件目标的实现必须满足它的约束条件，否则，即使达到目标，与付出的代价相比，结果也可能不令人满意。

3. 探索并拟订各种可行方案

任何一个问题都不是只有一种解决方案，只有经过比较、选择，决策才能趋于合理。显然，即使是最好的方案，如果没人发现它，也不会被选择和实施。从这一点来说，在决策的过程中，拟订各种可行方案是非常重要的。当然，拟订方案的数量应受到决策时间以及决策本身的重要性的制约，计划要讲究效率和效益，决策也是如此。对于较复杂的决策问题，可行方案的拟订过程可以分为大胆设想和精心设计两个阶段。

大胆设想就是要求拟订方案的人具有勇于创新的精神和丰富的想象力，这样才能从不同的角度设想出各种各样的可行方案，为决策者提供尽可能广阔的思考与选择的余地，为最佳方案的选择和实施提供条件。要做到打破条条框框，大胆创新，拟订方案的人必须有广博的知识作为创新的基础，以超人的思维创造力作为创新的保证，以及有冲破习惯势力与环境压力束缚的精神。

精心设计正好与大胆设想相反，它要求拟订方案的人用冷静的头脑和求实的态度进行分析，以确定方案的细节和预测方案的实施后果，如组织工作、日程安排、经费落实等，同时还要预测客观环境变化对各方案预期效果的影响。这一阶段的工作做得越细，决策方案的选择越有把握。

4. 方案的评价、比较和选择

拟订出各种备选方案之后，就要根据已定目标的要求，对各方案进行评价、比较和选择。方案的评价、比较和选择有以下三个标准。

1）价值标准

方案的价值就是方案的作用、意义、效果等，用来衡量方案的好坏。决策的目的是实现一定的决策目标，当然，越接近决策目标越好，这就是决策的价值标准。

2）满意标准

决策方案要好到什么样的程度才算符合要求？收益最大、成本最低，是传统意义上的准则，这种"最优准则"在理论上是适用的，但在复杂的管理决策过程中，由于主客观条件的限制，即使采用最优化数学方法和计算机等科学手段，也难以实现绝对最优。因此，现代决策理论提出了一个现实的标准，即"满意标准"，认为只要决策"足够满意"即可。

3）期望值标准

对于确定型决策，决策者可以根据上述两个标准进行方案选择。但对于不确定条件下的决策，一个方案在执行时可能产生几种结果，在这种情况下，选择标准通常采用最大期望值标准，这里的期望值是指按各种客观状况的出现概率计算的平均值。

有了选择标准和评价指标之后，就要根据有效经济的原则从中选出满意的方案。方案选择的具体方法如下。

1）经验判断法

对于牵涉到较多的社会因素、人的因素的决策问题，主要靠经验判断法。决策者根据以往的经验和掌握的材料，经过权衡利弊，作出决策。在现代决策理论中，采用了一套决策的软技术，如德尔菲法等。这些方法充分利用了专家的集体智慧来进行决策，并有一套理论和具体方法，这些是经验判断法的新发展。

2）数学分析法

当为达到决策目标而设定的变量是连续变量时，需要依靠数学分析的方法使决策达到准确优化。如果是单目标连续型决策变量，可以通过建立数学模型求出最优解。

3）试验法

试验法就是先取试点进行试验，在试验基础上进行改进的方法。

上述三种方法各有利弊，不能认为哪一种方法好于其他方法，要根据具体情况分别选用。一般来说能采用数学分析法的尽可能采用，因为区分的不同情况都可以运用数学模型来求解，再对求解的结果进行分析比较。如果决策的问题比较简单，以前处理过类似的问题，比较有经验，可以采用经验判断法。如果决策的问题比较复杂，难以建立数学模型，就只能采用试验法。决策越重要，就越要慎重，因为试验的结果有可能成为代价，同时试验要耗费时间和各种资源。考虑的情况要全面，解决问题的方法要周全。

5. 决策方案的执行和反馈

决策作出之后，还要付诸实施。在执行中，不但要运用计划、组织、指挥、协调、控制等管理职能来保证决策顺利进行，还要建立信息反馈渠道，以便发现新问题时，修订目标或修正、补充原决策方案。

3.4.3 决策的类型

1. 按决策调整的对象和涉及的时限分类

按决策调整的对象和涉及的时限，可将决策分为战略决策与战术决策。

战略决策是指直接关系到企业生存发展方向的长远性、全局性问题的决策。如企业中经营目标、规模、新技术的采用等的决策。战略决策一般由高层管理者作出。

战术决策是为实现战略决策而采取的具体的短期策略手段，调整企业在既定方向和内容下的作战策略。如企业日常营销、物资储备以及生产中资源配置等问题的决策。

2. 按决策主体分类

按决策主体，可将决策分为集体决策与个人决策。

集体决策是指多个人一起作出的决策，如董事会制下的决策。

个人决策是指单个人作出的决策，如厂长负责制中的决策。

3. 按决策的起点分类

按决策的起点，可将决策分为初始决策与追踪决策。

初始决策是零起点决策，它是在有关活动尚未进行从而环境未受到影响的情况下进行的。

追踪决策也称非零起点决策，随着初始决策的实施，企业环境发生变化，这种情况下所进行的决策就是追踪决策。

4. 按问题的性质分类

企业中的问题可分为两类：一类是例行问题，另一类是例外问题。例行问题是指那些重复出现的、日常的管理问题，如管理者日常所遇到的物资订货、退货的处理等；例外问题则是指那些偶然发生的新问题，如开发新产品、工程投资等问题。

西蒙根据问题的性质把决策分为程序化决策和非程序化决策。程序化决策涉及的是例行问题，这类决策可以通过规则和标准操作程序简化决策工作，在一般企业中约80%的决策是程序化决策。而非程序化决策涉及的是例外问题，由于非程序化决策无先例可循，因此更多地依赖于个人的知识、经验、直觉判断能力和解决问题的创造力等。

5. 按环境因素的可控程度分类

按环境因素的可控程度，可将决策分为确定型决策、风险型决策与不确定型决策。

确定型决策是指可供选择的方案只有一种自然状态的决策，即各备选方案所需的条件是已知的并能预先准确了解各方案的必然后果的决策。在确定型决策中，决策者确切知道自然状态的发生，每个方案有一个确定的结果，最终选择哪个方案，取决于对各个方案结果的直接比较。

风险型决策也称随机决策，是指可供选择的方案中存在两种以上的自然状态，决策者不能知道哪种自然状态会发生，但能知道有多少种自然状态以及每种自然状态发生的概率的决策。在风险型决策中，决策者知道各备选方案所需具备的条件，但对每一方案的执行可能会出现的几种不同的后果只有有限的了解，决策时需要冒一定的风险。

不确定型决策是指各备选方案可能出现的结果是未知的或只能靠主观概率判断时的决策。在不确定型决策中，决策者可能不知道有多少种自然状态，即便知道，也不知道每种自然状态发生的概率。

情景小故事

隆中对三分天下

诸葛亮亲自耕种田地，喜爱吟唱《梁父吟》。他身高八尺，常常把自己与管仲、乐毅相比，当时的人没有谁承认这一点。只有博陵崔州平、颍川的徐庶跟他交情很好，说确实是这样。

当时刘备驻军在新野。徐庶拜见刘备，刘备很器重他，徐庶对刘备说："诸葛孔明，是卧龙啊，将军可愿意见他？"刘备说："您和他一起来吧。"徐庶说："这个人只能到他那里去拜访，不能委屈他，召他上门来，您应当屈身去拜访他。"

于是刘备就去拜访诸葛亮，共去了三次才见到。刘备叫旁边的人避开，说："汉朝的天下崩溃，奸臣窃取了政权，皇上逃难出奔。我没有估量自己的德行，衡量自己的力量，想要在天下伸张大义，但是自己的智谋浅短、办法很少，终于因此失败，造成今天这个局面。但是我的志向还没有罢休，您说该采取怎样的计策呢？"

诸葛亮回答道："自董卓篡权以来，各地豪杰纷纷起兵，占据几个州郡的数不胜数。曹操与袁绍相比，名声小，兵力少，但是曹操能够战胜袁绍，从弱小变为强大，不仅是时机好，而且也是人的谋划得当。现在曹操已拥有百万大军，挟制皇帝来号令诸侯，这的确不能与他较量。孙权占据江东，已经历了三代，地势险要，民众归附，有才能的人被他重用，孙权这方面可以以他为外援，而不可谋取他。荆州的北面控制汉、沔二水，一直到南海的物资都能得到，东面连接吴郡和会稽郡，西边连通巴、蜀二郡，这是兵家必争的地方，但是他的主人刘表不能守住这地方，这大概是老天用来资助将军的，将军难道没有占领的意思吗？益州有险要的关塞，有广阔肥沃的土地，是自然条件优越、物产丰饶、形势险固的地方，汉高祖就是凭着这个地方而成就帝王业绩的。益州牧刘璋昏庸懦弱，张鲁在北面占据汉中，人民兴旺富裕、国家强盛，但他不知道爱惜人民。有智谋才能的人都想得到贤明的君主。将军您既然是汉朝皇帝的后代，威信和义气闻名于天下，广泛地罗致英雄，思慕贤才，如果占据了荆州、益州，凭借两州险要的地势，西面和各族和好，南面安抚各族，对外跟孙权结成联盟，对内改善国家政治；天下形势如果发生了变化，就派一名上将率领荆州的军队向南阳、洛阳进军，将军您亲自率领益州的军队出击秦川，老百姓谁敢不用竹篮盛着饭食、用壶装着酒来欢迎您呢？如果真的做到这样，那么汉朝的政权就可以复兴了。"

资料来源：摘自《三国志·蜀书·诸葛亮传》。

3.4.4 决策的方法

1. 集体决策方法

1）头脑风暴法

头脑风暴法（brain-storming）是比较常用的集体决策方法，便于发表创造性意见，因此主要用于收集新设想。通常是将对解决某一问题有兴趣的人集合在一起，在完全不受约束的条件下，敞开思路，畅所欲言。头脑风暴法的创始人英国心理学家奥斯本为此决策方法的实施提出了四项原则。

扩展阅读 3.4
英国的两次决策失误

（1）对别人的建议不做任何评价，将相互讨论限制在最低限度内。

（2）建议越多越好，在这个阶段，参与者不要考虑自己建议的质量，想到什么就应该说出来。

（3）鼓励每个人独立思考，广开思路，想法越新颖、奇异越好。

（4）可以补充和完善已有的建议，以使它更具说服力。

头脑风暴法的目的在于创造一种畅所欲言、自由思考的氛围，诱发创造性思维的共振和连锁反应，产生更多的创造性思维。这种方法的时间安排应在 1～2 小时，参加者以 5～6 人为宜。

2）名义群体法

在集体决策中，如对问题的性质不完全了解且意见分歧严重，则可采用名义群体法。名义群体法要求群体成员全部参加，但各成员间互不通气，也不在一起讨论、协商，从而群体只是名义上的。这种名义上的群体可以有效激发个人的创造力和想象力。

采用名义群体法，管理者召集群体成员，把要解决的问题的关键内容告诉他们，并请他们独立思考，要求每个人尽可能把自己的备选方案和意见写下来，然后按次序让他们一个接一个地陈述自己的方案和意见。再由各成员对提出的全部备选方案进行投票，根据投票结果，赞成人数最多的备选方案即为所要的方案。当然，管理者最后仍有权决定是接受还是拒绝这一方案。

3）电子会议法

电子会议法是一种新兴的定性决策方法，是将名义群体法与计算机技术相结合的电子会议。

多达 50 人坐在一张马蹄形的桌子旁，这张桌子上除了一系列的计算机终端外别无他物。将问题显示给决策参与者，他们把自己的回答打在计算机屏幕上。个人评论和票数统计都投影在会议室内的屏幕上。

电子会议法的主要优点是匿名、诚实和快速。决策参与者能不透露姓名地打出自己所要表达的任何信息，一敲键盘即显示在屏幕上，使所有人都能看到。它还使人们充分地表达他们的想法而不会受到惩罚，它消除了闲聊和讨论偏题的缺点。

但电子会议法也有缺点。那些打字快的人使得那些口才好但打字慢的人相形见绌，而且这一过程存在缺乏相互交流的问题。

4）德尔菲法

德尔菲法除了并不要求群体成员列席外，它类似于名义群体法。由于 3.3 节已介绍过此方法，这里不再介绍。

2. 方向性决策的方法

这类决策方法用于帮助决策者为整个企业或者企业中的某个部门确定其经营活动的基本方向和内容。这类决策方法需要综合考虑企业自身的特点和外部环境的特点。在这里，主要介绍两种决策方法：SWOT（优势、劣势、机会、威胁）分析法和经营业务组合分析法。

1) SWOT 分析法

SWOT 分析思想是由安索夫于 1956 年提出来的,后来经过多人的发展而成为一个用于战略分析的实用方法。

SWOT 分析是对企业存在的优势与劣势、面临的机会与威胁进行组合分析的方法。分析企业面临的外部环境,得到机会(opportunities)和威胁(threats);分析企业的内部环境,得到优势(strengths)和劣势(weaknesses)。然后将 S、W、O、T 进行组合分析,确定相应的生存发展战略。如表 3.3 所示,指导企业生存和发展方向的战略方案有四种:增长型战略(第一类型的企业)、扭转型战略(第二类型的企业)、防御型战略(第三类型的企业)和多样化战略(第四类型的企业)。

表3.3 SWOT 分析矩阵

环　　境	优势（S）	劣势（W）
机会（O）	优势-机会（SO）战略（增长型战略）	劣势-机会（WO）战略（扭转型战略）
威胁（T）	优势-威胁（ST）战略（多样化战略）	劣势-威胁（WT）战略（防御型战略）

第一类型的企业具有良好的外部机会和有利的内部条件,可以采取增长型战略(如开发市场、扩大规模等)来充分把握环境提供的发展良机。第二类型的企业,虽然面临良好的外部机会,但是受内部劣势的限制,因此可以采取扭转型战略,设法改变内部不利的条件,以便尽快形成利用环境机会的能力。第三类型的企业,内部存在劣势,外部面临巨大威胁,可以采用防御型战略,设法避开威胁和改变劣势。第四类型的企业,虽然有强大的内部实力,但外部环境存在威胁,宜采用多样化战略,一方面使自己的优势得到更充分利用,另一方面使经营的风险得以分散。

2) 经营业务组合分析法

此方法是由美国波士顿咨询公司(Boston Consulting Group,BCG)于 20 世纪 70 年代初期为制定公司层战略开发的。这种方法将组织的每一个战略事业单位标在二维的矩阵图上,从而显示出公司该项经营业务的市场增长情况以及在该市场上的相对占有率。

经营业务的市场增长情况:反映该业务所属市场的吸引力,它通过整个行业最近两年平均的市场需求增长率来表示。平均市场需求增长率在 10% 以上的为高增长业务,10% 以下的为低增长业务。对发达国家而言增长率高低的区分,以该国 GDP(国内生产总值)增长率的 2 倍为标准。

相对市场占有率:以公司在该项业务经营中所拥有的市场占有率与该市场上最大竞争对手的市场占有率的比值,即相对市场份额表示,决定了公司在该项业务经营中获得现金回笼的能力及速度,较高的市场占有率可以带来较大的销售量和销售利润,从而能使公司得到较多的现金流量。相对市场占有率高低的区分以 1 为标准,大于 1 的表示公司该业务的市场占有率大于最大的竞争对手,小于 1 的则弱于最大竞争对手。

根据市场需求增长率和相对市场占有率这两项标准,可以把企业所有的经营业务区分为四种类型：金牛、明星、幼童（也叫问号）和瘦狗，如图3.7所示。

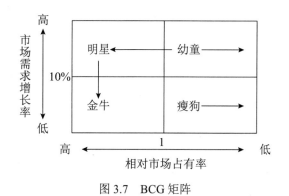

图 3.7　BCG 矩阵

（1）"金牛"（cash cow，低增长率、高市场占有率）。处在这个领域中的产品产生大量的现金，但未来的增长前景是有限的。

（2）"明星"（stars，高增长率、高市场占有率）。这个领域中的产品有较高的市场增长率，市场竞争能力强，能给企业带来较高的利润，但同时也需要企业增加投资，以便跟上总体市场的增长速度，巩固和提高其市场占有率。

（3）"幼童"（question marks，高增长率、低市场占有率）。处在这个领域中的产品一般有发展前景，但现实的竞争地位又比较弱。因此，要不要支持这些产品的发展，就要比较现在的投入和将来的产出孰大孰小。显然，现在的投入比将来的产出小，就要支持发展；反之，则不支持发展。

（4）"瘦狗"（dogs，低增长率、低市场占有率）。处在这个领域中的产品没有前景，市场增长率低，又比竞争对手弱。

3. 活动方案的决策方法

1）确定型决策方法

在比较和选择活动方案时，如果未来的情况只有一种且为管理者所知，则需采用确定型决策方法。常用的方法有线性规划法和量本利分析法。

（1）线性规划法。线性规划法是在一些线性等式或不等式的约束条件下，求解线性目标函数的最大值或最小值的方法。运用线性规划法建立数学模型的步骤是：先确定影响目标大小的变量；然后列出目标函数方程；最后找出实现目标的约束条件，列出约束条件方程组，运用单纯形法或其他方法从中找出一组能使目标函数达到最优的可行解。这种方法可用于企业在有限资源条件下，以最大利润或最大产值或最小成本为目标，优化产品结构；也可以在运输网络中，以容量为约束，以时间最短或成本最低为目标，优化运输方案；等等。

【例3-1】某化工厂根据一项合同要为用户生产一种用甲、乙两种原料混合配制而成的特殊产品。甲、乙两种原料都含有 A、B、C 三种化学成分，其含量的百分比是：甲为 12∶2∶3；乙为 3∶3∶15。按合同规定，产品中三种化学成分的含量百分比不得低于 4∶2∶5。甲、乙原料成本分别为 3 元/千克、2 元/千克。厂方希望总成本达到最小，则应如何配制该产品？

解：设每千克该产品用 x_1 千克甲原料和 x_2 千克乙原料配制而成，每千克产品成本为 z 元。则

$$x_1 + x_2 = 1$$

这是配料平衡条件。

再根据题意列出该例的数据表（表 3.4）。

表 3.4　数据表

化学成分	成分含量 /%		产品成分最低含量 /%
	甲	乙	
	x_1	x_2	
A	12	3	4
B	2	3	2
C	3	15	5
成本 /（元·千克$^{-1}$）	3	2	

据表 3.4 再列出产品所含成分的约束条件，以及所要求总成本最小的目标函数，就可构成该例的数学模型。

$$\min z = 3x_1 + 2x_2$$

$$\text{s.t.} = \begin{cases} 12x_1 + 3x_2 \geq 4 \\ 2x_1 + 3x_2 \geq 2 \\ 3x_1 + 15x_2 \geq 5 \\ x_1 + x_2 = 1 \\ x_1 \geq 0, x_2 \geq 0 \end{cases}$$

最优解为

$$X^* = \left(\frac{1}{9}, \frac{8}{9}\right)^T, \quad z^* = \frac{19}{9}$$

这表明用 $\frac{1}{9}$ 千克甲原料与 $\frac{8}{9}$ 千克乙原料混合配制而成的每千克产品所含化学成分不低于规定标准，且使产品成本达到最小，为 $\frac{19}{9}$ 元/千克。

（2）量本利分析法。量本利分析法又称保本分析法或盈亏平衡分析法，是通过对业务量（产量、销售量、销售额）、成本、利润三者相互制约关系的综合分析，以预测利润、控制成本的一种分析方法。它是利用成本特性，即成本总额与产量之间的依存关系，来指明企业获利经营的产量界限，从而定出能产生最大利润的经营方案。

企业中任何产品的成本都是由两部分组成的，一部分为固定成本，一部分为变动成本。固定成本包括生产该产品所需要的管理费用、基本工资、设备的折旧费用等，

这些费用基本上是恒定的，不随产量的变化而变化。变动成本包括原材料费、能源费等，这些费用与产品的产量成正比。在激烈竞争的市场上，产品的价格由不得一个企业自己决定，只能根据市场的价格来销售产品。由此就产生一个问题，即当产量很少时，该企业单个产品的成本就很高。这是因为固定成本不随产量变化，产量少则固定成本占总成本的比重就大。这时的成本可能高于市场价格，企业发生亏损。只有当产量达到一定水平时，才能收支相抵，超过这个水平，企业方可获利。产量和成本及收益的这种关系用平面坐标图表示就称为量本利关系图，如图3.8所示。

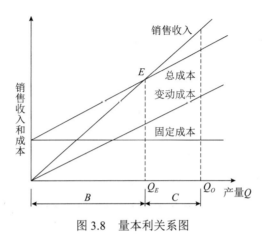

图 3.8　量本利关系图

由图 3.8 可以分析，变动成本加上固定成本是总成本，只有当销售收入大于总成本时方能盈利，而当销售收入小于总成本时就将亏损。在临界点 E，销售收入等于总成本，没有盈利也无亏损。E 点称为损益平衡点，所对应的产量 Q_E 为临界产量。Q_E 的计算公式为

$$临界产量 = \frac{总固定成本}{单位产品售价 - 单位产品变动成本}$$

在图 3.8 中，Q 为现实产量，Q_E 为盈亏平衡点产量，Q_O 为最大产量（产能）。经营安全率为

$$\frac{C}{A} = \frac{Q_O - Q_E}{Q_O} \times 100\%$$

经营安全率是反映企业经营状况的一个指标。当它接近于零时，经营状况不佳；增加产量而盈亏平衡点不变，可增加经营安全率；采取措施，降低盈亏平衡点产量，也可以增加经营安全率。一般可根据表 3.5 中的标准来确定经营安全率。

表 3.5　经营安全率和经营状态

经营安全率	30%以上	25%～30%	15%～25%	10%～15%	10%以下
经营安全状态	安全	较安全	不太好	要警惕	危险

2）风险型决策方法

风险型决策也称随机性决策。它需要具备五个条件：存在着决策者希望达到的明

确目标；有可供选择的两个以上的行动方案；有两个以上的自然状态；可以估算出每种自然状态出现的概率；可以计算出不同方案在不同自然状态下的损益值。从上述条件可以看出，决策者无论采用哪一个方案，都要承担一定的风险。

对于风险型决策，经常采用决策树法。这种方法是以图解方式分别计算各方案在不同自然状态下的损益值，通过综合损益值比较作出决策，它适用于分析比较复杂的决策问题。决策树法有四个要素，即决策点、自然状态点、方案枝和概率枝。

【例 3-2】某公司准备生产一种新产品，市场预测的结果表明有三种可能：销路好，其概率为 0.4；销路一般，其概率为 0.5；销路差，其概率为 0.1。可采用的方案有两个，一个是引进一条流水线，需投资 200 万元；另一个是对原有设备进行技术改造，需投资 100 万元。两方案的使用期均为 10 年，两个方案不同自然状态下的损益资料如表 3.6 所示。

表 3.6 损益表

方案	投资/万元	年收益/万元			使用期/年
		销路好（0.4）	销路一般（0.5）	销路差（0.1）	
A. 引进流水线	200	150	80	-10	10
B. 技术改造	100	100	60	20	10

要求：画出决策树，并对方案进行优选。

解：先绘制决策树（图 3.9）。

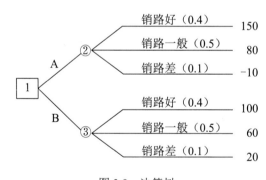

图 3.9 决策树

注：□—决策点，由此引出方案枝；○—自然状态点，由此引出概率枝。

然后计算收益期望值。

节点②的收益期望值为

$$(150 \times 0.4 + 80 \times 0.5 - 10 \times 0.1) \times 10 - 200 = 790（万元）$$

节点③的收益期望值为

$$(100 \times 0.4 + 60 \times 0.5 + 20 \times 0.1) \times 10 - 100 = 620（万元）$$

最后进行方案优选。比较两方案的收益期望值可知，A 方案即引进生产线预期收益较大，如果不考虑其他因素，应采用引进流水线方案。

3）不确定型决策方法

不确定型决策的条件与风险型决策基本相同，只是无法测算各种自然状态出现的概率，因此，这类决策主要取决于决策者的经验、智力及对承担风险的态度。由于每种自然状态出现的概率是不确定的，决策的结果也是完全不确定的，所以称为"不确定型决策"。这种决策方法主要有小中取大法、大中取大法、最小最大后悔值法等。

【例3-3】某公司准备生产一种新产品，市场预测表明可能有三种情况：销路好、销路一般、销路差。制造该产品有三种方案：a. 改进生产线；b. 新建生产线；c. 协作生产。各方案在不同销售情况的收益估计值见表3.7。

表3.7 不同销售情况的收益估计值　　　　　　　　　万元

行动方案	收益值		
	销路好	销路一般	销路差
a. 改进生产线	180	120	-40
b. 新建生产线	240	100	-80
c. 协作生产	100	70	16

（1）小中取大法。小中取大法又称悲观准则。这种方法是指先计算出各种行动方案在各种自然状态下可能有的收益值，然后找出各个方案的最小收益值，把与最小收益值中的最大值对应的方案作为决策方案。上例中，a方案最小收益值为-40万元，b方案最小收益值为-80万元，c方案最小收益值为16万元。经比较可知，应选择c方案。因为这个方案是最不利条件下的最好方案，因此是不冒风险而稳当的决策方法。

（2）大中取大法。大中取大法也称乐观原则或最大收益值法。它是先找出各种行动方案在各种自然状态下的最大收益值，把与最大收益值中的最大值对应的方案作为决策方案。上例中，各方案的最大收益值分别为180万元、240万元和100万元，对应最大值240万元的b方案应为最优方案。因为这个方案是最有利条件下的最好方案，因此风险极大，应谨慎采用。

（3）最小最大后悔值法。最小最大后悔值法是按照各个方案在各个自然状态下的后悔值来决策的。后悔值是指某方案的收益值与最大收益之间的差额，是指由于未采取最大收益的方案而可能产生后悔的收益上损失的数值。如上例中，在销路好这一自然状态下，新建生产线的b方案收益最大，盈利240万元。如果决策者采用这一方案，又恰恰遇到销路好的情况，他就不会后悔，这时后悔值为0；如果决策者采用的是协作生产的c方案，如遇到销路好的情况，只能盈利100万元，比采用b方案少盈利140万元，那么他就会后悔，这时的后悔值就是140万元。

应用这种方法决策的程序是：算出各个自然状态下的最大收益值，算出不同自然状态下各方案的后悔值；再算出各个方案的最大后悔值；取最大后悔值中的最小值对应的方案为决策方案。计算结果见表3.8。

表 3.8 决策方案 万元

行动方案	收益值			后悔值			最大后悔值
	销路好	销路一般	销路差	销路好	销路一般	销路差	
a.改进生产线	180	（120）	-40	60	0	56	60
b.新建生产线	（240）	100	-80	0	20	96	96
c.协作生产	100	70	（16）	140	50	0	140
最大后悔值中的最小值				60			
决策议案				a.改进生产线			

以上三种不确定型决策方法都带有很大的随意性，对于同一个例题，决策方法不同，决策所选用的方案也各不相同，所以决策方法的选择、决策的成败与决策者的知识、观念、综合分析判断能力和魄力有很大关系。

4. 层次分析法

层次分析法是建立在决策者比较判断基础上的一种多目标、定性与定量相结合的方案排序决策方法，由美国教授托马斯·萨蒂（Thomas Saaty）在20世纪70年代创立。

层次分析法的基本思路是将复杂的决策问题分解成各个组成要素，根据要素间的相互关系构成具有递阶层次结构的决策模型，通过两两比较确定每一层次中各因素的相对重要性，然后进行综合，确定整个决策问题中各方案相对重要性的排序。

应用 AHP 进行方案选择时，可按以下步骤进行。

第一步，分析问题的结构，找出影响因素及其相互关系，建立递阶的层次决策结构模型。

一个典型的层次结构如图 3.10 所示。

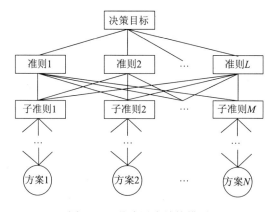

图 3.10 递阶层次结构模型

第二步，构造判断矩阵 A。对层次结构中同一层次的各因素分别就上一层次中某一准则的重要性进行比较。通常使用萨蒂标度法，见表 3.9。

表 3.9 萨蒂标度法

标　度	含　　义
1	表示两个因素相比，具有同样重要性
3	表示两个因素相比，一个因素比另一个因素稍重要
5	表示两个因素相比，一个因素比另一个因素明显重要
7	表示两个因素相比，一个因素比另一个因素强烈重要
9	表示两个因素相比，一个因素比另一个因素极端重要
2、4、6、8	表示上述相邻判断的中值
分数	若元素 i 与元素 j 相比，重要性标度值为 a_{ij}，那么，元素 j 与元素 i 相比，其标度值为 $a_{ji}=1/a_{ij}$

第三步，根据判断矩阵，计算某一准则下各因素的相对权重，得出权重向量。

计算相对权重有许多方法可用，这里介绍一种方根法。计算步骤如下。

（1）将判断矩阵 A 各行的元素相乘：

$$M_i = \prod_{j=1}^{n} a_{ij} \quad (i=1, 2, \cdots, n)$$

（2）将连乘积向量 M_i 的每个分量开 n 次方：

$$\overline{W}_i = \sqrt[n]{M_i}$$

（3）将上一步所得的向量 $\overline{W}_i$ 进行标度，得权重向量：

$$W_i = \overline{W}_i / \sum_{i=1}^{n} \overline{W}_i$$

第四步，对单一准则下的权重向量进行一致性检验，即要求判断矩阵 A 应大体上满足一致性。一致性检验的步骤如下。

（1）计算一致性指标 CI：

$$CI = \frac{\lambda_{max} - n}{n-1}$$

式中，λ_{max} 为判断矩阵的最大特征根。

$$\lambda_{max} = \frac{1}{n} \sum_{i=1}^{n} \frac{(AW)_i}{W_i}$$

式中，$(AW)_i$ 为向量 AW 的第 i 个分量。

（2）计算一致性比例 CR：

$$CR = CI/RI$$

式中，RI 为平均随机一致性指标，见表 3.10。

表 3.10 平均随机一致性指标

n	1	2	3	4	5	6	7	8	9	10
RI	0	0	0.58	0.89	1.12	1.26	1.36	1.41	1.46	1.49

当 CR 的值小于 0.1 时，认为判断矩阵的误差是可接受的。当不满足这一条件时，修正判断矩阵，直至符合检验条件，再进行第五步。

第五步，计算各层因素对目标的合成权重，并进行排序。

对每层因素都分别计算出对上一层某因素的权重向量，并完成一致性检验后进行综合，求合成权重。合成权重的计算是自上而下的，将单准则下的权重进行合成，并逐层进行一致性检验。合成的运算实际上就是一个乘法运算，将有支配关系的各个因素的权重连乘起来，便可得出最底层的各方案对决策目标的权重排序。

【例3-4】某企业拟增一台设备，有三种型号可选。选择的准则是功能强、价格低和使用维修方便。

构造如图 3.11 的层次结构决策模型。

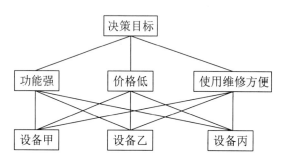

图 3.11 设备选型的层次结构决策模型

经过专家评议，认为甲设备的性能最好，价格较贵，使用维修属一般；乙设备性能较好，价格适中，使用维修方面也属一般；丙设备性能较差，价格便宜，使用维修方便。三个指标的相互重要性依次为：功能强、使用维修方便和价格低。

根据萨蒂标度法，定出各准则的判断矩阵。

准则 C_1 ——功能

C_1	甲	乙	丙
甲	1	4	8
乙	1/4	1	2
丙	1/8	1/2	1

准则 C_2 ——价格

C_2	甲	乙	丙
甲	1	1/4	1/8
乙	4	1	1/3
丙	8	3	1

准则 C_3 ——使用维护

C_3	甲	乙	丙
甲	1	1	1/5
乙	1	1	1/3
丙	5	3	1

各准则相对重要性

C	C_1	C_2	C_3
C_1	1	5	3
C_2	1/5	1	1/3
C_3	1/3	3	1

然后根据方根法（或特征根法）求出各判断矩阵标准化后的权重向量（特征向量）为

C_1： W_{c1}=（0.727 3，0.181 8，0.090 9）

C_2： W_{c2}=（0.073 2，0.256 0，0.670 8）

C_3： W_{c3}=（0.156 2，0.185 2，0.658 6）

总目标：W_c=（0.637 0，0.104 7，0.258 3）

再对各权重向量进行一致性检验，可得各判断矩阵的最大特征根均约等于 3，则有

$$CI = \frac{3-3}{3-1} = 0$$

CR=0，故全部符合一致性检验标准。接着，计算层次总排序。计算过程如下：

$W_甲$=0.637×0.727 3+0.104 7×0.073 2+0.258 3×0.156 2=0.511 3

$W_乙$=0.637×0.181 8+0.104 7×0.256+0.258 3×0.185 2=0.190 4

$W_丙$=0.637×0.090 9+0.104 7×0.670 8+0.258 3×0.658 6=0.298 3

根据层次总排序结果，甲设备得分最高，故应首选甲设备。

3.5 目标和目标管理

3.5.1 目标的性质及制订原则

1. 目标的性质

管理目标是企业管理活动的起点，是企业内部各项管理活动的依据；管理目标又是企业管理活动的终点，是判断一个企业管理合理性和有效性的标准。

目标是宗旨的具体化，是一个企业在一定时期内通过努力争取达到的理想状态或所希望获得的成果，它包括企业的宗旨、任务、具体的目标项目和指标等。著名的管理专家彼得·德鲁克（Peter Drucker）认为，一个管理成功的企业，应在诸如市场、利润、人力资源、物质和金融资源、技术进步和发展、提高生产力、员工积极性发挥和社会责任等八方面有自己明确的目标。

从管理学的角度看，企业的目标具有独特的属性，包括以下三个方面。

1）目标的纵向性

企业的目标是分层次的，形成一个有层次的体系。图 3.12 是企业目标的层次体系。

图 3.12 企业目标的层次体系

在这个层次体系中,自上而下,企业目标范围越来越小,从最高层的社会经济目标到特定的个人目标,企业目标也从抽象变得越来越明确、越来越具体。企业目标的层次多少取决于企业的规模和复杂程度。通常,企业目标的层次体系是与企业的层次体系相互对应的,企业中不同层次的管理者参与不同类型目标的建立。例如,董事会和最高层管理者主要参与确定企业的宗旨、整个企业的目标等;中层管理者如营销经理或生产经理主要负责分专业、分系统和部门的目标;基层管理者主要关心部门以及他们下属人员目标的制订。当然,企业目标各层次之间并不是截然分开的,例如,最低层的企业成员个人目标应包括业绩和发展目标,对于较高层次的管理者来说,他们也应设立自己的业绩和个人发展目标。

2)目标的多样性

对一个企业来说,目标很多,即使是主要目标,也是多种多样的。例如,仅仅把大学的主要目标说成是教育和研究是不够的,还应该更具体、更明确化。同样,在目标层次体系中的每个层次的目标,都可能是多种多样的。但这里应注意的是,并非目标越多越好,过多的目标会使管理者应接不暇而顾此失彼。因此,应该尽量减少目标的数量,尽量突出主要目标,以免因过于注重小目标而有损于主要目标的实现。

企业目标的多样性还体现在组织中既有明确目标也有模糊目标。一般来说,明确的目标既有利于计划,也有利于控制,因此管理目标应该越明确越好。但在一些特殊情况下,无法规定具体目标,又不能没有目标,这时,提出一种模糊的目标也许更合适。了解目标的多样性,有助于管理者正确地确定目标和充分发挥目标的作用。

一般情况下企业希望建立一个目标体系,用体系中的多个目标来反映出企业的全面追求。但目标数量太多可能使员工无法区分这些目标的轻重,顾此失彼。一个多样化经营的企业说实在的也很难为各个事业部或战略事业单位提出一些共同的战略目标。大家熟知的美国通用电气公司(GE)在1981年秋天诞生了一位新CEO(首席执行官)——韦尔奇,当年年底他提出了"……在自己(即GE,编者注)进入的每一个行业里做到数一数二的位置,无论是在精干、高效,还是成本控制、全球化经营方面都是数一数二……"[①]作为GE的目标。这对有100余个事业部的世界级的大公司来讲,是一个再简洁不过的目标了。

3)目标的网络化

网络表示研究对象之间的相互关系。企业中各类、各级目标并不是相互孤立的,而是相互联结、相互支持的。因此,企业中的成员在实现目标时,不仅要考虑本部门的利益,还要考虑整个企业的利益。

一个企业的目标通常是通过各种活动的相互联系、相互促进来实现的,企业的目标很少是直线的,即并不是当一个目标实现后接着去实现另一个目标,目标和具体计划通常构成一个网络,目标与目标之间,左右关联、上下贯通,融会成一个整体。

---

① 韦尔奇,拜恩.杰克·韦尔奇自传[M].曹彦博,等译.北京:中信出版社,2001.

既然目标和计划是以网络的形式相互连接的，要使一个网络具有效果，就必须使各个目标彼此协调、相互支持和相互连接，否则，企业的利益就会受到伤害，企业目标就难以实现。

2. 制订目标的原则

1）方向性原则

目标为企业管理工作指明方向，明确的目标确定了企业所希望达到的未来状况。正如灯塔的信号灯为轮船导航，目标的作用首先在于指导和协调管理者，使他们同心同德，共同完成企业的目标。从管理的角度来看，管理正是为达到同一目标而协调集体所做努力的过程，如果不是为了达到一定的目标，就无须管理。为使目标方向明确，就要使目标尽量简化，以利于表达和理解。

2）可考核性原则

目标是考核管理者和员工绩效的客观标准。目标为管理者提供了一个客观标准，通过目标的实现程度来评价管理者及员工的工作绩效。否则，光凭主观印象，既不公平，也不客观、科学，不利于调动管理者及员工的积极性。为此，目标本身必须是可以考核的。

通常，要使目标具有可考核性，最方便的方法就是使之定量化。但是，并不是所有的目标都适宜定量表示，在组织的经营管理活动中，定性目标是不可缺少的，管理者在组织中的地位越高，其定性目标就可能越多。大多数定性目标也是可以考核的，只是不如考核定量目标那么准确。

3）先进可行的原则

目标是一种激励企业成员为实现企业目标发挥最大作用的力量源泉。从企业成员个人的角度来看，这种激励作用表现在两个方面：个人只有明确了目标，才能发挥潜能，创造出最佳成绩；另外，个人只有在达到了目标后，才会产生成就感和满意感。要使目标对企业成员产生激励作用，一方面，目标应该是经过努力可以实现的，而不是可望而不可即的。另一方面，目标必须具有挑战性，否则实现了目标，也不会有成就感和满意感。因此，目标既要可以实现，同时又要具有挑战性。

3.5.2 目标管理

1. 目标管理产生的背景

目标管理（management by objectives）创始于 20 世纪 50 年代的美国。公认为彼得·德鲁克对目标管理的发展和使之成为一个体系作出了重大贡献。1954 年，德鲁克在《管理的实践》一书中首先提出了"目标管理和自我控制的理论"，并对目标管理的原理做了较全面的概括。他认为，企业的目的和任务必须转化为目标，各级管理者必须通过目标对下级进行领导并以此来保证企业总目标的实现，如果一个领域没有特定的目标，这个领域必然会被忽视；如果没有方向一致的分目标来指导每个人的工作,则企业的规模越大、人员越多,发生冲突和浪费的可能性就越大。每个管理者或员工的分目标就是企业总目标对他的要求,同时也是他对企业总目标的贡献,还是管理者对下级进行考核和奖励的依据。他还主张,在目标实施阶段,应充分信任下属人员,实行权力下放和民主协商,使下属人员发挥其主动性和创造性,进行自我控制,独立自主地完成各自的任务。德鲁克的这些主张在企业界和管理界产生了极大的影响,对形成和推广目标管理起了巨大的推动作用。

由于目标管理在产生的初期主要用于对管理者的管理,所以它也被称为"管理中的管理"。后来,目标管理逐渐推广到企业的所有人员及各项工作上,在强化企业素质、实现有效管理方面,取得了较好的效果。因而到20世纪50年代末,不仅在美国,而且在日本和西欧各国也广泛流传起来。现在,目标管理已成为世界上比较流行的一种企业管理体制。我国运用目标管理法最成功的范例之一当数邯郸钢铁公司采用的成本一票否决,公司根据应得的资本利润率卜的吨钢利润与市场的吨钢售价之差所得到的吨钢成本作为目标,层层分解,并落实到每个岗位。

2. 目标管理的概念及特点

目标管理的概念可以表述为:企业的最高领导层根据企业所面临的形势和社会需要,制定出一定时期内企业经营活动所要达到的总目标,然后层层落实,要求下属各部门管理者以至每个员工根据上级制订的目标制订出自己工作的目标和相应的保证措施,形成一个目标体系,并把目标完成的情况作为各部门或个人工作绩效评定的依据。简单地说,目标管理就是让企业的管理者和员工亲自参加目标的制订,在工作中实行"自我控制"并努力完成工作目标的一种管理制度或方法。

从目标管理的概念可以看出,目标管理有如下几个特点。

1)目标管理是参与管理的一种形式

实行目标管理,要根据组织的宗旨,首先确定一定时期特定的总目标,然后对总目标进行分解。某一层次的目标需要一定的手段来实现,将这些手段作为下一层次的目标,实现下一层次目标的手段又可以作为更下一层次的目标,这样逐级展开,并通过上下级共同协商,就可以制订出企业各部门直至每个员工的目标,用总目标指导分目标,用分目标保证总目标,形成一个"目标—手段"链。这也正是目标纵向性的表现。

2)目标管理既重视科学管理,又重视人的因素,强调"自我控制"

在管理方法上,目标管理继承了科学管理的原理;在指导思想上,吸收了行为科学的理论,实现了二者的完美统一。大力倡导目标管理的德鲁克认为,员工是愿意负责的,愿意在工作中发挥自己的聪明才智和创造性的。如果我们控制的对象是一个社会组织中的"人",则必须通过对动机的控制来实现对行为的控制。用"自我控制的管理"代替"压制性的管理",正是目标管理的主旨,这种"自我控制"可以激励员工尽自己最大努力把工作做好,而不是敷衍了事,勉强过关。

3）目标管理促使权力下放

推行目标管理，就要在目标制订之后，上级根据目标的需要，授予下级部门或个人以相应的权力。否则，再有能力的下级也难以顺利完成既定的目标，"自我控制""自主管理"也就成了一句空话。因此，授权是提升目标管理效果的关键。推行目标管理，可以促使权力下放。

4）目标管理注重成果

实行目标管理后，由于有了一套完善的目标考核体系，就能够根据员工实际贡献的大小如实地评价员工的表现，克服了以往凭印象、主观判断等传统的管理方法的不足。

3. 目标管理的程序

目标管理主要由目标体系的建立、目标实施和目标成果评价三个阶段形成一个周而复始的循环。预定目标实现后，又要制订新的目标，进行新一轮循环。这个过程可用图 3.13 表示。

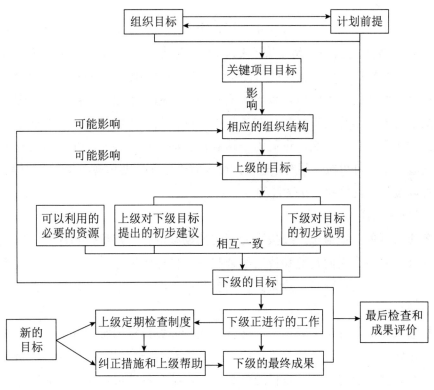

图 3.13　目标管理和评价过程

1）目标体系的建立

实行目标管理，首先要建立一套以企业总目标为中心的一贯到底的目标体系。这项工作大多是从企业的最高主管部门开始的。

最高层目标的建立应首先充分分析和研究企业的外部环境与内部条件，根据企业可利用的机会和面临的威胁以及企业自身的优势和弱点，通过上级管理者的意图与员工意图的上下沟通，对目标项和目标值反复商讨、评价、修改，取得统一意见，最终形成企业目标。

企业的总目标制订以后，就要把它分解落实到下属各部门、各单位直至员工个人，即目标展开。目标展开的方法是自上而下层层展开、自下而上层层保证。上下级的目标之间是一种"目标—手段"的关系：某一级的目标，需要一定的手段来实现，这些手段又成为下一级的次目标，按级顺推下去，直到作业层的作业目标，从而构成企业目标连锁体系。

目标体系应与组织机构相吻合，从而使每个部门都有明确的目标，每个目标都有人明确负责。但是，组织机构往往不是按组织在一定时期的目标建立的。因此，有时会发现一个重要的分目标找不到对此负全面责任的主管部门，而组织中的有些部门又很难为其确定重要的目标，这种情况反复出现，说明组织机构已不适应组织的发展，可能最终导致对组织结构的调整。

2）目标实施

建立了企业自上而下的目标体系之后，企业中的成员就要紧紧围绕确立的目标、赋予的责任、授予的权力，运用固有的技术和专业知识，为实现目标寻找最有效的途径。为保证目标的顺利实现，目标管理强调在目标实施过程中权力下放和自我控制。这样，作为上级的管理者就可以腾出时间和精力，抓重点地进行综合性管理；同时，下属人员也会产生强烈的责任感，在工作中发挥自己的聪明才智和创造性，针对自己的不足，积极寻求自我提高，进而力争达到自己的目标。当然，在目标实施过程中，上级管理者并不是可以撒手不管，他们的综合管理工作主要体现在指导、协助、检查、提供信息以及创造良好的工作环境等方面。

3）目标成果评价

对各级目标的完成情况，要按事先规定的期限进行定期检查和评价，以确认成果和考核业绩，并与个人的利益和待遇结合起来。目标成果评价一般实行自我评价和上级评价相结合，共同协商确认成果。作为自我控制的一种手段，在目标管理中，自我评价非常受重视。

目标成果的具体评价一般采用综合评价法，即按目标的实现程度、目标的复杂困难程度和在实现目标过程中的努力程度三个要素对每一项目标进行评定，确定各要素的等级分数，修正后得出单项目标的分数值，再结合各单项目标在全部目标中的重要性权数，得出综合考虑的目标成果值，以此来确定目标成果的等级。

4. 目标管理的局限性

尽管目标管理方法有很多优点，但方法本身和方法的运用过程也存在一些局限性。

1）对目标管理的原理和方法阐明不够

目标管理看起来简单，但要能有效地付诸实施，各级管理者必须对它有深刻的理解，必须能够依次向下属人员解释：目标管理是什么；它怎样发挥作用；为什么要实行目标管理；它在评价管理工作成效时起什么作用；参与目标管理的人能得到什么利益等。

2）给予目标制订者的指导不够

目标管理和其他任何计划工作一样，需要为各级目标制订者提供必要的指导准则，使他们了解计划工作的前提条件和组织的基本战略与政策。否则，就无法制订出正确的目标，目标管理也就无法发挥作用。

3）目标确定困难

一方面，真正可考核的目标是难以确定的，如果再要求同一级管理者的目标在任何时候都具有正常的"紧张"和"费力"程度就更加困难。这就为目标管理的有效实施设置了难以逾越的障碍。

4）强调短期目标

在大多数实行目标管理的组织中，管理者确立的目标一般都是短期的。很少超过两年，常常是一季度或更短些，因为短期目标才会更具体、操作性强。但强调短期目标，也许会因为短期行为而损害企业长期目标的实现。因此，组织的高层管理者就必须从长期目标的角度提出总目标和制订目标的指导方针。

5）不灵活的危险

一方面，要使目标管理取得成效，就必须保持目标的明确性和肯定性，如果目标经常改变，就说明目标的制订不够周密、准确，这样的目标是无意义的。但另一方面，计划是面向未来的，必须根据未来情况的变化对目标进行修正。因此，实行目标管理，存在这种不能随时按企业目标、计划工作前提条件、企业政策等变化而迅速变化的危险。

情景小故事

李冰修建都江堰

秦国的力量一点点强大起来。为富国强兵，秦昭襄王很重视农业生产和水利建设。李冰受命到蜀郡去做太守。

李冰到蜀郡后，立即着手了解民情。他看到成都平原广阔无边、土地肥沃，却人烟稀少，非常贫穷，开垦的田地也不多。他很纳闷，就问当地的百姓，一位老人指着贯穿成都平原的岷江告诉他："就是因为这条害人的河，从我记事起就年年泛滥，不光庄稼颗粒无收，连村庄都要整个地被淹没。大人要晚来几年，恐怕连人也要搬完了。"李冰恍然大悟。他决心要征服这条河流，为当地的老百姓谋福。

他先对岷江流域进行了全面考察，几次深入高山密林，追踪岷江的源头；不畏长途跋涉，沿江漂流，直达岷江与长江的汇合处，掌握了关于岷江的第一手材料。他发现岷江在发源地一带，沿江两岸山高谷深，水源丰沛，水流湍急；而到了灌县，地势一下变得平坦，水无遮拦，往往冲决堤岸；从上游挟带来的大量泥沙也容易淤积在这里，抬高河床；特别是在灌县城西南面，有一座玉垒山，阻碍江水东流，每年夏秋洪水季节，水流无处排泄，常造成东旱西涝。这些都是成都平原水害频繁的主要原因。

李冰想，要消除水患就必须在平原广修渠道，一则可以泄洪，一则可以灌溉，发展生产；而要使水能灌入渠中，又必须凿开玉垒山，使岷江的水能够东流。

经过周密策划，李冰决定先从玉垒山开始。他亲自带领指挥民工在玉垒山凿开了一个20米宽的口子，叫它"宝瓶口"。然后在江心用构筑分水堰的办法，把江水分作两支，逼使其中一支流进宝瓶口。堤堰前端开头犹如鱼头，所以取名叫"鱼嘴"。它迎向岷江上游，把汹涌而来的江水分成东西两股。西股的叫外江，是岷江的正流；东股的叫内江，是灌溉渠系的总干渠，渠首就是宝瓶口。他还亲自规划、修建许多大小沟渠直接宝瓶口，组成了一个纵横交错的扇形水网。这是都江堰的主体工程。

后来，为了进一步控制流入宝瓶口的水量，在鱼嘴分水堰的尾部又修建了分洪用的平水槽和飞沙堰溢洪道。当内江水位过高的时候，洪水就经由平水槽漫过飞沙堰流入外江，可充分保障灌区免遭水淹。同时，流入外江的水流的漩涡作用，还有效地冲刷了沉积在宝瓶口前后的泥沙。这些辅助设施使都江堰成为一个宏伟而缜密的系统工程。

李冰为此耗尽了心力，可他还不满足。他还为工程的维护和长久的使用做了考虑，制定了一系列维修和监控办法，有的至今还为人们所沿用。都江堰建成后，成都平原杜绝了水患和旱灾，生产迅速发展起来。

除都江堰外，李冰在蜀郡还主持兴办了其他一些水利工程。如在沫水（又名青衣水），李冰组织百姓开凿河心中的山岩，整理水道，便利了航行。他还对管江、汶井江、洛水进行过疏导，在广都主持开凿了盐井。这些都为开发成都平原发展农业生产作出了重大的贡献。

由于李冰一心为百姓谋福利，李冰千百年来一直受到四川人民的崇敬，被尊称为"川主"，四川各地还修有"川主祠"，表达了百姓对他的怀念。

资料来源：百度文库。

3.6 战略管理

3.6.1 战略管理的概念

1. 战略的概念

管理学大师彼得·德鲁克早在1954年就间接提出了战略的问题。他认为一个企业应该回答以下两个问题：我们的企业是什么？它应该是什么？从而为战略下了一个比较含蓄、范围较小的定义。在这个定义里，战略的核心是明确企业的远期目标和中近期目标。

对企业战略的定义也是众家各有所长，我们的定义为：企业面对激烈变化、严峻挑战的经营环境，为求得长期生存和不断发展而进行的总体性谋划。

在 3.1.3 小节中也提到过"战略"，要注意两者的区别。计划的构成有八个要素，战略是其中之一。而在这一部分中讲的战略则是战略管理这一学科中的内容。前者的内涵只涉及为实现企业长远目标所选择的发展方向、所确定的行动方针以及资源分配方针和资源分配方案的一个总纲。而后者的内涵要丰富得多，既包括应对企业生存和发展的战略目标，也包括实现目标的战略方案。

2. 战略的层次

1）公司层战略

如果一个公司拥有一种以上的事业，即是一个多样化经营的企业，那么它将需要一种公司层战略。这种战略寻求回答这样的问题：我们应当拥有什么样的事业组织？公司层战略应当决定每一种事业在组织中的地位。

2）事业层战略

事业层战略寻求回答这样的问题：在我们的每一项事业领域里应当如何进行竞争？对于只经营一种事业的小企业，或是不从事多元化经营的大型组织，事业层战略与公司层战略是一回事。对于拥有多种事业的组织，每一个经营部门会有自己的战略，这种战略规定该经营单位提供的产品或服务以及向哪些顾客提供产品或服务等。当一个组织从事多种不同的事业时，建立战略事业单位更便于计划和控制。战略事业单位代表一种单一的事业或相关的事业组合，每一个战略事业单位应当有自己独特的使命和竞争对手，这使得每一个战略事业单位有自己的战略，有别于其他战略事业单位。

3）职能层战略

职能层战略寻求回答这样的问题：我们怎么支撑事业层战略？职能部门如研究与开发、制造、市场营销、人力资源和财务部门，应当与事业层战略保持一致，并为事业层战略提供支持。

3. 战略管理的重要性

自 1962 年以来，沃尔玛和凯马特就一直为市场优势地位而竞争。这两家公司有很多的相似之处，如商场氛围、名字、所服务的市场以及组织目的。不过沃尔玛的绩效表现（财务和其他方面）要远超凯马特。为什么两者在绩效表现上有如此大的差异？这是由于两者不同的战略和竞争力。沃尔玛在战略管理下表现得极为优越，而凯马特却由于无效的战略管理仍在苦苦挣扎。

战略管理（strategic management）是管理者为制定本组织的战略而做的工作，这是一项重要的任务，涉及所有的基础管理职能——计划、组织、领导和控制。战略管理是指在制定、实施、评价和指导全局工作并决定全局命运的方针、方式和计划活动中，通过一定的程序和技术，获取最佳效率和效果的过程。

战略管理之所以如此重要，主要有以下三方面原因。第一，战略管理在组织如何取得卓越绩效表现上发挥了重要作用。第二，任何企业和组织都面临着不断变化的环境，管理者通过运用战略管理过程来考察相关的因素并决定所采取的措施，以应对这种不确定性。第三，战略管理有助于企业和组织协调各员工间的工作，使组织各个部分齐心协力以达成组织目标。

3.6.2 战略管理的过程

战略管理的过程包含以下步骤，其涵盖战略的计划、实施与评估，如图3.14所示。

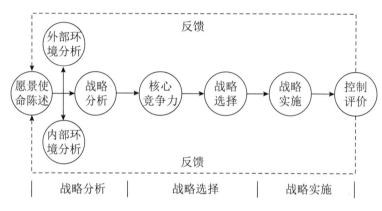

图3.14 战略管理的过程

1. 确定组织当前的宗旨、目标和战略

每个企业都有一个宗旨，它规定了企业的目的和回答了下述问题：我们到底从事的是什么事业？定义企业的宗旨促使管理层仔细确定企业的产品和服务范围。决定组织从事的事业的性质，对于非营利性企业非常重要。医院、政府机构和学校也必须确立自己的宗旨。例如学校究竟是训练学生从事某项职业，还是训练学生从事特定的工作，还是通过计划周密且丰富的文化教育培养学生的基本素质？

2. 分析环境

环境是管理行动的主要制约因素，环境分析是战略管理过程的关键要素，因为企业的环境在很大程度上决定了管理层可能的选择。每个企业的管理层都需要分析它所处的环境，准确把握环境的变化和发展趋势及其对企业的重要影响。

3. 发现机会和威胁

分析了环境之后，管理层需要评估有哪些机会可以发掘以及企业可能面临哪些威胁。

4. 分析企业的资源和能力

企业内部的资源和能力状况对于战略的选择也非常重要，如员工的技能、新产品开发能力、机器设备状况、组织的资金情况等。

5. 识别优势和劣势

通过对企业内部资源的分析，管理层可以明确评价组织的优势和劣势，识别出什么是企业与众不同的能力，也就是决定作为企业的竞争武器的独特机能和资源。

6. SWOT 分析

进行 SWOT 分析，把对企业的优势、劣势、机会和威胁的分析组合在一起，以便发现企业可能采用的各种战略方案。以肯德基为例进行 SWOT 分析，如表 3.11 所示。

表 3.11 肯德基的 SWOT 分析

企业内部资源 企业外部环境	内部优势 S 资金雄厚； 覆盖率高，达到 70%； 现有食品供应链及烹饪方式、服务系统、管理系统已成完善体系； 员工百分之百本地化；建立培训基地、口味本土化、原料本土化、供应基地本地化	内部劣势 W 食品容易导致热量过剩从而造成肥胖； 肯德基的价位对于中国普通人来说较高； 菜谱品种还是很狭隘，很容易导致人们吃腻
外部机会 O 中国自古就是一个爱吃的民族； 人们开始快节奏的生活，适宜快餐业的发展； 中国人民生活水平提高，越来越多人接受肯德基	优势+机会（SO） 优惠促销，要明确时间并给出承诺； 吸引大量特许加盟商加盟，针对一、二、三线城市，根据其不同的消费能力开设平价及高级餐厅； 兼并不善经营的企业和山寨企业，如麦肯基、啃地鸡	劣势+机会（WO） 加强推广健康运动，消耗多余的油脂，降低顾客对油炸食品的顾虑； 加强对食品量的改进，做到统一标准：价格一样，量也一样； 加强对员工的培训，提高员工素质和文化水平，尽量留住职业化员工、减少兼职员工； 努力提高食品的品质和卫生水平，一定要符合国家卫生的标准
外部威胁 T 来自同行业如麦当劳、德克士等快餐业巨头的竞争； 原材料涨价，成本上升； 劳动力价格上涨； 其他餐饮业如酒店等带来的竞争	优势+威胁（ST） 进一步加强广告力度，让品牌深入人心； 针对自身不足，开发餐饮新品种，尤其是冷饮系列； 加强职业员工培训，促使认同企业文化，减少离职率，降低劳动力成本	劣势+威胁（WT） 注意质量问题、卫生问题、店面形象问题和口碑问题等； 提高食品的品质和卫生水平，要符合国家卫生的标准； 适当对其门面进行必要的改进，如增加厕所数量

7. 制定恰当的战略

战略需要分别在公司层、事业层和职能层设立。特别是管理层需要开发和评价不同的战略选择，然后选定一组符合三个层次要求的战略。这些战略能够最佳地利用组织的资源和充分利用环境的机会。此时管理层将寻求组织的恰当定位，以便获得领先于竞争对手的相对优势。

8. 制订战略计划

企业战略是企业面对一个较长时期所制订的计划，在实施中必须把战略目标进行两个方面的分解，即按时间（以年为单位）分解和按企业的层次分解。这样企业里的各个经营单位和战略实施的相关职能部门在整个战略期间都有了明确的各个年度目标。在这些目标下，制定政策、配置资源、协调相关部门的活动，必要的话调整组织结构和培育企业文化，制订出与战略实施相关的计划，即战略计划。战略计划与日常的经营计划是不同的。

9. 实施战略

无论战略计划制订得多么有效，如果不能恰当地实施，仍不会成功。最高管理层优秀的领导能力是实施战略成功的一个必要因素，而中层管理者和基层管理者执行高层管理者的计划的主动性也同样关键。管理层需要招聘、选拔、培训、处罚、调换、提升员工，甚至可能解雇员工，以实现组织的战略目标。

10. 评价结果

战略管理过程的最后一步是评价结果，包括战略的效果怎么样、需要做哪些调整等内容。

3.6.3 管理环境

1. 外部环境

企业外部环境是对企业外部的政治环境、社会环境、技术环境、经济环境等的总称，具有唯一性、变化性。外部环境一般又可以分为宏观环境、产业环境和竞争环境。

宏观环境通常包括政治因素、经济因素、社会因素以及技术因素，通常使用PEST（政治、经济、社会、技术）分析法进行分析，如表3.12所示，其目的在于确认和评价政治、经济、技术和社会人文等宏观因素对企业战略目标和战略选择的影响。

表 3.12 PEST 分析

分析因素	政治因素	经济因素	社会因素	技术因素
具体内容举例	世界贸易协定；垄断与竞争立法；环保、消费者保护立法；税收政策；就业政策与法规；贸易规则；公司与政府的关系	商业周期；GDP趋势；货币供应、利率；通货膨胀；失业与就业；可支配收入；原料、能源来源及成本；贸易周期；公司投资	人口统计；收入分配；人口流动性；生活方式及价值观变化；对工作和消闲的态度；消费结构和水平；教育水平	政府对研究的支出；政府和行业的技术关注；新产品开发；技术转让速度；劳动生产率变化；优品率与废品率；技术工艺发展水平评估

产业环境是指对处于同一产业内的组织都会发生影响的环境因素。迈克尔·波特（Michael Porter）于 20 世纪 80 年代初期提出了五力分析模型，常被用于产业环境分析，是从供应商、购买者、替代品、新进入者以及现有的行业竞争者五个方面进行分析，如图 3.15 所示。

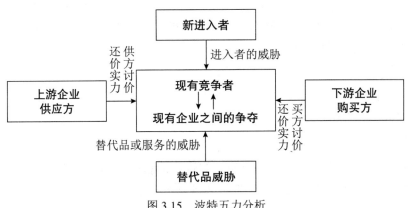

图 3.15　波特五力分析

2. 内部环境

企业内部环境是指企业内部的物质、文化环境的综合，包括企业资源、企业能力、企业文化等因素，也称为企业内部条件。企业内部环境是组织内部的一种共享价值体系，包括企业的指导思想、经营理念和工作作风。因此，内部环境分析的内容包括很多方面，如组织结构、企业文化、资源条件、价值链、核心能力等。其目的在于掌握企业历史和目前的状态，明确企业所具有的优势和劣势，帮助企业制定有针对性的战略，有效利用自身资源，发挥企业优势，避免企业劣势，扬长避短，百战不殆。

在企业资源分析中，企业资源按其是否容易辨识和评估可分为有形资源和无形资源（表 3.13），或者按其暂时性或可否及时调整可分为流量资源和存量资源。

表 3.13　企业资源分类

有形资源		无形资源	
金融性资源	融资能力； 企业内部产生现金流的能力	技术资源	专利、专有技术、贸易秘密、商标等知识产权； 应用上述资源所需要的知识
物理性资源	设施及设备的性能和地理位置； 获得原材料的渠道和价格	创新资源	高水平的管理人员及研发人员； 新思维、新概念、新组合
人力资源	管理者及员工的素质、技术水平、骨干队伍情况、员工忠诚度； 企业培训力量和水平	商誉	在用户中的声誉； 品牌级别与名次； 市场对质量可靠性的印象； 在供应商中的声誉

在企业能力分析中，主要分析企业的市场营销能力、财务会计能力、生产运营能力、研究与开发能力、人力资源能力等。

通过对企业资源、能力的分析，找到企业的核心竞争能力。核心能力的概念是由普拉哈拉得以及哈默在1990年《哈佛商业评论》上发表的《公司的核心能力》一文中提出来的，指的是公司中有独特价值的资源，可获得竞争优势，且不会随着使用而递减。

在进行内部环境分析时，可采用价值链（value chain）分析方法。所谓价值链，即企业用来设计、生产、营销、供货以及对产品起辅助作用的各种活动的集合，在这一链条中，开发和销售产品或服务的所有活动所带来的总收入减去总成本等于产生的价值。

价值链分析法的主要步骤如下。

（1）将公司的运作分解为特定的活动。

（2）确定各个活动成本（可以是时间成本，也可以是货币成本）。

（3）通过考察可以导致竞争优势或劣势的竞争性成本优势和竞争性成本劣势，将成本数据转换成特定形式的信息。

其中，资源体现在价值链上，能够创造价值的资源才是有用的资源。能力体现在价值链的运转上，能够使价值链增值的能力才是战略能力。

叮！心医新品上线，福音萦绕耳畔

引言

2018年9月底，郑东龙即将结束在郑州的项目任务。今年十一假期他想放松一下，计划带着家人到云南自驾游。正翻看旅游攻略的他，被一通电话打断了，"喂，你好，郑经理，公司已经把赤峰市医院项目接下来了，准备马上启动，时间紧迫，这个任务由你来负责，你准备一下，我先把项目任务书微信发给你，具体事情等见面再商讨……"郑东龙一边回应电话，一边心里感到忐忑，之前，了解过赤峰项目是个新版产品上线的任务，对此，他觉得压力很大，是否要接受公司的任命？他非常犹豫……

郑东龙是心医国际数字医疗系统（大连）有限公司（以下简称"心医国际"）HIS（医院信息系统）、PACS（影像归档和通信系统）项目经验丰富的项目经理，心医国际成立于2010年6月，总部位于大连软件园，运营总部设在北京，是专注于创新医疗及互联网远程医疗解决方案的专业提供商、运营商和服务商。2012年，在沈阳和上海分别设立了研发中心，郑东龙已在心医国际沈阳研发中心任职多年。

郑东龙从事医疗信息化行业医疗以来，虽然参与实施的HIS、PACS项目不计其数，许多棘手的问题，最终都凭借他的工作能力一一攻克。但是，这是公司最新版本的PACS产品的第一次上线，不论是哪个公司，新产品的第一次上线实施都将会遇到许多意料之外的问题，而这些意外恰恰是他作为项目经理最不愿意见到的、不可预知的、不可控的风险。另外，对于热爱且一心扑在这一事业上的郑东龙来说，这更是一个大施拳脚的好机会，虽然新产品在赤峰市医院上线这个项目是一个挑战，不过，他还是接受了任务，而新产品上线会如郑东龙预期的一样遇到上线实施风险吗？

1. 坐言起行

接下任务书的郑东龙，在郑州出差回来的路上便与客户进行了第一次电话沟通，商定项目初步拟定在 10 月中旬进行上线。十一国庆假期期间，他放弃了带家人自驾游的计划，翻出了公司的《实施管理规范》，就项目上线时所可能遇到的风险进行逐一检查，并做好记录，以便到现场后能够与客户进行充分的沟通与准备。

10 月 8 日，他向公司申请组建了项目团队。通常实施工程师是协调者，项目经理、研发负责人是监控评估者，研发工程师（或者实施工程师），是技术完成者。项目上线的必备的两个岗位是实施人员、研发人员。其中，实施人员中，必须有一名了解业务，并善于沟通和协调。研发人员，则要求精通各自所负责的产品模块的业务，并且在研发负责人的指导下对客户需求及产品缺陷进行受管控的开发。

团队组成之后，他与实施团队成员进行了一次交流会，确定在十一上班后陆续抵达赤峰市医院，进行入场前期准备。之后，又与信息科赵科长、CT（电子计算机断层扫描）室谢主任进行沟通，随后，便深入科室进行业务调研，并且还在现场为新入职的实施工程师吴卓凡详细地讲解科室的业务流程。

2. 有的放矢

赤峰市医院项目的顺利完成，不仅要有团队分工及职责的人员做保障，明晰此项目要达到怎样的目标更是对新品上线完成度的预期良好设定。郑东龙带领团队讨论项目实施过程，并制订了赤峰项目的三大目标：项目的质量目标是业务数据具有完整性、产品运行稳定性、操作流程合理性。进度目标是按既定的合同期限内完成产品有质量的上线运行。成本目标是产品上线全过程中实际发生的成本不超过项目预算，使项目在批准的预算内按时、按质、经济、高效地完成既定目标。

进度目标、成本目标、质量目标是项目管理中的三大目标，它们既相互制衡又对立统一。在项目进度管理中，三者的"铁三角"关系是相互制衡的。加快项目进度就要增加投资，但提前完成项目又可能减少投资成本；严格控制质量可能影响进度、增加投资，但质量控制了可避免返工，防止进度拖延和投资浪费。

赤峰项目为确保进度管理中三大目标的平衡实现，按照产品上线的阶段任务制定了阶段性的策略：上线前准备阶段，以进度为优先考虑，质量其次，确保项目按照拟定的时间运行，避免项目延期；上线及试运行阶段，以质量为优先考虑，以达到完整、稳定、合理运行过程中满足医生工作需要和患者安全保障的要求；上线后维护阶段，以成本为优先考虑，当然也是在前两个阶段的进度、质量达到要求的前提下。此阶段为产品投放由建设转为使用和运营，项目业主、合同商汇报建设成果和交付资产，项目要验收、要回款，需要竣工决算与项目预算各项内容进行核对结算。

3. 相机而动

项目进度管理目标设定之后，为了达到预定目标，怎样将任务合理地分配在各个时间段？新产品如何顺利上线测试？经过2天的调研与多次沟通，郑东龙以书面形式整理出了一份详细的《项目上线计划表》，以及软件上线前需要院方准备的"服务器数量、服务器配置、台式机数量和配置、软件部署方案"。此外，他还配合信息科白工列出了科室的"设备数量、厂商型号"，以便上线时院方通知设备厂家工程师入场联调。

在制订计划后，他在现场与实施团队成员又召开了一次讨论会。会上就上线的日期大家展开了分析与讨论。通过医院以往患者看诊频率数据，以及院方提供的门诊一般规律性业务量情况，研发团队再结合技术层面的时间安排，列出了总体情况：周一、周二是医院业务的高峰期，患者较多、业务量较大，不利于进行新系统上线，因此，可以进行调阅、培训、系统准备等工作；周三、周四，医院的患者较少，业务量比较平稳，适合新系统上线，出现问题时可以有比较充足的时间进行排查与解决；周五，患者就诊人数上升，医院业务会在周末出现一次小高峰，比较适合对新系统的功能、性能指标进行评测，而且，周五下午的检查报告，会要求患者在周六、周日及下周一领取，也会有充分的时间进行问题的排查与解决；周六、周日，患者多为急诊，医院业务量很少，非常利于对新上线的系统的问题及需求进行集中的开发、调整、发布。会议尾声时，依据实施经验，选择了避开医院业务量的高峰期，安排在业务平稳期（周三）进行切换上线，具体日期确定在10月17日晚。

4. 接踵而至

17日晚，根据事先的分工，大家分别驻守在科室业务流程的各个环节，以便应对医生的提问以及软件的问题。

尽管心医国际赤峰项目团队凭借以往经验和医院的实际情况做好了准备工作，开始了项目的实施运作，但实施过程中，各方利益相关者利益和需求还是出现了不一致的情况。

郑东龙的担忧最终还是发生了……

分别驻守在各个办公室的同事忙得不可开交：有的医生未参加过培训，软件不知道怎么使用；有的由于软件不够完善，出现系统死机；有的医生习惯了老系统，对新系统操作不熟悉。还有，数据量大时，系统响应慢等。如果是软件问题，大家回到办公室立即动手修改、发布，再到科室进行观察；如果是医生操作不熟悉，大家就细心为医生讲解介绍；如果医生习惯了老报告软件，大家就耐心地介绍新版软件操作的设计优点等。

午休时间，郑东龙安排大家分头轮流去吃饭。饭后立即回到医院，针对上午发现的问题进行讨论总结，汇总共性问题，有的修改程序，有的纠正数据，有的统一培训方法。转眼到了傍晚时分，患者陆续离开 CT 检查室，白班医生们也完成各自的工作后陆续按时下班，夜班值班医生已开始工作。此时，大家才松了一口气，回到办公室后，继续修改和完善程序、测试、发布。

第二天一大早，大家便来到了医院，分别驻守在各个办公室。本以为经过 18 日一天的磨合与紧急调整，新系统已经稳定，医生使用也熟练了，大家可以相对轻松些，可谁知早上 8 点刚过，陆续开始有患者来到 CT 报告室找医生要 18 日检查的报告和胶片，原因是楼下自助机无法自助领取。

刚开始时，医生耐心地为患者打印并装到袋子里，但是患者越来越多，本来就不大的报告室很快就被挤满了。当时的场面就像是自由市场一样热闹，严重影响了医生的正常办公。郑东龙、彭亮得知后，马上安排 3 组人员，第一组人员协调 CT 室谢主任，将隔壁的会议室开放为临时的办公室，并耐心地安顿患者情绪；第二组人员搬来 2 台计算机，替医生来为患者打印报告和胶片；第三组人员与自助机厂商工程师沟通，调整系统接口代码、纠正数据错误，保障后续的患者能够正常地打印出报告和胶片。

就这样上线第二天又在忙碌中度过了，看到患者都满意地领取到检查结果，项目人员的疲惫感顿时也就烟消云散了。

下班前，所有人员进行一次简短的总结与分析，其主要问题是技术冲突及风险：电脑硬件问题：老式显卡的接口不统一、驱动程序缺失；院内网络问题：上线后，由于网络发现病毒，多个厂家的服务器受到感染；各厂家系统之间的接口问题：由于各厂家对业务的理解与实现方式不一致，新系统上线后有些患者无法通过自助机取报告和胶片，致使患者到报告室排成长龙队伍领取报告。此外，做计划以及准备时，没有对 PACS 业务中的另外批用户（即患者）的使用情况进行重点关注，使得上线前的自助打印功能没有进行充分的测试。为此，大家都深刻地上了一堂技术经验教训课。

项目实施全过程是项目团队集体作战的过程，实施团队作为项目的核心团队，在技术冲突发生时，必然是冲到第一线的主要"抢险"队员，而核心团队中的项目经理不仅是技术权威，更是管理能手，任命经理往往都是挑选一线实施工程师，具备项目执行过程中常见问题的处理经验，并且能对项目每个阶段可能出现的风险进行提前识别。当出现冲突和风险时，核心人物项目经理则是统筹全局的掌舵人。郑东龙在此次技术冲突和风险防范中出谋划策，在赤峰市医院现有的信息化系统配套条件对产品调试上线造成困难的情况下，指导技术人员发挥最大的能动性，合理调配并行附属团队，抓紧时间排除技术冲突，为保质保量保时效，团队人员超负荷工作，并针对项目技术方、医院方、设备厂商各自的问题，形成三方联动，互相配合，高效工作。最终，项目团队昼夜工作，重装了服务器，统一了各厂家的实现方式，重新定义了接口，保障了医院业务的顺利使用，也控制了项目进度，使得项目度过了困难期，保全了公司利益和产品质量的同时，达到了产品试运行按期完成的目标。

危机显现，预想与现实相互碰撞，这个过程中的风险到底有多少？在有限的人力、物力、时间情况下，无法准确地评估出来。仅通过了解赤峰市医院信息（调研）、项目规模、项目复杂程度、所需资源等现有条件，依然还会遇到不可预测的不确定性因素和项目风险，项目团队最大限度地从用户角度出发去思考问题、解决问题，借助团队全体人员的智慧，启动风险应急措施，以保障产品质量为前提，最终达到双方利益最大化。

5. 尾声

全员的努力保障了系统的按期上线。新版心电产品经过进一步的现场完善，已正式上线，目前已支持"社区、门诊、病房、远程会诊、心电云胶片"的多种业务场景。新版病理产品，已全部上线，并且现场新增20余项实用功能。新版放射产品，已完成现场需求调研、流程测试、培训演示，为后续正式上线打下了充分的基础。新版排队叫号系统，内置了自主研发语音合成服务，也正式在超声科上线使用。最终，项目共完成3台CT、10台DR（数字X线摄影）、1台MG设备接入，以及4个登记、14个技师、19个叫号点、18个诊断工作站的部署。日检查量近800例，日数据量近40 GB。

随着管理信息系统技术的不断发展，数字化影像和传输技术已成为智慧医院的主流技术。传统的医学影像（胶片、图片、资料）管理方法，对影像日积月累、年复一年存储保管，其存储空间有限，并且查找和调阅不便，不仅丢失影片和资料时有发生，而且资料损耗很难避免。管理方法陈旧无法适应现代医院中对如此大量和大范围医学影像的管理要求。现代医学的发展，医疗机构的诊疗工作越来越多依赖医学影像（X线、CT、MR、超声、窥镜、血管造影等）的检查。采用数字化影像管理方法来解决这些问题已经得到公认。

目前国内众多医院已完成医院信息化管理，其影像设备逐渐更新为数字化，已具备了联网和实施影像信息系统的基本条件，实现无胶片放射科和数字化医院，已经成为现代化医疗不可阻挡的潮流。心医影像产品的研发及实施应用也会因为此次的项目上线带来更多的经验和启示。心医国际沈阳研发中心新版产品在赤峰市医院经过了一段时间的运行，已经使医院资料的管理和使用方法得到大大的改善，对于患者来说其好处也不言而喻，赤峰市医院及就诊患者因PACS新版产品而福音绵长……

资料来源：本案例由大连理工大学经济管理学院郭晓丹、王淑娟撰写，有删改。

思考题

1. 为了把控项目进度，制订项目计划时考虑了哪些要素？是怎样做的计划？具体的项目计划是什么？

2. 项目实施阶段，难免会遇到未能预料的问题，本案例中哪些问题给产品上线带来了阻碍？是如何解决的？

本章小结

计划有静态和动态两层含义，从静态来看，计划是指计划行动的结果，包括企业使命和目标的说明以及战略、政策、预算等计划方案。从动态来看，计划是指对各种企业目标的分析、制订和调整以及对企业实现这些目标的各种可行方案的设计这一系列相关联的行为、行动或活动。我们有时用"计划工作"表示动态意义上的计划内涵。

计划具有目的性、首位性、普遍性、效率性和创造性。按照不同的标准可以将计划分为不同的类型。按计划的期限，可将计划分为长期计划、中期计划和短期计划。按制订计划的层次，可将计划分为战略计划、战术计划和作业计划。按计划的职能，可将计划分为生产计划、销售计划、财务计划、人事计划等。按计划的内容，可将计划分为综合性计划和专业性计划。

计划的要素可以分为宗旨（mission）、目标（objective）、战略（strategy）、政策（policy）、程序（procedure）、规则（rule）、规划（program）和预算（budget）等几种，确定计划要素对于发挥计划职能有重要意义。

制订计划需要按照一定的程序进行，一是估量机会；二是确定目标；三是拟定前提条件；四是拟订可供选择的方案；五是评价可供选择的方案；六是选择方案；七是拟订派生计划；八是编制预算。

计划工作作为一种基本的管理职能活动，有自己应遵循的规律和原理。计划工作的主要原理有限定因素原理、灵活性原理、承诺原理和改变航道原理。制订计划常用的方法有很多种，主要有甘特图法、网络计划技术、滚动计划法和投入产出法。

确定计划工作的前提条件，就是通过预测，估计未来环境中可能出现的影响计划实施的不确定因素以及这些因素的变化、发展趋势和影响程度的可能性，从而增强计划的可实施性。一个完整的预测程序包括确定预测目标，收集和整理预测资料，建立预测模型，计算、分析评价，修正预测结果。预测方法很多，大体可分为两大类。定性预测方法包括典型分析法、专家预测法、类比法及相关图法等。定量预测方法包括时间序列外推法和因果分析预测法等。

决策是人们确定未来行动目标，拟订评价实现目标的各种可行方案，并从中选择一个合理方案的分析判断过程。企业在进行决策时，要遵循一定的程序：一是发现问题或机会；二是确定决策目标；三是探索并拟订各种可行方案；四是方案的评价、比较和选择；五是决策方案的执行和反馈。管理者在制订计划时需要面对很多决策问题，决策的正确与否直接关系到计划工作的成功与否。根据不同的分类方法可以把决策分成多种类型；根据决策调整的对象和涉及的时限，可分为战略决策和战术决策；根据决策主体，可分为集体决策与个人决策；根据决策的起点，可分为初始决策与追踪决策；根据问题的性质，可分为程序化决策与非程序化决策；根据环境因素的可控程度，可分为确定型决策、风险型决策与不确定型决策。决策方法主要包括集体决策方法、方向性决策的方法、活动方案的决策方法和层次分析法四大类。集体决策方法分为头脑风暴法、名义群体法、电子会议法和德尔菲法；方向性决策的方法分为 SWOT 分析法和经营业务组合分析法；活动方案的决策方法分为确定型决策方法、风险型决策方法和不确定型决策方法。

目标是企业期望达到的最终结果，目标具有纵向性、多样性和网络化的特征。制订目标应遵循一定的原则：方向性、可考核性和先进可行。目标管理就是让企业的管理者和员工亲自参加目标的制订，在工作中实行"自我控制"并努力完成工作目标的一种管理制度或方法。目标管理的具体做法分三个阶段，即目标体系的建立、目标实施和目标成果评价。尽管目标管理方法有很多优点，但方法本身和方法的运用过程也存在着一些局限性。

企业战略是企业面对激烈变化、严峻挑战的经营环境，为求得长期生存和不断发展而进行的总体性谋划。战略的核心是明确企业的远期目标和中近期目标。战略管理是指在制定、实施、评价和指导全局工作并决定全局命运的方针、方式和计划活动中，通过一定的程序和技术，获取最佳效率和效果的过程。

第4章 组织职能

学习目标

学习本章之后，你应该能够：
1. 了解组织的基本概念。
2. 阐述组织设计的内容。
3. 比较常见组织结构的优点和缺点以及不同组织类型的适用条件。
4. 阐述组织如何进行人力资源管理。
5. 简述组织变革的动因、过程和发展趋势。

开篇案例

航三征程：从独树一帜到多面开花的漫漫组织变革路

中交一航局第三工程有限公司（以下简称"航三"）作为世界500强企业中国交通建设集团的全资子公司，是以水运及土木工程施工为主的大型国有独资综合性建筑企业，拥有港口与航道工程施工总承包壹级、市政公用工程施工总承包壹级、地基基础工程专业承包叁级、起重设备安装工程专业承包叁级、钢结构工程专业承包叁级，以及交通部水运工程材料类甲级工程试验检测机构资质和1 500吨（空船排水量）船舶建造资质等多项资质，60多年来已经成长为水工行业的佼佼者。

基于长久以来以项目为核心的典型特征，航三的组织结构也围绕公司和项目来进行分层配置。其中在公司层设置14个职能部门，最高领导为总经理，下设分管经营、生产、质量的副总经理，总经济师、总会计师、总工程师以及纪委书记、工会主席，项目经理则直属公司总经理管理。项目部在公司组织结构中基本是固化的，关键人员相对稳定。由于港口建设周期长、投资大、建设内容少但体量大，在原有项目部的基础上，航三共建设了10个相对稳定的项目部，指向大连周边不同的港口建设区域。如2001年组建的第九项目部，就是公司抢占大连开发区保税区市场的主力军和传统水工领域的骨干施工团队，还有2006年组建的长兴岛项目部，也是围绕长兴岛区域开发需求组建的水工领域骨干施工团队。项目部的各项目衔接通常比较紧密，一个项目部也会有四五个项目同时进行的情况。

项目层根据项目大小配备人员，采用典型项目部组织结构。项目部通常配备项目经理、项目书记、生产副经理、总工程师、商务副经理、安全总监作为领导层。按照公司机关的部门配置，通常每个项目部都会下设"七部一室"八个职能部门：工程部、质量部、计合部、物资部、设备部、安全部、财务部、综合办公室。项目下设作业班组，项目员工的人事关系归属项目部。项目部各部门受到公司各部门的管理和监督，定期向公司相应部门汇报工作情况。

公司成立以来的资源配置一直以项目为核心，由项目部进行内部项目资源的配置。而在项目执行过程中，项目经理对于项目所需人员也有较大自主挑选的权力，可以依据项目需要进行人员的调配，将人事关系落到项目部，最大限度地保障项目灵活运作。同时，项目经理对于分包单位的选择、分包单位施工价格都可以自行商定，在物资采购方面项目部也被赋予自主采购的权力，可以自行选定材料供应商，在物资调配、机械租赁方面，项目部也可以独自审核、批准，只需项目部定期上报进展情况和情况说明即可。而对于项目部人员的绩效考核也由项目部层面来独立进行，对于奖励的发放，每个员工的工资包含基本工资、公司整体奖金和项目部奖金，其中项目部奖金就主要是由项目部上报剩余利润获批后进行内部发放。因此，基本上项目开展过程中的事情，项目经理拥有很大程度的决定权。

鉴于公司长久以来形成的项目文化，总部的职能部门更多以公司日常运转为主要职责。职能部门整体对于项目的干涉较少，普遍认为项目是项目部的管辖范畴，由项目经理进行负责，要保障项目自主权。一方面，一些职能部门习惯成自然，认为项目经理具有相当高的资历、水平和水工项目管理经验，项目部更有能力管好项目的进展，因此往往避免对项目过问过多，以免超越权限、限制了项目的灵活性。另一方面，职能部门也认为项目的开展情况与职能部门的绩效关联不大，自身应该把重心更多放在公司职能的日常运转上面。

凭借着国家加大交通运输基础设施建设的契机，以及水工市场相对宽松的竞争环境，航三的各项目部乘胜追击，充分发挥各自优势，积极承揽项目，牢牢占领了大连的水工市场。同时公司还开始开拓外埠市场和国内海南、广西、福建、重庆、广东等水工市场，形成了覆盖码头、船坞、防波堤工程、水利水电的强势水工业务版图，打造了大连30万吨级原油码头工程、大连中远船务30万吨级船坞工程等一系列重大工程。围绕水工业务，公司形成了一系列成熟的技术标准、施工流程，储备了大量的人才和合作良好的供应商、分包商，巩固了水工行业市场地位，航三在这一时期进入快速发展期。

然而，随着金融危机的后劲持续渐强和国家对基建投资导向的放缓，水工行业从2010年开始进入困难时期。从"十二五"开始，交通运输部把加快内河水运发展、推进港口转型升级等作为工作重点，港口建设开始集约化。国家对港口航道的基建投资大幅度缩水，水工市场的竞争开始变得异常激烈。从行业市场来看，发展已经进入"效益时期"。在宏观经济发展影响下，水工基建行业不断向价值链上游、高端转移，增量发展逐渐式微，存量的红海竞争日趋激烈，企业产值利润都仿佛在"脱干的毛巾上拧水"。

屋漏偏逢连夜雨，在水工基建投资缩减的同时，国家取消了基建专业化建设的规定，具有相应施工资质要求的企业可以在市场自由竞争。这也就意味着原有只能由中交集团航务工程局承揽的项目,其他施工企业也可以进入市场竞争。在这一背景下,由于港航业务利润率比铁路、公路等其他基建项目的利润率高,很多工程企业也成立了港航局,加入水工市场的竞争。投资的骤减、行业的交叉和市场争夺,对航三的效益和发展提出了很大挑战。激烈的竞争使得大连港口经济发展放缓、公司经营区域范围变小,各项目部被迫相互竞争,公司急需拓展新的业务。各项目部开始人心惶惶,生怕项目少了影响工资。职能部门人员的工作积极性也受到了影响,对公司整体效益产生了担忧。从公司层面看,发展已经进入"重构时期"。根据市场形势变化,航三决定将经营领域由单一的港口水工设施建设,向公路、铁路、桥梁、污水处理等大土木施工领域发展,于2013年提出"进城上路"的经营工作部署。所谓进城,就是做市政工程、做水环境治理工程、做绿化工程等,上路就是做高速公路工程、做铁路工程、做桥梁工程。公司上下一致认为,水上的港口航道项目和公路工程项目都属于工程类的项目,而且高速公路项目的门槛更低,能干好航道工程应该就能干好高速公路项目。一时间,公司如火如荼地开始承揽市政、路桥项目,各项目部瞄准方向摩拳擦掌、跃跃欲试。

在公司战略调整下,航三的经营领域由单一的港口水工设施建设,向多样化土木施工领域发展。施工地域由固守大连,发展到北起哈尔滨、南到海南岛、东自福建、西至青海,遍布全国的业务布局正在形成。但是,公司在向多地域拓展多元化业务的过程中,越来越感受到掣肘。在进入转型发展的关键阶段,项目资源的统筹力度和集约利用程度还没有跟上,优质的项目人力资源、协作队伍资源、劳务资源的培育仍然不理想,新业务的项目管理模式也还没有摸清。直接反映在项目效益上,项目施工问题频发、问题管理时常滞后、项目亏损屡见不鲜。对于航三而言,到了不得不正视问题的时候。

资料来源:本案例由大连理工大学经济管理学院的于淼、孙秀霞、张良撰写,有删改。

4.1 组织概述

4.1.1 组织的含义和特征

1. 组织的含义

其一,作为一个名词,组织是指为了达到自身的目标而结合在一起的具有正式关系的一群人。对于正式组织,这种关系是指人们正式的、有意形成的职务和职位结构。首先,组织必须有目标,组织正是为达到某种目标而产生和存在的。其次,在组织中工作的人们,必须各自承担一定的职务。最后,应该对要求人们所承担的各项职务进行特意的规划和设计,确保各项活动协调一致。

其二,作为一个动词,组织是一个过程,主要指人们为了适应环境的变化达到预期的目标而维持或变革组织结构,对组织的活动进行合理的分工与协作,从而使组织结构发挥作用的过程。首先,管理者要根据工作的需要,对组织结构进行精心设计,明确每个岗位的任务、权力、责任、相互关系以及信息沟通的渠道,使人们在实现目标的过程中,能发挥出比个人力量总和更大的力量、更高的效率。其次,随着竞争的日益加剧,组织所处的环境不断变化,为了与变化的环境相适应,管理者要对组织结构进行改革和创新或再造(re-engineering)。最后,合理的组织结构只是为达到目标提供了一个前提,要有效地完成组织的任务,还需要各层管理者能动地、合理地协调人力、物力、财力和信息,使组织结构能够高效地运行。

2. 组织的特征

通常认为任何组织都具有三种共同的特征。

1)明确的目标

每一个组织都有一个明确的目标,并且该目标应该是可以被考核的。组织目标可以是单个的,也可以是相互联系的一组。组织的目标反映了组织所希望达到的状态。例如,学校的目标就是教书育人,医院的目标是治病救人,派出所的目标是维护治安打击犯罪,等等。

2)一定的人员

每一个组织都是由人员组成的,一般来说,组织必须由两个或两个以上的人员组成。组织需要人员来完成工作,通过各种资源的有效利用来实现组织的目标,并且组织的人员之间是分工协作的。

3)适当的结构

每一个组织都要建立适当的组织结构,以便组织成员明确他们的工作职责和彼此的关系。组织结构类型多种多样,有的组织结构比较开放灵活,有的组织结构则比较严格规范。

除此之外,一个有效的组织还应该具有为了履行其必要的职责所需要的信息和各种资源。

4.1.2 组织的类型

在现实生活中,组织可以按不同标准进行分类,以下将对几种类型的组织进行一些简单的介绍。

1. 按组织的形成方式分类

按组织的形成方式,可将组织分为正式组织和非正式组织。这一分类方法来源于美国著名的人际关系家乔治·埃尔顿·W.梅奥。

(1)正式组织。如果有两个或两个以上的人,按照某一既定目标而有意识地协调他们的活动,就构成正式组织。孔茨指出,正式组织是通过对角色职务结构的刻意设计而产生的，主要表现在指挥链、职权与责任的关系及功能作用。由此可见，正式组织是为了有效实现组织目标，而明确规定组织成员之间职责范围和相互关系的一种机构，其组织制度和规范对成员具有正式的约束力。例如，企业的销售部门、财务部门、人力资源管理部门等都属于正式组织。然而，把某一个组织称为正式组织并不是意味着这个组织就是固定的、一成不变的。正式组织也必须具有灵活性，可以让其成员充分地发挥其才能，充分利用成员的创造性天赋，同时应该认可组织成员个人的喜好和倾向。

（2）非正式组织。非正式组织是人们在共同工作或活动中，由于具有共同的兴趣和爱好，以共同的利益和需要为基础而自发形成的团体。堪称管理学经典著作的《经理的职能》的作者巴纳德认为，任何没有自觉的共同宗旨的群体活动，即使有助于共同的结果，也是非正式组织。非正式组织的最大特点是感情的联系和快速的信息沟通，它是一个人们互相联系而形成的人际关系网络。例如，非正式组织可以是同住在一个小区的邻居、经常周末一起打球的伙伴等。

2. 按是否以营利为目的分类

按是否以营利为目的，可将组织分为营利性组织和非营利性组织。

（1）营利性组织。营利性组织是以获取利润为目标的组织。组织通过获利来支持其正常地运转，通过竞争来占领市场，获得利润。例如，酒店、商场等都属于营利性组织。

（2）非营利性组织。非营利性组织是相对于营利性组织而言的，指的是社会团体和其他社会力量以及个人举办的从事社会服务活动的社会组织，而不是以营利为目的。非营利性组织并不等于没有盈利，其资金来源主要依靠社会慈善机构、个人的捐赠和政府的补贴。非营利性组织主要分布在教育、医疗、文化、科研、体育，以及各类社会团体中，其具体表现形式大致分为三类：第一类是行政部门的服务性单位；第二类是行政主管部门与民间资金相结合组成的单位；第三类是自治性的民间组织。

3. 按组织形态分类

按组织形态，可将组织分为实体组织和虚拟组织。

（1）实体组织。实体组织，是为了实现某一个共同目标，经由分工与合作及不同层次的权力和责任制度而构成的人群集合系统。实体组织必须有共同的目标，必须有分工协作，还要具有不同层次的权力与责任制度。之所以称之为实体组织，是为了和虚拟组织相对。

（2）虚拟组织。虚拟组织是一个不太严谨的概念，是一种区别于传统组织的、以信息技术为支撑的人机一体化组织，主要指两个以上的独立的实体（可能是供应商、客户，甚至是竞争对手），为迅速向市场提供产品和服务，在一定时间内结成的动态联盟。虚拟组织是一种开放式的组织结构，因此可以在拥有充分信息的条件下，从众多的组织中通过竞争招标或自由选择等方式精选出合作伙伴，迅速形成各专业领域中独特的优势，实现对外部资源的整合利用，从而以强大的结构成本优势和机动性，实现单个企业难以承担的市场功能,如产品开发、生产和销售等。在形式上,虚拟组织没有固定空间和时间限制。组织成员通过高度自律和高度的价值取向共同实现团队的共同目标。虚拟组织主要具有如下几个特点:一是合作型竞争;二是组织结构的动态性;三是组织结构扁平化;四是组织的学习性。

4.1.3 组织的功能

现代社会由各种各样的组织组成,人们利用组织把资源集中起来,从事经济、政治、文化等社会活动。组织通过不断的变革来适应外部环境的变化,在对外部环境的适应过程中,组织自觉不自觉地也对经济和社会环境产生了重要影响。这就是组织作为社会的有机整体在发挥其功能。组织的功能就是消除由于工作或者职责方面所引起的各种冲突,使其成员能在各自的岗位上为组织目标的实现作出应有的贡献,它可以完成单独个体的简单总和所不能完成的任务。组织的功能主要有以下三点。

1. 力量汇集功能

力量汇集是组织的基本功能。把分散的个体汇集成为集体,可以实现单独个体无法达到的目标,这就是组织的力量汇集功能。用简单的数学公式表示,就是"1+1=2"。由于资源的有限性,为了达到个人的和组织的共同目标,人们就必须进行合作,于是组织的汇集功能便应运而生。

2. 力量放大功能

力量放大是组织的核心功能。比力量汇集功能更进一步,通过组织内部成员有效的分工与协作,个体力量的集合还可以实现个体力量简单加总无法达到的目标,这就是组织的力量放大功能,表现为"整体大于部分之和"的协同效应,用简单的数学公式表示,就是"1+1>2"。企业要想生存下去,就必须取得"产出"大于"投入"的经济效果,这就需要依靠组织的力量放大功能。因此,力量放大功能是组织生存、发展壮大的根本保障。

3. 交换功能

组织成员之所以选择某个特定的组织进行学习或者工作,为之投入一定的时间、精力和经验知识等资源,就是希望可以从组织中获取其必需的利益或者报酬;而组织选择某个个体成为其成员,也正是看中了该个体的某项特殊的能力或者技能可以为组织的发展贡献力量,组织和其成员个人之间存在必要的交换关系。因此,个人和组织之间的关系需要建立在一种双赢的基础之上,才能形成双方都满意的关系。

4.1.4 组织职能的基本内容

同其他管理职能一样,组织职能也是一个动态的活动过程,它包括以下几个基本内容。

1. 组织设计

组织设计是一个动态的工作过程，包含众多的工作内容。根据组织设计的内在规律性有步骤地进行组织设计，才能取得良好的效果。其主要工作包括：组织部门划分和层次的划分；员工任务、职责、权力的确定；各部门、职位之间的相互关系的确定等。组织设计合理与否将在很大程度上决定其运作效率的高低。

2. 组织运作

组织运作就是要使设计好的组织能够有效地运转起来。设计得再好的组织如果无法正常地运作，也就无法实现组织的目标。确定岗位职责，确定管理层次和管理跨度，不同层级之间的信息沟通，各种规章制度的制定等都属于组织运作，这些工作的实现保障了组织运转的正常化、规范化。

3. 组织创新

内外部环境的变化，资源的不断整合与变动，都给组织的运营带来了机遇与挑战。组织创新指的是，组织面对内部和外部的挑战，将其资源进行重组与重置，采用新的管理方法和方式，新的组织结构，以及对组织成员的观念、态度和行为，成员之间的合作精神等进行有目的的、系统的调整和革新，使企业发挥更大效益的创新活动。组织创新可提高组织效能，以适应新的形势，与时俱进。

4.2 组织设计

4.2.1 组织设计的含义

要安排一个合理的组织结构，就必须重视"组织设计"。所谓组织设计，就是指人们为了实现共同的目标而组合的有机整体，是指以组织结构安排为核心的组织系统的整体设计工作，对组织开展工作、实现目标所必需的各种资源进行安排，以便在适当的时间、适当的地点把工作所需的各方面力量有效地组合到一起的管理活动过程。如今，人类社会的组织空前发展，其影响已经渗入社会、经济、文化和家庭等所有的社会生活领域当中，可以说组织对人类生活的渗透无处不在。一个人从幼儿园、小学、中学、大学，到各类培训学校、机关、团体、公司企业等，都离不开组织。

4.2.2 组织设计的内容

管理者在进行组织结构设计时，必须正确考虑六个关键因素：工作专门化、部门化、管理跨度与管理层次、统一指挥、集权与分权、正规化。

1. 工作专门化

工作专门化是指组织把工作任务划分成若干个步骤来完成的细化程度，其实质是：一个人不是承担一项工作的全部，而只是完成某一步骤或某一环节的工作。世界上第一个使用流水线大批量生产汽车的是福特公司，它可以说是工作专门化的最佳代表。福特公司的做法是给公司每一名员工分配特定的、重复性的工作：有的员工只负责装配汽车的右前轮，有的则只负责安装右前门。通过把制造汽车的工作分化成较小的、标准化的任务，使员工能够反复地进行同一种操作，通过高度的工作专门化，福特公司的生产效率一直在业界名列前茅。

20世纪上半叶以前，管理者把工作专门化看作是提高生产率的不尽源泉，只要引入工作专门化，就能大幅度提高生产效率。但到了20世纪60年代以后，越来越多的证据表明，过度的工作专门化会带来一些负面影响，表现为员工的厌烦情绪、疲劳感、压力感、低生产率、低质量、缺勤率上升、流动率上升等。

现在，大多数管理者并不认为工作专门化已经过时，也不认为它是提高生产率的不竭之源。他们认识到了在某些类型的工作中工作专门化仍然具有积极的作用。例如，在快餐业，管理者运用工作专门化来提高生产和销售快餐食品的效率。

同时，管理者也认识到过度的专门化可能带来的问题。他们尝试通过工作扩大化、工作轮换和工作丰富化来缓解其不良影响。工作扩大化是指工作范围的扩大或工作多样性，从而给员工增加了工作种类和工作强度，工作扩大化使员工有更多的工作可做，使员工的工作内容增加，要求员工掌握更多的知识和技能，从而提高员工的工作兴趣；工作轮换是一种短期的工作调动，是指在组织的几个不同职能领域中为员工作出一系列的工作任务安排，或者在某个单一的职能领域或部门中，为员工提供在各种不同工作岗位之间流动的机会；工作丰富化是指在工作中赋予员工更多的责任、自主权和控制权。工作丰富化与工作扩大化、工作轮换都不同，它不是水平地增加员工工作的内容，而是垂直地增加工作内容。这样员工会承担更多的任务、更大的责任，员工有更多的自主权和更高程度的自我管理，使其体验工作的内在意义、挑战性和成就感。

2. 部门化

部门化是将若干工作和人员组合在一起的依据和方式。它是将组织中的活动按照一定的逻辑安排，划分为若干个管理单位。部门划分的目的是：确定组织中各项任务的分配和责任的归属，以求分工合理、职责分明，有效地实现组织的目标。部门的划分一般依据工作职能、提供的产品或服务、地区分布、顾客类型或者生产过程等进行，如图4.1所示。

1）职能部门化

按职能划分部门是现代企业组织最常见的一种方法，它是以工作或任务的性质为基础来划分部门，凡属同一性质的工作都置于同一部门，由该部门全权负责相关工作职能的执行。例如，一家制造性企业中设置采购、生产、营销、财务、销售等部门就

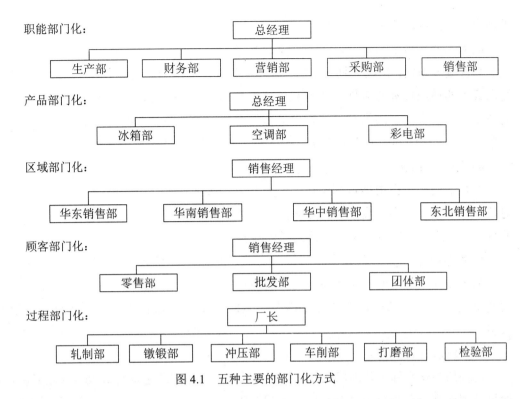

图 4.1　五种主要的部门化方式

是按职能划分的。

职能部门化遵循分工和专业化原则，将拥有相同技能、知识和观念的人员组合在一起从而提高工作效率，有利于充分发挥专业职能，有利于提高部门管理者的技术水平和管理水平，有助于部门目标的实现。但是，职能部门化也存在一定的缺陷，即各部门长期专注于某种专业业务的运营和管理，容易导致与其他职能部门之间的沟通不良，也可能导致工作人员过度关注本部门目标而忽视了组织的整体目标。

2）产品部门化

产品部门化是指根据产品或产品系列来设立部门、划分管理单位。在这种方式下，同一产品或产品系列的设计、生产、销售等工作划归一个部门负责。按产品划分部门的做法，正在广泛地被应用，而且也越来越受到重视。在一些大型的多品种经营的企业里，按产品划分部门往往成为一种通常的准则。

产品部门化的优点在于，可以促进特定产品或服务的专门化经营，有助于培养专家式的管理人才，有助于贴近顾客。产品部门化的缺点是需要更多的具有全面管理才能的人才，而这类人才往往不易得到，而且每一个产品分部都有一定的独立权力，高层管理人员有时会难以控制。

3）区域部门化

区域部门化是根据地理因素来设立管理部门，把同一地区或区域内发生的各种业务活动划归同一部门全权负责。其目的是充分利用当地的人力、物力和财力，以便获取区域经营的效益。区域部门化较多应用于一些地理位置比较分散的组织，特别适用于规模大的公司，尤其是跨国公司。

因为不同区域的政治经济形势、文化科学技术水平、顾客对产品的要求、购买习惯等都有很大差别，按区域划分部门，有利于各部门因地制宜地制定政策、进行决策，提高管理的适应性和有效性，还有利于培养独当一面的管理人才。但是，区域部门化的缺点是，需要更多的具有全面管理能力的人员，而且每一个区域都是一个相对独立的单位，加上时间和空间上的限制，往往是"天高皇帝远"，增加了总部控制的难度。

4）顾客部门化

顾客部门化是指根据目标顾客的不同利益需求来划分部门。市场竞争的日趋激烈迫使管理者把注意力再度集中到顾客身上。为了更好地为顾客服务，及时对顾客需要的变化作出反应，许多组织越来越偏好按顾客来划分部门。

顾客部门化有利于企业满足目标顾客的各种需求，有利于企业有针对性地按需生产和按需促销，同时有利于企业发挥自身的核心专长，创新顾客需求，建立持久性的竞争优势。顾客部门化的缺点是需要更多能妥善处理和协调顾客关系问题的管理人员。

5）过程部门化

过程部门化又称工艺部门化，是指企业按生产过程、工艺流程或设备来划分部门。如机械制造型企业划分出轧制车间、镦锻车间、冲压车间、车削车间等部门。这种划分方式适用于生产工艺复杂、要求严格的企业组织，有利于生产活动更有效地运行，有助于加强专业工艺管理、提高工艺水平。

一个组织究竟采用何种方式划分部门，应视具体情况而定，而且这些划分方式往往是结合采用的，如生产部门可按工艺或产品划分，销售部门则可根据实际需要按地区或客户划分。

然而，近些年企业的部门化出现了一种新趋势，部分企业开始采用跨越传统部门界限的团队，使原来僵硬的部门划分得到补充。如今的市场环境复杂而多变，组织面临的任务越来越复杂，完成这些任务需要多样化的技能，以及不同专业的各类人员的共同协作，因此，组织越来越多地使用了工作团队和任务小组的方式。

3. 管理跨度与管理层次

管理跨度是指一个管理者直接管理的下属的数量。所谓管理层次，就是在职权等级链上所设置的管理职位的级数。管理跨度在很大程度上决定了组织层次的数量和管理人员的数量。在任何一个具有一定规模的组织之中，最高管理者由于受到时间、精力等诸多因素的限制，他不可能直接管理整个组织方方面面的活动。他通常是通过直接管理几个有限数量的下属管理人员，委托他们协助自己承担部分管理责任。这些承担管理责任的下一级管理人员，又需要通过若干直接下属来协助完成其管理使命，以此类推，直至具体作业活动的管理。这样就形成了组织中由最高管理者到具体工作人员之间的不同层级的管理层次。

第4章 组织职能

情景小故事

巴恩斯医院

10月的某一天,产科护士长黛安娜给巴恩斯医院的院长戴维斯博士打电话,要求立即作出一项新的人事安排。从黛安娜的急切声音中,院长感觉到一定发生了什么事,因此要她立即到办公室来。5分钟后,黛安娜递给了院长一封辞职信。

"戴维斯博士,我再也干不下去了,"她开始申述,"我在产科当护士长已经4个月了,我简直干不下去了。我怎么能干得了这工作呢?我有两个上司,每个人都有不同的要求,都要求优先处理。要知道,我只是一个凡人。我已经尽最大的努力适应这种工作,但看来这是不可能的。让我给举个例子吧。请相信我,这是一件平平常常的事。像这样的事情,每天都在发生。

"昨天早上7点45,我来到办公室就发现桌上留了张纸条,是杰克逊(医院的主任护士)给我的。她告诉我,她上午10点钟需要一份床位利用情况报告,供她下午向董事会做汇报时用。我知道,这样一份报告至少要花一个半小时才能写出来。

"30分钟以后,乔伊斯(黛安娜的直接主管,基层护士监督员)走进来质问我为什么我的两位护士不在班上。我告诉她雷诺兹医生(外科主任)从我这要走了她们两位,说是急诊外科手术正缺人手,需要借用一下。我告诉她,我也反对过,但雷诺兹坚持说只能这么办。你猜,乔伊斯说什么?她叫我立即让这些护士回到产科部。她还说,一个小时以后,她会回来检查我是否把这事办好了!我跟你说,这样的事情每天都发生好几次的。一家医院就只能这样运作吗?"

以作业人员为4 096人的两个组织进行比较,如果一个组织的管理跨度是4,另一个组织的管理跨度是8,那么其相应的管理层次为6和4,所需的管理人员数分别为1 365人和582人,如图4.2所示。

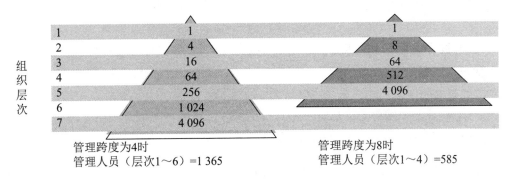

图4.2 管理跨度对比

一个组织究竟设多少级的管理层次比较合理?这需要考虑组织规模和管理跨度的影响。在管理跨度给定的条件下,管理层次与组织规模大小成正比,组织的规模越大,作业人员数量越多，那么所需要的管理层次就越多。在组织规模给定的条件下，管理层次与管理跨度成反比，每个管理者所能直接管理的下属人数越多，所需的管理层次就越少。

按照管理跨度和管理层次的不同，组织会形成两种典型的结构：扁平结构和高耸结构。扁平结构是指管理跨度大而管理层次少的结构。扁平结构的层次少，有利于缩短上下级距离，密切上下级之间的关系，信息纵向流通速度快；由于管理跨度大，被管理者有较大的自主性和创造性，也有利于选择和培训下属人员。但由于不能严密地监督下级，上下级的协调较差，管理跨度的加大，也增加了同级间相互沟通联络的困难。高耸结构就是管理层次多而管理跨度小的结构。高耸结构具有管理严密、分工细致明确、上下级易于协调的特点。但层次增多，需要的管理人员增多，协调工作急剧增加，互相扯皮的事层出不穷；由于管理严密，下级人员的积极性与创造性受到影响。

任何组织在进行组织设计时都必须考虑管理跨度问题。一般来说，即使在同样获得成功的组织中，每位管理者直接管辖的下属数量也不一定相同。每个组织都必须根据自身的情况来确定适当的管理跨度，在此基础上再确定组织的管理层次数。有效管理跨度的大小受到管理者和被管理者的素质能力、工作内容、工作条件与工作环境等诸多因素的影响。

1）素质能力

如果一个管理者的综合能力较强，则可以迅速地把握问题的关键，对下属的工作提出恰当的指导建议，并使下属明确地理解，从而缩短与每一位下属接触的时间。同样，如果下属人员的工作能力较强，受到过良好的培训，则可以独立地完成各项工作任务，从而减少向上司请示的时间。这样，管理者的管理跨度便可适当宽些。

2）工作内容

（1）管理者的级别。管理者工作主要是做决策和用人，但处在管理系统中不同层次的管理者，决策与用人的比重也各不相同。决策的工作量越大，管理者用于指导和协调下属的时间就越少。而且，越是处于组织高层的管理者，其决策职能就越重要。因此，作为组织的高层管理者，其管理跨度较中层和基层管理人员要小。

（2）被管理者工作的相似性。如果下级工作人员所从事工作的内容和性质相近，那么管理者对每个人工作的指导和建议就会大体相同。在这种情况下，管理者就可指挥和监督更多的下属人员，其管理跨度就会大一些。

（3）计划的完善程度。任何工作都需要在计划的指导下进行。如果计划制订得非常详尽周到，下属对计划的目的和要求有十分清楚的了解，下属只需要认真执行计划就能完成工作任务。这样，需要管理者亲自指导的情形就减少，其有效的管理跨度就会增加。

（4）非管理性事务的多少。管理者作为组织不同层次的代表，往往需要花费相当的时间去从事一些非管理性事务。处理这些事务所需的时间越多，则管理下属的时间就越少，此时管理跨度就越不可能扩大。

3）工作条件

（1）工作地点的接近性。如果下属人员的工作岗位在地理上的分布较为分散，那么，下属与管理者，以及下属与下属之间的沟通就相对比较困难，从而该管理者所能管理的直接下属数量就要减少。

（2）信息手段的配置情况。利用先进的信息技术去收集、处理和传输信息，一方面可以帮助管理者更及时、全面地了解下属的工作情况，从而提出有用的忠告和建议；另一方面下属人员也可以更多地了解到与自己工作有关的情况，从而更好地自主处理分内的事务，这显然有利于扩大管理者的管理跨度。

（3）助手的配备情况。如果给管理者配备必要的助手，由助手去和下属进行一般的联络，并直接处理一些明显的次要问题，这样就可以大大减少管理者的工作量，增加其有效的管理跨度。

4）工作环境

工作环境的稳定性对组织活动内容和政策的调整频率与幅度有着很大的影响。环境越不稳定，变化程度越大，组织中遇到的新问题就越多，下属向上级的请示就越有必要、越经常；而上级管理者需要花大量的时间去关注环境的变化，考虑应变的措施。这样就导致管理者用于指导下属工作的时间和精力越少。因此，环境越不稳定，各层次管理人员的管理跨度就会越小。

4. 统一指挥

统一指挥是指组织中任何一个下属应当只能接受一个上级的直接领导，多头指挥会导致下属无所适从的尴尬局面。此外，任何一个上级不能越级指挥和命令非直接下属，但可以越级检查工作；任何一个下级不能越级请示非直接上级，但可以反映情况，提出建议。统一指挥使企业内各个职位的权责明确，沟通渠道清晰，命令逐级下达，工作逐级上报，从而形成一个权威、有效的企业指挥系统。

实现统一指挥的关键是要明确各级管理人员的职权。所谓职权，就是指管理职务所固有的发布命令和希望命令得到执行的一种权力。为了促进决策和协调，各级管理者作为组织中指挥系统的一员，需要被赋予一定程度的自主权，以便履行其职责。每一个管理职位都具有某种特定的、内在的权力，任职者可以从该职位的等级或头衔中获得职权。因此，职权与组织内的职位有关，在职就有权，离职者不再享有该职位的任何权力。组织内的职权包括直线职权、参谋职权和职能职权三种类型。

1）直线职权

直线职权是一种完整的职权，是协调组织的人、财、物，保证组织目标实现的基本权力。拥有直线职权的人可以作出各种决策，指挥和命令下属。凡是管理者对其下属人员都拥有直线职权。在企业中，董事长对总经理、总经理对部门经理、部门经理对其部门成员拥有直线职权。这种指挥命令关系从组织的最高层一直延伸到最基层，形成一条"指挥链",作为"指挥链"中的一个环节的管理者有指挥下级的权力,同时又接受他的上级的指挥。

2)参谋职权

参谋职权是一种不完整的职权,它是有一定限度的职权。拥有参谋职权的管理者可以向拥有直线职权的管理者提供协助或服务,但参谋职权本身并不包括指挥和决策。从本质上说,参谋职权是一种顾问性或服务性的职权,当一个组织的规模扩大到一定程度,直线职权已不足以应付所面临的许多复杂问题时,就需要设置参谋职权。在组织中可以通过个人参谋和专业参谋两种形式来设置参谋职权。个人参谋是直线管理者的参谋和助手,为直线管理者提供各种咨询和建议,协助直线管理者执行职权,如直线管理者的私人助理或顾问。而专业参谋是一个参谋团队,通常是一个独立的机构或部门,它往往聚合了一些专家或学者,主要为各级直线管理者提供一些专业性的建议或服务。

3)职能职权

直线管理者为了提高工作效率,往往把一部分原属于自己的指挥和命令直接下属的权力授予参谋人员或参谋部门的管理人员,这便产生了职能职权。这些参谋部门或参谋人员不仅具有咨询和服务的责任,而且在某种职能范围内具有一定的决策、监督和控制权。由此可以看出,职能职权是组织职权的一个特例,可以认为它介于直线职权与参谋职权之间。

在组织管理工作中,要正确处理好三种职权的关系。首先,确保直线职权的有效运用。直线职权是保证组织有效运行的首要职权,参谋职权和职能职权的运用要以不削弱直线职权的权威性和有效性为前提。而确保直线职权的有效运用,直线管理者必须保持独立的思考和决断能力,不能为参谋的建议所左右。其次,注意发挥参谋职权的作用。要求明确直线与参谋的关系,分清双方的职权关系与存在价值,形成相互尊重、相互配合的良好基础,直线管理者要为参谋人员提供必要的信息条件,以便从参谋人员处获得有价值的支持。最后,要适当限制职能职权。职能职权的出现是为了更有效地实施管理,但往往会带来多头领导的弊端。所以,在使用职能职权时,就要正确地衡量这种得与失,要限制职能职权的使用范围,避免削弱直线管理者的权力。

5. 集权与分权

集权是指决策权在组织系统中较高层次的一定程度的集中,与此相对应,分权是指决策权在组织系统中较低层次的一定程度的分散。在一些组织中,高层管理者制定所有的决策,而低层管理人员只是执行高层管理者的指示。而在另一些组织中,组织把决策权下放到最基层管理人员手中。前者是高度集权式的组织,而后者则是高度分权式的组织。为保证组织的有效运行,必须处理好集权与分权的关系。

在现实中,集权或分权只是一个相对的概念,绝对的集权或是绝对的分权是不存在的。因为绝对的集权意味着所有的决策集中在一个特定的高层管理者团队中,这样的组织是不可能有效运行的。而绝对的分权也不可能,如果将所有的决策权都授予最基层的员工,那么组织的运行势必变得混乱,也不会是有效的。

在成功的企业中,既有许多被认为是相对分权的企业,也有许多被认为是相对集权的企业。即使在同一个企业的不同发展阶段,其集权和分权的程度也不完全相同。表 4.1 列出了影响集权与分权程度的因素。

表 4.1 影响集权与分权程度的因素

影 响 因 素	集 权 化	分 权 化
经营环境	环境稳定	环境复杂且不确定
组织规模	组织规模较小	组织规模大
决策的重要性	决策的影响大	决策的影响相对小
管理者素质	低层管理者能力有限	管理者普遍素质高

当前组织管理中已出现的一个明显趋势是下授决策权即授权。授权是组织分权的一种常见形式。一般分权可以通过两种途径来实现:一种是制度分权,即改变组织设计中对管理权限的制度分配。制度分权属于制度性、长期性、系统地将权力下放,权力较长时间停留在中下层管理者手中。另一种是授权。所谓授权,就是指上级管理者将部分职权委让给对其直接报告工作的下属的行为。授权是任务性、临时性地将权力下放,权力可以随时收回。授权的本质含义就是:管理者不要去做别人能做的事,而只做那些必须由自己来做的事。任何一个管理者,其时间、精力、知识和能力都是有限度的,一个人不可能事必躬亲去承担实现组织目标所必需的全部任务。授权可以使管理者的能力在无形中得以延伸。真正的管理者必须知道如何有效地借助他人的力量去实现组织的目标。

管理者在授权时应该注意以下几个问题。

1) 授权的范围和程度

管理者在进行授权的时候,一定要审慎地确定授权的范围和程度,需要明确哪些工作是可以授权下属来全权负责的,哪些工作是必须自己亲自来完成而不可以授权的。授权不是无限制地放权,而是委任和授放给下属在某些条件下处理特定问题的权力,所以,必须使下属十分明确地知道授予他们的权限的范围,过度地扩大授权的范围和程度可能会导致工作效率的低下,甚至混乱;反之,则会降低员工工作的积极性。

2) 受权者的选择

受权者即接受上级所授权力和责任的个人。受权者如果选择失误,出现难以预料的授权后果往往不可避免,还会给领导者留下后遗症——"麻烦"。因而,不夸张地说,选好受权者,是授权工作的基础和关键环节。授权的目的是由下属代表自己来组织完成某一特定的工作或任务,要确保工作的有效性。管理者在选人时,应该综合考虑这样几个问题:准受权人具有什么样的能力、特长和工作经验?他最擅长承担何种工作?是否可以担负管理职责?准受权人目前担负的工作与拟授权的工作关系是否紧密?目前工作绩效如何？准受权人应被安排做何种工作才能尽可能地调动他的工作热情和潜力？哪项工作对准受权人最富有创造性？他对哪项工作最关心、最感兴趣？

3）监控权的确认

管理者应该明白自己对授予下属完成的任务执行情况负有最终的责任，为此需要对下属的工作情况和权力使用情况进行监督检查，并根据检查结果调整所授权力或者收回权力。同时要防止授权失衡、失控。失控有两重含义：一是权力授出后，领导者对下级没有约束力；二是下级逐渐"翅膀硬了"，不听命于上级，甚至出现侵犯上级职权的现象——"越权"现象。必须看到，授权应是单向的，即由上至下。因此，管理者的监控权就显得尤为重要。

6. 正规化

正规化是指组织中各项工作标准化以及员工行为受规则和程序约束的程度。如果一种工作的正规化程度较高，就意味着承担这项工作的人员对工作内容、工作时间、工作方法等几乎没有自主权。组织期望通过高度的正规化使员工以同样的方式投入工作，能够保证稳定一致的产出结果。在高度正规化的组织中，有明确的工作说明书，有许多的组织规章制度，对于工作流程有详尽的规定。而对于正规化程度较低的工作，员工就有较大的自主空间去决定怎么来做该项工作。因此，工作标准化程度越高，员工决定自己工作方式的权力就越小。工作标准化不仅减少了员工选择工作行为的可能性，而且使员工无须考虑其他行为选择。

在不同的组织中，正规化程度有很大的差别。例如，有的企业应用军事化管理，其正规化程度较高，员工的言行要严格遵守组织的规章制度要求。而一些正规化程度较低的企业，员工的行为限制较少，自由度相对来说大一些。而且，即使是在同一个企业里，正规化程度也可能不同。例如，在一家广告公司，创意部门就拥有较大的工作自主权，而财务部门的工作却要求很高的标准化。

情景小故事

"八佰半"倒闭的案例

著名的日本连锁企业"八佰半"曾经盛极一时，在中国就拥有很多家分店。到了后期，"八佰半"的创始人禾田一夫将公司日常事务都授权给自己的弟弟处理，而自己天天躲在家里看公文或报告。他的弟弟送来的财务报告每次都做得很漂亮。但实际上，他弟弟背地里做了假账来蒙蔽他。最后，庞大的商业帝国"八佰半"顷刻间便宣告倒闭，禾田一夫也变得一无所有。

后来，禾田一夫在接受中央电视台《对话》栏目采访时，有人问他，回顾过去，得到的教训是什么？他的回答是：不要轻信别人的话。

4.2.3 组织设计的原则与程序

1. 组织设计的原则

有关组织设计的原则,实质上是古典管理学派对管理理论作出的贡献。亨利·法约尔、詹姆斯·D. 穆尼和切斯特·I. 巴纳德等人对组织理论提出和发展作出了积极的贡献。

随着经济的发展,组织设计的理论在不断发展,组织结构的形式多种多样,但无论是何种结构,设计者在进行组织结构设计时,应注意遵循一些最基本的原则。这些原则是在大量实践的基础上总结出来的,它凝聚着前人在组织结构设计方面成功的经验与失败的教训。

1)任务目标原则

任何一个组织,都有其特定的任务和目标,组织设计者的根本目的是保证组织任务的完成和目标的实现,组织设计者的每一项工作都应以是否对实现目标有利为衡量标准。也就是说,组织设计必须紧紧围绕组织的生存和发展来进行,无论是组织局部的具体设计,还是组织整体框架的设计,都必须以这一点作为基本原则。

2)分工与协作原则

分工与协作是社会化生产的客观要求。随着社会生产力的发展,科学与技术的进步,分工越来越细,这正是现代社会的一个主要特征。但是随之而来的,就是协调工作越来越难、越来越重要。只有分工,没有协作,分工也就失去了意义。因此在进行组织设计时,要同时考虑这两方面的问题。

分工就是按照提高管理的专业化程度和工作效率的要求,把组织的任务和目标进行合理的分解,明确规定每个层次、每个部门乃至每个人的工作内容、工作范围,以及完成工作的手段、方式和方法。但分工时要注意粗细适当,分工过细,提高效率的希望会因为协调困难而无法实现;分工太粗,专业化水平和效率就低,容易出现推诿责任的现象。

协作就是要明确部门与部门之间、部门内人与人之间的协调关系与配合方法,找出容易发生矛盾之处,加以协调,并使协调中的各种关系逐步规范化和程序化,有具体可行的协调配合方法。

3)命令统一原则

命令统一原则是组织设计中的一条重要原则。组织内部的分工越细,命令统一原则对于保证组织目标实现的作用就越重要。命令统一原则的实质,就是在管理工作中实行统一领导,建立起严格的责任制,消除多头领导、政出多门的现象,保证全部活动的有效领导和正常工作。

4)管理幅度原则

管理幅度是指一个领导者直接而有效地领导与指挥的下属数目。管理幅度原则要求一个领导者有适当的管理幅度。在同样规模的组织中,管理幅度扩大可使管理层次减少，加快信息传递，减少信息失真，从而使高层领导尽快发现问题，及时采取措施；管理层次减少，管理人员亦随之减少，可以降低管理费用的支出。因此，希望在能够有效管理的情况下尽量扩大管理幅度。但是这并不是说管理幅度越大越好，因为管理幅度大，上级管理者需要协调的工作量就会增大，具体地说，当直接指挥的下级数目呈数学级数增长时，领导需要协调的关系呈几何级数增加。厄威克还推出了如下著名公式：

$$\sum = n(2^{n-1} + n - 1)$$

式中，$\sum$ 为需协调的关系数，n 为管理幅度。

由此可见，上级管理者的管理幅度过大，就不能对每位下属进行充分、有效的指挥和监督，从而导致组织由于失控而失败。

究竟一个领导者的管理幅度以多大为宜，至今还是一个没有完全解决的问题。有人认为上层领导者的管理幅度以4～8人为宜，下层领导的管理幅度应为8～15人。美国管理协会曾对100家大企业进行过一次调查，从调查情况看，公司总经理的下属人员1～24人不等。其中有26名总经理的下属人员在6人以下，总平均下属数为9人。总之，管理者的管理幅度要根据组织的内部条件和外部环境的不同来综合权衡，适当确定。

5）责权利对等原则

有了合理的分工，也就明确了每个岗位的职责，即承担某一岗位职务的管理者必须对该岗位所规定的工作完全负责。但要做到对工作完全负责就必须授予管理者相应的权力。因为组织中任何一项工作都需要利用一定的人、财、物等资源，因此在组织设计中，在规定了一个岗位的任务和责任的同时，还必须规定相应取得和利用人力、物力和财力的权力。没有明确的权力，或权力应用范围小于工作的要求，则可能使责任无法履行、任务无法完成。当然，对等的权责也意味着赋予某位置的权力不能超过其应负的职责，否则会导致不负责任地滥用职权，甚至会危及整个组织系统的运行。完全负责也就意味着责任者要承担全部风险，而要求管理者承担风险，就必须给其与风险相对应的收益作为补偿，否则，责任者就不会愿意承担这种风险。职责、权力和利益之间存在着一种等边三角形的关系。

6）集权与分权相结合的原则

这一原则要求根据组织的实际需要来决定集权与分权的程度。集权与分权是相对的，没有绝对的集权，也没有绝对的分权，只是程度的不同。一个组织是采用集权还是实行分权，受到各种因素的影响，如工作的性质与重要程度、组织历史与经营规模、管理者的数量与控制能力、组织外部环境的变化情况等。组织的工作性质变化小且工作重要时宜采用集权，反之，则实行分权；组织是由小企业发展而成且规模不大时往往采用集权，但组织是由若干独立的单位合并而成且规模大时往往实行分权；管理者数量少、控制能力强时宜采用集权管理，反之则应实行分权；组织的外部环境变化小时宜集权管理，变化大时宜分权管理。一个组织集权到什么程度，应以不妨碍基层人员的积极性发挥为限；分权到什么程度，应以上级不失去对下级的有效控制为限。

另外，集权与分权不是一成不变的，应根据不同的情况和需要加以调整。

7）稳定性与适应性相结合的原则

为保证企业的高效和各方面工作的正常运行，一个企业的组织结构应保持相对的稳定性。因为组织结构的变动，涉及人员、分工、职责、协调等各方面的调整，给人员的情绪、工作方法和习惯等带来各种影响，任何组织的运行都要有一个适应的过程。而企业的经营战略是要随着内外部条件变化而发展，管理组织又应当与经营战略保持协调一致的适应性。保持企业管理组织的稳定性，并不意味着组织结构一成不变，因为一成不变的僵化组织无法在变化的市场中灵敏反应，使企业失去发展的机会，甚至导致失败。但同时，强调组织要有适应性，并不是说管理组织可以随意变化，因为一个经常变化的组织将导致企业内部陷于混乱，效率低下，其适应性也无从谈起。以上分析说明，贯彻稳定性与适应性相结合的原则，应该是在保持稳定性的基础上进一步加强和提高企业组织结构的适应性。

8）效益原则

任何组织的结构设计都是为了获得更高效益。组织设计的效益原则，就是要以较少的人员、较少的层次、较少的时间达到管理的效果，做到精干高效。队伍精干不等于越少越好，而是不多不少，一个顶一个，是能够保证满足需要的最少量。精干高效，就是做到人人有事干，事事有人管，保质又保量，负荷都饱满。

9）正确对待非正式组织的原则

以上我们讨论的组织结构设计，指的是对正式组织的设计，但在组织设计中，对于非正式组织也应当给予一定的关注。非正式组织是指非经官方规定而自然形成的一种无形组织，在一个企业中，或因为是同乡、同学、师兄弟、老上下级关系而发生联系，或因为兴趣爱好一致而结合在一起。非正式组织中有核心人物，有共同的道德标准和价值观念。非正式组织在企业中是客观存在的，在企业各方面潜移默化地起着作用。这些作用对于组织来说既可以是离心的，也可以是向心的。管理人员应重视非正式组织的客观存在，采用适当的办法，给予正确的引导，避免与之对立。

2. 组织设计的程序

组织设计是一个动态的工作过程，包含了众多的工作内容。根据组织设计的内在规律有步骤地进行组织设计，才能取得良好的效果。组织设计的思路也就是要做到"因事设人，以人成事"，即以适当的事情，定适当的位置，选适当的人员，做适当的事情。要变"有人无事干，有事无人干"为"人人有事干，事事有人干"。组织设计的一般程序如下。

1）明确组织目标

每个组织最初都是为实现某种目标而建立的。目标是组织自我设计和自我保持的出发点，也成为衡量组织成功与否的标志。同时，组织成员必须了解组织目标的具体内容。

2）设计原则的确定

根据企业的目标和特点，确定组织设计的方针、原则和主要的参数，指导企业设计步骤的具体实施。

3）基本职能的分析和设计

组织的基本职能即组织达到基本目标所需求的、足以单独表明的重大职能，也就是组织系统在特定的环境中保持正常运转、保证组织生存的发展所必须具备的功能。该步的主要工作在于：确定管理职能及其结构，层层分解到各项管理业务和工作中，进行管理业务的总设计。进行组织的基本职能分析必须解决以下三个重要问题。

（1）组织中应该具备哪些基本职能？凡是实现组织目标和战略任务所客观需要的职能，均不能遗漏，以便进一步在组织上确定落脚点，即确定承担各项职能的部门；同时，基本职能之间不能有重复，以避免往下的组织结构设计时同时出现两个或更多的部门承担同一职能，否则会产生职责不清、互相推诿等问题，降低管理工作效率和效果。

（2）各种职能之间相互联系、相互制约的关系是怎样的？弄清楚了这个问题，就可为部门设计奠定科学的基础。因为紧密联系的职能应属于同一管理子系统内，不宜分开，相互制约的职能则不能由同一部门或子系统承担，必须分开。否则，就会影响企业组织的横向协调与监督控制，造成管理工作的混乱。

（3）在各种职能中，什么是关键职能？这也是为以下的组织结构设置奠定基础，因为分工承担关键职能的部门是关键部门，应配置在组织结构的中心地位，其他部门的工作与之配合，以保证组织出色地履行职能。不然，各部门争当主角，形成多个中心，就会妨碍组织目标的实现。

4）结构框架的设计

设计各个管理层次、部门、岗位及其责任、权力，确定企业的组织系统图。确定了组织的基本职能后，对某些业务比较烦琐的职能要进行细分，形成若干个细分职能。如果某一职能的业务工作较为简单，工作量也很少，那么，这一阶段的管理职能就可以考虑并入与其紧密关联的其他职能中去。或者某些职能密切相关，不可分割，也可以考虑并为同一职能。在职能细分、归类之后，进一步确定各个职能的纵向层次的横向跨度，从而确定组织的部门，形成完整的组织机构。

5）目标分解

目标分解就是将组织总目标分解为各职能部门和任务单位的具体目标，并进行目标之间的协调，从而使组织目标体系化。通过目标分解，可以组织和协调各部门共同努力去实现组织目标，各具体目标又为评估各部门单位的业绩提供了具体的衡量标准。

6）人员的配备和培训

根据结构设计和目标的分解，定质、定量地配备各级管理人员。同时要进行职务分析，对某一职务的性质、内容、工作方法及该职务的任职条件等进行设计。职务分析应该明确、具体，特别是在有关职务的责任和义务方面，从而便于安排适当的人选。另外，组织要对在岗的管理人员根据不同的要求有针对性地进行定期、不定期的培训，以保证其能够更好地适应岗位工作。

7)管理控制

管理控制是为了保证整个组织机构能够按照设计要求正常运行所进行的过程管理和控制。它包括以下三方面内容。

首先,对于组织设计过程的管理控制必须以组织目标为导向。也就是说,整个过程控制标准必须按是否有利于实现组织的总体目标加以确定。

其次,要对管理工作的程序、管理工作的标准和管理工作的方法进行设计,作为管理人员行为的规范,这是指导组织活动的重要依据,也是保证组织机构能够按照设计正常运作的重要前提。

最后,是偏差纠正程序的设计,也就是当组织运作与标准程序及方法出现偏差时进行相应调整。这些程序的确立必须客观、公正,必须排除管理者随意性因素。

4.2.4 组织设计的影响因素

什么因素导致不同行业、不同企业在组织结构方面的差别呢?组织学家提出,若干重要的处境性因素,包括组织战略、组织环境、组织规模和技术等,对组织结构有明显影响。权变理论强调,组织结构必须配合上述处境性因素。若配合得当,组织可以发挥优势,提高效率。因此,管理者需明了这些因素与不同组织结构之间的关系,从而合理地设计组织结构。

1. 组织战略对组织结构的影响

在影响组织结构的多种因素中,组织的战略是一个重要的因素。一个组织为了在竞争中取胜,争取本身在竞争中具有独特的优势,就要选择一个与自己条件相适应的战略,与此同时需要在组织结构上有所配合,才能令组织战略更有效地执行。

美国历史学家钱德勒(Alfred Chandler)在《战略与结构》一书中,最早系统地论述了组织战略对组织结构的影响。他在深入研究了美国100多家企业的发展历史后,得出了企业从开始时的单一产品战略发展到后来的多种经营战略时,其组织结构也在发生着变化。单一战略要求与之相适应的、有效的组织结构应该是简单而高度集权的,规范程度和复杂程度都比较低。随着企业从单一经营发展到多种经营的战略,必然会产生横向组织结构。企业的成长与发展引起了部门化、相互独立的产品小组以及各式各样的网络型组织结构的出现。如果企业为自身发展而采取纵向一体化战略,就必须对其纵向的组织结构进行调整。否则,企业就会因组织结构的不适应而无法提高其效率。钱德勒的战略—结构理论如表4.2所示。

表4.2 钱德勒的战略—结构理论

时　　间	t	$t+1$	$t+2$
产品多样化战略	低	中	高
相应的组织结构	简单型结构	职能型结构	部门化结构

但组织的战略不仅仅是指发展战略，还包括产品与市场战略。美国的迈尔斯（R.E.Miles）和斯诺（C.C.Snow）在其《组织战略、结构和程序》一书中，将组织分为与四种战略类型相适应的四种组织结构类型。四种战略类型为：防守型战略、进攻型战略、分析型战略和反应战略。

采用防守型战略的企业组织在某一狭小的细分市场内通过经营有限的系列产品，寻求经营的稳定性，通过高度的专业分工和标准化的经营活动来防守自己的阵地，通过有限的产品开发、有竞争力的产品价格或高品质的产品使自己得到稳定发展。与此战略相适应，这类企业在组织结构中就形成了高度水平差异化、高度规范化、高度集权和严密控制及具有复杂的正式沟通层次的组织结构。例如，风行世界的肯德基和麦当劳连锁店都属此类企业组织。

采用进攻型战略的企业组织正好与之相反，它们的重点是寻求和探索新产品与新市场的机会，它们希望在动荡变化的环境中捕捉机会。因此，灵活性对进攻型战略企业至关重要。没有灵活性就不可能快速地更新产品，捕捉进入新市场的机会。与之相适应的组织结构应具有柔性、分权性和低规范性，以避免过多地束缚人们的手脚。国际上一些电子仪器行业公司大多采用这种战略。

分析型战略企业试图取防守型战略企业和进攻型战略企业两者的优点，寻求最小的风险和最大的利益机会。它们快速地拿来进攻型战略企业已经进入市场的新产品，再进行模仿复制并使自己的复制品进入市场。分析型战略企业一方面要有能力对进攻型战略企业的创新作出快速的反应，而同时又要保持在它们稳定的产品和市场领域中高效的运作。为实现此目标，它们就形成了由两部分组成的组织结构，即一些部门实行高度标准化、规范化、机械化与自动化，以获得高效益；一些部门则具有高适应性和灵活性，实行分权和低规范性。如美国的数字设备公司、IBM公司等都具备这方面的特点。

反应战略又称被动型战略，是一种万不得已的战略。其本质是无能力对环境作出主动反应。造成这种局面的原因之一，就是未能随环境的变化而改革自己的组织结构。

表4.3归纳出了迈尔斯和斯诺的战略—结构的各种类型。由于反应战略是低效的，故在表中被省略。

表4.3 迈尔斯和斯诺的战略—结构的各种类型

战略类型	战略目标	面临环境	组织结构特征
防守型战略	稳定和效率	稳定的	高度的劳动分工，高度的规范化、集权化，严密的控制系统
进攻型战略	灵活性	动荡的	低劳动分工，低规范化、部门化，松散机构，分权化
分析型战略	稳定和灵活性	变化的	适度的集权控制，对一部分实行劳动分工，规范化程度高；对一部分实行分权制和低规范化

2. 组织环境对组织结构的影响

系统理论和权变理论认为，一切人类社会组织都是开放系统，它的生存与发展都直接受到其所处环境的影响。对于组织来说，环境中存在不确定因素是必然的，企业组织对于环境的变化只能去设法适应。因此，组织结构要随环境的变化来进行设计和调整。

关于环境与组织结构的关系问题，已有许多管理学家进行了研究。

伯恩斯（Burns）和斯托克（G.M.Stalker）在他们于 1961 年发表的《创新的管理》一书中首先提出，一个组织的组织结构与其所处的环境有密切关系。他们认为，环境类型分为两种：一种是稳定的环境，即在一个相对长的时期内处于相对不变化和变化很小的环境；一种是不稳定或动荡的环境，即处于经常性快速变动状态的环境。与之相适应地形成了两种不同的组织结构形式——机械式组织结构与有机式组织结构。与稳定环境相适应的机械式组织结构的特点是：高度作业分工的高复杂程度，规章制度明确而严格的规范程度，采用权威式管理方式的高度集权程度，用这种组织结构来求得高效率。与不稳定或动荡环境相适应的有机式组织结构的特点是：专业分工比较灵活的低复杂程度；强调横向信息交往，强调专家和知识作用的低规范程度；多实行分权形式，不强调权力集中。这种组织结构可以对变化中的环境作出快速反应。但在实际中，没有一个企业是纯粹采用机械式或有机式组织结构的，多数组织都介于两者之间或兼而有之，或有所偏重。

权变组织理论的研究认为，没有最好的组织结构形式，企业的内部组织结构应与外部环境"适当地配合"，组织才有效率。在早期权变理论学者研究的基础上，邓肯（Duncan）综合探讨了环境的不确定性与组织结构问题。他从环境的复杂性和变化性两个层面来研究企业组织面对环境的不确定性情况：①环境的复杂性——简单-复杂层面；②环境的变化性——静态-动态层面。根据上述两个层面，邓肯构建了一个四方格的模式（图 4.3），每个方格均表示不同程度的环境不确定性。

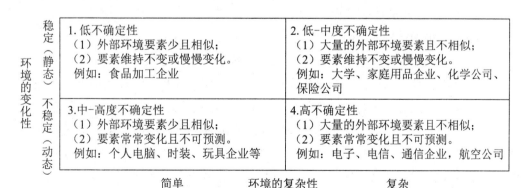

图 4.3　评估环境不确定性的模式

在不同方格的环境不确定性状态下，邓肯认为其组织结构应不相同，其"适当地配合"如图 4.4 所示。

静态	1. 低不确定性 功能性组织 直线结构	2. 低-中度不确定性 市场取向组织 分部结构
动态	3. 中-高度不确定性 功能性组织 简单结构	4. 高不确定性 市场取向组织 矩阵结构
	简单	复杂

图 4.4 在不同环境和不确定性情况下的组织结构

组织的内部环境,即组织文化对组织结构也会产生一定的影响。例如,当组织强调对外应变的"适应文化"时,企业便需要一个宽松而具有弹性的结构,降低规范程度及集权程度;相反,若企业采用一个重视内部稳定的"贯彻文化",则组织结构趋向严谨,以较高的规范化及中央集权来加强内部控制,保证内部的稳定状况。

3. 组织规模对组织结构的影响

组织的规模对组织结构有一定的影响是容易理解的。例如,对于一个只有几个人或几十个人的小企业来说,就不需要复杂的组织结构、严密的规章制度和分权决策。而对于一个数万人的大集团公司而言,很难设想,如果没有一个高度复杂的组织结构来组织数万人的活动,企业将会是什么样子。

组织规模对于组织结构复杂性程度产生影响。组织规模增长意味着人数的增加,组织中劳动分工就越多、越细,这就导致水平差异的增加。然而劳动分工差异大,管理层就会通过提高垂直差异的方式来协调。同时规模的扩大也可以使地区差异扩大。

组织规模的扩大,管理者或者采取加强直接控制的方法,即增加管理人员和减少管理幅度,但这样会导致管理成本的增加;或者采用正规化的、规范化的方法,用严密的规章制度来规范员工的行为。这样就导致了组织结构规范化程度的提高。

组织规模的扩大,使高层管理者难以直接控制其下属的一切活动,就势必委托他人来加强管理,这样就造成分权。

4. 技术对组织结构的影响

在企业组织的生产过程中,采用什么样的技术和生产方式,将对组织结构产生一定的影响。企业的组织结构必须与采用的生产技术和方式相适应,才能使组织更有效率。多年来,许多组织学家和管理学家对技术与组织结构之间的关系进行了研究。

美国著名的管理学家琼·伍德沃德(Joan Woodward)经过大量的调查,按"工艺技术连续性"的程度,把企业分为三种类型,并指出与之相适应的组织结构:①单件小批量的生产工艺技术,这类企业根据顾客"订货"和要求的"式样"进行生产,与之相适应的组织结构中纵向差异性较低,整体的复杂性、规范程度都较低;②大批量生产技术,这类企业的产品多为标准化或统一规格的,为提高生产效率,组织结构中分工较细,结构复杂,规范化程度高,管理严格,其集权程度也高;③持续管道形流水作业生产技术,在这种企业中,通过预先规定的工艺程序的各个步骤,把原料制成产品,这类企业技术复杂,组织结构中纵向差异大,管理人员和技术人员的比例较大,因此其规范化和集权化程度都较低。

美国著名组织学家查理斯·贝鲁(Charles Perrow)从"工作易变性程度"(即工作是高度规范化的基本相同的还是变化无常的)和"工作中问题解决的难易程度"(即工作中的问题是否可以用常规的推理分析来解决)两个程度出发,将生产技术分为常规型、工程型、工艺型和非常规型四种类型。如图4.5所示。

	易	难
不变	1. 常规型 钢铁业、汽车业、石油业等 严格控制,机械式结构	3. 工艺型 时装业、家具业等 适中的规范性,分权化
易变	2. 工程型 建筑业、会计事务组织等 规范性小,集权性高	4. 非常规型 科研组织、咨询机构 高专业化程度,低规范化

工作易变程度 ↑   工作中问题解决的难易程度 →

图 4.5 生产技术的类型模型

第一类常规型技术,它的易变性小,对其问题较易运用一般的逻辑分析来解决。大型钢铁企业、汽车业及石油炼制业属于这种技术类型。对于这种组织来说,应建立严格的组织结构,即采用严格控制的机械式组织结构为宜。

第二类工程型技术,虽然工作易变性较大,但仍可通过理性和推理方法来解决问题,如建筑业企业、会计师事务所都属此类。这种企业的组织结构通常规范化程度较低,但集权化程度较高。

第三类工艺型技术,虽然技术难度不大,但碰到许多相对困难的问题,如产品式样多样化等,时装业、家具行业等属之。其适合的组织结构为具有适中的规范化程度和分权化管理。

第四类非常规型技术,工作中碰到许多新的、人们不熟悉的问题。例如,科研机构、管理咨询机构等组织。在这种情况下,企业应采取具有弹性的有机式组织结构,下放权力,提高专业化程度,以及降低规范化程度,使企业变得更灵活。

面对产品生命周期的日益缩短、市场环境千变万化和国际竞争不断加剧的发展趋势,国内外许多企业纷纷采用以先进的制造技术和先进的信息技术为代表的高新技术来改造传统产业。高新技术在企业中的广泛应用,对组织结构的变化也产生了影响。①对组织的复杂性的影响。高新技术的柔性功能,将使企业的横向差异性降低,如财务部、生产部和销售部可能被市场、科研、生产相结合的管理中心所代替,但对财务控制和人才需求的增长,可能导致财务部和人力资源管理部的加强;自动化程度提高,人员减少,信息网络和决策支持系统、专家系统的建立,可使管理幅度增大,组织纵向差异降低,从"高耸"型向"扁平"型转化;信息网络技术的应用,还可能导致组织的地区差异性的扩大,高层管理人员甚至可以坐在家里实施检查和管理。据报道,目前美国企业中已有 100 多万人在家中上班。②对组织的规范性的影响。高新技术的柔性功能，可以使组织的标准化程度降低，但高新技术是通过计算机来控制各种柔性活动的，其规范化程度并未因之下降；由于高新技术带来员工受教育程度提高，促进了员工内在的社会行为规范化标准提高，用不着再用许多传统的规章制度来控制他们的行为。③对集权与分权的影响。为了充分利用高新技术对飞速变化的环境进行快速反应，就应该给员工更大的灵活自主权，否则就无法从高新技术的柔性功能中获得应有的效益；由于员工的文化、技能素质提高，其要求参与管理和决策的愿望更加强烈；现代信息技术的应用，使更多的人员参与信息的处理和使用，在这个过程中，会自觉或不自觉地把自己的倾向性看法加进去，这样等于有更多的人参与了决策。由此可见，高新技术导致分权程度的加深。

情景小故事

商鞅变法

春秋战国时期，土地国有制逐步被土地私有制所代替，秦国井田制瓦解、土地私有制产生和赋税改革，都晚于其余六国，社会经济的发展落后于齐、楚、燕、赵、魏、韩六个大国。为了增强秦国实力，在诸侯国的争霸中处于有利地位和不被别国吞并，秦孝公引进人才，商鞅自卫国入秦，先后两次实行以"废井田、开阡陌，实行县制，奖励耕织和战斗，实行连坐之法"为主要内容的变法，深得秦孝公的信任。

不得不提的就是军功爵制度。新兴军功地主阶级随着经济实力的增长，要求获得相应的政治权利，从而引起了社会秩序的变动。新的军功爵制是以国家授田及土地私有制为基础的制度，它不同于旧的份地制。旧制度以份地的形式来酬答服兵役者；新制度以爵禄的形式来酬答服兵役者。因而爵禄制较之份地制有着无可比拟的优越性，它能激起广大官兵对爵禄、田宅和税邑、隶臣等物质利益的巨大贪欲，从而增强军队战斗力，为一统六国奠定了基础。

资料来源：摘自《史记·商君列传》。

4.3 组织结构

4.3.1 直线型组织结构

直线型组织是最早也是最为简单的一种组织结构，如图 4.6 所示。直线型组织结构的主要特点是组织中各种职位是按垂直系统直线排列的，各级管理者执行统一指挥和管理职能。直线型组织的优点是，管理结构简单，指挥命令关系清晰，管理权力高度集中，决策迅速，指挥灵活。这种形式适用于规模较小、任务比较单一、人员较少的组织。

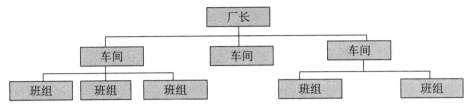

图 4.6　直线型组织结构

4.3.2　职能型组织结构

职能型组织是在组织中设置若干专门化的职能机构，这些职能机构在自己的职责范围内，都有权向下发布命令和指示，如图 4.7 所示。职能型组织提高了管理的专业化程度，主要优点是：每个管理者只负责一方面的工作，有利于充分发挥专业人才的作用；专业管理工作可以做得细致、深入，对下级工作指导比较具体。职能型组织的缺点是有时各职能部门的要求可能相互矛盾，造成下级人员无所适从。

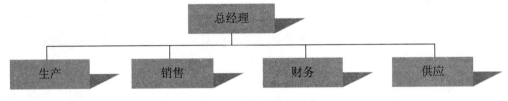

图 4.7　职能型组织结构

4.3.3　直线职能型组织结构

直线职能型是直线型和职能型的有机组合，吸取了这两种结构的优点，是各类组织中最常用的一种组织结构。

这种组织结构的特点是：以直线为基础，在各级行政领导之下设置相应的职能部门，从事专业管理。在这种组织模式中，直线部门担负着实现组织目标的直接责任，并拥有对下属的指挥权；职能部门只是上级直线管理人员的参谋与助手，主要负责提供建议、信息，对下级机构进行业务指导，但不能对下级管理人员发号施令，除非上级直线管理人员授予他们某种职能权力。直线职能型组织结构如图 4.8 所示。

直线职能型组织结构的优点是：它在保留直线型集中统一的优点同时，引入管理工作专业化的做法，既能保证统一指挥，又可以发挥职能部门的参谋、指导作用，弥补领导人员在专业管理知识和能力方面的不足，协助领导人员决策。

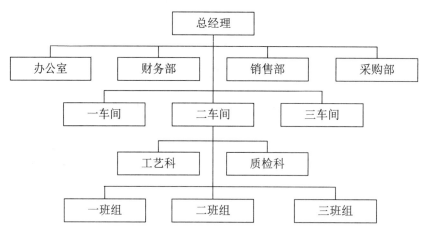

图 4.8 直线职能型组织结构

直线职能型组织结构的缺点是：不同的直线部门和职能部门之间的目标不易统一，相互之间容易产生不协调或矛盾，从而增加了高层管理人员的协调工作量；由于职能组织促使管理人员只重视与其有关的专业领域，因而不利于从组织内部培养熟悉全面情况的管理人才；由于分工细、规章多，因而反应较慢，不易迅速适应新情况。

4.3.4 事业部型组织结构

扩展阅读 4.1
差异化还是流水线：网游公司研发风格不同

事业部型组织结构是在产品多样化和从事多元化经营的大型企业所普遍采用的一种典型的组织结构形式，如图4.9所示。事业部型组织是一种由相对独立的单位或事业部组成的组织。在这种设计下，每个事业部经理对本单位的绩效负责，同时拥有战略和运营决策的权力。公司总部只保留方针政策制定、重要人事任免等重大问题的决策权，协调和控制各事业部的活动，并提供诸如财务和法律方面的支援服务。事业部在不违背公司总目标、总方针和总计划的前提下，充分发挥主观能动性，自主管理其日常的生产经营活动。

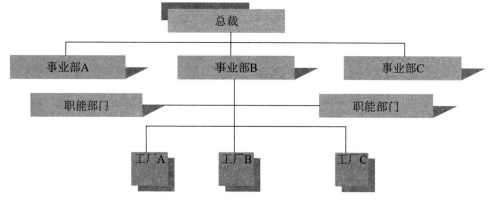

图 4.9 事业部型组织结构

事业部型组织结构的优点是：公司能把多种经营业务的专门化管理和公司总部的集中统一领导更好地结合起来，各事业部门能相对自主、独立地开展生产经营活动，有利于调动中层经营管理人员的积极性，从而有利于培养综合型高级经理人才。

事业部型组织结构的缺点是：对事业部经理的素质要求高，各事业部都设立有类似的日常生产经营管理机构，容易造成职能重复；各事业部拥有各自独立的经济利益，易产生对公司资源和共享市场的不良竞争等。

4.3.5 矩阵型组织结构

矩阵型组织是指从各职能部门中抽调有关专业人员组成项目组，并由项目经理来领导他们工作的一种组织设计。在这种组织结构中，每个成员既要接受原职能部门的领导，又要在执行某项任务时接受项目经理的指挥。矩阵结构创造了双重指挥链，可以说是对统一指挥原则的一种有意识的违背。矩阵型组织的优点是灵活性和适应性较强，有利于加强各职能部门之间的协作和配合，并且有利于开发新技术、新产品和激发组织成员的创造性。矩阵型组织的缺点是组织结构稳定性较差，双重职权关系容易引起冲突，同时还可能导致项目经理过多、机构臃肿的弊端。这种结构主要适用于科研、设计、规划项目等创新性较强的工作或单位。矩阵型组织结构如图4.10所示。

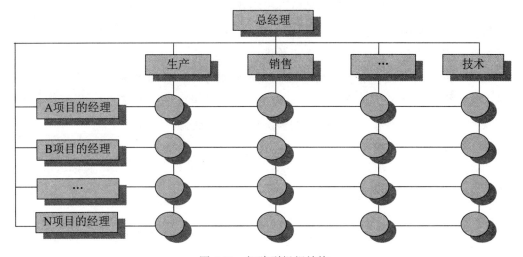

图 4.10　矩阵型组织结构

> 扩展阅读

从九品中正制到三省六部制

九品中正制，又称九品官人法，是魏晋南北朝时期重要的选官制度，首创于魏国的曹丕。九品中正制上承两汉察举制，下启隋唐之科举，在中国古代政治制度史上占有十分重要的地位。九品中正制大体是指由各州郡分别推选大中正一人，所推举大中正必为在中央任职官员且德名俱高者。大中正再产生小中正。中正就是品评人才的官职名称。大、小中正产生后，由中央分发一种人才调查表，在该表中将人才分为九等，上上、上中、上下、中上、中中、中下、下上、下中、下下。九品中正制度家世、道德、才能三者并重，但是由于中正的权力被门阀士族所垄断，因而在实际执行过程中，才德标准逐渐被忽略，家世逐渐成为唯一的标准，以至于在西晋时形成"上品无寒门，下品无士族"的局面。

在隋唐以后，门阀制度衰落，九品中正制被废除，三省六部制取而代之，并于唐朝完善。

在隋文帝时期，中央设置内史、门下、尚书三省。内史省是决策机构，门下省是审议机构，尚书省是执行机构，处理全国行政事务。三省长官分掌政权，地位并重，同是"宰相"。

唐朝时期，三省六部制得到进一步的发展，三省指的是中书省、门下省、尚书省。中书省决策，门下省审议，尚书省执行。尚书省下设吏、户、礼、兵、刑、工六部。各部职能分别如下。

吏部：掌管全国官吏的任免、考核、升降和调动。
户部：掌管全国的土地、户口、赋税、财政收入。
礼部：掌管祭祀等各种礼仪。
兵部：掌管选用武官及兵籍、军械、军令等。
刑部：掌管全国刑律。
工部：掌管各种水利工程、交通运输等。

三省六部制的实施有着重要的意义：一是明确分工，各司其职，提高行政效率。二是三省长官共议国政，执宰相之职，既便于集思广益又能互相牵制，从而避免了权臣专权的局面。这些都有利于整顿吏制和加强中央集权制的统治。

资料来源：百度百科。

4.3.6 团队型组织结构

团队型组织结构是指整个组织由执行组织的各项任务的工作小组或团队组成，如图4.11所示。在这种组织设计中，已不存在从高层到基层间的管理职权链。团队成员可以自由地以他们认为最合适的方式来安排工作，团队对其所负责领域的所有工作活动及结果负全部责任。团队型组织结构打破了部门间的障碍，可以使组织迅速适应客户需求和环境变化。由于决策不需经过高层同意，团队型组织也加快了决策速度。同时，在团队型组织中，工作变得丰富，团队的建立使责权得到下放，需要的管理人员更少。团队型组织结构的缺点是可能会引起过度分散，团队成员认识不到公司的全景，可能作出一些对团队有利但对公司整体不利的决策。

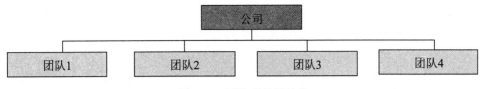

图 4.11 团队型组织结构

4.3.7 几种新型的组织结构

1. 立体多维型组织结构

立体多维型组织结构是由美国道康宁（Dow Corning）化学工业公司于 1967 年首先建立的。它是直线职能型、矩阵型、事业部型与地区、时间结合为一体的复杂组织结构，是系统理论在组织管理上的具体应用，又称为多维组织。常见的是立体三维组织结构（图 4.12），它由三方面的管理系统组成：一是按产品（项目或者服务）划分的事业部（部门），是产品利润中心；二是按职能划分的专业部门，是专业成本中心；三是按地区划分的管理机构，是地区利润中心。若加上时间就可以构成四维立体结构。虽然它的细分结构比较复杂，但每个结构层面仍然是二维结构，而且多维型结构未改变矩阵型结构的基本特征，多重领导和各部门配合，只是增加了组织系统的多重性。因而，可以说立体多维型组织结构是矩阵型结构的扩展形式。

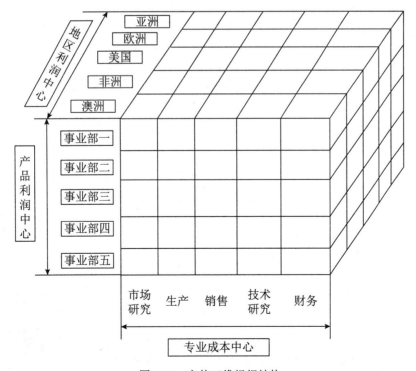

图 4.12 立体三维组织结构

在这种组织结构中，事业部经理不能单独对产品的开发和产销工作作出决策，任何重大决策都要由产品事业委员会决定。产品事业委员会由产品事业部、专业参谋机构和地区部门代表机构共同组成。负责对各类产品的产销活动进行疏导。这种组织结构便于把产品事业部经理、地区部门经理与参谋机构三者的管理协调起来，有利于使产品事业部和地区部门以利润为中心的管理与参谋机构三者的管理协调起来，协调产品事业部之间、地区部门之间的矛盾，有助于互通信息、集思广益、共同决策。

立体多维型组织结构适用于多种产品开发、跨地区经营的跨国公司或跨地区公司。可以为这些企业在不同产品、不同地区增强市场竞争力提供组织保证。

2. 无边界组织

无边界组织是指其横向的、纵向的或外部的边界不由某种预先设定的结构所限定的一种组织设计。通用电气公司原首席执行官杰克·韦尔奇创造了"无边界组织"这个词，他认为："预想中的无边界公司应该将各个职能部门之间的障碍全部消除，工程、生产、营销以及其他部门之间能够自由流通，完全透明。一个无边界公司将把外部的围墙推倒，让供应商和用户成为一个单一过程的组成部分。"也就是说，尽管公司体积庞大，韦尔奇先生还是想减少公司内部的垂直界限和水平界限，消除公司与客户及供应商之间的外部障碍。无边界组织所寻求的是缩短命令链，对控制跨度不加限制，取消各种职能部门，代之以授权的团队。但无边界组织也需要稳定和呈现度，所以它绝不是要完全否定企业组织必有的控制手段，包括工作分析、岗位定级、职责权力等的设定，只是不能把它们僵死化。

3. 学习型组织

美国学者彼得·圣吉（Peter M. Senge）在《第五项修炼》（*The Fifth Discipline*）一书中提出学习型组织（learning organization）管理观念，他认为，"组织在面临剧烈变化的外在环境时，应力求精简、扁平化、弹性因应、终身学习、不断自我组织再造，以维持竞争力。"在学习型组织中，所有成员都需要积极参与和工作有关问题的识别与解决，使组织能够进行不断的尝试，从而形成具有持续适应和变革能力的一种组织。在学习型组织中，员工通过不断获取和共享新知识，参加到组织的知识管理中去，并有意愿将其知识用于制定决策或做好他们的工作。一个典型的学习型组织应该具有四方面特征，如图 4.13 所示。

4. 虚拟组织

虚拟组织又称网络型组织结构。它是基于现代信息技术手段而建立和发展起来的一种新型的组织结构形式。它的特点是只保留核心机构，以契约关系的建立和维持为基础，将大部分诸如制造、销售或其他重要业务的经营活动通过外包、外协的方式，依靠外部机构进行。虚拟组织竞争的核心是学习型组织。面对复杂而动态变化的市场环境，虚拟组织的经营者必须不断

> 扩展阅读 4.2
> 耐克：超级品牌运营商

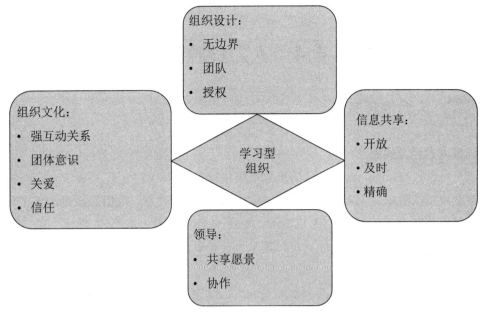

图 4.13 学习型组织

地根据环境的变化而做适应性的调整。所以,虚拟企业的经营过程是企业管理者和员工不断学习的过程,企业要建立一种适应动态变化的学习能力。虚拟企业的学习过程不仅仅局限在避免组织犯错误或是避免组织脱离既定的目标和规范,而是一种允许出现错误的复杂的组织学习过程。因此,虚拟组织与学习型组织是相应而生的。

5. H 型组织结构

H 型组织结构,也就是控股公司型组织结构。它与虚拟组织类似。H 型组织结构是在非相关领域开展多种经营的企业所常用的一种组织结构形式。由于经营业务的非相关或弱相关,大公司不对这些业务经营单位进行直接的管理和控制,而代之以持股控制。这样,大公司便成为一个持股公司,受其持股的单位不但对具体业务有自主经营权,而且保留独立的法人地位。H 型组织结构如图 4.14 所示。

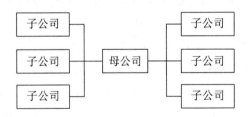

图 4.14 H 型组织结构

通过这种方式,相对于公司自己投资经营,母公司可以充分利用其他企业的有利资源,扩大自己的经营业务范围。

4.4 人力资源管理

4.4.1 人力资源概述

1. 人力资源的概念

人力资源（human resource）的概念最早由德鲁克于1954年在其著作《管理的实践》中提出并加以阐述。人力资源，又称劳动力资源或劳动力，是指能够推动整个经济和社会发展、具有劳动能力的人口总和。它是依附于人这一特定生物体上的，体现为知识、技能、价值观等形式的，可以用来为社会、组织和个人创造出财富的一种资源。

2. 人力资源的特征

作为一种特殊的资源，人力资源与非人力资源相比具有以下特征。

1）主体性和能动性

人力资源是主体性资源或能动性资源。主体性或能动性是人力资源的首要特征，是与其他一切资源最根本的区别。所谓主体性，就是说人力资源在经济活动中起着主导作用。一切经济活动都首先是人的活动，由人的活动才引发、控制、带动其他资源的活动。非人力资源在管理过程中处于被动的地位，它们受制于人力资源，可以被人力资源处置、分割、变卖等。另外，在经济活动中人力资源是唯一起创造作用的因素。经济活动的生命是发展、是进取、是创新，而只有人力资源才能担负起这种发展、进取和创新的任务，其他任何生产要素都不具有这样的能力。

2）资本性

人力资源作为一种经济性资源，具有资本属性，与一般的物质资本有共同之处。①人力资源是公共社会、企业等集团和个人投资的产物，其质量高低主要取决于投资程度。从根本上说，人力资源的这个特点起因于人的能力获得的后天性。因为任何人的能力都不可能是先天就有的，为了形成能力，必须接受教育和培训，必须投入财富和时间。②人力资源也是在一定时期内可能源源不断地带来收益的资源，它一旦形成，一定能够在适当的时期内为投资者带来收益。③人力资源在使用过程中也会出现有形磨损和无形磨损。例如劳动者自身的衰老就是有形磨损，劳动者知识和技能的老化就是无形磨损。但是，人力资源又不同于一般资本，对一般实物资本普遍适用的收益递减规律，不完全适用于人力资源。在现代社会的经济发展中，人力资本呈现的是收益递增规律，当代经济的增长主要应当归因于人力资源。而且人力资源收益的份额正在迅速超过自然资源和资本资源。人力资源的经济作用日益强化，不仅仅是人力资源质量提高的结果，同时也是人力资源的使用过程是一个不断自我补偿、更新、发展和丰富化的过程所决定的。

3）社会性

作为人力资源的载体的人是社会中的人，而人的作用发挥需要人与人之间的合作，需要激励，按照马斯洛的需要层次论，需要满足人类的衣食温饱、归属、被尊重和发展等不同层次的需求。组织是由个体所组成的系统，组织的战略执行、目标和任务的完成等需要人际合作。通过有效的组织和管理、构建和谐信任的人际关系氛围、注重团队意识的培育将有利于人的潜能更有效地发挥，激励员工为企业发挥才智，使企业发展获得强有力的精神动力。

4）再生性

人力资源的再生性，主要基于人口的再生产和劳动力的再生产，通过人口总体内个体的不断更替和"劳动力耗费→劳动力生产→劳动力再次耗费→劳动力再次生产"的过程得以实现。当然，人力资源的再生性不同于一般生物资源的再生性，除了遵守一般生物学规律外，它还受到人的生命周期这一客观因素的作用，同时还与人们在社会生活中所受到的激励，所呈现的思想、理念、文化、观点、意识方面的多样化形态有关。

3. 人力资源规划

人力资源规划就是确保组织根据自身的需要，在适当的时候为适当的职位选配到合适数量和类型的人员，并为促进人员的不断发展而进行的对组织人力资源的全面规划与安排。人力资源规划一般包括如下几方面内容。

1）通过任务目标分析，确定人力资源需求计划

人力资源需求计划是预估组织未来对人和职务的需求。任何企业对人力资源的需要，从根本上说都是由企业落实其未来发展目标和战略的需要决定的，战略规划确定了组织的方向和所需的人员数量、质量、结构方面的变化。例如，决定开发一项新产品或建立一个新部门，就意味着需要增加新的成员和岗位；如果计划紧缩业务，则会削减人员；如果战略上需要维持现状，则只有在岗人员离岗时，才雇用新员工。人力资源需求计划是对企业未来经营状况的一种反映，基于对企业发展目标和经营规模的估计，管理者就可以估算出为达到预定的目标和经营规模所需配备的人力资源的规模和素质状况。

2）通过职位分析，确定具体的职位空缺

职位分析旨在确定某项工作的任务和性质是什么，以及应寻找具备何种资格条件的人来承担这一工作。职位分析无论是由直线管理人员还是人力资源管理专业人员来做，都必须着眼于了解和规定以下几方面的信息：这一职位包含的工作活动有哪些，工作中人的行为应该怎样，工作中使用什么机器、设备、工具以及其他辅助用具，衡量工作的绩效标准是什么，这一职位工作的有效开展对人的素质条件有什么要求。一旦组织中需要开展什么工作明确下来，那么，将它与现有组织的职位设计情况相比较，就可以制订出具体的职位空缺计划。职位空缺计划反映了企业未来需要补充的人力资源的类别和结构。

3）结合人力资源现状分析，制订满足未来人力资源需要的行动方案

根据组织任务目标和职位分析的要求，确定了组织在未来某一时刻需要填补空缺的职位后，下一步工作就是要针对当前人力资源供应情况制订人力资源增补的计划与方案。前一阶段通过职位分析，确定了组织各项工作的开展都需要具有何种资格条件的人员。现在我们要分析组织现有人力资源的供应情况，以便确定人力资源上的供求差距。为此，可在组织范围开展人力资源调查。在计算机技术高度发达的今天，对于绝大多数组织来说，要形成一份准确、全面的人力资源调查报告应该不是件困难的事。这份报告的数据来源于员工填写的调查表，调查表可能开列员工的姓名、最高学历、所受培训、以前就业、能力和专长等栏目。此项调查能帮助管理者评价组织中现有的人员与技能状况。对人员未来需求和组织现有人力资源情况做了以上评估以后，管理者可以测算出未来人力资源短缺的情况和组织中可能出现超员配置的领域，然后决定增补、选拔员工或减员的行动方案。

4. 人力资源管理的概念

对人的管理作为一种实践活动由来已久，但成为一种系统的、科学的学问，却是在社会工业化以后才出现并逐渐发展而成。早期对人的管理被称为人事管理，20世纪70年代后渐渐改称为人力资源管理。这一转变不仅是在名称上和形式上，而且在内涵上和基本观念上也发生了根本的转变。

早期的人事管理，是将人作为单纯的被管理、处置和安排的对象，人事管理主要包括人员的招聘、选拔、委派、人事档案管理、薪金福利制度的设计、纪律执行以及其他人事规章制度的制定等。人事管理的工作通常由专职的职能管理人员来完成。

人力资源管理是指企业的一系列人力资源政策以及相应的管理活动，这些活动主要包括企业人力资源战略的制定、员工的招募与选拔、培训与开发、绩效管理、薪酬管理、员工流动管理、员工关系管理、员工安全与健康管理等。人力资源管理把人作为企业中最宝贵的资源来进行管理和开发，更具长远性、整体性、全面性和战略性，除了上述人事管理的内容外，还包括人力资源的长期规划以及人力资源管理的更高一层境界——启发与培养员工的归属感、忠诚心和觉悟。因此，人力资源工作不再仅仅是人事部门的工作，而是企业高层管理者的基本职能之一。

4.4.2 人员的培训、招聘与甄选

1. 培训

培训是一个组织为改善内部员工的价值观、工作能力、工作行为和工作绩效而进行的有计划的学习活动和过程。培训是现代人力资源开发的基本手段。由于技术进步、生产经营活动的国际化和人力资源结构的多样化，在竞争中保持人力资源的优势，就成了企业在市场中立于不败之地的关键。对员工而言，由于许多工作的内容和要求在

经常变动，因而也需要不断学习新的知识和技能。同时，外在的压力也需要员工不断调整他们对工作质量、技术、同事和顾客的态度。总之，人员的培训正是保持组织人力资源优势，培养员工适应不断变化的工作环境的能力，从而有效实现组织目标的重要措施。

至于培训的方式，应根据培训目标、培训对象和培训类型等具体情况而定。培训类型一般可分为在岗培训和脱岗培训两类。

1）在岗培训

在岗培训是指受训者通过实际参与某项工作、操作某种设备，并接受相应现场指导来学会有关技能。大量的培训是在工作岗位上进行的，这是一种将学习和应用直接结合起来的培训方法，不存在从理论到实践的转化问题。在岗培训一般由经验丰富的管理人员或员工骨干实地示范工作，它可以是在工作过程中也可以利用工余时间或节假日进行。下面是几种在岗培训的常用方式。

（1）示范。受训者先观摩演示者的工作示范，然后自己逐渐动手练习。而对于新员工而言，通常跟随经验丰富的老员工学会如何工作，这在作业活动领域通常称作师徒关系。这种方法的优点是学习的内容与工作直接相关，针对性强；缺点是可能会由于演示者自身的不足而造成失误。要避免失误的发生，应在示范之后进入辅导教育阶段，建立受训者与演示者之间的互动关系，以促使受训者尽快掌握操作技能。

（2）指导。这是指受训者先观察指导者的工作过程，再模仿其行为举止，而指导者在受训者完成一系列练习过程中提供必要的支持和帮助。这在白领工作领域称为教练或导师关系。受训者是在富有经验的指导者的指导下开展工作的，如果指导者在组织中有一定的地位，则通过二者之间的持续对话，使指导者施加其影响于受训者，并为其争取更多的锻炼机会，使其增强自信，同时对组织方针和文化有更透彻的了解。这种方式特别适合管理人员的培养。

（3）岗位轮换。岗位轮换也称职务轮换，是通过横向的交换使员工从事另一岗位工作。它在使员工逐步学会多种工作技能的同时，也增强其对工作间相互依赖关系的认识，并对组织活动产生更广阔的视角。这种系统的换岗安排，可以使员工参与不同工作活动而发挥自身的灵活性，增长和丰富自己的才干与经验，并使不同部门之间建立更紧密的联系。岗位轮换的主要缺点是由于时间限制，每种工作的时间都不会很长，受训者可能没有机会完整地运用某些技能。

（4）业余进修。这是指员工利用工作之外的时间，通过自学或函授、网上教育等形式获得新知识，进行个人能力的开发。随着知识社会的来临和竞争的加剧，这种业余进修已越来越引起员工的重视。对于员工的这种自我开发行为，组织应制定相应的政策予以鼓励，这样可以激发员工的上进心和学习热情。

大多数的培训是以在岗培训方式进行的，这可以归因于该类方法的简单易行及成本通常较低。但是，在岗培训可能会扰乱工作的正常秩序，并导致工作失误增加。另外，有些技能的培训相当复杂，难以边工作边学习，在这种情况下就需要脱岗培训。

2）脱岗培训

脱岗培训是指受训者脱离工作岗位，在工作场所以外的环境下，集中时间和精力参加培训活动。脱岗培训的好处是比较系统、正规、有深度，培训效果较好，尤其对提高管理人员和技术人员的素质非常有效。脱岗培训的缺点是短期内会在一定程度上影响单位工作，培训成本较高。脱岗培训的具体方式包括课堂讲授法、视听教学法、研讨法、角色扮演法、案例分析法、商业游戏和网络培训等。

（1）课堂讲授法。这是一种最普遍采用的传统培训方法。由教师在课堂中讲解培训课程的概念、知识和原理。它的最大优点是可以在较短的时间内向较多的培训对象传递大量的信息，平均培训成本较低；缺点是单向沟通，受训人员参与性较差。

（2）视听教学法。视听教学法指用录像带、光盘、幻灯片等电化教学手段实施培训的方法。其优点是通过视听的感官刺激，可以给参训人员留下深刻印象。缺点是缺乏交流沟通，实际效果较差。

（3）研讨法。研讨法是指先由专家或专业人士就某一培训专题举办讲座，随后由培训对象就此主题进行自由讨论，以达到深入理解的目的。此法较适用于管理人员的培训。

（4）角色扮演法。角色扮演法是指为受训者提供某种工作情景，要求某些受训者扮演工作角色并现场表演，其余受训者观看表演，并观察与模仿培训对象有关的行为，培训师则予以现场指导和评价。此法较适用于具体技能的培训。

（5）案例分析法。案例分析法是指围绕一定的培训目的，把实际工作中面临的问题加以典型化并形成案例，提供给培训对象，让他们通过阅读、思考、分析与讨论，发现问题、分析问题并提出解决问题的办法。这种培训方法对培养分析和解决实际问题的能力很有帮助。

（6）商业游戏。商业游戏是将参加培训的人员分为若干小组，每个小组代表一家公司，根据公司目标对各项经营策略作出决策，并通过计算机和网络在模拟的市场中与其他公司竞争。这种培训方法可以用来开发领导决策能力、培养团队合作精神。

（7）网络培训。这是通过互联网进行的以自我学习为中心的一种培训方式。即在公司的网站上设立虚拟课堂，所有的培训活动都在网上进行。其特点是培训不受时空限制，员工可以随时随地上网学习所需的知识。开展网络培训要求企业投资建立良好的网络培训系统。

2. 招聘

在编制出组织人力资源规划后，就可以结合职务分析进行组织人员的招聘和录用工作了。招聘就是安置、确定和吸引有能力的申请者的活动过程。人力资源规划是组织招聘人员的基本前提，规划的结果决定了组织是能通过内部提升来满足人员需求，还是必须通过外部招聘以补充人员不足，规划还决定了外部招聘人员的数量、结构和类型。换言之，任何人员的招聘都必须服从于企业目标和规划，应针对组织的需要和性质进行。而招聘的人员来源主要有外部招聘和内部提升两大类。

1）外部招聘

外部招聘是根据一定的标准和程序，从组织外部的众多候选人中选拔符合空缺职位工作要求的管理人员。外部招聘具有许多优点。

（1）外聘者具有"外来优势"。所谓"外来优势"，主要是指外聘者没有"历史包袱"，组织内部成员只知其目前的工作能力和实绩，而对其历史特别是职业生涯中的失败记录知之甚少。因此，如果他确有工作能力，那么便可迅速地打开局面。相反，如果从内部提升，成员可能对新上司在成长过程中的失败教训有着非常深刻的印象，从而可能影响后者大胆地放手工作。

（2）外部招聘有利于平息和缓和内部竞争者之间的紧张关系。组织中空缺的管理职位可能有好几个内部竞争者希望得到。如果员工发现自己的同事，特别是原来与自己处于同一层次具有同等能力的同事提升而自己未果，就可能产生不满情绪，以至懈怠工作，甚至拆台。外部招聘可能使这些竞争者得到某种心理上的平衡，从而有利于缓和他们之间的关系。

（3）外部招聘能够为组织带来新鲜空气。来自外部的候选人可以为组织带来新鲜的管理方法与经验，他们没有太多的框框束缚，工作起来可以放开手脚，从而给组织带来较多的创新机会。此外，由于他们新近加入组织，没有与上级或下属历史上的个人恩怨关系，从而在工作中可以很少顾忌复杂的人情关系。

外部招聘也有许多局限性，主要表现在以下三个方面。

（1）外聘者不熟悉组织的内部情况。由于不熟悉组织的历史和现状，同时也缺乏一定的人事基础，因此，需要一段时期的适应才能有效地开展工作。

（2）组织对外聘者的情况不能深入了解。虽然选聘时可借鉴一定的测试、评估方法，但一个人的工作能力是很难通过几次短暂的会晤、几次书面测试而得到正确反映的。外聘者的实际工作能力与选聘时的评估能力可能存在很大差距，因此组织可能聘用一些不符合要求的人，这种错误的选聘可能给组织造成极大的危害。

（3）外聘者的最大局限性莫过于对内部员工的打击。大多数员工都希望在组织中有不断发展的机会，都希望能够担任越来越重要的工作。如果组织经常从外部招聘管理人员，且形成制度和习惯，则会堵死内部人员的升迁之路，从而会挫伤他们的工作积极性，影响他们的士气。同时，有才华、有发展潜力的外部人才在了解到这种情况后也不敢贸然应聘，因为一旦应聘，虽然在组织中工作的起点很高，但今后提升的希望却很小。

2）内部提升

内部提升是指在组织成员的能力增强并得到充分证实后，被委以需要承担更大责任的更高职务。作为填补组织由于发展或伤老病退而空缺的管理职务的主要方式，内部提升制度具有以下优点。

（1）有利于鼓舞士气，调动组织成员的积极性。内部提升制度会给每个人带来希望，因为每个组织成员都知道，只要在工作中不断提高能力、丰富知识，就有可能被分配担任更重要的工作，这种职业生涯中的个人发展对于每个人都是非常重要的。职务提升的前提是要有空缺的管理岗位，而空缺管理岗位的产生主要取决于组织的发展，只有组织发展了，个人才可能有更多的提升机会。因此，内部提升制度能更好地维持成员对组织的忠诚，使那些有发展潜力的员工能自觉地积极工作，以促进组织的发展，从而为自己创造更多的职务提升的机会。

（2）有利于吸引外部人才。内部提升制度表面上是排斥外部人才、不利于吸收外部优秀的管理人员，其实不然。真正有发展潜力的管理者知道，加入这种组织中担任管理职务的起点虽然比较低，有时甚至需要一切从头做起，但是凭借自己的知识和能力，可以花较少的时间便熟悉基层的业务，从而迅速地提升到较高的管理层次。由于内部提升制度也为新来者提供了美好的发展前景，因此外部的人才会乐意应聘到这样的组织中工作。

（3）有利于保证选聘工作的正确性。已经在组织中工作若干时间的候选人，组织对其了解程度必然要高于外聘者。候选人在组织中工作的经历越长，组织越有可能对其做全面深入的考察和评估，从而使选聘工作的正确程度越高。

（4）有利于被提拔者迅速展开工作。管理人员能力的发挥受制于他们对组织文化、组织结构及其运行特点的了解程度。在内部成长提升上来的管理者，由于熟悉组织中错综复杂的机构和人事关系，了解组织运行的特点，所以可以迅速地适应新的管理工作，工作起来要比外聘者更加得心应手，从而能迅速打开局面。

同外部招聘一样，内部提升制度也可能带来某些弊端。

（1）引起同事的不满。在若干个内部候选人中提升一个管理人员，可能会使落选者产生不满情绪，从而不利于被提拔者展开工作。避免这种现象的一个有效方法是不断改进干部考核制度和方法，正确地评价、分析、比较每一个内部候选人的条件，努力使组织得到最优秀的管理人员，并使每一个候选人都能体会到组织的选择是正确和公正的。

（2）可能造成"近亲繁殖"的现象。从内部提升的管理人员往往喜欢模仿上级的管理方法，这虽然可使前辈的优秀经验得到继承，但也有可能使不良作风得以发展。况且组织中缺少"新鲜血液"的输入，不利于引进新思想和新的工作方法。因此，在评估候选人的管理能力时，必须注意对他们创新能力的考察，当组织所需人才在组织内部找不到合适的人选时，仍坚持内部提升和培养，则会影响组织的绩效和未来发展。

3. 甄选

招聘过程吸引来一批应聘者后，人力资源管理过程的下一步就是要确定谁是该职位最合格的人选，这一步骤称为甄选。甄选是对应聘者进行甄别和筛选，以确保最合适的应聘者得到这一职务。

管理者可以使用各种甄选手段对应聘者进行甄别。常用的手段包括申请表、笔试、绩效模拟测试、面谈、履历调查，以及体检等。

1）申请表

几乎所有的组织都要求应聘者填写一份求职申请表，提交自己的个人资料。申请表可能是一份让应聘者填上姓名、地址和电话号码的简表，也可能是一份综合性个人简历表，要求仔细地填写个人的活动、技能和成就。通常申请表中只有一些栏目被证明具有效度，而且常常只对某些特定工作具有绩效预见功能。人力资源管理部门可根据简历和求职申请表提供的资料，对应聘者进行初选，筛选出较适合的人选，再进行笔试、面谈等手段甄选。

2）笔试

典型的笔试包括智商、情商、能力、专业知识和个性等方面的内容。有充分的证据证明，对智商能力、空间和机械能力、认知准确性和运动能力的测试，对工业组织中许多半熟练和非熟练的操作工作具有中等程度的效度。不过，对于笔试也存有一种不间断的批评，即智商及其他测试指标可能在一定程度上与工作的实际业绩相脱钩。例如，智商测试的高分并不一定能很好地预见应聘者会出色地完成计算机程序编制员的工作。另外，应聘者的工作意愿和动机水平很难通过笔试了解。

3）绩效模拟测试

绩效模拟测试是基于职务分析资料作出的，所测验的是人的实际工作行为，因此自然应当比笔试更能满足工作表现相关性的要求。最有名的绩效模拟测试方法有工作抽样法和测评中心法两种。前一种方法适用于常规的职务，后一种方法适用于挑选从事管理工作的人员。

工作抽样法是给应聘者提供一项职务的缩样复制物，让他们完成该项职务的一种或多种核心任务。应聘者通过实际执行这些任务，将展示他们是否拥有必要的才能。人力资源管理部门借助职务分析得来的资料对工作样本进行仔细设计后，可以确定该项职务需要哪些知识、技术和能力，并将这些工作样本因素与相应的职务绩效因素匹配起来。工作样本试验的结果，一般说来是令人满意的，它们几乎总会产生比个性和智商等书面测试更好的效度。

测评中心法是由直线管理人员、监督人员及受过训练的心理学家组成一个测评中心，模拟性地设计出实际工作中可能面对的一些现实问题，让应聘者经受几天的测试练习，从中评价其管理能力。练习活动根据实际工作者会遇到的一系列可以描述的活动要素来设计，可能包括与人面谈、解决出现的问题、小组讨论和经营决策博弈等。有关测评中心的有效性的证据极为令人鼓舞，它能预见应聘者在管理职位中的工作表现，特别适用于评价应聘者的管理潜能。但这种方法的使用成本较高。

4）面谈

面谈与申请表一样，是一种十分普遍的人员甄选手段。面谈可以成为既有效度又有信度的甄选工具。但面谈对应聘者的评价带有一定的主观性。一般的面谈通常不会提供多少有价值的信息。如果没有加以良好的组织并按标准化的方式进行，面谈可能潜伏各种潜在的偏见和障碍。精明的应聘者往往会突出其最佳的一面，而掩盖其缺点，从而降低面谈的效度。为此，在面谈时应该注意以下几点：对所有应聘者设计一些固定的问题；取得对应聘者面谈的有关工作的更详细信息；尽量减少对应聘者履历、经验、兴趣、测试成绩或其他方面的先前认识；多提那些要求应聘者对实际做法给予详尽描述的行为问题；采用标准的评价格式；面谈中要做笔记；避免短时间面谈造成过早形成决策；等等。

5）履历调查

履历调查的主要形式是核实申请资料，这种形式已被证实是获取人员甄选有关信息的一个有价值的渠道。研究证明，对申请表中填写的"事实"进行核实是有益的。有相当大比例的职务应聘者对他们的就业日期、职务头衔、过去薪金或离开原工作岗位的原因夸大其词或叙述不准。因此将这些申请表上的硬性资料与其原来的雇主做核对，就是一种有意义的行为。

6）体检

对于某些具有体力要求的职务，体检具有一定的效度。但在今天，对体力有要求的职务越来越少了。如今的体检成为只是为健康保险而做的检查，对患有传染病或体能上不适合某类工作的应预先筛选，以减少组织未来的管理成本。

4.4.3 绩效评估

绩效评估是对员工的工作绩效进行评价，以便形成客观公正的人事决策的过程。组织是根据绩效评估的结果作出许多有关人力资源的决策，如确定员工的工作报酬、为员工升迁调遣提供依据、为员工的培训提供依据等。

1. 绩效评估的内容

一般来说，为确定工作报酬提供的考评着重员工的当前表现，而为人事调整或组织培训而进行的考评则偏向技能和潜力的分析。然而，组织中具体进行的绩效评估，往往不是与一种目的有关，而是为一系列目的服务的。因此，考评的内容不能只侧重于某一方面，而应尽可能的全面。

1）贡献考评

贡献考评是考核和评估员工在一定时期内担任某个职务的过程中，对实现组织目标的贡献程度。贡献往往是与努力程度和能力强度相关联的。因此，贡献考评可以成为决定员工报酬的主要依据。贡献评估需要注意以下两个问题。

（1）尽可能把员工的个人努力和部门的成就区别开来。这项工作可能在实践中是非常困难的，但也是非常重要的。因为在个人提供的努力程度不变的情况下，外部可能发生不可抗拒的、内部无能为力的但对部门目标的实现起着重要的促进或阻滞作用的变化。环境发生重大的变化后，该部门的业务性质可能发生重大改变，业务量急剧膨胀，而组织对该部门的性质及其与其他部门的关系却未做相应的调整。在这种情况下，需要考察和分析的不是员工的表现与能力，而是组织机构的合理性。

（2）贡献考评既是对下属的考评，也是对上级的考评。贡献考评是考核和评价具体员工及其部门对组织目标实现的贡献程度，而具体人员和部门对组织的贡献往往是根据组织的要求来提供的。因此，只有在考评开始之前，组织对每个部门和管理岗位的工作规定具体的目标与要求，考评才可以进行。否则，不仅使下级不能了解努力的方向，从而不能提供有效的贡献，而且使考评失去了客观的标准。这样，下级不能提供积极贡献的原因不在他们自己，而在上级。所以说，对下级贡献的考评，也是对上级进行考评，考评上级组织下属工作的能力。

2）能力考评

贡献虽可在一定程度上反映员工的工作能力，但是，能力的大小与贡献的多少并不存在严格的一一对应关系。为了有效地指导组织的人事调整或培训与发展计划，还必须对员工的能力进行考评。能力考评是指通过考察员工在一定时期内的工作，评估他们的现实能力和发展潜力，即分析他们是否符合现任职务的要求，任现职后素质和能力是否有所提高，从而能否担任更重要的工作。

由于员工的能力要通过日常的具体工作来表现，而处理这些工作的技术和方法又很难与那些抽象地描述员工素质特征或能力水准的概念对上号。因此，能力考评中要注意切忌只给抽象概念打分。例如，"决策能力""用人能力""沟通能力"和"创新精神"等无疑是优秀的管理人员必须具备的基本素质，但这只是一些抽象的概念，用这些未加细分的笼统甚至是模糊的概念去组织考评，只能增加考评的难度，使评估者仅根据自己的主观判断给被考评对象任意打分，难以得到真实、可靠、客观的能力考评结论。美国管理学家孔茨等人认为，应将管理工作进行分类，然后用一系列具体的问题说明每项工作，以此来考评管理人员在从事这些工作中所表现出的能力。因此，为了尽可能地得到客观的评价意见，上述具体问题应力求设计成是非判断题的形式，在难以设计成是非判断题的情况下，应努力给予可供选择的多种答案（如"优秀""良好""一般""不符合要求"等）并做明确的界定。根据对管理者的工作要求来进行能力考评，不仅具有方便可行、能够保证得到客观结论的好处，而且可以促使被考评者注重自己的日常工作，根据组织的期望注意改进和完善自己的管理方法与艺术，从而能起到促进管理能力发展的作用。

2. 绩效评估的方法

1）书面描述法

书面描述法也许是最简单的一种绩效评估方法。评估者写一份记叙性材料，描述一个员工的所长、所短、过去的绩效和潜能等，然后提出予以改进和提高的建议。书面描述不需要采取某种复杂的格式，也不需要经过多少培训就能完成，但评定的质量在很大程度上与评估者的写作技能有很大关系。

2）关键事件法

关键事件法是指评估者把注意力集中在那些区分有效的和无效的工作绩效的关键行为方面。评估者通常记下一些细小但能说明员工所做的是特别有效果的或无效果的事件。评估时只述及具体的行为，而非笼统地评价一个人的个性特征。为某一个人记下一长串关键事件，就可以提供丰富的具体例子，给员工指明哪些是要求的行为、哪些是不期望的行为。

3）评分表法

评分表法是一种最古老也最常用的绩效评估方法。它列出一系列绩效因素，如工作的数量与质量，职务知识，协作与出勤，以及忠诚、诚实和首创精神等，评估者逐一对表中的每一项给出评分。评分尺度通常采用 5 分制。这种方法虽然不像前两种方法那样可以提供详细的信息，但其设计和执行的总时间耗费较少，而且便于做定量分析和比较，因此，这种方法得到了普遍的采用。

4）行为定位评分法

行为定位评分法是近年来日益得到重视的一种绩效评估方法。这种方法综合了关键事件法和评分表法的主要长处，评估者按某一序数值尺度对某人从事某项职务的具体行为事例打分，而不是一般的个人特质描述。行为定位评分法侧重于具体而可衡量的工作行为，它将职务的关键要素分解为若干绩效因素，然后为每一绩效因素确定有效果或无效果行为的一些具体示例。

5）多人比较法

多人比较法是将一位员工的工作绩效与一个或多个其他人做比较。这是一种相对的而不是绝对的衡量方法。该类方法最常用的三种形式是分组排序法、个体排序法和配对比较法。

（1）分组排序法。分组排序法要求评价者按特定的分组将员工编入诸如"前 1/5""次 1/5"之类的次序中。管理者可以使用这种方法将其所有的下属作出排列，假定他有 20 名下属，那么只能有 4 人可排在前 1/5，同样，当然也只有 4 人被排在末 1/5 的范围内。

（2）个体排序法。个体排序法要求评估者将员工按从高到低的顺序加以排列，因此只有 1 人可以是"最优的"。如果要对 20 名下属作出评价，第 1 名和第 2 名之间的差别就被假定为与第 11 名和第 12 名之间的差别是一样的。尽管某些员工的水平可能非常接近，以致可以将他们编入同一个组中，但个体排序法并不考虑这种关系。

（3）配对比较法。配对比较法是把每位员工一一与比较组中的其他每一位员工结对进行比较，评出其中的"优者"和"劣者"。在所有的结对比较完成后，将每位员工得到的"优者"数累计起来，就可以排列出一个总的顺序。这种方法确保每一位员工都与其他的所有人做对比，但当要评估的员工人数相当多时，配对比较法就很不容易进行。

6）目标管理法

这种绩效考评方法是在目标管理的基础上进行考评的方法，这是一种根据可核实的目标来考核管理者的方法。当人们知道了他们努力的最终目标是什么，他们就会卓有成效地完成任务，达成目标。

目标管理不仅仅是一种计划方法，同时也是组织、人事安排、领导和监督的关键。如果按目标管理的方法来进行管理了，那么考评就归结为考察管理者是否确定了适当而可行的目标，以及在一定时间范围内，他们根据目标工作得怎样。因此考评工作要贯穿目标管理的整个过程。即上下级共同讨论和制订下级在一定的考核周期内需达到的绩效目标；在执行后于周期末上下级共同对照原定目标，测评其实际绩效，找出成绩、优点与不足；然后双方再共同本着保持与发扬优点和减少与克服弱点的原则，制订下个周期的绩效目标。如此循环不已，持续下去。

目标管理法具有三个明显的优点：①目标明确，明确的目标本身对员工就起到了激励作用；②高度民主性，在目标管理法的三个步骤中被考评者全面参与，上下级结合充分体现了民主管理；③培养性，这种考评方法的考评和控制功能与它的培养功能同等重要，因为它融合了"个人培养计划"在其过程中，而且目标设置、执行中的辅导以及总结本身，都有鲜明的培养性。

在目标管理法的应用中有一个问题需要评估者注意，即目标是否恰当，是否需要经过努力（既高而又合理）才能贯彻？这种问题只能由被评估人的上级根据判断和经验来回答，当然，随着时间的推移和经验的积累，作出的判断会越来越精确，而且，也可以与类似工作岗位的其他人的目标做对比来判断。

在评定目标完成情况时，评估人必须首先了解目标完成的情况，以及造成这些后果的原因是什么。评估者也应注意是否有人在情况已变化，需要修改目标时仍在按过时的目标进行工作。应考虑目标是否可合理达到，是否有超越个人控制能力的因素，造成了不应有的帮助或阻碍。

7）360度考核法

360度考核法是一种从不同层面的人员中收集考评信息，从多个视角对员工进行综合绩效考评并提供反馈的方法，或者说是一种基于上级、同事、下级和客户等信息资源的收集信息、评估绩效并提供反馈的方法。360度考核作为绩效管理的一种新工具，正被国际知名大企业越来越多地使用。据调查，在《财富》杂志排名前1 000位的企业中，已有90%的企业在使用不同形式的360度考核法，如IBM、摩托罗拉、诺基亚、福特、迪斯尼、西屋、美国联邦银行等，都把360度考核法用于人力资源管理和开发。

4.4.4 薪酬管理

一个组织除了要有一个公平合理的考绩制度外，还必须有一个好的报酬制度。理想的报酬制度不仅有助于吸引人才、留住人才，而且能在合理成本的基础上激励员工取得良好的绩效。但是许多组织的报酬制度并没能成功地实现这些目标。为此，组织必须设置一个成功有效的报酬制度。

1. 薪酬管理的基本原则

薪酬管理的核心问题是如何科学、合理地确定员工的薪酬差别，即制定公平、公开、公正的薪酬体系。有效的薪酬管理体系应该体现如下几个基本原则：内部一致性、外部竞争性、员工贡献性、实施有效性和经济有效性。

1）内部一致性

内部一致性指的是组织内部工资设定的基础。一般而言，公平的基点和衡量标准有三个基准：依据岗位价值支付报酬、依据员工能力支付报酬和依据员工绩效支付薪酬。在内部一致性的构建中，通常有两种思路：一种是基于岗位或工作，也即根据岗位或者工作的差异来区分岗位或工作的相对价值；另一种是基于个体，也即根据人们所拥有的知识和技能或其他胜任能力特征的差异来建立组织中的工资体系。这两种思路代表了两种不同的价值观，第一种思路更加强调"同岗同酬"，强调的是目前该岗位可以给组织带来的价值，而第二种思路更强调个体的人力资本，并愿意为个体所拥有的更多知识、技能和经验给予报酬。

2）外部竞争性

有效的薪酬体系在设计过程中必须考虑到外部市场因素，特别是现阶段人才在市场上的流动性日益增大，人们会将自己的薪酬与其他组织中从事同样工作的人员的薪酬或外部劳动力市场的薪酬水平进行比较，比较的结果常常会影响到员工的薪酬满意度。因此，在设计薪酬时，必须将外部竞争性考虑进去。外部竞争性一方面体现在薪酬水平的高低上；另一方面体现在薪酬的结构上，即薪酬构成的不同比例。企业可根据企业的战略、经营状况、所需人才可获得性的高低等具体条件决定自己的薪酬竞争战略，通过薪酬调查，获悉市场薪酬行情和自身所处的竞争状态，并在此基础上调整内部薪酬水平或结构以对市场变化作出响应。

3）员工贡献性

内部一致性和外部竞争性确保组织内部有一个公平的基本的薪酬体系，这个体系更多考虑到的是组织中工作本身对薪酬的影响，有效的薪酬体系还要考虑到员工对组织的不同贡献。员工个人的绩效水平、服务时间的长短、经验资历等都有可能导致他们对组织贡献上的差异。

4）实施有效性

一个有效的薪酬制度，更重要的是能够有效地在组织中得以实施。有效的实施需要实现周密的计划和预算，开放的沟通和跟进，以及不断的反馈和修订。在这期间，员工对薪酬方案的了解以及参与到薪酬方案中去是非常关键的。在薪酬公平感中，除了上述所说的对结果是否公平的知觉，也即分配性公平外，还有对过程是否公平的知觉,也称为程序性公平,是员工对组织的薪酬管理程序与方法是否公正的评价。为此,在设计薪酬方案时要听取员工的意见,让员工参与进来,达到过程和结果的公平性。这样在未来实施薪酬方案的时候,一方面员工会乐意接受;另一方面由于对薪酬方案制订的过程非常了解,员工会对结果是否公平有较为正面的认识。

5) 经济有效性

提高企业的薪酬水平,固然可以提高企业的竞争力和激励性,但同时不可避免地会导致人力成本的上升,所以良好的薪酬制度还应考虑经济有效性,即如何使投入有最优的产出。一方面,组织在制定薪酬竞争战略和薪酬水平时,要考虑自身的支付能力;另一方面,要考虑薪酬投入产生结果的有效性。我们可以用人工成本的概念来反映这种有效性。人工成本是组织付给其员工的薪酬与生产产量的比值,即人工成本是生产单位产品组织支付给员工的报酬,它与工资率不同,工资率是单位时间的工资报酬,而人工成本同时考虑到了工资率和生产率两个方面。

2. 薪酬的形式

薪酬的主要形式可以分为直接薪酬和间接薪酬两大部分。直接薪酬也即我们通常讲的工资、奖金和津贴等,间接薪酬主要指的是福利。

1) 直接薪酬

直接薪酬一般分为基本薪酬、奖金、津贴和股权等。

(1) 基本薪酬。基本薪酬是组织按期付给员工的薪酬,其数目通常是固定的,除晋级以外很少变动。其中白领员工的基本薪酬通常称为薪水或薪金,蓝领员工的基本薪酬称为工资。我国国内习惯上对薪水和工资不加区分,统称为工资。基本薪酬通常定有薪级表,员工基本薪酬的数目是根据薪级表决定的。

(2) 奖金。奖励是对员工超额劳动绩效所支付的报酬,其具体的货币支付形式即为奖金。组织发放奖金的目的是激励员工努力工作,为组织多做贡献。奖金的形式多种多样,按时间分有月份奖、季度奖、年终奖等;按奖励对象分有个人奖和集体奖;按奖励内容分有超产奖、节约奖、建议奖、综合奖和特殊贡献奖等。

(3) 津贴。津贴是一种附加薪酬,具体由企业津贴和特殊补贴构成。前者是对员工在特殊工作条件或环境下工作给予的经济补偿,如加班津贴、夜班津贴、交通津贴和出差津贴;后者是在因受一些外部因素的影响而导致员工实际收入下降时,企业给予员工的特殊生活补助,如房租补贴、物价补贴和助学补贴等。

(4) 股权。企业以股权或期权等作为对员工的薪酬,是一种长期激励手段,目的是让员工为企业长期发展而努力工作。

2) 间接薪酬

间接薪酬包括社会保障计划、企业福利和延期支付等。

(1) 社会保障计划。社会保障计划指员工参加的包括失业、养老、伤残和医疗等社会保险计划中由企业负担的部分。

（2）企业福利。企业福利指员工从企业得到的各种小额优惠，如免费或折价工作餐、幼儿保育服务、免费的休闲服务项目、人寿保险和补充养老金等。

（3）延期支付。延期支付指各种员工储蓄计划、持股计划和年金等。其特点是它们给员工带来的实际收益要在一定时期以后甚至要等到退休后才能够兑现。

4.4.5 职业生涯规划

职业生涯规划是从人力资源开发需要出发，制订有益于员工成长和发展的综合性的职业管理计划。企业人力资源计划的制订必须考虑员工职业生涯的发展阶段，并将两者结合起来统筹考虑，以帮助员工确认自己的职业兴趣，并制订明智的职业发展计划。研究表明，一个人的一生总是要经历若干职业生涯阶段而最终退出其职业生活。而任何个人都需要在相对稳定的职业生涯中发展自己的技能，并取得比较稳定的工作收入。管理者要有针对性地开展人力资源管理工作，就必须了解员工的职业发展阶段，并据此制定合理的人力资源计划和政策。

1. 职业生涯的阶段

完整的职业生涯规划大致分为以下几个阶段。

1）探索阶段

探索阶段大约发生在一个人开始进入社会的早期。许多人可能早在求学期间就形成了对自己职业的认识，亲人、老师、朋友以及电视、小说的影响，使其逐渐缩小了自己职业选择的范围。在这一阶段，个人开始认真地探索各种可能的职业选择。他们最初可能作出一些带有试验性质的较为宽泛的职业选择，然后根据对自己兴趣和能力的认识情况不断予以修正和重新界定。探索阶段的最重要任务，就是个人对自己的能力和天资形成一种现实性的评价。由于职业探索阶段发生在就业之前，所以从组织的立场来看，组织似乎与这一阶段并无关联。但实际上，组织与职业探索阶段是不无关系的。管理者对找到第一份工作的员工，主要是通过提供有关工作和组织的正面及负面的信息，帮助个人形成对职业工作的一种正确预期。

2）确立阶段

确立阶段大约发生在一个人的青年及进入中年时期。通常个人会在这一期间找到合适自己的职业，并全身心地投入有助于自己在此职业中取得永久发展的各种活动中去。这一阶段可以分为尝试、稳定和职业中期危机几个分阶段。尝试阶段是个人确定当前所选择的职业是否适合自己，如果不合适，他会准备换一下工作。稳定阶段是个人已经给自己确立了较为坚定的职业目标，并制订较为明确的职业计划来确定自己晋升的潜力、工作调换的必要性和所需的教育培训等。有些人到了 40 岁左右的年龄，可能会进入职业中期危机阶段。此时，他可能根据自己最初的理想和目标对自己的职业选择做一次重要的重新评价，如果发现不能朝着自己所梦想的目标靠近，或者当初所梦想的并不是自己真正想要的东西，这时他就会开始一个新的职业选择，或者重新思考工作和职业到底在自己的全部生活中占有多大的地位，据此调整今后努力的方向。

3）维持阶段

这是职业生涯的后期阶段。个人已经趋向于有所放松，并普遍为自己在工作领域中创下的一席之地感到愉悦，有的人开始扮演元老的角色。对于那些在前一阶段绩效水平已经停滞或有所下降的人，他们逐渐认识到这样一个事实，他们对于现实世界将不再拥有曾经想象的影响或改变能力。所以，人们会意识到需要减少工作的流动，从而可能安心于现有的工作。管理者一方面应当开发利用这种资源；另一方面应该认识到，这一阶段的人们会将主要精力放在保有现时的位置，而不再表现出先前的闯劲，他们可能变得对工作不再有很大的兴趣，或者不在乎工资的高低，而希望有更多的自由时间或压力更小一些的工作。

4）衰退阶段

这是临近退休前的人们通常不得不面临的艰难时期。出现沮丧是极为常见的，员工还可能变得敌意十足，充满挑衅。对处于这一时期的员工，管理者需要帮助他们学会接受权力交接和责任减少的现实，学会使自己成为年轻人良师益友的新角色。

总的来说，人力资源计划的制订不仅影响到企业的生产经营活动，也直接关系到员工的前途命运。许多越来越重视人力资源开发的现代企业，已着手采取措施帮助员工提升能力水平，促进员工实现工作中的成长与发展。培训和教育机会的提供，工作丰富化和工作轮换，以职业发展为导向的工作绩效评价，以及以能力而不是资历为依据进行的晋升等各项实践活动，就是其中有代表性的事例。对于这些提倡促进员工成长或发展、注重人力资源开发的组织来说，人力资源计划的制订就不能不兼顾组织发展和员工发展这两方面目标，并在两者的综合考虑中形成行之有效的综合性的职业管理计划。

2. 职业生涯规划的意义

职业生涯规划有利于员工的成长和组织的发展。具体来说，职业生涯规划具有以下意义。

（1）职业生涯规划有利于明确人生的奋斗目标。只有有了明确的目标，才会激励人们努力奋斗，并积极去创造条件实现目标，这样就可以避免随波逐流，浪费青春。哈佛大学有一个非常著名的关于目标对人生影响的跟踪调查，调查对象是一群智力、学历和环境等条件都相仿的年轻人，调查结果是这样的：3%的人有清晰且长期的目标，一直朝着同一个方向不懈地努力，25年后他们几乎都成了社会各界的顶尖成功人士，其中不乏创业者、行业领袖和社会精英；10%的人有清晰的短期目标，大都生活在社会的中上层，他们的共同特点是：不断完成预定的短期目标，生活状态逐步上升，25年后他们成为诸如医生、律师、工程师、高级管理者等各行各业不可或缺的专业人士；60%的人目标模糊，25年后能安稳地生活与工作，但都没有什么特别突出的成绩；其余的 27% 是那些没有目标的人，他们几乎都生活在社会的最底层，生活过得很不如意，常常失业，靠社会救济，并且常常都在抱怨他人、抱怨社会、抱怨世界。

（2）职业生涯规划能帮助个人认识就业形势，居安思危，激发成就动机。职业生涯规划的主要内容就是要了解职业、了解劳动力市场以及了解当前的就业形势，让自己对所处的环境有一个清醒的认识，保持积极的心态，为将来的职业前程做好准备。对个人来说，应有自知之明，不仅要知己所长，还要知己所短。要在工作上取胜，必须制订出一个知己之长短、知环境之利弊、扬长避短的职业生涯设计计划，只有这样才能选择合适的职业和职务。对组织而言，职业生涯规划有利于组织为其员工制订出有针对性的培训开发计划，使个人的才华得到充分的发挥和展示。

（3）职业生涯规划有利于人尽其才，避免人力资源的浪费。个人所制订的事业发展的目标和职业生涯的开发的计划能否实现，除了个人的努力外，还需要组织创造条件。有许多懂专业的技术人员被组织安排到管理岗位上，由于缺乏管理知识和技能，尤其不善于处理人际关系，工作中他们往往焦头烂额，不得不请求重操旧业。当然，也有许多科技人员被组织和群众推上了管理岗位，作出了卓越的成就。因此，作为组织，应该了解每个人的气质、性格、能力、兴趣、价值观和理想等，特别要了解每个人的职业发展计划和设想，从而为他们创造实现事业目标的环境和条件。这样才能为组织和社会作出更大的贡献。

（4）职业生涯设计有利于减少组织人才流失。人才流失会进而引发企业客户的流失、专业技术的流失、知识的流失等一系列问题，是困扰企业发展的最为敏感的问题之一。引进人才，留住人才，就成了很多组织人才战略和人力资源管理的重中之重。有研究表明，通过职业生涯的科学规划，安排符合员工个体发展的生涯道路，尊重并信任他们，让他们承担更多的社会角色，是减少高级人才流失的关键。只有当员工正当的发展需要得到满足，只有当员工的职业生涯发展目标与组织的发展目标取得一致，他们才会更加愿意留在组织中。

4.5 组织变革与发展

4.5.1 组织变革的动因与过程

1. 组织变革的动因

组织变革是适应内外条件的变化而进行的，以改善和提高组织效能为根本目的的一项活动。进行组织变革，主要源于一些与组织变革相关的因素发生变化，这些相关因素的变化产生了推动组织变革的力量，包括外部力量和内部力量。

扩展阅读 4.3
海尔人事巨变：
中高层裁员超
百人，员工人
心惶惶

1）外部力量

（1）消费者需求的变化。近年来，企业间的竞争焦点已经转到满足消费者需求上来。而消费者的需求是不断变化的，这就要求企业必须顺应消费者需求的变化，不断调整自己，开发出新的产品或服务项目，调整营销策略等。

（2）制度结构的变化。随着改革的进程，企业面临着产权关系的变化、管理体制的变化、政策法规的变化等，这些变化都在要求企业进行变革。

（3）技术的变化。知识经济的社会，科技的发展日新月异，新产品、新工艺、新技术、新方法层出不穷，对组织的固有运行机制构成了强有力的挑战。例如信息技术、通信技术的发展使企业的控制手段发生了变化；新型设备的使用，使员工的劳动形式发生变化。这些都将促使企业进行相应的变革。

（4）经济形势的变化。经济的变化会对几乎所有企业造成影响。金融危机导致很多企业改变了发展计划，迫使他们更注重成本上的节约，收缩组织的规模。而繁荣的经济环境，会促进企业扩大生产或经营规模，加大新项目的开发力度等。

2）内部力量

（1）组织战略的变化。组织战略的重新制定或修订，通常会带来一系列的变化。例如，当组织制定新的多元化发展战略时，就需要对原有的组织结构进行调整，以适应当前战略的要求。

（2）员工队伍的变化。员工队伍在知识能力结构、年龄结构以及工作态度方面都会发生变化，这些变化都要求组织对职务进行重组。

（3）管理者的变革要求。通常组织的变革都是由组织内的管理者发起并协调实施的。一个组织的管理一般是从原始的粗放式管理向现代的科学管理发展，当管理者找到一种符合组织目标要求、将给组织带来高效率的管理方式时，就会成为变革的推动者。

2. 组织变革的过程

成功而有效的组织变革，通常需要经历解冻、变革和冻结这三个有机联系的过程，如图 4.15 所示。

图 4.15　组织变革的过程

1）解冻

解冻阶段是实施组织变革的前奏，其主要目的是发现组织变革的动力，营造危机感，塑造出改革乃是大势所趋的气氛，并在采取措施克服变革阻力的同时，具体描绘组织变革的蓝图，明确组织变革的目标和方向，从而形成待实施的比较完善的组织变革方案。

2）变革

变革阶段的任务就是按照所拟订变革方案的要求，开展具体的组织变革运动或行动,以使组织从现有结构模式向目标模式转变。这是变革的实质性阶段,通常可以分为试验与推广两个步骤。这是因为组织变革的涉及面较为广泛,组织中的联系相当错综复杂,往往"牵一发而动全身",这种状况使得组织变革方案在全面付诸实施之前,一般要先进行一定范围的典型试验,在总结经验的基础上,修正进一步的变革方案。在试验取得初步成效后再进入大规模的全面实施阶段。这种做法还可以使一部分对变革尚有疑虑的人,能在试验阶段便及早地看到或感觉到组织变革的潜在效益,从而有利于争取更多组织成员在思想和行动上支持所要进行的组织变革,并踊跃跻身于变革的行列,由此实现从变革观望者、反对者向变革的积极支持者和参加者转变。

3)冻结

组织变革过程并不是在实施了变革行动后就宣告结束。涉及人的行为和态度的组织变革,从根本上说,只有在前面有个解冻阶段、后面又有个冻结阶段的条件之下改革,才有可能真正地实现。现实中经常出现组织变革行动发生之后,个人和组织都有一种退回到原有习惯了的行为方式中的倾向。为了避免出现这种情况,变革的管理者就必须采取措施保证新的行为方式和组织形态能够不断地得到强化和巩固。这一强化和巩固的阶段可以视为一个冻结或者重新冻结的过程。缺乏这一冻结阶段,变革的成果就有可能退化消失,而且对组织及其成员也将只有短暂的影响。

4.5.2 组织变革的内容

影响组织变革过程的主要因素为结构、技术、人员、文化,与之相应,组织变革的主要内容包括结构变革、技术变革、人员变革和文化变革。

1. 结构变革

结构变革是指组织需要根据环境的变化适时对组织的结构进行变革,并重新在组织中进行权力和责任的分配,使组织变得更为柔性灵活、易于合作。一个组织的结构是由其复杂性、规范性和集权化程度决定的,管理者可以对这些结构要素的一个或多个加以变革,如组织的集权与分权问题。一方面,外部环境和组织战略的变化通常会导致组织结构的变革。组织所处的环境不同,组织发展的阶段不同,组织正规化程度不同,这些都会影响到组织集权和分权的程度。因此,组织的管理者要根据形势的变化对组织权力进行重新分配。另一方面,可以在实际结构设计中进行重大变革。例如,组织可以通过合并或增设部门、增减管理层次等,对组织结构要素进行调整;可以通过从直线型组织结构到职能型组织结构的转变来实现整个结构的重新设计;或者通过兼并、收买、控股等方式实现组织整体的结构扩张,以及通过卖出或取消分支机构等形式来实现组织整体结构的缩减。另外,管理者还可以通过重新设计职位体系、工作程序、修订职务说明书、丰富职务内容、实行弹性工作日制等方式来变革组织结构。现实中,固化式的结构设计往往不具有可操作性,需要随着环境条件的变化而改变,管理者应该根据实际情况灵活改变其中的某些组成要素。

结构变革可以分为局部调整和重新设计两种方式。

1）局部调整

为了增强组织的灵活性，在保持原有组织结构类型基本不变的情况，管理者可以对上述结构要素中的一个或多个加以变革。例如，为了降低组织的复杂性，可将几个部门的职责组合在一起，也可精简某项纵向层次；为了提高组织的正规化程度，可以制定更多的制度规章；为了提高组织的分权化程度，可以采取适当的授权方式。

2）重新设计

当组织的经营环境面临重大的变化时，管理者需要对原有的结构设计进行重大调整，重新设计组织结构。例如，可使组织结构由职能型向事业部型或者矩阵型转变。

2. 技术变革

技术变革包括对作业流程与方法的重新设计、修正和组合，包括更换机器设备，采用新工艺、新技术和新方法等。传统的科学管理是基于动作和时间研究来推进技术变革的，现代的技术变革则主要通过引进新的设备、工具和方法，实现自动化、计算机化等，从根本上改变产品的生产方式和企业的组织方式。一个行业内竞争因素或者创新的出现，往往要求管理者引进新的设备、工具以及运作模式。当前，最明显的技术变革源于计算机化。许多组织都拥有现代化的办公设备和复杂的管理系统。例如随着信息技术的应用普及，要求组织注重在流程再造中利用最先进的计算机技术进行一系列的技术改造。同时，组织还需要对组织中各个部门或各个层级的工作任务进行重新组合，如工作任务的丰富化、工作范围的扩大化等。

3. 人员变革

人员变革是指员工的工作态度、期望水平、认知和行为的改变，而这些改变并非易事。

组织发展是用来描述那些聚焦于组织的成员以及工作中人际关系的性质和质量的变革方式，虽然包括各种变革，但是人是最主要的因素，人也是组织中最为活跃、最为复杂、最难把握的因素，组织中的人既可能成为变革的推动力量，也可能成为变革的阻碍力量，因此，在组织变革中必须充分考虑人的因素。

从某种意义上讲，组织变革就是人员的变革，是围绕人力资源进行的变革，其根本目的是改善成员之间的关系，使组织中的个人和群体更为有效地在一起工作，创造一种良好的组织气氛，促进组织目标的实现；其主要任务是促成组织成员之间对权力和利益等资源的重新分配，包括组织变动和组织发展两部分内容，组织变动涉及人员流动、人员选择和人员培训，组织发展涉及人员的态度、观念、行为和关系的改变；其具体方法是提高沟通质量、注重员工参与、改善人际关系。

4. 文化变革

文化变革是指组织成员共同价值观的改变。组织文化是组织在长期的实践活动中所形成的，为组织成员普遍认可和遵循的，具有本组织特色的价值观念和行为规范的总和。它是组织有效运行的内在驱动力，需要相当一段时间才能形成，并且一经形成，就成为牢固和不易更改的东西。组织文化确立了对人们应该做什么、不应该做什么的约束，它不仅会影响组织一般成员的行为，还将制约管理者的决策选择。观念是行为的先导，从这个意义上说，组织变革首先是组织文化的变革，任何形式的组织变革必然同时伴随着组织文化的变革。

综上所述，组织变革具有系统性，系统中的任何一个因素发生变化，都会带来其他因素的变化。在组织发展的不同阶段，由于环境情况的不同，变革的内容和侧重点也有所不同，但是上述四种变革往往是以某一种变革为主，各种变革交织在一起的。

4.5.3 组织惰性与变革阻力

1. 组织惰性

组织惰性是指保持既定行为方式和消极应对环境变化的倾向。其中，既定的行为方式是在组织运行中被证明有效的、被组织成员认可的和被组织正式确认的行为方式；环境变化则包括组织内部环境与组织外部环境。消极应对是指不能觉察或不能客观认识环境变化，或按照已有的行为方式应对环境变化而不能或者是不愿意寻找更为有效的行为方式。

组织惰性普遍存在于各类组织当中，是组织有序运行的结果，而克服组织惰性是组织得以继续生存的基本前提。

2. 变革阻力

1）个人的阻力

（1）工作和生活的习惯的影响。人们在长期的工作和生产活动中，对外界的刺激作出条件反应往往会形成一种习惯的力量。我们每天需要作出大量的决策，在解决同类问题时，人们往往以习惯性方式作出习惯化或者模式化的反应。不仅如此，它一旦形成就可以成为人们获取满足的来源。当人们遇到挫折时往往会寻找一些办法来保持所谓的安全感，这种安全感往往又与以往的习惯有很大的关系。因此，这种习惯和安全感的获得就会使得人们自觉不自觉地去阻止变革。

（2）关心个人得失。变革从结果上看可能会威胁到某些人的利益，如机构的撤并、管理层次的扁平化等都会给组织成员造成压力和紧张感。而且，变革还要求组织成员调整不合理或落后的知识结构，更新过去的管理观念、工作方式等，这些新要求都可能会使组织成员面临失去权力的威胁。例如在我国国有单位改革过程中，出于对新的工作环境的不适应心理，很多组织均出现了员工情绪波动的情况。

（3）未来的不确定性。对未来不确定性的担忧、对失败风险的惧怕、对绩效差距拉大的恐慌以及对公平竞争环境的担忧，都可能造成人们心理上的倾斜，进而产生心理上的变革阻力。此外，认为变革不符合组织的目标和最佳利益的观点，也会造成组织成员对变革的抵触。

2）团体的阻力

任何组织一旦形成以后，就不再愿意进行任何的变革和创新。一般来说，团体的阻力主要有以下几种。

（1）组织文化的影响。一个组织不是简单的个体组合，组织的功能与成员的共同标准、工作态度、经营目标、行为规范和领导者的胜任特征有着直接的关联。组织要维持平衡，就必须使得组织保持相同的行为。因此，一旦组织准备进行变革，组织原有的文化就可能或多或少地阻碍这种变革。

（2）对组织利益的影响和威胁。组织结构变革可能会打破过去固有的管理层次和职能机构，并采取新的措施对责权利重新作出调整和安排，这就必然要触及组织在某一时期建立起来的并且已经为大家所接受的地区性权利或决策权限。如果变革与这些团体的目标不一致，团体就会采取抵制和不合作的态度，以维持原状。

（3）人际关系的威胁。组织变革会导致组织固有的关系结构的改变，这就要求组织成员之间的关系也随之调整。非正式团体的存在使得这种新旧关系的调整需要有一个较长过程。在这种新的关系结构未被确立之前，组织成员之间很难磨合一致，一旦发生利益冲突就会对变革的目标和结果产生怀疑与动摇，特别是一部分能力有限的员工将在变革中处于相对不利的地位。随着利益差距的拉大，这些人必然会对组织的变革产生抵触情绪。

（4）资源的限制。组织变革需要组织拥有资本、技术、胜任的员工、上级管理部门的支持等众多要素。很多组织由于缺乏资源，原来设想的变革无法实现。改革开放以来我国许多地区纷纷设立了大量的经济开发区、软件工业园，但是由于资源的限制，大部分项目都未能顺利完成。

3. 阻力的克服

管理者在确定了组织变革的阻力以后，应根据本企业的实际情况，采取相应的措施降低变革阻力的不利影响。美国著名管理学家斯蒂芬·P. 罗宾斯（Stephen Robbins）在总结了众多专家学者研究的基础上，概括出六种应对变革阻力的管理策略，如表4.4所示，可供管理者处理变革阻力时参考。

表4.4 应对变革阻力的管理策略

措　　施	内　　容	优　点	缺　点
教育与沟通	与员工沟通，帮助他们了解变革的缘由； 通过个别会谈、备忘录、小组讨论或报告会等教育员工； 这种策略适合在变革阻力来源于不良沟通或误解时使用； 要求劳资双方相互信任和相互信赖	消除误解	如果缺乏信任，可能不会有效果

续表

措施	内容	优点	缺点
参与	吸收持反对意见者参与决策；假定参与者能以其专长为决策作出有益的贡献；参与能降低阻力、取得支持，同时提高变革决策的质量	提高公司参与度和接受度	耗时长，有可能产生更糟糕的处理方案
促进与支持	提供一系列支持性措施，如员工心理咨询和治疗、新技能；培训以及短期的付薪休假	能够促进必要的调整	需要时间，花费也较大，并且不保证成功
谈判	以某种有价值的东西来换取阻力的减少；在阻力来自少数有影响力的人物时是必要的措施	能够"获得"承诺	潜在的高成本，并可能面临其他变革反对者的勒索
操纵与合作	操纵是对事件结果施加主观影响的行为，如有意扭曲某些事实、发布具有破坏性的消息、制造不真实的谣言等；合作是介于操纵和参与之间的一种形式	使用成本降低，也便于争取反对派的支持	如果欺骗或利用的意图被察觉，易适得其反，导致变革推动者失去信任度
强制	直接使用威胁或强制手段	成本不高，而且易于获得支持	可能是不合法的，即便合法的强制也容易被看成是一种暴力，可能削弱信任

从"青铜"到"王者"——雷士电商的敏捷性段位升级

引言

2018年11月10日，一个特别的工作日，秋风多了一丝凉意，似乎是想冷却一下人们购物节前夕激动的心情。此刻，芜湖雷士照明电子商务有限公司（以下简称"雷士电商"或"公司"）的办公室里正忙得热火朝天。自独立运营以来，这是雷士电商迎来的第四个"双11"了！韩总很是期待公司的表现，他相信，这次一定会再次突破既定目标，实现"段位升级"！公司刚成立时只有十几个人，团队从零开始做电商，在集团的扶持下学会了在电商领域里"走路"，战战兢兢，如履薄冰。如今，集团早已放开手，雷士电商凭借独特的经营策略，迅速从"追跑"到"领跑"，成为互联网照明的龙头商家。那么雷士电商为何能在短短4年间实现快速升级，并从"集团扶着走"到"自己举牌领跑"呢？其间又是以何种"姿态"一次次跨越障碍围栏、实现自我突破的呢？

1. 行业与公司背景

照明灯具主要分为室内灯具和户外灯具两大类。其中，室内照明市场相对较广，可分为商业照明、家居照明和办公照明。具体来讲，商业照明包括射灯、筒灯、天花灯、壁灯等。办公照明包括吊灯、筒灯、应急灯等。而家居照明灯具种类最为繁多，包括花灯、吊灯、吸顶灯、落地灯、灯条灯带等。随着"80后""90后"们逐渐成为消费主力军，他们对个性化灯饰的需求越来越高。同时，精装修的加速影响了整个灯饰行业，尤其是家居照明类，产品更新换代速度进一步加快，呈现出小批量、个性化、智能化的产品发展趋势。

雷士照明控股有限公司（以下简称"雷士照明""总公司"或"集团"）创立于1998年11月，2010年5月在香港联交所主板上市（2222.HK）。公司主要从事LED（发光二极管）照明、户外照明、室内照明及电工等领域，集研发、制造、销售以及提供整体照明应用解决方案于一体。雷士照明在照明行业率先实行"品牌专卖"和"运营中心"模式，领导了行业的品牌和渠道革命。由此，雷士照明成为中国唯一具备自主研发核心技术能力和生产制造核心部件能力的照明企业，也成为中国唯一真正走向国际市场、参与国际竞争的照明品牌。在LED技术发展大潮中，雷士照明与德豪润达强强联手全面整合上游LED芯片研发、封装、驱动和下游自主品牌营销渠道资源，率先在中国照明行业完成上下游产业链一体化整合生态布局，并于2014年在北京正式宣布重点布局O2O（线上到线下）发展战略，收回外包出去的电商业务开始自运营。此后，雷士电商子公司应运而生。

雷士电商全面负责雷士品牌的互联网业务。公司前身为雷士照明电商事业部，2016年1月1日起以独立公司运作。得益于雷士品牌的影响力及公司内部组织的战略创新与变革，雷士电商自成立以来一直保持着高速发展的态势，是行业内成长最为迅速的企业，近几年每年增长率超过100%。雷士电商是天猫、淘宝、京东、唯品会、苏宁易购、亚马逊等各大电商平台的重点合作品牌，年销售额超过10亿元人民币，凭借在互联网上强大的影响力极大地提升了雷士品牌认知度，以一次次傲人的成绩创下互联网照明的业界神话，成为雷士照明的中流砥柱。

2. 舒筋活骨告别"青铜"

2014年以前，雷士照明将电商业务外包给第三方公司代运营，并未将其作为核心业务。代运营就好比将自家的娃寄养在代理家长那里，只要这孩子在成长就行，至于长得怎样、壮不壮实、优不优秀，他们可不会劳心看管。于是当集团发现别人家的"娃"都会跑了，而自家的"娃"还在蹒跚学步之时，决定自己的孩子还得自己养！故收回电商业务开始自运营。

2015年，部门初创之时，大家都是初来乍到，毫无经验。顶着"青铜段位"的团队一直在踏踏实实攒经验，首先极力拓展电商平台，尽快在其中占据一席之地。得益于品牌优势，他们很快就进入天猫、京东、唯品会等各大电商平台，之后便开始逐步加紧与平台的合作，以积极购买平台流量的方式拉近与电商平台的距离。电商起步之初，最重要的是要走销量，而且要迅速起量。为此，电商团队招募了大量线上经销商，让雷士灯具尽量高频率暴露在用户眼前，以增加购买率。由于当时雷士电商事业部能力较弱，为降低业务起步的难度，集团给予其大力扶持，部门所有的人事任免权、财权、采购权等后台工作均由集团负责，以便其能专心致志地搞互联网运营销售业务。

皇天不负苦心人，经过在电商界近乎一年的边学边做，至2015年年底，在集团的帮助下，雷士电商业务完成了约3亿元的交易额，相比过去代运营时每年几千万的交易，这个成绩实属令人欣慰！部门人员也由年初的二十几人增至近两百人。集团的牵引扶持让电商事业部迅速走上正轨，完成第一步"段位升级"，步入快速发展阶段。

3. 亦刚亦柔晋升"铂金"

2016年1月，雷士电商正式开始独立运营。公司成立了财务部、人事部、行政部、产品开发部等，各部门成员间的工作内容可自行沟通并有一定的决策权，雷士电商成为相对独立完整的子公司。5月，集团将采购权交给公司，雷士电商掌握了自己的成本，获得了更大的决策权。从供应商的选择、部分产品开发、产品款式的挑选到销售、物流仓储调配等，这一系列动作全权由公司自行负责，集团只是对其设定业绩目标进行年终考核。

雷士在行业内早已是响当当的老品牌了，可由于在线上业务起步较晚，而互联网面对的大部分客户是一批具有强劲购买潜力的年轻群体，一些"80后""90后"对雷士这个名字感知较弱。面对不断更新的市场环境，如何抓住机会提升品牌认知度？如何针对线上消费者策划新奇有趣的营销活动？如何增加公司电商渠道访问流量、提升销售转化率？这些都成为亟待解决的问题。

经过一番思索与商讨，韩总等人决定采用三种策略，将经销商作为自身附加触手，由公司对其进行适当扶持与管控，充分利用其灵活的业务团队，及时应对市场需求。第一，要"优胜劣汰"。即制定一系列运营标准（主要以团队工作优劣为标准），淘汰不达标的弱势经销商，大力扶持优质经销商，以确保每个"触手"都强劲有力地抓住目标市场。第二，带着经销商一起"玩"。企业利用自己的品牌影响力及一些很好的推广模式，以"1+N"的方式（"1"指雷士电商企业，即旗舰店或称直营店，"N"指多个分销商。），在诸如在"6·18""品牌日""双11"等大促时，和一些排名靠前的经销商配合做活动，做捆绑销售，增加活动力度与热度，以吸引更多消费者。第三，逐步变"采销"为"代销"（大型经销商除外，如京东直营店等）。

相比于采销模式，代销经销商既可以自行制定经营策略，又省去了管理库存、物流等方面的麻烦。代销方式由于减少一次物流，周转速度加快，同时增加了公司与经销商之间的联系，使双方能更好地配合彼此的运营活动，也能随时根据市场环境进行动态调整，产品质量风险和管理成本都有所降低。现阶段雷士电商的经销商均为采销模式，用代销逐步取代传统的采销模式，不仅能使企业与经销商凝聚在一起，方向一致地创造更多的效益，更能让彼此迅速高效地进行业务配合，降低运营成本，实现共赢。

为了降低内部竞争，分销商与公司直营店铺在品类上有所区隔，多以风格化产品为主，是直营店铺的影子店，在战术上可以互相配合去攻击竞争对手，就好比战场上的"输出"周围多了一批强劲的"辅助"，可实现共同升级。就这样，雷士电商配合其经销商在互联网照明行业掀起燎原之势。

经过3个月，公司与经销商的销售业绩飞速攀升，相比之前，月销售额翻了一番，在促销活动中的表现也是脱颖而出、再创新高。看到如此显著的成效，韩总倍感欣慰。初尝甜头的高管们决定让公司介入经销商内部运营管理，进一步加强与经销商的配合。考虑到部分经销商在一些非核心业务上能力不足，企业开始为其提供更多的后台资源。企业拥有专业的团队、优质的服务，包括售后及上门安装等深得人心的亲民操作。得到企业的帮助可以让经销商更专注于前端销售业务，进而使行动更为敏捷高效。

雷士电商为此成立了相应的新部门——运管中心和KA（关键客户）部，部门的相关人员会介入经销商后台对其进行管理，经销商店铺内实行"双店长制"，两名店长分别由公司运管中心与经销商内部人员担任，形成一种"半直营"体系。这种"共同"经营的方式能够让公司与其经销商进行更为灵活的弹性配合，实现高效沟通并迅速应对市场需求以进行战术配合。另外，公司加紧与各大电商平台的合作，利用自身决策链条短的优势，抢先占领各大流量电商的资源位。至2016年底，雷士电商以全年销售额5.88亿元的成绩完美收官，实现跳级升段，跻身"铂金"之位。看着这令人欣慰的数字，韩总心里舒了一口气，也添了一股斗劲儿，"看来，我们这离巢之鸟已经飞上更广阔的天了！"

4. 走位灵活欲登"王者"

经过两年的摸爬滚打，韩总一队人攒了不少经验，意识到在互联网上卖灯最大的特点就是要灵活多变、快速迭代、不断尝试。现在雷士电商依然保持高速发展的态势，可韩总却时常在办公桌前陷入沉思，电脑屏保上的一行字映出了他的心思——居安思危，思则有备，有备无患。"这个时代，变化的速度越来越快，尤其是互联网领域，到处充满不确定性，现在我们高速发展，谁又能预测明天会不会突然杀出一匹黑马？谁又能保证当下的模式明天能适用？"思前想后，韩总觉得，既然我们无法预料变化，那不如主动出击，不断作出创新性改变，以自身的灵活性对抗外界的不确定性。

2017年初，韩总带人考察并研究了目前照明行业（电商领域）的市场状况，发现主要存在以下两个问题：①灯饰品牌众多，小品牌充斥着大部分市场；②用户对灯饰的个性化要求越来越高，小批量生产让大企业倍感压力。

公司内各管理人员经商讨后，决定首先对公司各大部门进行横向分解，切分成最小的工作单元。拆分越细，人员招聘难度就越低，还会降低人员被挖的风险。以营销部门为例，该部门属于创作设计部，如今被拆分成7个小部门，包括企划、文案、摄影、视频、执行等部门。如此一来，整个设计部就相当于一个小广告公司。虽然目前行业内没有哪个企业像雷士电商这样，从内部"柔化"，大胆地将自己解构成一个个细胞似的组织单元，但这正是雷士电商的过人之处，这种组织形式所体现出的灵活与柔性也着实让其受益匪浅。

4月初，行业内的一个家居电商王老板找到了韩总，"韩总啊，你们公司设计部门的工作做得真不错，过几天的超级品牌日活动你们能不能给我们做个外包业务啊？"韩总笑了笑，"感谢您的肯定与邀请！不过我们的部门现在能力有限，员工们忙于自身业务，公司内部的活都勉强干完呢，外包的事还得看公司以后的发展。"虽是拒绝了这个外包业务，但韩总却很欣喜，又一个想法在他心里萌芽了。

尽管公司拥有快速响应机制，与经销商间的配合也游刃有余，但毕竟雷士电商是个大企业，在面对一些小批量、具有不确定性风险的产品开发时，公司仍显得疲于应对。因为这些产品所占市场太小，如果从公司层面去处理，则性价比不高，会显得有些"鸡肋"。倘若放弃不做，将这一块块迷你市场拱手让人，也是不小的损失。这类市场正是那些小体量商家专吃的"菜"，而这些"菜"也正是雷士电商所觊觎的。那到底该怎么做呢？怎样才能做到既吃到了眼中的"菜"，又不会觉得杀鸡用了宰牛刀？

韩总召集部门负责人，希望能够集思广益。会上，韩总同大家分析了之前考察的资料。营策部刘副总看着屏幕上那些纷繁复杂的店铺名称说："若我们专攻起这块市场，对于咱们公司来说有点浪费子弹。"一时间，大家伙都眉头紧锁，各种想法在脑海里翻腾。"那如果不是我们亲自去打呢？"人力部的于副总眼前一亮，说道："倒不如我们学学韩都衣舍和海尔，成立小微经营体，我们自己培养'小蚂蚁'去吃对方的市场，怎么样？"于副总一语惊人，大家似乎看到了新的发展门路，纷纷表示可以一试。韩总点了点头："嗯，我也考虑了这些模式，虽然让员工自己去应付有些冒险，但不妨一试。既然大家也有想法，这段时日咱们收集资料来学习参考，再根据自身特点设计方案和机制。"

经过几轮的讨论、策划，雷士电商终于推出了小微经营体。公司设计好团队机制，可将一些不确定能被市场所接受的风格化产品，或者一些小型"买卖"交由小微来做，具体项目、想法由公司内部员工提出，员工自行组建团队，上限为10人。申请后进行汇报、立项，上级经过审核，同意后即可实施。公司为小微团队提供平台式资源，如一定的资金、供应链、客服、物流、售后等。当然，公司给予小微经营体最大限度的决策权，小微人员可以自行寻找供应商。

小微经营体类似于企业的小型"子公司"，维持小规模的状态，每年不追求太多盈利，只要服务好自己的个性化客户即可。这样就能保持自身处于竞争下游，其他大品牌也不会来吃它的市场。公司与小微经营体按比例共享利润，如若小微创业失败，公司会为其买单。此机制一出，公司内部一些有想法、有能力的员工都跃跃欲试。

雷士电商成立的第一个小微，是由之前做"集吊"业务的小张组建的。在开产品选型会时，身为团队负责人的小张对"木艺"这一细分品类很感兴趣，但公司并不确定此类灯饰能被市场接受，不敢贸然开发。小张带着团队对木艺灯的产品设计及经营方案进行了详细的策划，并与公司进行探讨，申请成立小微来专门经营木艺灯饰的店。

经公司审核后,一个品牌名为"原来"的木艺灯店铺就顺势诞生了。小张团队得到更大的自主决策权,他们自己跑工厂、选产品,自行设计款式,再跟供应商不断进行调整、打磨,自定经营策略后再由公司审核。此外,公司平台能及时为其提供所需资源,小微与公司配合默契,发展迅速。

自此以后,主营不同风格灯饰的小微经营体逐渐多了起来。公司主体依然运行有序,小微只是负责"游击散打",公司与小微的配合,使得雷士电商身上的每一寸筋骨都活动了起来,所取得的成效更让他们坚定了按这条路继续走下去的决心。

2017年是雷士电商飞速发展、实现自我超越的一年。"双11"当天,雷士电商以2.79亿元的交易额完美收官。尽管全网全销量仅次于欧普,依然坐着亚军之座,但在单店、单品、大类目等关键指标上屡创新高。"双11"当天成交用户同比去年增长128%,客单价提升29%。其间,雷士筒灯产品跃居灯饰光源类目全网第一,单日销量逾153万件,远超同类产品销量,夺得销冠。这一年,雷士电商完成了全年11.38亿元的销售业绩,亮眼的成绩让雷士电商为集团交出了一份满意的答卷。

5. 尾语

11月11日晚,雷士的灯已悄然点亮千万家,顾客对雷士灯具的火速配送及安装纷纷点赞、好评,韩总对此倍感欣慰。再回首,所有的煎熬都变成了骄傲。每每谈及雷士电商的成就,韩总脑海里都会想到这样一句话——"你只有忘掉过去,才能更好地前进。"平常心,再出发!雷士电商将一直秉着以用户为中心的理念,不断超越自我,亦刚亦柔,化繁为简,不断创新前进,成为集团强大的"输出"与走位灵活的作战先锋。

资料来源:本案例由大连理工大学经济管理学院的林海芬、刘宏双、胡芬撰写,有删改。

思考题

1. 雷士电商为何能逐渐变为柔性组织,其动因是什么?
2. 目前雷士电商的运营状态是怎样体现出组织柔性的?企业的敏捷性(组织柔性)是如何形成的?
3. 雷士电商"小微经营体"属于哪种类型的柔性组织?小微团队组织有哪些特点?你如何看待这种组织形式的创新?

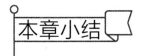

本章小结

组织,就是指人们为了实现共同的目标而组合成的有机整体。组织是人类社会生活中最常见、最普遍的社会现象。一个人从出生到死亡,无不处于这样或那样的组织之中。任何组织都具有三个共同的特征:明确的目标、一定的人员、适当的结构。

管理者在进行组织结构设计时,应该遵循几个重要原则:任务目标原则、分工与协作原则、命令统一原则、管理幅度原则、责权利对等原则、集权与分权相结合的原则、稳定性与适应性相结合的原则、效益原则、正确对待非正式组织的原则。在进行组织设计时，还需考虑各种相关因素的影响，其中影响较大的因素主要有组织战略、组织环境、组织规模和技术。管理者应根据组织的实际情况进行组织设计，常见的组织设计结构有直线型组织结构、职能型组织结构、直线职能型组织结构、事业部型组织结构、矩阵型组织结构、团队型组织结构、无边界组织、学习型组织。

　　人力资源管理是指组织为了实现既定的目标，运用现代管理措施和手段，对人力资源的取得、开发、保持和运用等方面进行管理的一系列活动的总和。如何进行人员配备，主要经过以下几个步骤：工作分析、人力资源规划、招聘和解聘、甄选。进行完人员的配备之后，还要进行人员培训和开发。培训是一个组织为改善内部员工的价值观、工作能力、工作行为和工作绩效而进行的有计划的学习活动和过程，培训类型一般可分为在岗培训和脱岗培训两类。绩效评估是对员工的工作绩效进行评价，以便形成客观公正的人事决策的过程。绩效评估的内容主要包括贡献考评、能力考评。绩效评估的方法有书面描述法、关键事件法、评分表法、行为定位评分法、多人比较法、目标管理法、360度考核法。一个组织除了要有一个公平合理的考绩制度外，还必须有一个好的报酬制度。一般组织的薪酬包括直接薪酬和间接薪酬两部分，直接薪酬一般分为基本薪酬、奖金、津贴和股权等，间接薪酬包括社会保障计划、企业福利和延期支付等。

　　管理的组织职能是指为了实现组织目标，合理地确定组织成员，有效地安排工作任务及各项活动，并对组织资源进行合理配置的过程。一旦制订出很好的计划，就要对组织所拥有的各种资源进行配置和协调，把人员按一定的结构组织，使他们能按一定的程序运作，互相之间有明确的信息传递的渠道，通过这一切来保证组织目标的实现。

第 5 章　领导职能

学习目标

学习本章之后,你应该能够:
1. 阐述领导的内涵。
2. 清楚领导和管理的联系与区别。
3. 概述领导的特质理论、行为理论与权变理论,以及领导理论的新发展。
4. 应用激励理论分析如何有效地激励员工。
5. 解释沟通的障碍及克服措施。
6. 区别群体与团队,列出高效团队的特征与建设方法。

开篇案例

布朗宁公司中挪员工的跨文化沟通

引言

张德明来到布朗宁公司已经有不少时日了,虽然这家公司经营范围、自身职权责任和以往没有很大差别,但是文化差异带来的沟通障碍使得张德明感到困难,他迫切地想要解决好这些沟通难题。不管是由团队协作转向个人完成任务带来的无助感、沟通上和同事领导无法传递一切尽在不言中的暗示、对于领导权力的不同程度的崇敬带来的行为差异,还是对于商务馈赠的不同理解导致的矛盾。自从加入这家中挪跨国公司,张德明无时无刻不在经历着跨文化沟通的难题。这些问题不容轻视,他必须想办法解决这些麻烦。

1. 公司背景

20世纪90年代,布朗宁公司看到改革开放的巨大成功和中国市场的潜在活力,派遣了挪威员工到北京开办代表处,进行市场调研,寻求商业机会。1995年,挪威总部决定将办事处由北京迁入国际化和商业化气息更加浓厚的上海,成立了上海代表处,牵头运作中国区业务,但简单地利用当地代理进行撒网式推广的模式阻碍了其在中国的发展,也增加了管理成本。2003年,布朗宁公司决定注销上海代表处,成立全资子公司全权负责并深耕中国市场,这家贸易公司也就是现在的BCN公司。

布朗宁公司是一家百年企业,成立于1889年,总部设立在挪威的萨尔普斯堡市,主营生物化工生意,其挪威总部的工厂是世界上最先进的生物冶炼工厂之一。布朗宁公司使用天然、可再生的原材料,生产先进环保的生物质材料,其产品可以替换石油化石炼制,环保、节能并且性能更加优越。布朗宁公司按产品将业务分为生物解决方案板块、生物材料板块和精细化学品板块，各个板块下设置不同的部门。

布朗宁公司在中国的发展路线主要是注重销售，希望在中国这个庞大的市场中能占据一席之地，获取更多利润。随着中国区的需求增长稳健，布朗宁公司的客户群体也越来越大，之前的野蛮销售模式已经显出疲态，中国的客户渴求专业和全面的技术支持和服务，所以BCN拓展的研发、物流供应链等业务板块将是今后在中国区发展的必经之路。挪威总部对中国的重视程度与日俱增，雇用了越来越多的中国员工开拓业务，同时也增加了从总部来中国进行短期历练和学习的挪威管理培训生的数量。

2. 领导放权是好事？

电脑提示收到一封新邮件，张德明从案前文件抬眼看过去，发现是总部直接领导发来的邮件。想必是任务部署的完整计划吧，张德明不禁欣喜公司面对他的请示邮件的迅速回复，但点开邮件，却有点傻眼。只有短短几句话，无非是公司相信他对于中国市场的把握和相信他能出色地完成推进产品的任务。明明回复了，却感觉什么也没回复。一切都只能靠自己了，总部不会给他指示的，张德明心想。

他索性放下手中的事情，靠着椅背，想着要是在以前的公司，这时候领导早就将大家聚集在一起，讨论，制订计划，再将任务安排到每个人，事无巨细。张德明已经习惯领导的安排与集体的合作，也享受这种安全感，再看现在的公司陡然间仿佛是一个人的征途，前面没有拿着火把驱散迷雾的人，只能自己一个人摸索前进的方向。

这种工作方式好像也少了些幸福感。之前大家一起解决问题，在团队中配合协作，向着一个目标前进。如今要更多地依靠自己，独立完成。虽然完成任务带来的喜悦是相同的，但是张德明想着，以往团队在日常工作中形成的默契与信赖，集体的氛围令人安心舒适，在成果面前分享喜悦，他似乎能够更加幸福，获得更多慰藉。而一个人行动少了支持似乎变得没有底气了。他知道这是双方文化的差异，而自己也只能尽快适应。这项任务对他来说是个大的挑战，到底如何从团队合作转向独立完成？如何才能完成好任务呢？办公室空调风呼呼地吹着也吹不散张德明头顶的愁云。

3. 一切尽在不言中？

挪威总部布置的推广产品的任务在持续推进中，张德明也理解总部对于他的期待，渐渐适应新的工作方式。这次走访客户，更是有挪威的同事陪同帮助，想必会事半功倍，轻松完成任务。但是张德明又发现了新的问题，双方的沟通方式不同，造成了新的问题。

为了完成挪威总部布置的推广新产品的任务，张德明最近开始了走访客户的流程，寻找更多的合作机会。这天走访客户，张德明陪同挪威同事Hansen一同去。进程过半，Hansen却渐渐觉得对面的中国客户似乎没有和他们合作的意愿，迟迟不进入正题，反而在说些不相干的琐事。看着客户还在侃侃而谈，没有一丝推进合同谈判流程的意思，Hansen 渐渐地按捺不住把话题拉向正轨的想法。Hansen 示意张德明推进谈判进程，不想再浪费时间了。而张德明看着对面正说在兴头上的客户，他知道这时候客户是借着这些琐事，希望拉近人际关系，现在打断客户只会造成双方气氛尴尬，他只好使眼色示意 Hansen 再等等，而自己顺应着中国客户，在其后应声附和着。Hansen 虽然已经了解和中国人谈生意是场拔河，但是实在没想到对方似乎还没拿起绳子。Hansen 只能忍耐着这冗长的铺垫。终于到了谈判价格的地方，"我们的产品质量出色，想必您也是知道的，在整个行业中都是佼佼者，和我们合作当然是共赢的"。Hansen 有些激动地说道。而刚刚侃侃而谈的客户却沉默下来，低着头思考许久。这突然的沉默却把 Hansen 弄懵了，不懂客户是什么意思。在他们文化中这个沉默可是不礼貌的，Hansen 只能用眼神求助张德明对方到底是什么意思。而张德明知道正是这个沉默才是关键的，他们要等待客户沉默中拿定主意。

这种单刀直入的风格不仅体现在和客户的交流上，也体现在组织内部的交流中。张德明想起上一次和挪威驻上海的总经理 Andersen 聊天的场景，自己实在是和 Andersen 不在一个频道。走进 Andersen 办公室，Andersen 招呼张德明坐到沙发上，张德明有些疑惑为什么 Andersen 突然找自己。哪想他开宗明义地问起了张德明对于自己的职业规划以及希望达到的职位。突然间问到这个问题，让张德明有些摸不着头脑，也不知道如何回答，只能犹犹豫豫地说，只希望自己做好每一件事情，一步一步走扎实，争取每一次机会。而 Andersen 却不懂他的答非所问和神态扭捏，以为张德明是没有明白他的意思又问了一遍，张德明只觉更加窘迫，来回搓着手，讪笑着说一切都听从公司的安排。Andersen 有些堂皇，只是问问职业规划，了解员工所想的晋升规划，来更好地管理人才而已。但是中国员工似乎在这上面赋予了很多意义，导致不能畅所欲言，结果这场交流只能仓促收尾。

4. 尾声

张德明在工作上没有了以前的团队合作，从领导的指挥变成一个人单打独斗，全靠自己拿主意。和挪威员工、总经理之间的沟通也不是那么顺利，想要达到心照不宣的默契还需要双方更多地协调沟通方式，还有领导权力、馈赠文化的差异这些问题亟待解决。

下个星期又得走访客户，该怎么和挪威员工配合协作好呢？客户没有收到中秋节的礼品，会不会影响这次的谈判呢？张德明不禁忧心忡忡起来。到底该如何解决这些问题呢？

资料来源：本案例由华东理工大学商学院的杜伟宇、孙东琴撰写，有删改。

5.1 领导概述

5.1.1 领导的内涵

1. 领导的概念

曾有权威人士将领导定义为"地球上最容易观察到的但最不容易理解的现象"。由此可见，给领导下一个统一的定义是很困难的，不同的学者对于领导有着不同的解释。领导可以是动词也可以是名词，是领导者及其领导活动的简称。领导者是组织中那些有影响力的人员，他们可以是组织中拥有合法职位的、对各类管理活动具有决定权的管理人员，也可以是一些没有确定职位的权威人士。领导活动是领导者运用权力或权威对组织成员进行引导或施加影响，以使组织成员自觉地与领导者一起去实现组织目标的过程。这个定义包括下面三个要素。

扩展阅读 5.1
只有一块黄油

（1）领导者一定要有追随者，没有追随者的领导者谈不上是一个真正的领导者。

（2）领导者拥有影响追随者的能力或力量。这些能力或力量包括由组织赋予领导者的职位和权力，也包括领导者个人所具有的影响力、人格魅力等。领导者能够通过合理地使用这些能力或力量，使被领导者表现出各种符合组织期望的行为。

（3）领导的目的是通过影响追随者来实现组织的目标。领导是目的性非常强的行为，它的目的在于使被领导者心甘情愿地、满腔热情地为实现组织或群体的目标而作出努力和贡献。

2. 领导的作用

领导意味着组织成员的追随与服从。正是来自其组织成员的追随与服从，才使领导者在组织中的作用得以发挥，使领导的过程成为可能。而组织成员追随和服从领导者的原因，就在于他们所信任的领导者能够满足他们的愿望和需求。在充满艺术性的领导过程之中，领导者巧妙地将组织成员个人愿望和需求的满足与组织目标的实现结合起来。在带领、引导和鼓励组织成员为实现组织的目标而努力的过程中，领导者要发挥指挥、协调、激励和榜样的作用。

1）指挥作用

杰出的指挥家可以将各种不同的乐器和表演个性相异的演员统一成一个和谐的整体，进而创造出美妙的音乐来。组织中的成员也如同乐队中的乐手一样，需要有头脑清晰、胸怀全局、高瞻远瞩、运筹帷幄的领导者帮助他们认清所处的环境和形势，指明活动的目标和达到目标的途径。领导者必须善于使用自己的指挥权力，遵循有效指挥的基本原则，进行正确的指挥，以自己的实际行动带领组织成员为实现组织的目标而努力。

2）协调作用

组织的目标是通过组织成员的集体活动来实现的。即使组织制订了明确的目标，但由于组织中的成员对目标的理解、对技术的掌握和对客观情况的认识，因个人知识、能力、信念等方面的差异而不同，人们在思想认知上发生分歧、在行动上出现偏离目标的现象都是不可避免的，因此需要领导者来协调人们的关系和活动，使组织成员步调一致地朝着共同的目标前进。领导协调作用的发挥，要求领导者对工作活动中出现的问题及时地调整，使各方面配合得当。协调工作必须是非分明、有理有据、坚定不移地进行。

3）激励作用

任何组织都由具有不同需求、欲望和态度的个人所组成，如果一个人的学习、工作和生活遇到了困难、挫折或不幸，某种物质的或精神的需要得不到满足，就必然会影响工作的热情。怎样才能使每一个员工都保持旺盛的工作热情、最大限度地调动他们的工作积极性呢？这就需要有通情达理、关心群众的领导者来为他们排忧解难、激发和鼓舞他们的斗志，发掘、充实和加强他们积极进取的动力。领导的激励作用在很大程度上表现为调动组织中每个成员的积极性，使其以高昂的士气自觉地为组织作出贡献。

4）榜样作用

榜样的力量是无穷的。领导者不仅仅要靠组织赋予的权力去管理组织成员，更重要的是需要以身作则，用自己的言行去影响被领导者。作为一个领导者，必须随时注意自己的一言一行。领导者应该明白，职权只能使下属服权而不服人，口服而心不服，产生的威信会是极其脆弱的。领导者无论职务多高、权力多大、资历多深，都应该要求别人做到的自己要先做到，要求别人不做的自己坚决不做。正所谓"其身正，不令而行；其身不正，虽令不从"。

5.1.2 领导与管理的关系

领导与管理是一回事吗？领导与管理是人们通常容易混淆的概念。领导与管理有着千丝万缕的联系，领导是伴随着管理的发展而产生的。当管理者致力于影响和带领某个团队达成一个目标的时候，他就涉足了领导的领域；同理，当领导者从事计划、组织、人事和控制等工作时，他正是在履行管理的职能。二者都会对他人或团体产生影响，都要求与人合作，从而也都包括一个达成共有目标的过程。尽管，领导和管理在很多方面都极为相似，但是二者还是有所不同的。进一步说，领导和管理构成同一过程中既相互区别又相互补充的不同体系。

1. 领导与管理的联系

（1）领导是从管理中分化出来的。就领导活动自身发展的历史而言，决策与执行的分离、领导权与管理权的分离,这一具有里程碑意义的变革同样证明了领导是从管理中分化而来的。

(2)目的一致性。不论是管理还是领导都是通过一系列的努力,最终来实现组织的既定目标。尽管管理主要是通过协调,把人、财、物、信息等各类资源合理有效地组织起来,使之正常运转,完成既定目标;领导则是通过引导、激励下属进而发挥他们的主观能动性来实现预期目标。两者的最终目标是一致的,都要实现组织的既定目标。对于组织而言,只有通过领导者和管理者相互的合作,通过卓越领导和有效管理来保证组织目标的顺利实现。

(3)都强调"以人为本"。管理的人性化是企业管理理论发展的趋势,企业之间的竞争最终表现为人才之间的竞争,所以,"人"已经成为管理中最重要的因素。管理的对象可以是材料、人员、资源、土地、设备、顾客和信息等,但对人的管理是中心。而作为被领导的对象只是组织中的人,通过对人的指导、激励实现组织目标,因此,领导更强调对人的因素的把握。"以人为本"便成为领导与管理共有的哲学思想。

(4)领导和管理在社会活动中具有较强的相容性和交叉性。强调过分管理而领导无方,势必会造成重微观轻宏观、重短期行为忽视战略规划、过分注重专业化而轻视整体效应;领导有力而管理不足,则会导致强调长远规划不注意短期的计划和利益、太过注重群体文化而不注意细微的专业分工和规则等。

2. 领导与管理的区别

正如通用电气公司原首席执行官杰克·韦尔奇所说,把梯子正确地靠在墙上是管理的职责,而领导的作用在于保证梯子靠在正确的墙上。概言之,管理是要正确地做事,领导则是要做正确的事。领导和管理的区别主要表现在以下几个方面。

(1)领导职能是管理的四项职能之一,除了领导职能以外,管理还包括计划职能、组织职能和控制职能。

(2)领导和管理活动的着重点不同。领导活动是与人的因素密切关联的,侧重于对人的指挥和激励,更强调领导者的影响力、艺术性和非程序化管理,注重人的需要、情感、兴趣、人际关系等社会属性,强调柔性。而管理活动更强调管理者的职责,注重正式的规章制度,具有刚性,要求有正式的规章制度来指导员工,其目的是使员工行为规范化、标准化。

(3)权力的构成不同。管理是建立在合法的、有报酬的和强制性权力的基础上对下属命令的行为,下属必须遵循管理者的指示。在此过程中,下属可能尽自己最大的努力去完成任务,也可能只尽一部分努力去完成工作。而领导则不同,领导是一种影响别人的能力,既可能来源于组织赋予的合法权力,也可能来源于个人的影响力和专家权力。而个人的影响力和专家权力是与个人的品质和专长有关的,与其职位无关。

综上所述,我们可以得出这样的结论:管理者一定是领导者,但领导者不一定是管理者。因为不管他们处在什么层次,都要或多或少地执行管理的四项职能任务,通过行使管理权力来影响或指挥组织成员努力实现组织的目标，因此组织中的管理者都是领导者。一方面，现实中的管理者并不一定都是好的领导者，有些管理者也许会在计划、组织和控制等职能方面做得非常出色，但只要不能有效地发挥对他人的领导作用，不能既居领导之"职"同时亦行领导之"能"，那么他就不是好的领导者。另一方面，一个人可能是领导者，却并非管理者。领导从根本上来讲是一种影响力，是一种追随关系。人们往往追随那些他们认为可以满足自身需要的人，正是人们愿意追随他，才使他成为领导者。领导者既存在于正式组织中，也存在于非正式组织中。作为非正式组织的领袖，他们并没有正式的职位和权力，也没有义务去履行计划、组织和控制职能，但是他们却能对其组织成员施加影响，起到激励和指挥的作用，虽然没有正式职权，他们却是名副其实的领导者。

扩展阅读

领头羊和牧羊犬

领头羊：体格最健壮、跑得最快、听力最好、目光最敏锐的——在羊群中具有崇高威望。

领头羊的领导作用靠的是诚信和道德情操，其身先士卒：陷阱——第一个掉下去；岔路——凭经验做选择；走在队伍的最前头——承担着巨大的危险；羊群在领头羊之后，信任且心甘情愿地跟着走。

领头羊是靠"拉动"来带动羊群往前走的，只管往前，后面的羊是否掉队它不管的。

牧羊犬：狗非羊，忠实于主人，勤劳能干，对羊群严加管束。

牧羊犬的领导作用靠的是法律、法规和规矩：慢了——催，散了——赶回来，方向错了——拦住转向；羊群在牧羊犬的驱赶下，以落伍为耻，争先恐后地往前涌。

牧羊犬是靠"推动"促使羊群往前走，羊群快了慢了都要管，不能让一只羊掉队。

领头羊注重战略制定：要去什么地方，该怎么走，想明白了就赶紧启程；牧羊犬注重过程：羊群主人的意图要领会清楚。

5.1.3 领导者的素质

领导者的素质，是指领导者所具有的在领导活动中经常起作用的基本条件或内在因素。领导者的个人素质主要包括以下五个方面。

1. 思想素质

这是领导者首要的素质，主要包括：正确的世界观、价值观、人生观，具有坚定正确的政治方向和政治立场，自觉贯彻党的路线、方针、政策和国家的法律法规，坚持全心全意为人民服务的宗旨，廉洁勤政。同时要树立正确的个人价值观，一要有积极的行为准则，二要保持客观公正的评价态度。

2. 知识素质

领导者业务知识素质如果按行业特性的要求来确定，可以有许多种结构。首先，一个领导者应该具有广博的知识结构，掌握基本的自然科学和社会科学的基础知识，领导者的知识面过窄，就很难适应工作的需要，难以做到与时俱进。更重要的是要熟知本行业的行业知识和企业知识，行业的知识主要包括市场情况、竞争情况、产品情况和技术情况。企业的知识主要包括领导者是谁、他们成功的主要原因是什么、公司的文化渊源、公司的历史和现在的制度。缺乏本行业的专业知识，就无法实施具体的领导。同时，还应该具有必要的法律知识。

3. 工作能力素质

工作能力是领导者在工作中各种能力的综合表现。领导工作是否有效，在很大程度上取决于领导者的工作能力素质的高低。工作能力素质中一个非常重要的组成部分就是领导者的人际关系能力。人际关系首先要广泛，在企业活动涉及的各个领域拥有广泛的人际关系。同时，人际关系必须是稳定的，不是短期的而是长期的，不是一次性的，而是可以反复合作的。

4. 气质、心理素质

气质，又称脾气、性情，体现在人的言谈和举止上，反映出领导者的基本精神面貌。人的气质并无绝对的好坏，任何一种气质类型对领导者都是既有利又有弊。因此，领导者应在工作中不断提高自己的气质修养，自觉调节气质的表现形式，克服气质的消极方面，发挥气质的积极方面。

领导者在工作中应勇于开拓并承担责任，善于抓住机遇并能够经受竞争和风险的考验，在复杂局面和困难面前沉着应对。随着时代、实践和环境的发展，领导者可以不断进行自我调整、自我完善，当遭受失败和挫折时，要不气馁、不消沉。

5. 身体素质

繁重的领导工作，要求领导者具有良好健康的身体素质。作为领导者，不仅在体力方面要身体健壮、精力充沛，而且在脑力方面，要思路敏捷、判断迅速、记忆良好。

总的来说，并非所有的领导者都具有这些素质，许多领导者可能具备其中的大部分素质。

5.1.4 领导者的权力和影响力

1. 领导者的权力

权力是领导的标志，权力是实施领导行为的基本条件。没有权力，领导者就难以有效地影响下属，实施真正的领导。一般认为，领导者的权力分为职位权力和个人权力两大类。

1）职位权力

职位权力是指由于领导者在组织中所处的职位，由上级和组织赋予的权力，它由组织正式授予领导者,并受组织规章的保护,属于正式的权力。这种权力与领导者的职位相对应,在职就有权,不在职就无权。职位权力包括对组织活动的决定权、指挥权,对组织成员的奖惩权。人们往往出于压力和习惯不得不服从这种权力。这种权力与特定的个人没有必然的联系,它只同职务相联系。职位权力包括法定权、奖赏权和强制权。

(1)法定权。法定权代表了由于领导者在组织中身处某一职位而获得的权力。它来自下级传统的习惯观念,即认为领导者处于组织机构中的特定地位,而且具有合法的权力影响他,他必须接受领导者的影响。法定权力是领导者职权大小的标志,是其他各种权力运用的基础。法定权具有四个特性:一是层次性。权力的大小是由职位的高低决定的,职位高的权力大,职位低的权力小。二是固定性。法定权力内容是由法律或有关政策规章相对固定下来的,如《中华人民共和国公司法》中对公司经理的职权规定包括主持公司的生产经营管理工作,组织实施董事会决议,组织实施公司年度经营计划和投资方案等。三是自主性。当领导者的某一法定权被确定下来后,领导者也就相应地取得了在职权范围内相对独立用权的条件。领导者可以集权行使,也可以适当地分权来调动下属的积极性。四是单向性。法定权具有极强的线性约束力,只能指派职权范围内的下属。

(2)奖赏权。奖赏权指提供奖金、提薪、表扬、升职和其他任何令人愉悦的东西的权力。奖赏权是采取奖励的办法来引导人们做出所需要的行为。它可以增加领导者对下属的吸引力,也能引起下属满意并提高工作效率,但这种权力的激励作用要视奖励值的大小和公平性如何而定。

(3)强制权。强制权也称惩罚权,是指可施加扣发工资奖金、批评、降职乃至开除等惩罚性措施的权力。这种权力依赖于下属的恐惧感,即下属感到领导者有能力惩罚他,使他产生痛苦,不能满足某些需求。惩罚权可以使下属基于恐惧而顺从,为了维持这种顺从,领导者必须时常监督下属是否照他的指示去做。如果发现下属不遵循行为规范,为了维持恐惧一定要加以惩罚。例如,如果一名销售人员没有按时完成预期的销售指标,他的上级管理者就可以行使强制权批评他、训斥他,在他的绩效考核中加上一个负面的评价记录,取消他评优或加薪的资格。

2)个人权力

个人权力是来自领导者个人的权力。这种权力不是由于领导者在组织中的位置才拥有,而是由其自身的某些特殊条件才具有的。例如,领导者具有高尚的品德、丰富的经验、卓越的工作能力、良好的人际关系;领导者善于体贴关心他人,令人感到可亲、可信、可敬,不仅能完成组织目标,而且善于创造一个激励的工作环境,以满足群众的需要;等等。这种权力不是外界附加的,它产生于个人的自身因素,与职位没有关系。而且这种权力对下属的影响比职位权力更具有持久性。个人权力包括专家权和感召权。

（1）专家权。专家权也称专长权，指由个人的专长、特殊技能或某些专业知识而产生的权力。一个人由于具有某种专业知识、特殊技能和经验，因而赢得了你的尊敬，你就会在一些问题上服从于他的判断和决定。在组织中，专家权力的实现来自下属的尊敬和信任，即下属感到领导者具有某种专门的知识、技能和专长，能帮助他，为他指明方向，排除障碍，达到组织目标和个人目标。一些软件专家、知名律师、医学教授、建筑工程师以及各种专家都会因为他们的专业技能而获得一定的专家权力。

（2）感召权。感召权也称模范权，这是与个人的品质、魅力、经历和背景等相关的权力。一个拥有独特的个人特质、超凡魅力和思想品德的人，会使你认同他、敬仰他、崇拜他，以至达到你要模仿他的行为和态度的地步，这样他对你就有了感召权。在组织中，感召权的实现来自下属对上级的信任，即下属相信领导者具有他所需要的智慧和品质，具有共同的愿望和利益，从而对他钦佩，愿意模仿和跟从他。一些政治领袖、体育明星、文艺明星、著名慈善家等都具有这样的权力，这种权力是无形的，它吸引了欣赏它、崇拜它、希望拥有它的追随者，从而激起追随者的忠诚和极大的热忱。

2. 领导者的影响力

所谓影响力，就是一个人在与他人的交往过程中，影响和改变他人心理与行为的能力。学者尤建新认为，领导者的影响力由两大类构成，即权力性影响力和非权力性影响力，如图5.1所示。

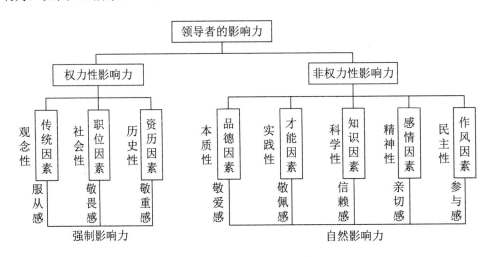

图5.1　领导者的影响力的构成

1）权力性影响力

这是一种领导者作为管理者时所拥有的强制性的影响力，它带有强迫性和不可抗拒性，以外推力的形式发生作用。在权力性影响力的作用下，被影响者的心理与行为表现为被动和服从，因而决定了它对人的激励是有限的。构成权力性影响力的主要因素有传统因素、职位因素和资历因素。

（1）传统因素。高人一等的传统概念形成了下级对上级的服从感。

（2）职位因素。来自社会分工的管理职权，使得该岗位的角色拥有一定的法定权力，让被领导者对他敬畏推崇。

（3）资历因素。由领导者的资格和经历所产生的影响力，使得被领导者对他敬重推崇。

这几项都是与领导者当前的个性行为表现无关，领导者个人在改变其管理职位之前是无法使之改变或增减的。

2）非权力性影响力

这是一种自然形成的影响力，既没有正式的规定，也没有上下授予的形式，非权力性影响力与领导者本人的素质、行为密切相关，被领导者是从心里自愿地接受影响。构成非权力性影响力的主要因素有品德因素、才能因素、知识因素、感情因素和作风因素等。

（1）品德因素。领导者的品格、道德、思想面貌反映出领导者的崇高本质，使被领导者发自内心地对领导者崇拜敬爱。

（2）才能因素。领导者在工作实践中所表现出来的才能和能力，使被领导者对领导者产生敬佩感。

（3）知识因素。领导者所具有的科学知识和专长能力，使被领导者信赖领导者的指引。

（4）感情因素。领导者与被领导者之间的关系融洽，亲如家人，使被领导者对他的领导有一定的亲切感。

（5）作风因素。领导者实行民主管理，使被领导者能参与决策，具有"主人翁"参与感。

非权力性影响力因领导者的思想、素质与行为的改变而出现变化，通过领导者素质的提高，可以使其影响力得到提高。

权力性影响力主要依靠职位和权力获得，而非权力性影响力要靠自身的努力来创造，因而显得更为重要。非权力性影响力很高的领导者，他的权力性影响力会得到加强；相反，非权力性影响力很差，则权力性影响力也会下降。所以，组织的管理者认识到，有效领导的关键在于提高非权力性的影响。

情景小故事

刘邦取胜

在楚汉相争的角逐中，刘邦之所以能够最后胜出，贵为天子，与他的知人善任和虚心纳谏是分不开的。一次在洛阳南宫宴请群臣，刘邦问诸大臣："我能取得天下，原因是什么？项氏失去天下，原因又是什么？"

高起、王陵回答说："陛下派人去攻城略地，能把他们所降服的地区封给他们，说明陛下能与天下人共享其利，拥有美德。而项羽妒贤嫉能，谁有功劳，就设法加害谁，谁有贤才，就猜疑谁。部下作战胜利，得不到封赏，自己得了土地，也不给别人一点利益。所以必然失去天下。"

刘邦说："你们是只知其一，不知其二。要说运筹帷幄之中，决胜千里之外，我不如张良；要说镇守国家，安抚百姓，供给军饷，保证粮草的供应，我不如萧何；要论统领百万大军，战必胜，攻必克，我不如韩信。这三个人都是人中豪杰，我能任用他们，这才是我取得天下的根本原因。项羽有谋士范增却不重用他，所以被我击败。"群臣信服。

资料来源：可可诗词网，原文出处《汉书·高祖纪》。

5.2 领导理论

众多管理学家和心理学家对领导问题进行了广泛的研究，提出了许多有关理论，以期解决怎样有效领导的问题。这些理论大致可分为三类，第一类是领导特质理论，集中研究有效管理者应有的个人特征，目的是找出领导者与非领导者的区别；第二类是领导行为理论，集中研究领导者的工作作风和领导行为对领导有效性的影响，并将不同的领导行为分类；第三类是领导权变理论（或情境理论），研究各种影响领导行为成效的因素，并尝试找出各种环境因素与各种领导行为的最佳搭配。

扩展阅读 5.2
哪种领导类型最有效？

5.2.1 领导特质理论

从 20 世纪初到 20 世纪 40 年代，有关领导的研究主要关注于领导者的特质，也就是能够把领导者从非领导者中区分出来的个性特点。这些研究旨在分离出一种或几种领导者具备而非领导者不具备的特质，因此被称为领导特质理论。按照领导特质理论的观点，领导者之所以被称为领导者，是由于他们具有与众不同的优秀品质和特殊能力，而他们与众不同的优秀品质，有的是由于他们的特殊生活经历造成的，有的则是与生俱来的。领导特质理论认为，一个领导者只要具备了某些优秀的个人特性或素质，就能有效地发挥其领导作用。其研究的一般方法是调查、归纳那些优秀的领导者在各个方面（包括身体、知识和能力、性格、社会背景等）所具有的共同特性。

尽管研究者付出了相当大的努力，但结果表明不可能有一套特质总能把领导者与非领导者区分开来。领导者并不一定都具有比非领导者高明的特殊品质，实际上他们与非领导者在个人品质上并没有显著的差异。此外，特质理论并不能使人明确，一个领导者究竟应在多大程度上具备某种特质。虽然领导特质理论不能从根本上解决领导的有效性问题,但是这方面的研究却一直没有间断过,因为在一些成功的领导者身上,我们确实看到了一些鲜明的个性特征,研究者发现六项特质与有效的领导相关,即进取心、领导愿望、诚实与正直、自信、智慧和工作相关知识,如表5.1所示。

表5.1 领导者的六项特质

特 质	具 体 含 义
进取心	领导者非常努力,有着较高的成就渴望。他们进取心强、精力充沛,对自己所从事的活动坚持不懈、永不放弃,并有高度的主动性
领导愿望	领导者有强烈的愿望去影响和领导别人,他们表现为乐于承担责任
诚实与正直	领导者通过真诚无欺和言行一致而在他们与下属之间建立相互信赖的关系
自信	下属觉得领导者从没缺乏过自信。领导者为了使下属相信他的目标和决策的正确性,必须表现出高度的自信
智慧	领导者需要具备足够的智慧来收集、整理和解释大量的信息,并能够确立目标、解决问题和作出正确的决策
工作相关知识	有效的领导者对于公司、行业和技术事项拥有较高的知识水平。广博的知识能够使他们作出富有远见的决策,并能理解这种决策的意义

虽然依靠领导特质理论并不能充分解释有效的领导,但由于领导特质理论系统地分析了领导者所应具有的能力、品德和为人处世的方式,向领导者提出了要求和希望,这对企业培养、选择和考核领导者是有帮助的。领导特质理论使我们认识到领导者的素质不是天生的,而是在实践中逐步形成和积累起来的,可通过后天的教育进行培养。

5.2.2 领导行为理论

由于特质理论没有成功地找出有效领导者的特征,从20世纪40年代至60年代,随着行为科学的兴起,领导研究的重点开始从领导者应具备哪些特质转向领导者应当如何行为方面,形成了领导行为理论。领导行为理论认为,领导的作用是通过领导者的特定行为表现出来的,因而应把研究的重点转到领导行为上来。由此可见,与领导特质理论不同,领导行为理论试图用领导者做什么来解释领导现象和领导效能,并主张评判领导者好坏的标准应是其外在的领导行为,而不是其内在的素质条件。由于领导有效性取决于领导者所实际表现出的领导行为,那么人们就可以通过培训和学习而成为有效的领导者。下面介绍四种具有代表性的领导行为理论。

1. 领导作风理论

德国心理学家勒温(K.Lewin)在实验研究的基础上,把领导者的基本领导方式分为三种类型,即独裁型、民主型和放任型。

1)独裁型

这类领导者倾向于集权管理,由个人独自作出决策,然后命令下属予以执行,并要求下属绝对地服从。独裁型领导行为的主要表现为：①独断专行，从不考虑别人的意见，组织的各种决策完全由领导者一人制定；②领导者预先安排一切工作内容、程序和方法，下属只能服从；③除了工作命令外，从不把更多的信息告诉下属，下属没有任何参与决策的机会，只能奉命行事；④主要靠行政命令、纪律约束、训斥惩罚来维护领导者的权威；⑤领导者与下属保持着相当的心理距离。

2）民主型

在民主型领导风格下，领导者倾向于就拟采取的行为和决策同下属磋商，并鼓励下属参与，共同商量，集思广益，然后再作出决策。民主型领导行为的主要表现是：①制定决策时，领导者广泛听取下属的意见和建议，决策不是领导者单独制定的，而是大家共同讨论的结果；②分配工作时，尽量照顾到下属的能力、兴趣和爱好；③给予下属相当大的工作自由，以及较多的选择性和灵活性；④主要通过个人的权力和威信，而不是靠职位权力和命令使人服从；⑤领导者与下属无任何心理上的距离。

3）放任型

放任型的领导者极少运用其权力影响下属，而是给予下属充分的自由，让下属自己做决策，并按照下属自己认为合适的做法完成工作。放任型的领导者认为其职责仅仅是为下属提供信息并与企业外部进行联系，以此有利于下属的工作。

勒温得出的结论是：以上三种领导方式中，放任型的领导方式工作效率最低，只能达到组织成员的社交目标，但完不成工作目标；专制型的领导方式虽然通过严格管理能够达到既定的任务目标，但组织成员没有责任感，情绪消极，士气低落；民主型的领导方式工作效率最高，不但能够完成工作目标，而且组织成员之间关系融洽，工作积极主动、富有创造性。

2. 领导系统模式理论

以伦西斯·利克特（Rensis Likert）为首的美国密歇根大学社会调查研究中心，通过对大量企业的调查访问和长期试验展开研究，提出了领导系统模式理论，将领导行为归结为四种基本模式。

1）专制—权威型

采用这种方式的领导者非常专制，权力集中于领导者，一切决策都由领导者单独制定，不采纳下属的意见，下属没有任何决策权。领导者对下属没有信心、缺乏信任，解决问题时根本不听取他们的意见。领导者经常以威胁、恐吓、惩罚以及偶尔的奖赏来激励下属。组织内部极少沟通，只有自上而下的单向信息流，信息易被歪曲，因而领导者对下属的情况既不了解也不理解。人们通常怀有恐惧的心理，因而在这类组织中几乎不存在相互作用和协作。在这种领导方式下，最易形成与正式组织的目标相对立的非正式组织。

2）开明—权威型

采用这种方式的领导者采取家长制的恩赐式领导方式。领导者采取奖赏和惩罚并用的方式来激励下属。权力控制在最上层,但也授予中下层部分权力。组织内部较少沟通,并且大体上多属自上而下单向的信息流,领导者只接受自己想听到的情报,对下属有一定的了解。组织内部成员之间很少互相交往,而且这种交往也多是在上司屈尊、下属心有畏惧和戒备的情况下进行的,因而极少有相互协作的关系。领导者决定方针政策,下属只能在既定的范围内进行有限的决策,但有时领导能听取下属的某些意见。这种领导方式下也会存在非正式组织,且其目标不一定同正式组织的目标相对抗。

3) 协商型

采用这种方式的领导者对下属有相当程度的信任,但重要问题的决定权仍掌握在自己手中。在工作问题上,上下级之间能自由地对话,并能采纳下属的意见。运用奖励,偶尔也运用惩罚手段调动下属。在组织内部有适度的沟通,信息流是双向的,领导者虽然也只接受自己想听到的信息,但对与此相反的信息也都慎重地传递,因而他们对下属的问题有相当的了解。组织内部有适度的交往,并且是在比较信任的情况下进行的,因而形成适度的协作关系。组织目标和实施计划都是在同下属协商后才作为命令下达的,因而能被下属接受。非正式组织对正式组织的目标一般采取支持的态度,但有时也会表现出轻微的对抗。

4) 参与型

采用这种方式的领导者在一切问题上对下属都能完全信任,上下级之间对工作问题可以自由地交换意见,领导者尽力听取和采纳下属的意见。以参与决策、经济报酬、自主地设定目标并自我评价等手段来调动下属的积极性,因而组织的各类成员对组织目标都具有真正的责任感,并采取积极的行动促其实现。在组织内部有良好的沟通,信息能得到正确的传递,领导者对下属的问题都非常了解和理解。组织内部有广泛而密切的相互交往,并且是在相互高度信赖的情况下进行的,因而形成紧密的协作关系。决策过程涉及组织的各个层次,由于一切决策都使下属充分地参与,因而能激励他们积极地实施决策。机构中的非正式组织同正式组织结为一体,因而形成组织的全体成员共同致力于组织目标实现的局面。

根据利克特的研究,生产率高的企业大都采取参与型的领导方式,生产率低的企业则大都采取专制—权威型的领导方式。利克特主张领导者应采用参与型的领导方式。主张领导者要考虑下属的处境、想法和期望,支持下属实现目标的行为,让下属认识到自己的价值和重要性。由于领导者支持下属,因而能激发下属对领导者采取合作的态度和抱有信任感,反过来支持领导者。因此,利克特的理论又被称为"支持关系理论"。

3. 领导行为四分图理论

20 世纪 40 年代末期,美国俄亥俄州立大学的工商企业研究所在斯托格弟(Ralph M. Stogdill)和沙特尔(Carroll L. Shartle)两位教授的领导下,开展了对领导行为的研究。他们首先提出了 1 800 项标志领导行为特征的因素,然后经过反复筛选、归纳,最后概括为"抓工作"和"关心人"两大主要因素。

"抓工作"是以工作为中心，内容包括组织结构设计，明确职责、权力，确定工作目标和要求，制定工作程序、方法和规章制度，给下属分配任务等。总之，"抓工作"是要求领导者运用组织手段，通过确定目标、分配任务、制定政策和措施，把下属的行为纳入预定的轨道，以严密的组织和控制来提高工作效率。

"关心人"是以人际关系为中心，内容包括倾听下属的意见和要求，注意满足下属的需要，以友好、平易近人的态度对待下属等。总之，"关心人"要求领导者与其下属之间建立友谊、信任、体谅的关系，以良好的人际关系来调动员工的积极性。

研究结果表明，以上两种因素可以有多种结合方式，形成不同的领导方式，如图 5.2 所示，包括：低工作—高关心人型、低工作—低关心人型、高工作—高关心人型和高工作—低关心人型。大量的后续研究发现，一个高工作—高关心人型的领导者常常比其他三种类型的领导者更能使下属达到高绩效和高满意度。但是，高工作—高关心人型领导方式并不总是产生积极的效果，足够的特例表明这一理论还需加入情境因素。

图 5.2 领导行为四分图

4. 管理方格理论

在俄亥俄州立大学提出的领导行为四分图的基础上，美国得克萨斯大学教授罗伯特·布莱克（Robert R. Blake）和简·莫顿（Jane S. Mouton）在 1964 年出版的《管理方格》一书中提出了管理方格理论。他们用横坐标表示领导者对生产的关心程度，用纵坐标表示领导者对人的关心程度，并将代表两类领导行为的坐标轴划分为 9 等份，1 代表关心程度最小，5 代表中等的或平均的关心程度，9 代表关心程度最大，交叉形成 81 个方格，每一方格代表这两个方面以不同程度结合而成的领导方式，如图 5.3 所示。

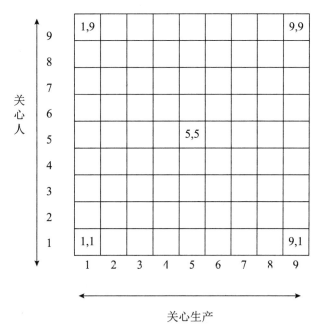

图 5.3　管理方格图

布莱克和莫顿在提出方格理论的同时，还列举了五种典型的领导方式。

（1,1）型为贫乏型管理：领导者既不关心生产，也不关心人。表现为只做最低限度的努力来完成任务和维持士气。

（1,9）型为乡村俱乐部型管理：重点在于建立良好的人际关系，领导者重视对员工的支持和体谅，营造轻松愉快的组织气氛和工作节奏，但很少考虑如何协同努力去达到企业的目标，生产管理松弛。

（5,5）型为中间型管理：领导者对人和生产都有适度的关心，兼顾工作和士气两个方面来使适当的组织绩效成为可能。这种领导方式追求平衡，但不追求卓越，从长远看，可能使企业落伍。

（9,1）型为任务型管理：领导者非常关心生产，但对人却是漠不关心。领导者试图将个人因素的干扰减少到最低程度，以求得较高的生产效率。这种领导方式容易导致员工情绪低落，士气较低。

（9,9）型为团队型管理：领导者不但注重生产，而且也非常关心人，把组织目标的实现与满足员工需要放在同等重要的地位。既有严格的管理，又有对人的高度的关怀和支持。力求使个人目标与组织目标利益一致、相互依存，上下一心地完成工作任务。

到底哪一种领导方式最佳呢？布莱克和莫顿组织了许多研讨会，参加者绝大部分人认为（9,9）型最佳，但也有不少人认为（9,1）型最佳，还有人认为（5,5）型最佳。后来布莱克和莫顿指出，哪种领导方式最佳要看实际工作情况，最有效的领导方式不是一成不变的，要依实际情况而定。

5.2.3 领导权变理论

20世纪60年代后期，随着权变理论的出现，又产生了领导的权变理论。该理论认为，并没有万能的、固定不变的有效领导类型，只有结合具体情境，因时、因地、因事、因人制宜的领导方式，才是有效的领导方式。领导权变理论认为领导方式的有效性是受多种变量影响的，即 $S = f(L,F,E)$。其中，S 代表领导方式，L 代表领导者的特征，F 代表被领导者的特征，E 代表环境。

下面介绍几个具有代表性的领导权变理论。

1. 领导方式的连续统一体理论

1958年，美国管理学家罗伯特·坦南鲍姆（Robert Tannenbaum）和沃伦·施密特（Warren H. Schmidt）提出了领导方式的连续统一体理论。他们认为，领导方式是多种多样的，并不存在一种固定的理想模式。在领导者与下属的关系中，究竟应当给予下属多少参与决策的机会，是采取专制型领导更好一些，还是采取民主型领导更好一些，取决于多种相关因素，因而要采取随机相宜的态度。在专制型和民主型两种极端的领导方式中间，存在着许多种过渡型的领导方式，这些不同的领导方式构成一个连续的统一体，如图5.4所示。

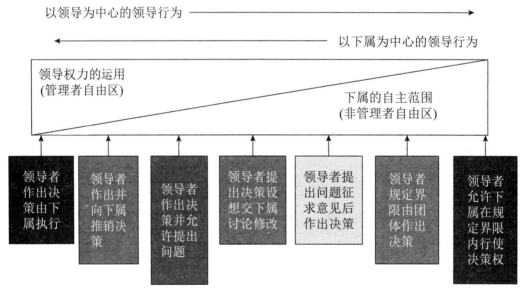

图 5.4 领导行为的连续统一体

从图5.4中可以看出，领导者的领导方式或风格可有多种选择，其中有两种极端类型的领导风格：一种以领导者为中心（在连续统一体的左边），这样的领导者具有独裁主义的领导作风，往往自己决定所有的政策，对下属保持严密的控制，只告诉下属他们需要知道的事情并让他们完成任务；另一种以下属为中心（在连续统一体的右边），这样的领导者具有民主的领导作风，允许下属对所从事的工作有发言权，不采取严密的控制，鼓励下属参与决策、自我管理。从左到右领导者行使越来越少的职权，而下属得到越来越多的自主权。

领导方式的连续统一体理论认为，对图5.4中七种领导方式，不能说哪一种总是正确的，或哪一种总是错误的。领导者究竟应当采取哪一种领导方式，主要取决于以下三个因素：①领导者的因素：领导者的价值观，对下属的信赖程度，对某种领导方式的爱好等。②下属的因素：下属独立性的需要程度，是否愿意承担责任，对有关问题的关心程度，对不确定情况的安全感，对组织目标是否理解，下属的知识、经验和能力等。③组织环境因素：组织的价值标准和传统，组织的规模，集体的协作经验，决策问题的性质及其紧迫程度等。

总之，必须全面考虑以上各方面的条件，才能确定一种适当的领导方式。

2. 费德勒模型

美国管理学家弗雷德·费德勒（F. E. Fiedler）在大量实证调查研究的基础上，提出了有效领导的权变模型。费德勒指出，有效的领导者不仅在于他们的个性，也在于各种不同的环境因素和领导者同组织成员之间的交互作用。

费德勒认为，影响领导有效性的环境因素主要有下列三个方面。

（1）职位权力。职位权力指领导者的职位所能提供的权力和权威是否明确、充分，在上级和整个组织中所得到的支持是否有力，对雇用、解雇、纪律、晋升和报酬等的影响程度的大小等。

（2）任务结构。任务结构指下属所从事工作的程序化、明确化的程度，如工作的目标、方法、步骤等是否清楚。如果工作任务是例行性、常规化、容易理解和有章可循的，则这种工作任务的结构是明确的；反之，则属于不明确或低结构化的工作任务。

（3）领导者与被领导者的关系。领导者与被领导者的关系指领导者得到下属拥护和支持的程度，如领导者是否受到下属的喜爱、尊敬和信任，是否能吸引并使下属愿意追随他等。如果双方高度信任、互相尊重支持、密切合作，则上下级关系是好的；反之，则关系是差的。

费德勒设计了"最难共事者"（least-preferred co-worker，LPC）问卷来测定领导者的领导风格。该问卷是询问领导者对"最难共事者"的评价。如果一个领导者给最难共事者打了低分，说明该领导者对这种同事的评价是充满敌意的，这样的领导者惯于命令和控制，只关心生产，不关心人，因此，作出"低LPC分"评价的领导者是趋向于任务导向型的领导方式。同样，如果一个领导者给最难共事者打了高分，则反映出该领导者对人宽容、体谅，提倡人与人之间的友好关系，该领导者的领导方式趋向于关系导向型。

费德勒通过对1 200个企业和团体的调查研究，得出了在各种不同情境条件下的有效领导方式，其结果如图5.5所示。

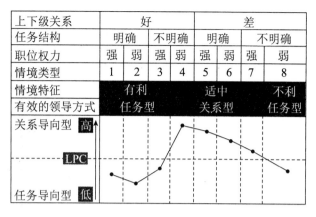

图 5.5 费德勒模型

费德勒的研究结果表明,在对领导者最有利和最不利的情况下(如图中1、2、3、8),采用任务导向型领导方式将是最有成效的;在对领导者中等有利的情况下(如图中4、5、6、7),采用关系导向型领导方式是最有成效的。

因此,费德勒主张,要提高领导的有效性应从两方面着手:一是先确定某工作环境中哪种领导者工作起来更有效,然后选择具有这种领导风格的管理者担任领导工作,或通过培训使其具备工作环境要求的领导风格;二是先确定某管理者习惯的领导风格,然后改变他所处的工作环境(即在上下级关系、任务结构、职位权力等方面做些改变),使新的环境适合领导者的领导风格。

3.途径—目标理论

途径—目标理论是由加拿大多伦多大学教授罗伯特·豪斯(Robert House)提出的。这种理论认为:领导者的效率是以激励下属达成组织目标,并在其工作中使下属得到满足的能力来衡量的。领导者的主要责任和作用就在于为下属设置和指明目标,帮助他们找到实现目标的途径,并帮助他们解决困难、扫清障碍。影响领导有效性的因素包括:下属的特征,如下属的需求、自信心和能力等;工作环境,如任务复杂程度、奖励制度以及与同事的关系等方面。

途径—目标理论认为,领导方式可以分为四种类型。

(1)指示型。领导者对下属提出要求,指明方向,给下属提供具体明确的指导和帮助,使下属能够按照工作程序去完成其工作任务,实现工作目标。

(2)支持型。领导者和蔼可亲、平易近人,了解下属的疾苦,关心下属的生活和幸福,理解下属的需要。

(3)参与型。领导者在做决策时,征求下属的意见,同下属商量对策,认真对待和研究下属的建议与要求,有助于激励下属的工作行为。

(4)成就导向型。领导者给下属设置富有挑战性的目标,诱导下属最大限度地发挥自己的才能,不断提高工作的完善程度,并给予下属极大的信任,相信他们能达到目标。

途径—目标理论认为，有效的领导方式取决于下属的特点（控制点、经验和知觉能力）和工作环境（任务结构、正式权力系统和工作群体）这两个因素，如图 5.6 所示。

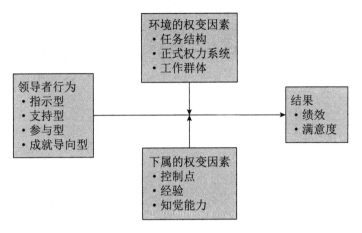

图 5.6　途径—目标理论

由图 5.6 可以得出以下的结论。

（1）与高度结构化和安排完好的任务相比，当任务不明或压力过大时，指示型领导会带来更高的满意度。

（2）当下属执行结构化任务时，支持型领导会带来员工的高绩效和高满意度。

（3）对于知觉能力强或经验丰富的下属，指示型的领导可能被视为累赘多余。

（4）组织中的正式权力关系越明确、越官僚化，领导者越应表现出支持型行为，降低指示型行为。当工作群体内部存在激烈的冲突时，指示型领导会带来更高的员工满意度。

（5）当任务结构不清时，成就导向型领导将会提高下属的期待水平，使他们坚信努力必会带来良好的工作绩效。

（6）内控型下属对参与型领导更为满意，而外控型下属对指示型领导更为满意。

总之，当领导者可以弥补员工或工作环境方面的不足时，则会对员工的绩效和满意度起到积极的影响。相反，如果任务本身已经非常明确而员工的能力足够强的话，过多的领导指示行为就是不恰当的，容易招致员工的反感。

4. 领导生命周期理论

领导生命周期理论也被称为情景领导理论，是由美国管理学家科曼（A. K. Korman）于 1966 年首先提出，后经赫西（Paul Hersey）和布兰查德（Kenneth Blanchard）加以发展形成的。

领导生命周期理论以领导的四分图理论和管理方格理论为基础，同时又结合了阿吉里斯（Chris Argyris）的不成熟—成熟理论，形成了一个由任务行为、关系行为和成熟程度组成的三维结构，如图 5.7 所示。

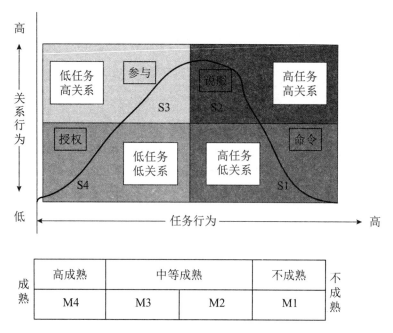

图 5.7 领导生命周期理论

任务行为和关系行为相组合,形成四种领导风格。

S1:命令式(高任务低关系)——领导者对下属的工作进行详细、具体的指导,明确指出下属应该干什么、怎么干以及何时何地去干。

S2:说服式(高任务高关系)——领导者既给予下属以一定的指导,又注意激发和鼓励其积极性。

S3:参与式(低任务高关系)——领导者与下属共同决策,领导者着重为下属提供便利条件和沟通渠道。

S4:授权式(低任务低关系)——领导者提供极少的指导或支持,授予下属一定的权力,下属独立工作,依靠自己的能力完成工作任务。

同时,赫西和布兰查德又把下属的成熟程度分为四个等级。

M1(不成熟):下属既无承担工作任务的能力,又缺乏工作意识,既不能胜任工作,又不被信任。

M2(稍成熟):下属愿意承担工作任务,但缺乏足够的能力,他们有积极性,却没有完成任务所需的技能。

M3(较成熟):下属有能力完成工作任务,但却不愿去做。

M4(高成熟):下属既有能力又愿意去做领导者分配给他们的工作。

领导生命周期理论认为,随着下属从不成熟走向成熟,领导者不仅可以逐渐减少对工作任务的控制,而且还可以逐渐减少关系行为。当下属处于不成熟阶段(M1)时,领导者必须给予下属明确而具体的指导以及严格的控制,需要采取高任务低关系的行为,即命令式领导方式;当下属处于稍成熟阶段(M2)时,领导者需要采取说服式领导方式,即高任务高关系的行为,高任务行为可以弥补下属能力上的不足,高关系行为可以激发下属的积极性,给下属以鼓励;当下属处于较成熟阶段(M3)时,由于下属能胜任工作,但却没有工作的动力,因此领导者的主要任务是做好激励工作,了解下属的需要和动机,通过提高下属的满足感来发挥其积极性,宜采用参与式领导方式;当下属处于高成熟阶段(M4)时,由于下属既有能力又愿意承担工作,因此领导者可以只给下属明确目标、提出要求,由下属自我管理,可采用低任务低关系的授权式领导方式。

我们以父母与子女的关系为例来说明领导生命周期理论:当人处在儿童时期,难以独立适应环境,一切都需要父母的照顾和安排,此时父母的行为是高任务低关系。在这里要注意,疼爱不是高关系,高关系涉及尊重、信任、自立、自治等。当孩子进入小学和初中时,父母除安排照顾外,必须给孩子以信任和尊重,增加关系行为,即采取高任务高关系的行为。当孩子进入高中和大学时,他们逐步要求独立,开始对自己的行为负责,父母应该逐步放松控制,给予孩子高度的感情上的支持,应采取低任务高关系。当孩子成年走向社会、成家立业以后,此时父母最适当的方式就是完全放手,即低任务低关系的方式。

总之,领导生命周期理论揭示出,随着下属成熟程度的提高,领导者应相应地改变自己的领导方式。也就是说,对于不同成熟程度的下属,领导者应该采用不同的领导方式。

情景小故事

富弼拒赏

宋代名臣富弼克己奉公,为官清正,颇有廉声。《宋稗类钞品行》记载,富弼出任枢密使时,宋英宗赵曙刚登上天子的宝座。某天赵曙将其父仁宗皇帝的遗留器物都拿来赏赐给朝廷重臣。众臣叩头感谢领赏之后一齐告退。赵曙却单独请富弼留下,又在惯例之外赏赐他几件器物。富弼先叩头谢恩,然后就坚决推辞不接受这份额外的赏赐。赵曙有些不高兴,轻描淡写地说:"这些东西又不是特别贵重,你没有必要推辞!"富弼恳切地说:"东西虽然很微薄,但关键是额外所赐。大臣不应该获得额外的赏赐而不谢绝,万一将来皇上做出什么例外的事来,大臣们该怎么劝谏呢?"最终富弼还是推辞掉了这份赏赐。

资料来源:学优高考网。

5.2.4 领导理论的新发展

以下介绍六种新的领导理论。

1. 变革型领导理论

伯恩斯(Burns)于 1978 年在其著名著作《领导力》一书中首次对变革型领导进

行了界定,他认为,变革型领导是"领导通过高层次的理念和价值观,激发并鼓舞下属潜在动力,促使下属全力投入工作,促使领导和下属之间相互鼓励提升彼此的高层次需求及动机"。伯恩斯认为,变革型领导能够帮助员工实现高层次需要(如马斯洛提出的自我价值实现),这将有助于下属树立强烈的责任心,汇聚自身的资源和能力帮助组织完成目标。巴斯(Bass)于1985年在其著作《超越预期的领导》中进一步对变革型领导的内涵进行了拓展和完善,并认为变革型领导是"首先勾勒出一幅具有吸引力的组织愿景并积极地进行宣传,同时向下属灌输共同的理想和价值观,不断发展他们的知识和技能,并使员工意识到工作本身的重要意义,从而使其承担更多有关工作方面的责任。领导通过与下属营造相互信任的氛围,从而进一步增强对组织的认同和归属感,促使下属能够为了企业利益而牺牲自身利益,从而达到超出预期的结果"。

2. 诚信领导理论

诚信领导是指领导者在领导过程中能够表现出诚实守信、言行一致、表里如一、诚恳负责的品质和行为,从而有利于团队实现组织目标。Luthans等人认为诚信领导具有自我意识、积极的自我调节、积极心理能力和积极的自我发展四个方面的显著特点。Avoli等人认为领导者应该拥有高水平的诚信,清楚了解自我及自己的信仰和价值观,他们的行动建立在自己的信仰和价值观之上并且在行动时能够毫无隐瞒地与他人互动。从领导者的角度来说,诚信领导可以体现在:①诚实不欺,信守承诺;②诚恳待人,关心下属;③正直负责,坚持原则。

3. 服务型领导理论

服务型领导的概念最早是Greenleaf在他1970年出版的著作《仆人式领导》一书中提出的,他认为服务型领导首先源于个体天生想要去服务他人的想法。他强调,超脱个人私利是服务型领导的核心特点(尽管其他的领导学说也会提及这一点,但是都未将其看作是核心要素)。其他领导理论的目标都是对组织利益的追求,而服务型领导则聚焦下属,注重下属的利益和幸福的实现。Stone、Russell和Patterson认为服务型领导人文导向的态度使得他们更加关注组织内部稳固的关系。1998年,Greenleaf进一步对服务型领导的内涵进行了扩充,他认为服务型领导的俯首奉献精神和可依赖性使其更容易获得下属的支持,而这样的氛围也更能够激发下属为组织目标的实现发挥最大努力。

4. 复杂性领导理论

Marion和Uhl-Bien提出了复杂性领导的概念,他们认为,复杂性领导者不是直接影响系统,而是需要创造条件使得不明确但富有成效的系统状态成为可能,他们通过实现组织内自下而上的创新、适应性来达到这一目标。复杂性领导者借助系统性、非线性效应以及网络的力量进行思考,他们对理解复杂性的模式、学习处理复杂的情形这些工作的努力程度,远远超过了对复杂性结果的关注。换言之,他们关注过程胜于关注结果。

5. 家长式领导理论

由于中国社会的文化价值体系具有独有的特征，其领导模式和管理方式应该是与西方有区别的。Silin 对一家较为大型的华人家族企业做了一年案例研究之后发现，这家家族企业的管理者领导作风较为独特，倾向集权管理，喜欢对下属耳提面命；Redding 的研究也指出，中国企业在文化价值观和经营模式上明显与西方不同，领导者更注重自身权威和部属的忠诚。因此，我国台湾学者郑伯壎等人在综合前人研究结果的基础上，通过实地观察和实证研究，提出了中国式的领导模式，即家长式领导理论。

6. 差序式领导理论

继家长式领导理论等具有中国特色的领导理论被提出后，郑伯壎认为，在中国文化情景下，企业经营管理模式比较容易受到家族主义文化的影响，中国企业管理者在企业中的身份和地位比较独特，往往是集多重身份于一身，他们是决策制定者，是企业信息中枢，是资源分配者，同时也是权威的家长。在组织资源及领导者自身时间精力资源有限的前提下，企业领导者不可能面面俱到，兼顾所有个体，为了能够对企业进行更有效的领导和管理，领导者必须先对企业员工进行归类并做差异化管理，然后在这个基础上分配组织资源。因此，郑伯壎认为，中国企业的员工归类模式是企业领导用来区分员工并做差异化处理和资源分配的重要模式，此理论已在后续研究中得到实证验证。中国企业组织中的领导者，会将自己比较偏好的员工分为自己人、较不偏好的员工区分为外人，并在现实工作中以不同的方式进行互动，这种对不同部属员工差别对待的方式，被称为中国式领导的另外一种形态，即差序式领导。

5.3 激 励

5.3.1 激励概述

1. 激励的概念

"激励"一词来源于古代拉丁语"movere"，该词的本义是"使移动"。在管理学中，激励是指激发、鼓励、调动人的热情和积极性。关于激励的定义很多，比如：兹德克（Zedeck）和布拉德（Blood）把激励定义为朝着某个特定目标行动的倾向。沙托（Shartle）定义激励是一种能够被感知的驱动力和紧张状态，促使人们为了完成目标而采取行动。盖乐曼（Gellerman）定义激励是引导人们的行动目标，并强化这种行动。V. 弗隆（Victor Vroom）定义激励是对个人及组织的行为进行控制的过程。

扩展阅读 5.3
如何激励个性分明的"90 后"员工？

所谓激励，就是组织通过设计适当的外部奖酬形式和工作环境，以一定的行为规范和惩罚性措施,借助信息沟通,来激发、引导、保持和归化组织成员的行为,以有效地实现组织及其成员个人目标的系统活动。

2. 激励的作用

1) 需要的强化

人的需要不仅复杂,有时还相互矛盾。不仅不同种类的需要之间存在着矛盾,即使同类需要之间也存在着矛盾。而激励工作要强化那些有利于组织目标实现的需要。

2) 动机的引导

强化了需要不一定就能得到预期的行为,因为可能有多种行为都能提供同一满足。如一名销售员要想得到更多的报酬,他可以更加努力地工作以获得更多的提成或奖励,也可以考虑保持现状而业余再兼一份销售工作,以不正当手段谋取更高的收入。这时管理者可以通过说服教育以及相应的激励措施来杜绝其不良动机,从而将其动机导向对组织目标有利的行为上来。

3) 提供行动的条件

要鼓励人的行动就应该为他们提供条件,帮助他们实现目标。例如,要让销售人员提高业绩,就应该为他们提供各种产品和客户信息,通过激励措施,让有关部门配合他们的工作,为其实现目标提供良好的条件,从而提高他们的工作积极性。可见为人们提供行动条件也是激励工作的重要内容。

4) 造就良性的竞争环境

科学的激励含有一种竞争精神,它的运行能够创造出一种良性的竞争环境,进而形成良性的竞争机制。在具有竞争性的环境中,组织成员就会感受到环境的压力,压力将转变为员工努力工作的动力。正如麦格雷戈(Douglas M. Mc Gregor)所说:"个人与个人之间的竞争,才是激励的主要来源之一。"在这里,员工工作的动力和积极性成了激励工作的间接结果。

3. 激励的过程与性质

激励可以看作是一个需要通过努力而获得满足的过程,如图 5.8 所示。

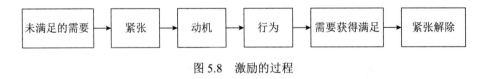

图 5.8 激励的过程

1) 需要

在心理学术语中,需要是指特定的结果具有吸引力的某种心理状态。通俗地说,需要是人们对某种目标的渴求和欲望。人的需要,既可以是生理或物质上的(如对食物、水分、空气等的需要),也可以是心理或精神上的(如追求社会地位或事业成就等)。在现实生活中,人的需要往往不止一种,而是同时存在多种需要。这些需要的强弱也会发生变化。

2)动机

动机是引起和维持个体行为,并将此行为导向某一目标的愿望或意念。动机是人行为产生的直接原因,它引起行为、维持行为并指引行为去满足某种需要。动机是由需要产生的。当人的需要未能得到满足时,会产生一种紧张不安的心理状态,在遇到能够满足需要的目标时,这种紧张不安就成为一种内在的驱动力,促使个体采取某种行为。

人的行为是由动机决定的,而动机则是由需要引起的。当人们产生某种需要而未能满足时,就会引起人的欲望,多种需要产生多种动机,但动机强度不等。对应动机强度最大的,产生活动。随着需要的满足,强度在下降。动机产生以后,人们就会寻找、选择能够满足需要的目标和途径,而一旦策略确定,就会进行满足需要的活动,产生一定的行为。当人们通过某种行为实现了目标,获得了生理的心理的满足后,紧张的心理状态就会消除。这时又会产生新的需要,引起新的动机,指向新的目标。因此,从需要的产生到目标的实现,人的行为是一个周而复始、不断进行、不断升华的循环过程。

管理者实施激励,首先就要研究员工的未满足需要,再根据员工的需要设置某些目标,并通过目标导向使员工出现有利于组织目标的优势动机,强化员工的动机,刺激员工的行为按照组织所需要的方式行动,从而实现组织目标。

5.3.2 激励理论

关于如何激发人们动机的研究成果很多,这些研究成果大致可归纳为四大类:内容型激励理论、过程型激励理论、调整型激励理论以及激励的综合模型。

1. 内容型激励理论

人的未满足的需要是动机产生的根源,内容型激励理论着重对引发动机的原因,即激励的内容进行研究,主要包括马斯洛的需要层次理论、奥德弗的三因素(ERG)理论、赫茨伯格的双因素理论及麦克利兰的成就需要理论。

1)需要层次理论

最广泛地受人注意的激励理论之一,是由心理学家马斯洛提出的需要层次理论。马斯洛把人类的需要看作是有等级层次的,从最低级的需要逐级地向最高级的需要发展,并且他认为,当某一级的需要获得满足以后,这种需要便终止了它的激励作用。马斯洛将人的需要分为五个层次,如图 5.9 所示。

(1)生理的需要。这些是维持人类自身生命的基本需要,如食物、水、衣着、住所和睡眠。马斯洛认为,在这些需要还没有满足到足以维持生命之前,其他的需要都不能起到激励人的作用。

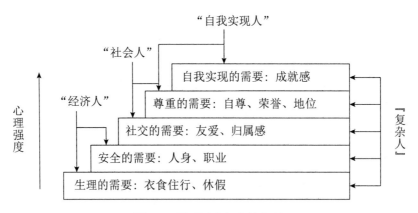

图 5.9 需要层次与人性假说

（2）安全的需要。这些是保障及维持日常生活稳定性的需要，如人身安全、就业安全、劳动安全以及未来安全，即病、老、伤、残后的生活保障等。

（3）社交的需要。人是社会的人，因此，人们常常希望在一种被接受的情况下工作，也就是说，人们希望在社会生活中受到别人的注意、接纳、关心和友爱，在感情上和组织上有所归属。

（4）尊重的需要。人们在满足了归属的需要后，就要有自尊和受到别人的尊重的需要。自尊是一种取得成绩以后的自豪；受人尊重，是指当自己作出贡献时，能得到他人的承认。这种需要将会产生诸如权力、威望、地位和自信等方面的满足。

（5）自我实现的需要。马斯洛认为，在他的需要层次理论中，这是最高层次的需要。它是一种把个人能力充分发挥的愿望，即最大限度地发挥一个人的潜能并有所成就。

马斯洛的需要层次理论，只是各种需要理论中的一种。这种分类方法是否科学引起了很多学者的争论，一些学者经过大量研究提出了反对的意见。但尽管如此，这个理论还是为我们提供了一个研究人类需要的参照本，管理者应认识到下属工作的动机，根据这些动机的不同，采用不同的激励方法来激励他们努力工作。表 5.2 是马斯洛需要层次理论在企业中的应用。

表 5.2 马斯洛需要层次理论在企业中的应用

需 要 层 次	应　　用
自我实现的需要	富有挑战性的工作、工作的自主权、决策权
尊重的需要	职衔、优越的办公条件、当众受到称赞
社交的需要	上司的关怀、友善的同事、联谊小组
安全的需要	工作保障、退休保障、福利保障
生理的需要	足够的薪金、舒适的工作环境、适度的工作时间

2）三因素理论

克莱顿·奥德弗的三因素理论与马斯洛的需要层次论比较相近，它由以下三个层次组成：存在的需要（类似于马斯洛的基本需要）、关系的需要（与他人满意地相处）

和成长的需要（指自我发展、创造性、成长和能力）。所以，三因素理论指的是存在、关系和成长三个类别。奥德弗认为，人们在同一时间内可能受到不同层次需要的激励。此外，当人们在某一层次上受挫时，他们可能会转向较低层次的需要。

3）双因素理论

与马斯洛在理论上研究人的需要不同，美国心理学家赫茨伯格（Frederick Herzberg）是通过大量实例的调查来研究人的需要，根据调查结果（图5.10）提出了激励—保健因素理论，简称双因素理论。

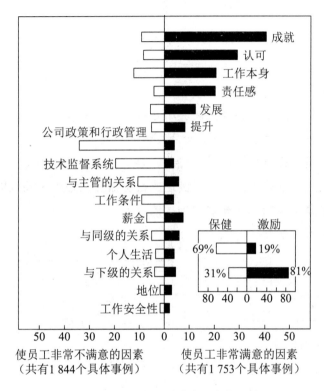

图5.10 满意与不满意因素的比较

赫茨伯格从1 844个案例的调查中发现，造成员工非常不满的原因，主要是公司政策、行政管理、监督、与管理者的关系、工作条件、与下级的关系、地位、安全等方面的因素处理不当。这些因素改善后，只能够消除员工的不满，还不能使员工变得非常满意，也不能激发其积极性，促使生产率的增长。赫茨伯格把这一类因素称为"保健因素"。这些因素主要与人们的外在需要相关。另外，他又从1 753个案例的调查中发现，使员工感到非常满意的因素主要是工作富有成就感、工作成绩能得到社会承认、工作本身具有挑战性、负有重大责任、在职业上能得到发展和成长等。这类因素的改善能激励员工的积极性和热情，从而提高生产率。如果处理不好，也能引起员工不满，但影响不是很大。赫茨伯格把这一类因素称为"激励因素"。这些因素主要与人们的内在需要相关。

根据调查结果，赫茨伯格进一步指出，满意的对立面并不是不满意，消除了工作中的不满意因素并不一定能使工作结果令人满意。赫茨伯格提出了这之中存在着双重的连续体，满意的对立面是没有满意，而不是不满意；同样，不满意的对立面是没有不满意，而不是满意。如图 5.11 所示。

$$
\text{满意} \xrightarrow{\text{传统观念}} \text{不满意}
$$

赫茨伯格的观点

$$
\text{满意} \xrightarrow{\text{（激励因素）}} \text{没有满意} \qquad \text{没有不满意} \xrightarrow{\text{（保健因素）}} \text{不满意}
$$

图 5.11 满意—不满意观点的对比

分析这两类因素可以看到，激励因素是以工作为中心的，即对工作本身是否满意、工作中个人是否有成就、是否得到重视和提升等；而保健因素则与工作的外部环境有关，属于保证工作完成的基本条件。研究中发现，当员工受到很大激励时，他对外部条件的不利能产生很大的耐性；反之，就不可能有这种耐性。

对照双因素理论与需要层次理论可见，需要层次理论中的高层需要即双因素理论中的激励因素，而为了维持生活所必须满足的低层需要则相当于保健因素，如图 5.12 所示。赫茨伯格划分了激励因素和保健因素的界限，分析出激励因素主要来自工作本身，为激励工作提出了方向。

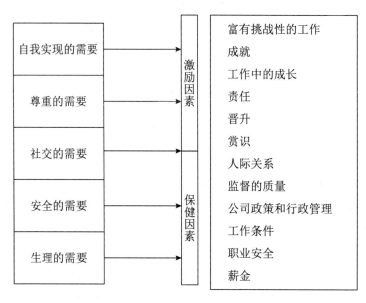

图 5.12 马斯洛理论与赫茨伯格理论的比较

4）成就需要理论

美国哈佛大学教授麦克利兰（David McClelland）从另一个侧面研究论述了人们的高层次需要，并提出了成就需要理论。他认为，人的高级需要主要是成就需要、权力需要和归属需要,并以成就需要为主导。

麦克利兰发现高成就需要者的特点是他们有强烈的内驱力,要求事情做得更为完美,使工作更有效率,以获得更大的成功。这种内驱力就称为成就需要,他们追求的是个人的成就感,而不是成功之后所带来的奖励。他们寻求那种能发挥其独立处理问题能力的工作环境;他们希望得到有关工作绩效的及时明确的反馈信息,从而了解自己是否有所进步;他们喜欢设立具有适度挑战性的目标。高成就需要者不是赌徒,他们不喜欢凭运气而获得的成功。他们愿意接受困难的挑战,并能承担成功与失败的责任。也就是说,他们不喜欢接受那些在他们看来特别容易或者特别困难的工作任务。

高成就需要者对于自己感到成败机会各半的工作表现得最为出色。他们不喜欢成功的可能性非常低的工作,这种工作碰运气的成分非常大,并且,那种带有偶然性的成功机会无法满足他们的成就需要;同样,他们也不喜欢成功可能性很高的工作,因为这对于他们自身能力不具有挑战性。他们喜欢通过自身的奋斗体验成功的喜悦与满足的工作。

权力需要是指影响和控制别人的一种愿望或驱动。高权力需要者喜欢"承担责任",喜欢竞争性和地位取向的工作环境。

归属需要也就是寻求他们喜爱和接受的一种愿望。高归属需要者渴望友谊,喜欢合作而不是竞争的环境,希望彼此之间的沟通和理解。

在大量研究的基础上,麦克利兰对成就需要与工作绩效的关系进行了十分有说服力的推断。

(1)高成就需要者喜欢能独立负责、可以获得信息反馈和中等冒险的工作环境。在这种环境下,他们可以被高度激励。不少证据表明,高成就需要者在企业中颇有建树,如在经营自己的企业、管理大公司中的一个独立部门及处理销售业务等方面。

(2)高成就需要者并不一定就是一个优秀的管理者,尤其是对规模较大的组织而言。例如某公司中的一名高成就需要的推销员,并不一定会成为优秀的销售经理。同理,大型组织中的优秀管理者,也未必就是成就需要很高者。

(3)归属需要和权力需要与管理的成功密切相关,最优秀的管理者是权力需要很高而归属需要很低的人。

(4)员工可以通过训练来激发他的成就需要。如果某项工作要求高成就需要者,那么管理者可以通过直接选拔的方式找到一名高成就需要者,或者通过培训方式培养原有的下属。

2. 过程型激励理论

过程型激励理论着重对行为目标的选择,即动机的形成过程进行研究,主要包括弗隆的期望理论和亚当斯的公平理论。

1)期望理论

期望理论是被许多人认为具有很大价值的理论,它阐明了激励员工的方法。提出这一理论的是美国心理学家弗隆。

弗隆在研究中发现，员工是否愿意从事某种工作，取决于个体对具体目标的理解以及员工对工作绩效能否实现这一目标的认识。他将上述发现分解为影响激励的效价和期望值两个因素。后来加上一个关联性因素，即达到一定的工作绩效后可获得理想奖励的可信程度，从而形成一个可操作的过程模型。即

$$M = V \times I \times E$$

式中，M（激励力）为对行为动机的激发力度；V（效价）为目标价值的主观估计；E（期望）为目标实现概率的主观估计；I（关联性）为达到绩效后取得理想奖励的可信程度。

这三个变量代表了三种联系，也是调动人们工作积极性的三个条件。

第一，努力与绩效的联系，即个体感觉到通过一定努力而达到工作绩效的可能性。人总是希望通过一定的努力能够达到预期的目标，如果个人主观认为通过自己的努力达到预期目标的概率较高，就会有信心，就可能激发出很强的工作热情，但如果他认为再怎么努力，目标都不可能达到，就会失去内在的动力，导致工作消极。但能否达到预期的目标，不仅取决于个人的努力，还同时受到员工的能力和上司提供支持的影响。这种关系可在公式的期望值这个变量中反映出来。

第二，绩效与奖励的联系，即个体对于达到一定工作绩效后即可获得理想奖励结果的可信程度。人总是希望取得成绩后能够得到奖励，这种奖励既包括提高工资、多发奖金等物质奖励，也包括表扬、自我成就感、同事的信赖、提高个人威望等精神奖励，还包括得到晋升等物质与精神兼而有之的奖励。如果他认为取得绩效后能够得到合理的奖励，就可能产生工作热情，否则就可能没有积极性。

第三，奖励与个人目标满足的联系，工作完成后，个体所获得的奖励对个体的重要性程度，即实现个体目标和满足个体需要的程度。人总是希望获得的奖励能够满足自己某方面的需要。然而由于人们各方面的差异，他们需要的内容和程度都可能不同。因而，对于不同的人，采用同一种奖励能满足需要的程度不同，能激发出来的工作动力也就不同。

弗隆把这三方面的联系用框图表示出来，如图5.13所示。

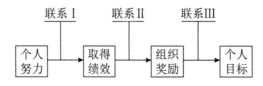

图5.13 期望理论三方面的联系

期望理论提示我们，管理者如果处理好了图5.13中的三个联系，便可有效地提高下属的工作积极性。例如，在处理努力与绩效的联系方面，管理者可以在员工招聘时选择有能力完成工作的人，或向员工提供适当的培训；在他们工作时，向他们提供足够的支持。在处理绩效与奖励的联系方面，管理者应尽量做到以工作表现来分配各种

报酬，并向员工清楚解释分配各种报酬的原则和方法，而最关键的是奖励要公平。在处理奖励与满足需要的联系方面，管理者应了解各员工不同的需要，尽量向员工提供他们认为重要的回报。

2）公平理论

公平理论又称社会比较理论，是美国心理学家亚当斯（J.S.Adams）首先提出来的。该理论主要讨论报酬的公平性对人们工作积极性的影响。人们通常通过两个方面比较来判断其所获报酬的公平性，即横向比较和纵向比较。横向比较，即将"自己"获得的"报酬"（包括金钱、工作安排以及获得的赏识等）与"投入"（包括教育、努力及耗用在职务上的时间等）的比值与组织内的其他人做比较，从而对比较作出相应的反应。如以 Q_P 表示自己对所获报酬的感觉，Q_0 表示自己对他人所获报酬的感觉，I_P 表示自己对个人所做投入的感觉，I_0 表示自己对他人所做投入的感觉。在进行比较时，会有以下几种情况出现。

如果 $\dfrac{Q_P}{I_P} = \dfrac{Q_0}{I_0}$，他会认为报酬是公平的，为此他会保持工作的积极性和努力程度。

如果 $\dfrac{Q_P}{I_P} > \dfrac{Q_0}{I_0}$，则说明此人得到了过高的报酬或付出努力较少。在这种情况下，一般来说他不会要求减少报酬，而有可能会自觉地增加投入量，但过一段时间他就会因为重新过高估计自己的投入而对高报酬心安理得，于是其产出又会恢复到原来水平。

如果 $\dfrac{Q_P}{I_P} < \dfrac{Q_0}{I_0}$，则说明此人感觉到组织对自己的报酬不公平，他可能会要求增加报酬，或自动地减少投入以达到心理的平衡。

除了"自己"与"别人"的横向比较外，还存在着自己的现在 $\left(\dfrac{Q_{PP}}{I_{PP}}\right)$ 与过去 $\left(\dfrac{Q_{PL}}{I_{PL}}\right)$ 的纵向比较。

当 $\dfrac{Q_{PP}}{I_{PP}} = \dfrac{Q_{PL}}{I_{PL}}$ 时，此人认为报酬是公平的，积极性和努力程度可能会保持不变。

当 $\dfrac{Q_{PP}}{I_{PP}} > \dfrac{Q_{PL}}{I_{PL}}$ 时，一般来说此人不会觉得所获报酬过高，因为他可能会认为自己的能力和经验已提高，其工作积极性不会因此而提高。

当 $\dfrac{Q_{PP}}{I_{PP}} < \dfrac{Q_{PL}}{I_{PL}}$ 时，此人觉得不公平，工作积极性会下降，除非管理者增加报酬。

尽管公平理论提出的基本观点是客观存在的，但在实际使用中很难把握。因为员工是凭"感觉"来判断报酬的公平性的，因此个人的主观判断对此有很大影响。人们总是倾向于过高估计自己的投入量，而过低估计自己所得到的报酬，对别人的投入量及所得报酬的估计则相反。因此，管理者在运用该理论时应更多地注意实际工作绩效与报酬之间的客观性。管理者应了解员工对各种报酬的主观感觉；此外，为了使员工对报酬的分配有较客观的感觉，管理者应让员工知道分配的标准；最后，应加强与员工的沟通，在心理上降低他们的不公平感觉。当然，对于有些具有特殊才能或完成某些复杂工作的人，应更多地考虑到其心理的平衡。

3. 调整型激励理论

调整型激励理论也称行为改造型激励理论，它着重研究如何通过激励来调整和转化人的行为。这里主要介绍斯金纳（B.F.Skinner）的强化理论。

强化理论由美国心理学家斯金纳首先提出。该理论认为，人的行为与环境对他的刺激相关。如这种刺激对他有利，则这种行为就会重复出现；如对他不利，则这种行为就会减弱直至消失。管理者应采取各种强化方法，使员工的行为符合组织的目标。根据强化手段的不同，可将强化分为如下四类。

1）正强化

正强化即用某种有吸引力的结果，如认可、赞赏、增加工资奖金、提升等，表示对某一行为的奖励和肯定，使其重现和加强。

2）负强化

当某种不符合组织要求的行为有所改变时，减少或消除施于其身上的某种不愉快的处境，从而使改变后的行为再现和增加。

3）自然消退

取消正强化，对某种行为不予理睬，以表示对该行为的轻视或某种程度的否定。研究表明，一种行为长期得不到正强化，会逐渐消失。

4）惩罚

用批评、降薪、降职、罚款等带有强制性、威胁性的结果，来创造一种令人不愉快以至痛苦的环境或取消现有的令人愉快和满意的条件，以示对某种不符合组织要求的行为的否定，从而消除这种行为重复发生的可能性。

为了达到鲜明的强化效果，还必须注意采取不同的强化方式。强化可以是连续的、固定的。例如，对每一次符合组织要求的行为都给予肯定和奖励，或对每一次不符合组织要求的行为都给予惩罚，或定期地对符合的行为进行嘉奖等。尽管这种强化有及时刺激、立竿见影的效果，但久而久之，人们会产生麻木的感觉，特别是对正强化，人们会对这种正强化有越来越高的期望，或者认为这种正强化是理所应当的，从而失去激励的作用。强化也可以是间断的，时间和数量都不固定，亦即管理者根据组织的需要不定期、不定量地实施强化，使每一次强化都能起到较大的效果。实践证明，后一种方法更有利于组织目标的实现。

4. 激励的综合模型

波特（L.W.Porter）和劳勒（E.E.Lawler）以期望理论为基础，导出了一种本质上更加完善的激励模式，比较全面地说明了整个激励的过程，如图5.14所示。从图中，我们可以归纳出该模式的几个基本点。

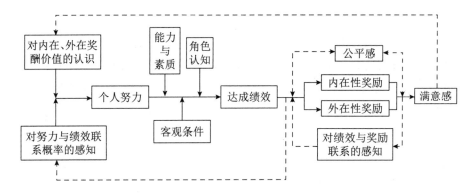

图 5.14 波特和劳勒的综合激励模型

（1）个人是否努力以及努力的程度不仅取决于奖励的价值，而且还受到个人觉察出来的努力和受到奖励的概率的影响。但所需作出的努力和实际取得奖励的概率，又要受到实际工作业绩的影响。显然，如果人们知道他们能做或者曾经做过这样的工作，则他们便可更好地判断所需的努力并更好地知道获得奖励的概率。

（2）个人实际能达到的绩效不仅取决于其努力的程度，还受到个人能力的大小以及对任务了解和理解程度深浅的影响。特别是对于比较复杂的任务，就显得更为重要。

（3）个人所应得的奖励应当以实际达到的绩效为前提。要使个人看到，只有完成了组织的任务或达到目标时，才会受到奖励，而不应先有奖励，后有努力成果。这样，奖励才能激励个人努力去达到组织目标。这些奖励可以是外在的，如奖金、工作条件和地位；也可以是内在的，如成就感或自我实现感。

（4）个人对于所受的奖励是否满意以及满意的程度如何，取决于受激励者对所获报酬的公平感。如果受激励者感到公平，就会导致满意；否则相反。

（5）个人是否满意以及满意的程度将会回馈到其完成下一个任务的努力过程中。满意会导致进一步的努力，而不满意则会导致努力程度的下降甚至离开工作岗位。

波特和劳勒的激励模式，是对激励系统比较全面和恰当的描述，它告诉我们，激励和绩效之间并不是简单的因果关系。要使激励产生预期的效果，必须考虑到奖励内容、奖励制度、组织分工、目标设置、公平考核等一系列的综合性因素。管理者应将目标—能力—绩效—奖励—满意的体系结合进整个管理工作。

5.3.3 激励的原则与手段

1. 激励的原则

为了保证激励的有效性，在激励过程中，管理者需要遵循一定的原则，采用一些有效的激励手段，来推动激励过程的顺利实施，最大限度地调动员工的积极性，发挥他们的创造性和聪明才智。在激励过程中，应遵循以下原则。

扩展阅读 5.4
现代企业的薪酬激励

1）个人目标与企业目标相结合原则

目标是员工产生动力的源泉，人们一旦确立了目标，就会在行动的过程中不断地将自己的行为和目标进行比照，所以，目标是最好的激励。正如柳传志所说："目标是最大的激励，给员工一个值得为之努力的宏伟目标，比任何物质激励都来得实在，也比任何精神激励都来得坚挺。"尤其是个人目标和企业目标一致性越高，激励的程度就越高，激励的效果也越明显，因为共同的目标和利益为员工指明了发展的方向，在行动的过程中，两者自始至终保持着默契，扫除障碍，激励实施起来也就更为顺利。

2）物质激励和精神激励相结合原则

众所周知，物质需要是人类最基本的需要，是人类生存和发展的根本要求，但层次较低，其作用也是表面的，仅仅满足员工的物质需要所获得的激励效果有限。随着生产力水平和人的素质的提高，人们开始有较高层次的精神需求。因此，在激励员工的时候，管理者一方面应善于运用工资、奖金、福利和工作条件等物质激励手段，通过物质需要的满足来激发组织员工的积极性；另一方面应注意满足员工在尊重、发展、成就等方面的需要，以发挥强大、持久的精神激励作用。管理者通过以物质激励为基础、精神激励为根本来实现两者的有效结合，以达到有效激励的目的。

3）奖惩结合的原则

在激励的过程中，奖励与惩罚都是必要而有效的，通过树立正面的榜样和反面的典型，扶正祛邪，可以形成一种良好的工作风气。无论是奖励还是惩罚都可以产生一种无形的压力，促使员工行为更积极、更富有生气。但鉴于惩罚具有一定的消极作用，容易使员工产生挫折心理和行为，因此，管理者在激励时应把奖励和惩罚巧妙地结合起来，在奖惩实践中，要有主有辅、轻重相宜。一般来说，奖励的次数宜多，惩罚的次数宜少；奖励的气氛宜浓，惩罚的气氛宜淡；奖励的场合宜大，惩罚的场合宜小；奖励宜公开进行，惩罚宜私下进行；可奖可不奖者以奖为宜，可罚可不罚者以不罚为宜。总之，在对人们的行为进行考察时，要着眼于发掘人们的长处和优点，尽量淡化人们的短处和缺点。

4）差别激励原则

激励应该本着差异化的原则，在制定激励机制时一定要考虑到个体差异。针对不同的员工，采用不同的激励方式，灵活运用多种激励方法。这是从激励的本质出发的，既然激励的本质就是满足个人的需要，而人的需要又是多种多样，所以，相同的激励政策起到的激励效果也会不尽相同。即便是同一个员工，在不同的时间或环境下，也会有不同的需求。例如，有的员工看重奖金、红利等物质刺激；有的员工对尊重、交往等情感需要十分强烈；有的员工则高度重视个人价值的实现；有的员工希望从事有一定难度、创造性的工作；有的员工则乐于从事常规性、程序化的工作；有的员工满足于工作过程的趣味性；等等。

因此，在实施激励时，管理者首先要调查清楚每个员工真正需要的是什么，将这些需要整理、归类，然后采取相应的激励措施，尽量满足员工的个性化需求，从而达到最佳的激励效果。

5）公平原则

激励过程中，奖赏员工良好行为，调动其积极性；惩罚员工不良行为，约束消极情绪，其关键在于公平公正。管理者应该清楚，在激励中，如果出现管理者奖惩不当，即奖不当奖、罚不当罚的现象，就会使员工产生抵制情绪，不仅不可能收到预期的激励效果，反而会产生消极作用，造成不良的后果。因此，在进行激励时，管理者一定要认真、客观、科学地对员工进行绩效考核，做到奖罚分明，不论亲疏，一视同仁。

6）及时、适度原则

要把握激励的时机，"雪中送炭"和"雨后送伞"的效果是不一样的。激励越及时，越有利于将人们的激情推向高潮，使其创造力连续有效地发挥出来。"机不可失，时不再来"，在激励工作中，管理者如果能够敏锐地察觉员工的进步，巧妙地把握时机进行激励，往往会达到事半功倍的效果；相反，如果管理者对员工的成绩反应迟钝，不但会错失良机，还会挫败员工的积极性。

适度原则就是要恰当地掌握激励力度，这直接影响到激励作用的发挥。激励过度和激励不足不但起不到激励的真正作用，有时甚至还会起反作用，造成对工作热情的严重挫伤。例如，过分优厚的奖赏，会使人感到得来轻而易举，用不着进行艰苦的努力；过分严厉的惩罚，可能会导致人的破罐破摔心理，使他们失去上进的勇气和信心。所以，应该坚持适度激励，做到恰如其分，激励程度不能过高也不能过低。

激励及时和适度是互相联系、相辅相成的，只有适度下的及时和及时下的适度，才能最大限度地发挥激励的作用和效应。

7）按需激励原则

激励的起点是满足员工的需要，但员工的需要因人而异、因时而异，并且只有满足最迫切需要（主导需要）的措施，其效价才高，其激励强度才大。因此，管理者必须深入地进行调查研究，不断了解员工需要层次和需要结构的变化趋势，有针对性地采取激励措施，才能收到实效。具体来说，要做到以下两点：一是根据不同的需要，采用不同的激励方法。管理者要定期对员工的需求进行调查，并根据员工的年龄、性别、职位、教育程度等归纳各类人员的特点，采用不同的激励方法。二是在组织中采取多种多样的方法满足员工不同的需要，即不同层次的需要都有具体的措施对应，对同一层次的需要，要有不同的选项，使员工有挑选的余地。

2. 激励的手段

根据前面介绍的各种激励理论，常用的激励手段可以归纳为工作激励、成果激励、榜样激励、培训激励以及企业文化凝聚力的激励。

1）工作激励

在双因素理论中，我们清楚地看到，在各种因素中，真正能起到激励作用的因素是工作本身，使工作具有挑战性和富有意义以及引导员工参与管理都可以极大地调动员工的积极性。

（1）委以恰当的工作。大量的研究表明，当员工与其所从事的工作合理匹配时能够起到激励作用。做到人与工作的合理匹配，需要管理者对员工的深入理解和认识，当然也可以借助一些有效的辅助工具。这主要包括两方面的内容：一是工作的分配要尽量考虑到员工的特长和爱好，人尽其才；二是要使工作的要求既具有挑战性，又能为员工所接受。

在企业的生产经营活动中，有许多不同的岗位与工作，这些不同的工作对人的知识和能力的要求各不相同。同时，每个人的文化知识水平和工作能力也存在差异。要根据每个人的特长和爱好，合理地分配工作。

要能在允许的情况下，把分配的工作与个人兴趣爱好尽量加以结合。兴趣和爱好是最好的老师，一个人只有对其工作真正感兴趣，才会千方百计去钻研、去克服困难，努力地干好这项工作。

（2）鼓励员工恰当地参与管理工作。让员工恰当地参与管理，既能激励员工，又能为企业的成功获得有价值的知识。参与也是一种赏识的手段，它能满足人们归属的要求和受人赞赏的需要，尤其是它给人一种成就感。这是一种有效的激励手段。

但是，鼓励员工参与管理并不意味着领导者要削弱自己的职责。虽然他们鼓励下属做一些有帮助的工作，并且仔细地听取下属的意见，但对那些需要他们来决策的事情，仍然必须由他们自己来决定，因为这是领导者的责任。同时，几乎没有下属会对不负任何责任的上级产生尊敬。

（3）工作丰富化。赫茨伯格的激励理论表明：富有挑战性的工作、成就、赞赏和责任都具有真正的激励作用。工作丰富化，则是试图在工作中建立一种更高的挑战性和成就感，增加责任感，来激励员工的工作热情。工作丰富化是从纵向扩大员工的工作范围，即扩大工作的垂直负荷，要求员工完成更复杂的任务，负更大的责任，有更多的自主性，因而对员工的能力和技能也提出了更高的要求。工作丰富化对提高员工的工作满意程度，提高员工生产效率与产品质量，以及降低员工离职率和缺勤率均能产生积极的影响。

（4）灵活的工作日程。灵活的工作日程是指取消每周5天、每天8小时的固定工作日程，提供灵活的工作时间以满足员工的不同需要。常用的灵活的工作日程安排包括压缩工作周和弹性工作制。压缩工作周指的是员工每周的工作日减少，但每天的工作时间延长。这种压缩工作周的方式，可以使员工获得更多的自主时间，享受自己的休闲生活。而弹性工作制则规定员工每周工作一定数量的时间，并且要遵守一些限制条件，至于什么时候工作可以自己灵活安排。在弹性工作制中，有固定的公共核心时间要求员工必须工作，而工作什么时候开始、什么时候结束，以及午休时间都可以由员工自己灵活掌握。

2）成果激励

成果激励是一种重要的激励手段，即利用人们对于成就感的追求来激发其工作积极性。成果激励主要包括：正确评价工作，合理给予报酬；创造条件，帮助员工创造成果。

（1）正确评价工作，合理给予报酬。正确评价员工的工作结果，在此基础上给每个员工以合理的报酬，这也是激发员工积极性的一个重要因素。报酬可分为物质上的和精神上的两种，物质上的报酬主要指工资和奖金，精神上的报酬则主要是通过各种形式的表扬以及工作条件的改善和地位的提升等。

对于物质上的报酬——金钱，作为一种激励因素，在经济学家和大多数管理者看来具有高于其他激励因素的地位，然而在行为学家看来则在次要地位。要使其成为一种激励因素，则领导者必须记住以下几点。

第一，对于不同的对象，金钱的激励作用是不相同的。在劳动仍作为人们主要谋生手段的今天，对于大多数员工来说，金钱的作用仍是非常重要的；但对于那些已经"功成名就"、在金钱的需要方面已不再是那么迫切的人来说，作用就不一定那么大。而随着人们生活水平、生活质量的不断提高，其激励作用会有所减弱。

第二，在大多数企业中，金钱实际上是用来作为保持一个组织机构配备足够人选的手段，而并不作为主要的激励因素，各企业在本行业和本地区内，应努力使工资和奖金具有竞争性，以便吸引和留住员工。

第三，工资作为一种激励因素的作用往往较弱，因为人们常常更多地注意工资与自己的能力和级别是否相当，并和与自己地位相当的人大体相同。

第四，如果要使奖金成为一种有效的激励因素，就必须根据员工的工作业绩来发放，否则，企业尽管支付了大量奖金，也不会有多大的激励作用。

对于员工来说，无论是物质上的还是精神上的报酬的作用都是两方面的：一方面，通过报酬可以看出领导对自己这一阶段的工作的评价；另一方面，报酬可以使员工在物质上和精神上的需要得到满足。根据公平理论，报酬的激励作用不在于绝对数量的多少，而在于员工对于投入和所获的比较，如果报酬合理，可以使员工不断总结经验努力做好工作；如果员工认为努力的成果没有得到正确的承认，其结果可能是企业花了钱，又挫伤了员工的工作热情。

（2）创造条件，帮助员工创造成果。追求成就，满足自我价值的实现是人们高层次的需求，尤其是对于高层人员和专业技术人员可能更显得重要。因此，管理者若能创造条件，帮助员工获得成果，激励作用将是巨大的。对于一般员工，允许他们参与与其工作相关的决策，接受他们的合理化建议，并帮助他们实现这些建议，也会起到很大的激励作用；对于专业技术人员，给予必要的支持，改善他们的研究开发条件，解决他们在研究工作中的各种困难以促进他们的研究获得成果，这比给他们物质奖励的作用可能大得多。

3）榜样激励

榜样激励是指通过树立的榜样使组织的目标形象化，号召员工向榜样学习，从而提高组织绩效以实现组织目标。运用榜样激励，首先要树立榜样，管理者要注意榜样必须名副其实，一定是在组织当中出类拔萃或是为组织作出巨大贡献的人才能成为榜样，这样才能使人信服。其次，管理者要对榜样的事迹进行有效的宣传，使组织成员明确知道有什么样的行为才能称其为榜样。要强调的是，管理者一定要给予榜样奖励，这些奖励中不仅要包括物质奖励，更重要的是要有受人尊敬的奖励和待遇，这样才能提高榜样的效价，使组织成员学习榜样的动力增加。例如，学校经常都会树立学习标兵、优秀干部、三好学生等学生榜样，为他们颁发奖状、奖学金，宣传他们的先进事迹，以激励其他学生更努力地学习和实践。

4）培训激励

加强教育培训，提高员工的素质和能力，可以激发他们的工作热情和进取精神，这也是领导者在激励和引导下属行为时通常可以采用的一种重要的手段。通过对波特和劳勒的激励模型的分析，我们可以看到，人们能否通过努力而获得成果与其自身的能力以及对所需完成任务的了解程度有密切的关系。因此，加强对员工的培训，提高员工的业务知识水平和业务能力，对于增强员工的工作信心，将起到较大的激励作用。

一般来说，自身素质高的人，其进取精神较强，对高层次的追求较多，在工作中自我实现的要求较高，因此容易产生自我激励，能够表现出高昂的士气和工作热情。所以通过对员工的教育、培训，提高他们的自身素质，增强他们自我激励的能力，对于更好地实现企业目标，作用很大。另外，给予员工培训的机会，也可以成为一种精神上的鼓励，促使员工更好地为企业工作。

5）企业文化凝聚力的激励

如果员工的价值观与企业的核心价值观、核心经营理念不谋而合的话，文化的强大凝聚力就能显示出其在激励上的过人之处。一些大型企业越来越多地通过企业文化进行治理。

5.4 沟　　通

5.4.1 沟通的基本概念

1. 沟通的定义

从一般意义上讲，沟通是为了一个设定的目标，把信息、思想和感情，在个人或群体间传达成共同协议的过程。具体地说，就是发送者凭借一定渠道（亦称媒介或通道），将信息发送给既定对象（接收者），并寻求反馈以达到相互理解的过程。

沟通主要包含以下几个关键要素：①信息的输出者。信息的输出者就是信息的来源，他必须充分了解接收者的情况，以选择合适的沟通渠道以利于接收者的理解。②信息的接收者。接收者是指获得信息的人。接收者必须从事信息解码的工作，即将信息转化为他所能了解的想法和感受。这一过程要受到接收者的经验、知识、才能、个人素质以及对信息输出者的期望等因素的影响。③信息。信息是指在沟通过程中传给接收者（包括口语和非口语）的消息，同样的信息，输出者和接收者可能有着不同的理解，这可能是输出者和接收者的差异造成的，也可能是由于输出者传送了过多的不必要信息。④沟通渠道。组织的沟通渠道是信息得以传送的载体，可分为正式或非正式的沟通渠道、向下沟通渠道、向上沟通渠道、水平沟通渠道。

2. 沟通的意义

在知识经济时代，沟通能力已经成为21世纪人才竞争的重要因素之一，沟通是事业能否发展与成功的决定性因素。沟通无论对于组织还是对于个人都具有十分重要的意义。

1）沟通可协调人际关系，增强组织凝聚力

对高层管理者来说，沟通提高了信息的传递速度和效率，促使决策者了解企业各个层面的现状，从而为进一步安排生产经营活动和制定管理决策提供了依据。对基层员工来说，通过与上级的沟通可以了解该干什么、该怎么办、现在成绩如何；通过与同级沟通可以获得必要的支持与配合，交流工作经验；对个人来说沟通还可以提高学习技能，同时加强交流，增进感情。

2）沟通是实现领导职能的基本途径

沟通可以帮助领导充分地了解自己的下属，并进而影响他的工作方式和工作态度。越是在以人为本的管理中，沟通的地位越重要。

3）沟通是与外部联系的桥梁

组织要存在和发展，必须保持与外部利益相关者之间和外部环境之间的协调互动，沟通正是实现这种协调互动的重要桥梁和纽带。

3. 沟通的过程

沟通的过程是指信息的发送者通过选定的渠道把信息传递给接收者，这个过程的具体步骤如图5.15所示。

1）发送者

发送者是沟通的主体，是信息的来源，他将要传递的信息加以编码。

2）信息

信息是发送者所要传递的内容，范围很广泛。诸如思想、观点、资料、事实、问题等都可以是信息。

3）编码

编码是发送者把要传递的思想、观点、情感等信息根据一定的语言、语义规则翻译成可以传递的符号形式的过程，发送者的词汇和知识在这里起着重要的作用。

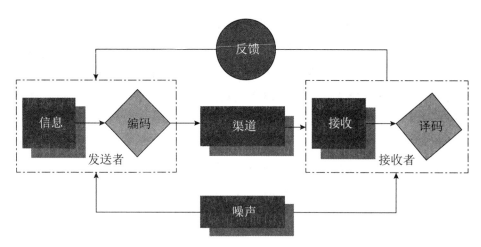

图 5.15 沟通的过程

4）渠道

渠道是指信息从发送者传递到接收者所凭借的手段，如面谈、书面告知、电话、E-mail、会议等。

5）译码

译码是信息接收者的思维过程，是信息接收者根据自己已有的经验和参考框架对所接收的符号进行翻译、解释的过程。

6）接收者

接收者也是沟通的主体，是信息到达的客体，即接收信息的人。

7）噪声

噪声是指对信息的传送、接收或反馈造成干扰的因素。例如，难以辨认的字迹，电子信号干扰，发送者的马虎大意，生产车间的嘈杂环境等。

8）反馈

反馈就是接收者对于发送者传来的信息所作出的反应。如果接收者能充分译码，并使信息融入沟通系统中，则会产生反馈。通过反馈，可以检验信息传送的程度，从而了解信息是否被准确无误地接收。反馈使沟通的有效性得到确认，从而形成沟通回路。

9）环境因素和组织因素

环境因素和组织因素左右着信息沟通过程。从外部环境看，教育、社会、法律、政治和经济的因素，都将对信息沟通产生影响。另外，地理上的距离、时间等因素都可能影响信息沟通。远隔千里的电话交谈、电子邮件和信函往来都不可能与面对面交谈结果一样；一个业务繁忙的总经理恐怕没有足够的时间准确无误地接收和发送信息。企业内部的组织因素也影响着信息沟通，如组织结构、管理和非管理过程以及技术等。其中处理大量数据的计算机技术和迅速发展的通信技术对信息沟通有着普遍的影响。

5.4.2 沟通类型与沟通网络

1. 沟通类型

1）按目标对象划分

按目标对象的不同，沟通可分为人际沟通和组织沟通。

（1）人际沟通。人际沟通是指两个人或多个人之间的沟通。人际沟通是组织沟通的基础。人际沟通既包括信息的传递，同时也包括人与人之间思想、观点、态度的交流，是一种综合性沟通。

人的社会属性主要来自人与人之间的沟通。人们通过人际沟通进行思想和感情的交流，满足了情感接受和宣泄的需要，使得人们各种社会需求不断得到激发与满足。而且，由于一个人的精力和能力都是有限的，为了保证组织任务的实施和完成，必须要与他人进行分工与协作。只有善于与人沟通，才能更好地生存和实现目标。

此外，由于沟通双方在知识水平、思维能力、情感、个性、动机、社会背景、价值观等方面存在差异，为实现成功的沟通，必须深入细致地分析沟通的主体和客体，并选择合适的沟通渠道和沟通方式。例如，当专家教授下乡为农民讲授科普知识时，需要注意使用通俗易懂的语言，尽量采用当地人的谈话方式，这样才能保证农民群众的学习效果。

（2）组织沟通。组织沟通是指组织内部人与人、部门与部门之间，以及组织与外部进行的信息交流或传递活动，包括组织中沟通的各种方式、网络和系统等。良好的人际沟通是进行组织中部门之间沟通的前提，有效的部门之间沟通又是管理者组织协调各部门工作的重要条件。因此，管理者不仅要具备良好的人际沟通技能，还应该实现组织内部与组织之间的有效沟通。

2）按组织系统划分

按组织系统的不同，沟通可分为正式沟通和非正式沟通。

（1）正式沟通。正式沟通是通过组织明文规定的渠道所进行的信息传递与交流。例如，当管理者向某一员工布置工作时，他是在进行正式沟通。员工向上级领导汇报工作情况和提交工作报告时，也是正式沟通。

正式沟通畅通无阻，组织的生产经营活动及管理活动才会顺利进行；反之，整个组织将陷入紊乱甚至瘫痪状态。正式沟通的优势是正规、权威性强、沟通效果好，参与沟通的人员普遍具有较强的责任心和义务感，从而可以保持沟通信息的准确性及保密性。管理系统的信息都应采用这种沟通方式。其缺陷是对组织机构依赖性较强，容易造成沟通速度缓慢、沟通形式刻板。如果组织管理层次多，沟通渠道过长，容易造成信息流失。

（2）非正式沟通。非正式沟通是指在正式沟通渠道以外信息的传递与交流。这类沟通主要是通过个人之间的接触来进行的，非正式沟通不受组织监督，是由组织成员自行选择途径进行的，比较灵活方便。例如，员工之间的感情交流、生日聚会、参加娱乐活动时的交谈、传播小道消息等都属于非正式沟通。

非正式沟通和正式沟通不同，它的沟通对象、时间及内容等各方面，都是未经计划和难以辨别的。其沟通途径是组织成员的人际关系，这种关系超越了组织、部门以及级别层次等。其优势是沟通方便，信息交流速度快，能够满足员工的情感需要，且能提供一些正式沟通中难以获得的信息。其缺陷是由于这种沟通多半是口头方式，信息传播人不必负责任，信息遭受歪曲或发生错误的可能性较大，会对组织的正式沟通造成干扰。

3）按信息传递的方向划分

按信息传递方向的不同，沟通可分为纵向沟通和横向沟通。

（1）纵向沟通。纵向沟通是指沿着指挥链进行的上行和下行的沟通。

下行沟通是指自上而下的沟通，是信息从高层次成员向低层次成员的流动。如上级把组织目标、管理制度、政策、工作命令、工作程序及要求等传递给下级。下行沟通可以帮助下级员工明确工作任务、目标及要求，增强其责任感和归属感，协调企业各层次的活动，增强上下级之间的联系。

而与下行沟通方向相反的是上行沟通，上行沟通是指自下而上的沟通，如下级向上级反映意见、汇报工作情况、提出意见和要求等。这种沟通既可以是书面的，也可以是口头的。上行沟通可以使管理者及时了解工作进展的真实情况，了解员工的需要和要求，体察员工的不满和怨言，了解工作中存在的问题。为了作出正确的决策，领导者应该采取措施，如开座谈会、设立意见箱和实行接待日制度等鼓励下属尽可能多地进行上行沟通。

（2）横向沟通。横向沟通是指在同一组织层次的员工之间发生的信息交流。横向沟通可加强各部门之间的联系、了解、协作与团结，减少各部门之间的矛盾和冲突，改善人际关系和群际关系。

4）按是否进行反馈划分

按是否进行反馈，沟通可分为单向沟通和双向沟通。

（1）单向沟通。单向沟通是指在沟通过程中，信息朝一个方向前进，信息发送者与信息接收者之间的地位不发生变化，即一方只发送信息，另一方只接收信息。例如，电视新闻广播、报告、演讲、发布公示、下达命令等。这种沟通的特点是速度快、秩序好、无反馈、无逆向沟通，但接收率低，接收者容易产生挫折、埋怨和抗拒心理。一般来说，例行公事、有章可循、无较大争论的情况，采用单向沟通效果较好。

（2）双向沟通。双向沟通是指沟通过程中，信息发送者与信息接收者之间的地位不断发生变化，信息在二者之间反复变换传送方向的沟通模式，如讨论、谈话、协商、谈判等。其优点是沟通的准确性高，接收者有反馈意见的机会，双方可以反复交流磋商，增进彼此的了解。缺点是沟通过程中接收者要反馈意见，有时使沟通受到干扰，影响信息的传递速度。此外，由于要时常面对接收者的提问，发送者会感受到心理压力。双向沟通在组织沟通中十分重要，这主要是基于沟通有反馈、交流，能更好地实现沟通的目的。

2. 沟通网络

在信息交流过程中，发送者直接将信息传给接收者，或者经过其他人的转传才到达接收者，这就产生了沟通的途径问题。在组织沟通中，由各种沟通途径所组成的结构形式称为沟通网络。组织的沟通网络包括正式沟通网络和非正式沟通网络。

1）正式沟通网络

正式沟通网络是根据组织机构、规章制度设计的，用以交流和传递与组织活动直接相关的信息的沟通途径。正式沟通有五种基本的信息沟通网络形式，如图 5.16 所示。在正式组织环境中，每一种网络形式相当于一定的组织结构形式。五种沟通模式分别为链式沟通网络、Y 式沟通网络、轮式沟通网络、环式沟通网络和全通道式沟通网络。

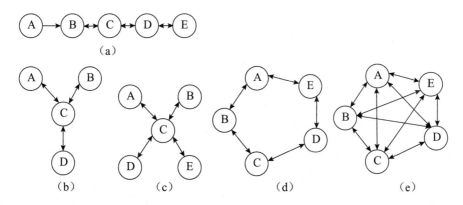

图 5.16　正式沟通网络

（a）链式沟通网络；（b）Y 式沟通网络；（c）轮式沟通网络；（d）环式沟通网络；（e）全通道式沟通网络

（1）链式沟通网络。链式沟通网络是一种平行网络，其中居于网络首末两端的人只能与内侧的一个成员联系，居中的人则可与其相邻的两人沟通信息。在一个组织系统中，它相当于一个纵向沟通网络，代表一个五级层次，逐级传递，信息可自上而下也可自下而上进行传递。这种网络结构严谨、规范。但由于信息传递环节较多，信息传递速度较慢，容易失真，成员平均满意度较低。在管理中，如果某一组织系统过于庞大，需要实行分权管理，那么，链式沟通网络是一种行之有效的方法。

（2）Y 式沟通网络。Y 式沟通网络也是一个纵向沟通网络，其中只有一个成员位于网络的中心，成为沟通的媒介。在组织中，这一网络大体相当于组织领导、秘书班子再到下级管理人员或一般成员之间的纵向关系，秘书是信息收集和传递中心。这种网络集中化程度较高，解决问题速度快，除中心人员（C）外，组织成员的平均满意度较低，容易影响工作效率。

(3) 轮式沟通网络。轮式沟通网络属于控制型网络，网络中只有一个成员是各种信息汇集点与传递中心。在组织中，大体相当于一个领导直接管理几个部门的权威控制系统。在网络中，管理者（C）控制力强，具有权威性，网络集中化程度高，信息传递速度快，准确性高。但成员的满意度和士气都比较低。轮式沟通网络是加强组织控制、争时间、抢速度的一个有效方法。如果组织接受紧急攻关任务，要求进行严密控制，则可采取这种网络。

(4) 环式沟通网络。环式沟通网络可以看成是链式沟通网络的一个封闭式控制结构，网络中的每个人都可以同时与相邻的两人沟通信息。在这个网络中，成员的满意度和士气都比较高，但集中化程度低，信息传递速度慢，准确性较低。如果在组织中需要创造一种高昂的士气来实现组织目标，环式沟通是一种行之有效的措施。

(5) 全通道式沟通网络。全通道式沟通网络是一个完全开放式的沟通网络，沟通渠道多，成员之间地位平等，所有成员都可以相互联系。由于沟通渠道很多，组织成员的平均满意程度高且差异小，所以士气高昂，合作气氛浓厚。这对于解决复杂问题、增强组织合作精神、提高士气均有很大作用。但是，由于这种网络沟通渠道太多，易造成混乱，且又费时，影响工作效率。这种网络较适合于专家委员会之类的组织结构的沟通和一些复杂问题的讨论与解决。

上述五种正式沟通网络各有其优缺点。链式沟通网络传递信息的速度较慢，但适合需要分权管理的组织；Y式沟通网络沟通速度快，但成员的满意感较低；环式沟通网络能提高组织成员的士气；轮式沟通网络和链式沟通网络解决简单问题时效率最高；而在解决复杂问题时，环式沟通网络和全通道式沟通网络最为有效，如表5.3所示。根据各种沟通网络的特点，管理者应该研究和建立适合本组织需要的信息沟通网络，以保证各部门、各人员之间的信息能够得到顺利沟通。

表5.3 五种正式沟通网络的比较

评价标准	链式	Y式	轮式	环式	全通道式
集中性	适中	较高	高	低	很低
速度	较慢	快	快（简单任务） 慢（复杂任务）	慢	快
准确性	高	较高	高（简单任务） 低（复杂任务）	低	适中
领导能力	适中	高	很高	低	很低
成员满意度	较低	较低	低	高	很高

2) 非正式沟通网络

非正式沟通网络是在组织成员进行非正式沟通中自然形成的。美国心理学家戴维斯教授将非正式沟通网络归纳为以下四种形态，如图5.17所示。

(1) 单向式沟通网络。信息是以"一人传一人"的方式进行传递的，一人将消息传给下一人，下一人又传给再下一人，以此类推，到达最终的接收者。

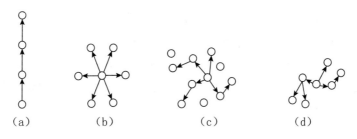

图 5.17　非正式沟通网络

（a）单向式沟通网络；（b）辐射式沟通网络；（c）随机式沟通网络；（d）集束式沟通网络

（2）辐射式沟通网络。组织中的一个人主动将信息传递给多个人，即"一人传多人"。这种方式连续进行，可使传递的信息呈几何级数式扩散。

（3）随机式沟通网络。组织中的一个人将信息随机地传递给一部分人，这一部分人再随机地将信息传递给其他人，以此类推。信息的传播范围带有相当的偶然性。

（4）集束式沟通网络。组织中的人员将信息传给特定的一些人（如熟人），这些人再将信息有选择地传给其他一些人。集束式沟通网络是非正式沟通网络中使用频率最高的。

非正式沟通网络是传播小道消息的主要途径。小道消息对于组织来说更像是一把双刃剑。一方面，小道消息有助于管理者识别员工普遍关注、感到疑惑以及产生焦虑的问题。了解小道消息的传播网络及信息流动方式，管理者就能掌握员工的关注点，并利用非正式沟通网络传播一些重要的信息。另一方面，小道消息也是谣言的传播工具，管理者需要限定其传播的范围和影响力度，尽量减少谣言的负面作用。

5.4.3　沟通管理

1. 沟通的障碍

信息沟通是如此重要，以至于各企业为做好沟通耗用大量人力、物力和财力。但企业的信息沟通中存在着大量的障碍现象，有时甚至成为管理工作中的最大问题之一。解决信息沟通障碍问题，首先应寻找造成沟通障碍的原因，而不是处理表面现象。信息沟通是一个复杂的过程，沟通障碍可能存在于发送者方面，或存在于传递过程中，或存在于接收者方面，或存在于信息反馈方面。

1）由信息发送者造成的障碍

信息沟通首先由信息发送者开始，如果发送者对信息传送的目的未经思考、计划和说明就发表意见，就会对信息的传递造成障碍。或者尽管发送者头脑中的某个想法很清晰，但由于措辞不当、缺乏条理、表达紊乱，信息表达不清，接收者理解困难。

2）信息传递中造成的障碍

信息从一个人传到另一个人的一系列传递过程中，由于损失、遗忘和曲解等会造成越来越失真。特别是在组织层次过多的企业里或传递环节过多的情况下。一项研究表明，通常每经过一个中间环节信息就将丢失30%左右，图5.18为信息失真情况实例。企业董事会的决定通过五个等级后，信息损失可达80%。其中，副总裁这一级的保真率为63%，部门主管为56%，工厂经理为40%，第一线工长为30%，待传达到员工，就仅剩下20%的信息了。

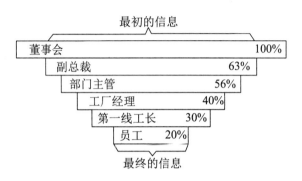

图5.18　信息失真情况实例

在自下而上的信息沟通中，由于利害关系，往往存在报喜不报忧的现象，或是下级往往根据自己的理解和需要，对信息进行"过滤"，结果使得高层管理者得不到真实的信息。

3）由信息接收者造成的障碍

在信息沟通过程中存在着接收者有选择地接收的现象，即人们拒绝或片面地接收与他们的期望不相一致的信息。研究表明，人们往往听或看他们感情上有所准备的东西，或他们想听或想看到的东西，甚至只愿意接收中听的东西，拒绝不中听的东西。不善于聆听别人的意见及过早的评价，也常常是造成沟通障碍的重要因素，尤其是在听取下属意见时。普遍的倾向是，对别人所说的加以判断，表示赞成或不赞成，而不是试图去理解谈话者的基本内容。

4）人际关系对信息沟通的障碍

信息沟通是发送者和接收者之间的"给"与"受"的过程，信息传递不是单方面的，而是双方的事情。因此，沟通双方的相互信任程度，沟通时的气氛，双方在身份、成长经历、性格和爱好等方面的接近程度就显得非常重要。沟通双方的诚意和相互信任至关重要，上下级之间的猜疑只会增加抵触情绪，减少坦率交谈的机会，也就不可能进行有效的沟通。许多研究表明，很多经理自动地认为他们听到的信息是有偏见的，为了防止"偏听偏信"，他们会根据自己的想象对"偏见"进行"纠偏"。在这种情况下，再准确的信息也无济于事。另外，信息发送者和接收者之间在地位和权力上的差异，也可能造成沟通上的障碍。一个人的地位高，似乎是正确的、可信的；一个人的地位低，其信息也将打折扣。一般来说，地位高的人对地位低的人沟通是无所顾忌的，而下级对上级沟通时往往有所顾忌。

5）过量的信息造成的障碍

有人也许认为比较多的且不受限制的信息会有助于克服信息沟通中的问题，但事实恰恰相反，过量的信息会淹没真正有价值的信息，使接收者无所适从。人们可以用多种方式对付超负荷的信息。第一，接收者可能无视某些信息，如要回的信件过多，干脆把某些信件搁置不顾；第二，人们可能会对信息进行过滤，先处理容易对待的事项，可能把难度较大也许是关键性的问题忽视了；第三，人们可能会采用逃避的方法，把信息束之高阁或不进行沟通。

6）其他障碍

（1）沟通技巧的差异。不同的人在沟通技巧的运用上也很不相同。这跟个人的能力与个性有关，有的人擅长口头表达，有的人擅长文字描述，有的人擅长用动作，还有的人擅长借助环境随机应变。周恩来总理就掌握了许多沟通的技巧，正因如此，他才一次又一次地在外交活动中化解尴尬，甚至"化干戈为玉帛"，为我国的和平与发展大业争取了机会、创造了机遇。如果一个人没有沟通技巧，没有自己的想法和创意，又不能进行学习和锻炼，那么往往容易在沟通中产生障碍，为了小问题三言两语就引发冲突。

（2）媒介的有效性。沟通介质、沟通渠道的选择对沟通的效果起着至关重要的作用。因此，沟通媒介的有效性也是需要认真考虑的技术性因素。不同的沟通目的、不同的沟通内容对应着不同的行之有效的沟通媒介。每一种沟通媒介都有各自的优缺点，在实际运用中要选择适当的形式。

（3）文化的差异。当信息从一种文化模式传递到另一种文化模式，文化的差异就会导致沟通的障碍。文化对人们的影响主要表现在语言与交流、衣着与打扮、价值观与规范、信仰与态度、饮食习惯、思维过程与方式、时间意识等方面。例如，具有中国、韩国和日本文化背景的人在沟通时，强调人际关系和亲善，注重在信任的基础上建立工作关系；而具有德国、美国或加拿大等文化背景的人在沟通时，注重清晰、准确的沟通过程，喜欢直截了当地谈工作。

（4）信息安全问题。保密性如何不是衡量信息安全的唯一指标，但是人们在讨论信息安全的时候更多的还是关于保密性的。对于那些不愿意被"他人"知道的信息，信息的安全问题往往会成为沟通当事人极为重视的方面。信息不安全带来的损失或者破坏是多方面且可能是巨大的，其对沟通的负面影响也是直接的、间接的都有。如果你传递信息的安全受到了破坏，信息不能如你所愿传达到某处，当然它就会对你的沟通造成阻碍，这是不难理解的；另外，如果你因为网络的不安全而放弃使用网络，转而选择其他方式，无疑你的沟通速度会大大受限，自然也是有损于沟通有效性的。信息安全问题不解决，信息就很难自由流畅地通行于各方之间，沟通就始终存在着改进的巨大空间。

2. 沟通障碍的克服

克服信息沟通中的障碍，首先要弄清楚造成沟通障碍的因素何在，在此基础上采用相应的方法来改善信息沟通。

（1）信息发送者必须对他想要传递的信息有清晰的想法，要有认真的准备和明确的目的性，并制订实现预期目的的计划。在进行重要沟通时，事先要征求他人的意见，应同别人协调并鼓励他们参与收集事实、分析信息。另外重要的一点是选用最合适的媒介。沟通的目的是统一思想，所以沟通前还应对问题的背景、解决问题的方案及其依据的资料、决策的理由和对下属的要求等做到心中有数。沟通的内容要确切，语言要简明、准确、通俗化、具体化。

（2）在信息沟通过程中，要尽量减少重复，缩短信息传递链，以减少信息传递中的失真。此外，在利用正式沟通渠道的同时，可开辟高层管理者与低层人员的非正式直通渠道，加强直接沟通、口头沟通，直接了解基层情况。同时，加强横向沟通，拓宽信息沟通渠道，以保证信息畅通无阻和完整性。

（3）有效的信息沟通，不仅是发送者的职责，也是接收者的职责。因此，信息的接收者，尤其是上层管理者要学会"聆听"。有效信息沟通的关键是接收者能正确理解发送者的信息，而做到这一点的先决条件是要对发送者的信息付出时间、同情、共鸣和全神贯注。如管理者认真倾听下属的话，避免打断谈话。为能得到真实的信息反馈，管理者要创造出和谐的谈话气氛，表现出诚意、信任和同情，以此打消下属的防范心理。

（4）通过建立特别委员会、召开定期会议等方式，形成常规沟通渠道，加强上下级之间、同级之间的信息沟通。并且通过情况通报、报表等书面形式沟通各方面的情况。

（5）加强沟通的反馈。信息由发送者传递给接收者，这并不是一个沟通过程的完结，还需要信息的接收者向发送者进行必要的意见反馈，以确定信息是否准确无误地进行了传递，这样的沟通才是完整的。

（6）利用现代计算机技术和通信技术来克服信息沟通障碍。现代计算机技术和通信技术飞速发展，给人们的信息沟通创造了更多的便利条件。组织越来越多地利用各种电子设备来改进信息沟通。例如，电子计算机、电子邮件系统、电话、传真、手机，或者是利用远程通信系统"面对面"地开会等。有了这些信息技术的帮助，信息沟通变得更加及时、方便，同时提高了信息沟通的准确性，有效地克服了传统沟通方式的弊端。

5.5 群体与团队管理

5.5.1 群体的概念

1. 群体的定义

群体是指两个或两个以上相互作用、相互依赖的个体，为了实现特定的目标而组合在一起的集合体。群体的定义包含以下几点含义。

1）有明确的成员关系

每一个群体成员都具有成员资格，通过某些可与群体外的人区分开来的标志，这些人不仅被该群体的成员所认同，而且非本群体的成员也一致认为他们是属于该群体的。例如，军装、校服、员工标牌等都是群体成员资格的标志。

2）有持续的互动关系

群体成员之间的关系不是临时性的，群体成员彼此之间有经常的、个人对个人的相互接触和联系。

3）有一致的群体意识

群体成员共同遵守群体的价值标准和行为规范。

4）有共同行动的能力

在群体意识和群体规范的作用下，群体成员为了共同目标的实现，可以产生共同一致的行动。

2. 群体的功能

群体之所以产生和存在，是因为群体具有特殊的社会功能，这也是人们愿意加入群体的原因。

1）安全

"人多力量大"。加入群体可以减轻"孤立无援"时的不安全感，人们会感到更为强大、更有自信，也多了一份对外来威胁的抵抗力。不论什么样的人，很少有人喜欢独来独往，人们通过与他人交往和成为群体中的一员而感到安全。

2）地位

一个人能够被一个群体接纳，尤其是能被他人看重的群体接纳，将会有一种被承认、受重视和有地位的感觉。

3）自尊

群体能增强人们的自我价值感，也就是说，加入一个群体，除了提供不同于圈外个体的地位之外，还增强了个体的自尊。尤其是被一个受到高度好评的群体所接纳，则会极大地增强自尊感。

4）归属

群体可以满足我们的社会需要。人们喜欢与群体的其他成员定期进行相互交流，这种工作中的相互作用是满足人们归属需要的主要手段。

5）权力

群体的功能之一就是它象征着权力。个人力量难以达到的目标往往可以通过集体行动来实现。非正式群体还能为个体提供额外的机会以行使权力并管理他人。对于那些希望影响他人的高权力需要的人来说，群体是满足这一需要的有力工具。

6）实现目标

群体的一个重要功能就是用来完成靠个人力量无法达到的目标。一些任务常常需要大家的共同参与，需要汇集多方面的才干、知识和权力，才能完成工作。在这种情况下，管理层就需要依靠正式群体的运作。

3. 正式群体与非正式群体

1）正式群体

正式群体是由组织建立的工作群体，它有着明确的工作分工和具体的工作任务。如企业中的人力资源部、财务部和市场营销部都是正式群体。在正式群体中，群体成员主要从事组织规定的活动，受到正规的奖惩制度的激励和约束，个体行为趋向于组织目标。

正式群体是一种工作群体，主要有以下几种群体类型。

（1）自我管理团队。这是一种基本上独立的群体。它除了完成本职工作外，还承担着一些传统的管理职责，如招聘、计划与安排及绩效评估等工作。

（2）项目团队。这是为了完成某一特殊任务而临时组建的集体，一旦任务完成，这个群体也就解散了。

（3）交叉功能团队。这是由来自不同工作领域的、有专门知识和技能的人员组成的群体，目的是共同解决工作中出现的某些问题。那种通过培训使成员之间能相互替代工作的群体，属于此类。

（4）高层管理团队。这是一种基础的和传统的工作群体。它由正式权力关系所决定，并在组织章程中做了描述。典型的高层管理团队由一位管理者及一些直接向其汇报工作的下属组成。

2）非正式群体

除了正式群体之外，组织中还存在大量的非正式群体。非正式群体是指那些既没有正式结构也不是由组织确定的群体。这是一种自发形成的群体，而不是有意识的组织设计。非正式群体既可以存在于正式群体之外，也可以在正式群体内部形成。非正式群体能够满足群体成员在正式群体中无法达到的各种需要，如安全感、自尊、归属感、兴趣爱好、特定利益等，对员工的行为和绩效发挥着非常重要的作用。

5.5.2 群体结构

群体结构塑造着群体成员的行为，使我们有可能解释和预测群体内大部分的个体行为以及群体本身的绩效。群体结构变量主要包括角色、群体规范、地位系统、凝聚力和群体规模。

1. 角色

角色是指在一个社会单元中，人们对于占据特定位置的个体所期望的一套行为模式。在群体中，个体由于自己所处的位置而被期望承担某种社会角色。需要注意的是，个体可能同时要扮演多种角色，并需要调整他们的角色以适应其所属的群体。当个体面对不同的角色期望时，就会产生角色冲突。

2. 群体规范

群体规范在群体成员的共同活动中一经形成，便具有一种公认的社会力量，并不断内化为人们的心理尺度，成为对各种言行的判断标准。群体规范还指示了人们满足需要所采取的方式和相应的行为目标，从而规定了人们日常行为的范围和准则。最后，群体规范由于能够促成群体成员行为的一致和协调，从而发挥了维持群体生存的作用。

3. 地位系统

地位指群体内部的威望等级、位置或是头衔。地位系统是理解群体行为的一个重要因素。当个体认为自己应该处的地位与别人认为应该处的地位之间存在分歧和差距时，地位这一因素就会成为显著的激励因素并会引发行为结果。

4. 凝聚力

凝聚力又称群体内聚力，群体凝聚力指群体成员之间互相吸引、接纳，同时愿意留在群体中的程度，也就是群体对成员的内在吸引力。一般情况下，当群体目标与组织目标相一致时，高凝聚力群体的工作效率要胜过低凝聚力群体。

5. 群体规模

群体规模是指组成一个群体的人数的多少。工作群体规模应视群体任务的性质而定。一般而言，就完成任务而言，小群体要比大群体速度更快。但是，对于复杂和困难的任务，则需要更多的人去完成。有关群体规模的研究得出，成员为奇数的群体比成员为偶数的群体更受欢迎，并且5人或7人群体是比较理想的群体规模。

5.5.3 团队与团队管理

1. 团队的概念

团队是一种特殊的工作群体，团队成员拥有共同的目标、互补的技术以及相互协作完成任务的方法。我们在界定一个群体是否有效地形成一个团队的时候，需要判别该群体是否具有团队的以下三个特点。

1）清晰的目标

构成团队的一个基本条件就是，所有成员有共同的努力目标。团队的目标赋予团队存在的价值和团队成员的认同感。

2）成员之间相互依赖、彼此协作

在团队中，由于每个成员的工作绩效都受到其他成员的影响，因此需要成员之间的相互协作和依赖。所有成员只有通过协作才能提高绩效，以实现共同的目标。

3）所有成员负有共同的责任

当一个团队成员开始进入团队并负担一项任务时，就意味着对团队作出了承诺，而团队目标的实现就成为每一位成员的责任。

将工作群体转化成团队可以拥有以下优势。

1）创造团结精神

团队成员希望，同时也要求相互之间的帮助和支持，以团队方式开展工作，促进成员之间的合作并提高员工的士气。

2）使管理层有时间进行战略性的思考

采用团队形式，尤其是自我管理工作团队形式，使管理者大大减少了以往用来监督下属和解决下属矛盾的时间，得以脱身去做更多的战略规划。

3）提高决策速度

把决策权下放给团队，由于团队成员离问题更近，更了解工作中的问题，故能使组织在作出决策方面具有更大的灵活性，更迅速。

4）促进员工队伍多元化

"三个臭皮匠顶个诸葛亮"，由风格各异的个体组成的团队所作出的决策，要比单个个体的决策更有创意。

5）提高效益

上述各因素组合起来，能使团队的工作绩效明显高于单个个体的工作绩效。在对一些推行团队管理的公司研究中发现，相比传统的以个体为中心的工作设计，工作团队方式可以减少浪费，减少官僚主义作风，使成员积极提出工作改进建议并提高工作产量。

2. 团队的类型

按存在目的和形态，团队可分为问题解决型团队、自我管理型团队、多功能型团队和虚拟型团队。

1）问题解决型团队

问题解决型团队是最早的团队形式，由来自同一个部门的 5～12 个人组成，他们每周用几个小时的时间来碰碰头，讨论如何提高产品质量、生产效率和改善工作环境。在团队里，成员就如何改进工作程序和工作方法互相交换看法或提供建议。但是，这些团队几乎没有权力根据这些建议单方面采取行动。

2）自我管理型团队

自我管理型团队常常是由一些具有不同专业技能的人为了共同完成一项相对完整的任务而组成的。这种团队形式具有很强的自主性，通常情况下他们可以决定要做什么、用什么方法去做、时间进度的安排，以及任务在团队成员之间的分配，等等。组织对该团队的绩效一般都是以整体来进行评估的，以此减少内耗，增强了团队的凝聚力，提高办事效率。

3）多功能型团队

多功能型团队由来自同一个等级、不同工作领域的员工组成，他们到一起的目的是完成一项任务。例如，IBM 的任务攻坚队其实就是一个临时性的多功能型团队。多功能型团队是一种有效的方式，它能使组织内不同领域员工之间交换信息，激发新的观点，解决面临的问题，协调复杂的项目。

4）虚拟型团队

市场瞬息万变，组织必须牢牢抓住市场机遇。因此，就需要管理控制那些不在一个空间内工作的成员，甚至很多成员都不向同一领导负责。这样的团队管理具有非常大的困难。先进的计算机技术是虚拟团队进行交流和管理的必需，成员通过局域网、可视电话系统、传真、电子邮件以及互联网进行沟通和联系。

3. 高效团队的特征

高效团队，是指团队成员之间有着良好的合作沟通品质，并能在良好的外部环境支持下，在优秀领导的引导下，高效率地朝着目标推进的团队。管理实践证明，在工作中加强团队协作，使群体成为高效的工作团队，已成为现代组织的一个主要趋势。近来的一些研究揭示了高效团队的主要特征，为管理者建设高效团队提供了很好的参考。

1）团队规模小

高效的团队具有比较小的规模，一般不超过 10 个人。

2）共同的目标

高效的团队必须有一个共同的目标为团队成员提供工作的动力。成员要对这一目标有清楚的了解，并坚信这一目标包含着重大的意义和价值。而且，这种目标的重要性还激励着团队成员把个人目标融合到团队目标中去，实现个人与团队的共赢。

3）互补的技能

高效的团队是由一群有能力的成员组成的。他们具备实现理想目标所必需的科技专长、分析解决问题的能力和沟通技能，而且相互之间能够优势互补，良好合作，从而出色地完成任务。

4）相互的信任

成员间相互信任是高效团队的显著特征，也就是说，每个成员对其他人的品行和能力都确信不疑。

5）一致的承诺

高效的团队成员对团队表现出高度的忠诚和承诺。为了能使团队获得成功，他们愿意去做任何事情。我们把这种忠诚和奉献称为一致的承诺。

6）良好的沟通

毋庸置疑，这是高效团队一个必不可少的特点。团队成员通过畅通的渠道交流信息，使成员之间可以迅速而准确地了解彼此的想法和情感，有助于管理者指导团队行动。

7）谈判的技能

对于高效的团队来说，其成员角色具有灵活多变性，总在不断地进行调整。这就需要成员具备充分的谈判技能以面对和应付团队中的问题与时常变换的关系。

8）恰当的领导

有效的领导者能够让团队跟随自己共同度过最艰难的时期，因为他能为团队指明前途所在。他们向成员阐明变革的可能性，鼓舞团队成员的自信心，帮助他们更充分地了解自己的潜力。高效团队的领导者往往担任的是教练和后盾的角色。他们对团队提供指导和支持，但并不试图去控制它。

9）内外部的支持

成为高效团队的最后一个必需条件就是它的支持环境。从内部条件来看，团队应拥有一个合理的基础结构。这包括：适当的培训，一套易于理解的用以评估员工总体绩效的衡量系统，以及一个起支持作用的人力资源系统。恰当的基础结构应能支持并强化成员行为以取得高绩效水平。从外部条件来看，管理层应给团队提供完成工作所必需的各种资源。

4. 高效团队的建设

团队建设在实际运行过程中虽不是一件轻松的事情，但也不像大多数人认为的那样是一件非常困难的事情，这里介绍一种大家都非常熟悉的5W1H方法来建设高效团队。

高效团队建设中的5W1H是：who（团队成员是谁）、where（团队在哪里）、what（团队的目标和发展方向是什么）、when（团队什么时候行动）、how（团队应该如何进行运作）、why（团队为什么运作）。通过明确这几个方面的问题来建立高效团队。

团队成员是谁（who）？明确这个问题即团队成员进行自我的深入认识，明确团队成员具有的优势和劣势、对工作的喜好、处理问题的解决方式、基本价值观差异等。通过这些分析，最后在团队成员之间形成共同的信念和对团队目的的一致看法，以建立起团队运行的游戏规则。

团队在哪里（where）？每一个团队都有其优势和弱点，而团队的成功运作又不得不面对外部的威胁与机会，通过分析团队所处内部环境和外部环境来评估团队的整体实力，找出团队目前的状态和要达到的位置之间的差距，成为团队日后努力的方向，并且进一步明确团队如何发挥优势、回避威胁，提高迎接挑战的能力。

团队的目标和发展方向是什么（what）？以团队的任务为导向，使每个团队成员明确团队的目标、行动计划、发展方向，为了能够激发团队成员的激情，需要设置阶段性目标，使团队成员的任务目标看得见、摸得着，创造出令成员兴奋的幻想。

团队什么时候行动（when）？合适的时机采取合适的行动是团队成功的关键。团队在遇到困难或障碍时，应把握时机来进行分析与解决。在面对内、外部冲突时，什么时机进行舒缓或消除；在何时与何地取得相应的资源支持等，都必须因势利导。

团队应该如何进行运作（how）？怎样行动涉及团队运作问题，即团队内部如何进行分工、不同的团队角色应承担的职责、履行的权力、协调与沟通等。因此，团队内部各个成员之间也应有明确的岗位职责描述和说明，以建立团队成员的工作标准。

团队为什么运作（why）？团队要高效运作，必须让团队成员清楚地知道他们为什么要加入这个团队，这个团队运行成功与失败给他们带来的正面影响和负面影响是什么，以增强团队成员的责任感和使命感。例如，进入某个特殊的团队意味着奖励或者晋升等。

5. 促进团队合作的管理行为

团队管理的重要一点是促进团队合作，促进团队合作的方法有很多。

（1）树立高水平的团队目标和绩效标准是促进团队合作的有效途径。整个团队必须在目标上达成共识，使团队合作有一个良好的开端。

（2）树立一个共同的竞争对手是建立团队精神的最好方法。这种竞争对手最好是来自企业外部。明确了目标可以促进团队更加有效地合作。

（3）建立团队合作的企业文化。团队领导者可以通过经常说一些鼓励的话来促进团队合作，如称团队成员为队友而避免称下级和雇员等。表5.4总结了为了团队合作获得成功，在企业文化上应进行的改变。

表5.4 建立团队合作的企业文化

个 人 文 化	团 队 文 化
员工为了得到认可、升职和资源而互相竞争	员工学会相互合作
按照每个人的努力给予报酬	根据员工和其他团队成员的努力给予报酬
监督者使用专制的领导或管理方式	监督者更加平易近人，他们与员工协商而不是仅仅下达命令

（4）实行民主化决策是一种可以增强团队合作的方式。如为团队成员提供有用的事实和信息、鼓励提合理化建议、避免细节管理等。

（5）建立团队奖励制度。这是一种更有效的团队激励机制，即把团队的绩效作为计算报酬的主要因素，重点奖励为团队合作作出贡献的人。

（6）鼓励团队成员进行沟通与合作。

（7）组织户外的拓展训练，让团队成员在恶劣的物质条件下锻炼领导能力和团队合作的能力。

从来佳茗似佳人：高黎贡山集团与领导人的共同成长

引言

暮色四起，古色古香的销展大厅里也散去了一天的忙碌，着唐装的销售人员不见了踪影，连空气都静沉沉的。再次拒绝一个饭局邀约的陈亚忠随手放下电话，一个人安静地坐着。看了看博古架上新出的茶叶,又望着对面的荣誉墙陷入沉思,从2012年保山市首个中国驰名商标到省级龙头企业,从第十届国际茗茶评比的三个金奖到第二届亚太茗茶评比的三金一银。忆及往昔,陈亚忠也常问自己,究竟是如何一路走来……

1. 背景

高黎贡山集团前身是乡镇的一个小茶厂,电路不通,除了破旧的机器外还有4万元的负债。在家庭联产承包责任制的背景下,由陈亚忠女士个人承包。1998年,陈亚忠将企业命名为高黎贡山,一方面是诸多古茶树所在,另一方面也是对家土情怀的记忆。希望大家能在青山绿水的庇佑下生生不息。以山高耸入云、不断突破的形状作为公司徽标,寓意饮水思源,勇攀高峰。以绿色为底,意指追求纯生态无污染的茶叶。

经过36年的发展,高黎贡山集团形成了目前以茶叶为主导,养生养老、电子商务、茶籽油、矿泉水、餐饮、酒店多行业共同发展,集"公司+院士工作站+专业合作社+基地+农户+市场"于一体的新型社会化经营模式。分厂16个,联营茶所26个,自营茶园1.2万亩,辐射带动茶园10万多亩,挂牌保护古茶树3万多株,合作农户10万多人。目前正在落实三产融合模式,争取将生产基地、茶博园、养生食府连成一条龙,贯穿吃、住、玩、疗,打造三产融合的新模式。并且在茶叶市场鱼龙混杂的当下,完全舍弃高产低质的矮化茶树种植法,率先实现有机认证,打造纯天然绿色茶饮。不断完善,致力于形成一套适用于全行业的标准要求,从源头到工艺到产品实现茶叶的有迹可循。

2. 茶香悠悠,勤耕不辍

1)历史沿革

1965年,陈亚忠出生于云南省腾冲县。父亲是退伍军人,讲求原则又积极进取。在他看来,不管男娃女娃,都应该有机会去大胆尝试,尽力过好自己的人生。母亲是一位妇女党员干部,家里工作一手抓,经常是早饭还没吃完,就有人找来报告问题。在这个家庭成长起来的女儿,做饭、清扫、带弟弟、学习一样不落,还会在闲暇时间去茶园子里摘茶果子换一点点零花钱改善一下生活。在弟弟们稍大一些后,陈亚忠有了更多的个人时间,就进入村镇的茶厂工作。虽然开始只是简单的帮厨,但是陈亚忠总是在工作间隙,利用零散的时间在旁边看着腾茶师傅们制茶。小伙伴们常常在聊天的时候笑话她"出了学校也天天想着学习"。那个年代,能进入工厂做工是一件有面子且时髦的事情,相当于现在的"白领"了。陈亚忠听到也只是笑笑马上就去做自己的事情,她想着:"做饭的事情男人会的不多,但是女人哪个不会啊,这份工作要做长久可不能只会做饭啊。"眼下就有一个好机会——学制茶。"技多不压身,虽然在腾冲家家户户都会点制茶的手艺,但是工厂里腾茶师傅们会的可比一点点多得多",陈亚忠就利用工闲时间,今天看一点杀青,明天看一下捻揉,再有不会之处就趁着师傅们聊天的时候带上点烟草去找人请教,几个月下来竟然能将工艺流程说个大概。靠着这份好学的精神,陈亚忠向领导申请兼职做了制茶学徒。

1983年,云南省在党的号召下开启了轰轰烈烈的个体经济。茶厂的经济效益不好,但是凭借着对茶的喜爱，陈亚忠贷款 4 万元将其承包。不成想，这偶然得来的机会，会是她一生的事业。

2）战略扩张，变革蓄势

陈亚忠包下茶厂以后，每天都在思考经营之道。

听说东南沿海好多企业发展得很不错，陈亚忠动了心思，出去打拼的本家兄弟回来说就在云南本省也有很多有钱的大老板开了茶叶大公司，样式特别多，还有直接可以喝的饮料呢。"我一定要出去看看。"陈亚忠请人介绍，走访了 3 家发展态势良好、资本雄厚的大茶企。机缘巧合之下，了解到有祖籍云南的茶商在马来西亚做生意，去过那里的华人都会去买一点茶叶来喝。陈亚忠临时更改计划，买票跟着去了。这一走，不仅帮助陈亚忠解决了眼前的困境，还让陈亚忠对于茶厂更长远的发展有了初步的设想。

首先，要做不同层次的茶叶，那么就一定要有拿得出手，特别能吸引茗人雅士（爱喝茶懂茶的人群）的好茶叶。其次，要增加生产线，开分厂势在必行了。有了高端的产品，就需要有一整套能撑起高价位的服务。最后，她想将高黎贡山做成云南省乃至全国驰名的茶叶品牌！自己不会做的事情，就交给专业的人做。陈亚忠花重金和院士、专家合作，尝试按照古茶树的要求来培养茶树，希望得到最优质的原材料。但是这样做就需要舍弃当时甚至到目前都十分流行的矮化茶树种植方法，将原来一亩 1 200 棵茶树的茶园去粗取精，筛选至一亩 200 棵。每亩土地的利润在前几年完全不能填补费用。虽然割肉是痛苦的，但是陈亚忠相信自己的决断是正确的，只是需要时间验证。给每一棵有价值的茶树留下足够的生长空间，等这些茶树长大以后在周围种上水冬瓜树，给茶树遮阴、提供肥料（吸收的内含物质如氨基酸之类）、不影响茶树的光合作用。在这样完全自然的状态下"野蛮生长"的茶树回馈给高黎贡山集团的也是最肥厚的茶叶。为了找到茶树最适宜的养料，陈亚忠花大价钱请相关领域的院士来基地做实验，一遍遍实验，一遍遍对比，每年花在技术研发上的资金是净利润的 40%，只是为了找到最合适的培育方法。而对于挂牌保护的古茶树，陈亚忠更是作出了严格的保护规定，一年只能采一次，一次最多 5 斤茶叶，让古茶树能有更长久的健康发展。

茶园基地越来越大，高黎贡山也从原来的一个分厂变成了涉足多个领域的集团。每个地方都需要人管理，但是人才怎么来呢？

3）以人为本，变革领导

走了这么多年，陈亚忠对于茶叶市场的人才质量不太满意，多数人只是对自己的一小块内容有些了解，而对于更多的模块则十分薄弱。想起十几年前的教训，陈亚忠觉得，是时候培养一批自己的人才了。但这一次，她更喜欢没有什么经验的新手。

她认为，企业就像桥梁，有才无德之人会像白蚁一样将企业的活力掏空。因此刻意创造一个由忠诚之士组成的企业，陈亚忠亲自把关员工招聘，只挑选讲诚信、思维灵活的人进入企业，希望他们在未来的日子里可以成为一个有道德、有技术、肯钻研、能创新的人。并且就像她和新进员工承诺的那样，高黎贡山集团实行完全的内部晋升。

一方面是对努力工作的员工的一种激励，另一方面也是确保中高层的管理者都是了解高黎贡山生态茶叶的所有制作销售流程的资深员工。陈亚忠努力向员工们灌输一个观点：做农产品的公司最重要的是诚信。从源头到工艺到产品，能和顾客讲得清清楚楚就是本事，靠忽悠得来的利润都是败坏良心。公司内部大量张贴着"做一杯放心茶"的标语。在这种由上而下都极其注重诚信的氛围中，高黎贡山集团的员工也以自己是其中的一员而深感自豪。

随着企业越做越大，陈亚忠早先事事都抓的管理方式早已改变，权力分属各级管理者，只有在日常下生产线和中层管理者遇到棘手的事情解决不了时，陈亚忠才会直接参与到细致的日常管理中去。陈亚忠从不要秘书人员，而是在生产销售的地方自己走走看看，到了哪里就要眼前的员工来讲解这一块的工作进展。日积月累，每个员工都能对自己的职责所在了然于心，并对上下游环节稍作涉猎。若是有人对答不上，陈亚忠会一字一句告诉他这个事情应该按照公司的哪条规定去做。用她的话讲，"质量合标这件事就是让做事的人了解制定标准的人的想法。若是经过第三个人再传达，味道就变了，所以我要亲自去说，不厌其烦地去说"。

工作之余，陈亚忠非常关心员工的个人发展与家庭生活。她非常鼓励企业内的年轻人去追求自己想要的生活，完善自己的职业生涯规划，如争取晋升、考公务员或者创业。公司成立至今有十数位成功考上公务员的员工，并会为打算创业的员工安排方便的内部换岗，鼓励从事与生态茶副产品相关的行业。每个员工在陈亚忠眼里都是自家的小娃娃，她会满怀期待督促他们结婚生子，希望他们能体会生活的美满甜蜜。在陈亚忠看来，"有家庭"这个词意味着人们愿意对别人负责，做好了进入人生的一个重要阶段的准备。并且结过婚的人因为要养家糊口，对人生规划与目标设定更加贴合实际，会更加努力地工作，而且更加忠诚。随着婚姻生活的持续，为人父母后，也会变得更富有同理心和远见，加速人生沉淀，有了积淀的人才可以进入核心管理层，统大局而计长远。她希望每个人经过在集团内部的工作，都能成为一个有积淀的人，可以对分内的工作说得头头是道，可以对茶叶知之甚广，陈亚忠认为这就是集团尽到了培养人的职责。

为了丰富员工们的生活，陈亚忠要求公司每季度都组织全员可参加的爬山活动与专家讲座、培训。爬山活动，其实也和高黎贡山集团有着不解之缘。发展古树茶的点子就是陈亚忠在爬山的过程中想到的。自小就上山采茶果子的经历，让陈亚忠深刻感受到，爬山尤其是爬野山（没有人工开凿的路）是一个非常锻炼人的活动。登顶的过程会磨炼人的意志，表面是体力的较量，其实是韧性的培养，在只有一个目标的时候说服自己克服困难不断前进；而面对无路可走之时的选择则是创新性与全局意识的体现，是主动探索还是跟随向导，是选择碎石密布的捷径还是稍显平坦的远路，每个人的选择都体现出不同的价值观。而陈亚忠也会着重注意活动中表现突出的员工。

虽然高黎贡山集团从茶厂到现在只有30多年，但是涉及大规模员工的技术创新、机器采用确实不少。为了让从上到下的员工都能了解集团最新的动态，将其融入自己的生产活动中去，陈亚忠会让行政副总紧跟动态及时安排系列培训与专家讲座。一方面是贯彻集团的新技术；另一方面也是促使员工不断学习新方法新思路，期待他们有朝一日能为集团提出自己的新想法。

4）凸显特色，文化定型

云南自古产茶，保山腾冲更是闻名。但是在广袤的中国大地上，产茶的省份将近20个，其中福建的主要茶类中的名茶目录都有至少29种、云南省15种、安徽29种、浙江45种。每个省份又有无数茶企，这些茶企生产的茶叶品种加起来，且不说那些不出名的茶叶，其中能叫得出名号的茶都是数不胜数。"企业越做越大，盯上的市场可就不再是云南本省了。但是全国范围内那么多的茶企，高黎贡山凭什么可以在多如牛毛的茶叶中打响名声，吸引全国各地的茗人呢？"2007年左右，陈亚忠清楚地意识到，"高黎贡山集团必须要有改变！但是这次改变不同于以往，而是要在产品和文化以及整体企业形象上做出云南特色，有高黎贡山的特色。但是这个特色要怎么变呢，是迎合市场还是不迎合市场？"据陈亚忠这些年不断的了解，整个中国的饮茶人群有一定规模，产茶大省中喝茶的人会更集中，但是也多是消费本省或者本地茶叶。但是真正懂茶的人不多，多数消费者无法靠自己的知识分辨茶叶的好坏，更多的还是听从舆论与媒体。有了自己的判断，陈亚忠决定不能一味迎合市场，不然今年做绿茶、明年做白茶的，企业不可能长久稳定，还是需要走自己的路。

在这种观念的指导下，陈亚忠在集团内部广纳建议，鼓励全体员工为将高黎贡山打造成一个云南省名茶品牌建言献策，重新打造了办公销展一体的大楼。办公楼的正门屋顶是仿古式建筑的飞檐翘角，既是防水阻积又是寓意展翅，同时也体现了对返璞归真、深厚底蕴的追求；远处看时，只见黛瓦白墙与朱漆绿树相映成晖。两侧两个大大的"茶"字中间，用繁体字夹书着高黎贡山集团对未来的无限期望："打造国际茶品牌""发展原生态茶叶""让天下人共享健康"。

一进入大厅，巨型木雕将大厅一分为二，四周墙上挂满了高黎贡山自成立伊始所获的荣誉，其中国际大奖尤为醒目。标语虽有但十分精简，只有"做一杯放心茶"的宗旨多处张挂。视线下移，镂空雕饰的红花梨质的博古架沿着道路展开进一步分割左侧展厅，博古架上错落有致地摆放着所有在产的茶产品的样品。清一色的红花梨木的桌椅摆架是展厅的重要成员，陈亚忠独爱红花梨的经久不腐与隐隐荧光，认为其有光华而不炫目，有韧性而不易折，品质如一而不落窠白。

为了让消费者在购买时能有体验感，最左侧的过道中间并排放着两列造型古朴的茶叶的储存缸，在对应的茶种后面悬挂详细的解说图示，让消费者可以了解不同茶叶的相关信息以及独特的储存收藏技巧。如若顾客现场购买，也会有统一着唐装、旗袍的导购员给包着银丝棉纸的茶饼进行特殊的二次包装。因为茶饼本身吸附性极强，必须用纯天然的棉纸包着，防止吸附有害物质及水分，造成茶饼的返潮变质。为了让消费者可以更简单地储存携带，陈亚忠要求为每个茶饼额外赠送一个印着"高黎贡山生态茶"的牛皮封袋二次密封。希望顾客能喝得放心、带着舒心。

3. 代际传承，道阻且长

关于集团的长远发展，陈亚忠也是很早就在想了。陈亚忠希望找一个热爱茶文化的接班人。要说和茶园的缘分，最深的是小儿子。陈亚忠在视察茶园的时候生下了他，可以说是生在茶园、长在茶园。自高中起，小儿子一有时间就会去茶园帮忙，大学起就利用假期到集团实习，在大学毕业一年后已经轮岗完所有的部门。也许是十分了解集团内部工作的原因，在陈亚忠不在的时候，只有他能组织协调好上上下下所有的事务，不需请示陈亚忠，他所做的决策和陈亚忠总是很一致，在陈亚忠眼里他就是最牢靠的左膀右臂。小儿子虽然是三个兄弟中年龄最小的一个，但却是作风最严谨的一个。用员工的话讲，"他是一个作风很稳重的人，我们知道跟着他肯定结果不会差"。在茶园成长的岁月里，小儿子非常认可集团的组织文化，也非常愿意继续在集团内部深耕。陈亚忠有些作难，每个儿子都有不一样的优点，究竟该选谁呢？

催着销售人员按时下班后，陈亚忠一个人安静地坐在销展大厅里，环顾这一桌一椅精心打造的前厅，摸着一块块新出的茶饼。回想当初，从负债搞茶厂、挤钱做研发到忍痛育新茶。与其说是不断做企业，莫如说是与企业一起在成长，看到哪里发展受限就得大刀阔斧找新路。而如今，不过是另一个发展契机罢了，陈亚忠相信自己会作出合适的决定。

资料来源：本案例由大连理工大学经济管理学院的乔坤、海淼、杨晨露、王淑娟、马晓蕾撰写，有删改。

思考题

1. 陈亚忠几十年来带领集团越来越好，她身上有什么样的领导者特质？
2. 陈亚忠现在的领导风格是怎样的？是如何形成的？请找出事例具体分析。
3. 高黎贡山集团有什么样的组织文化？陈亚忠在塑造组织文化的过程中起什么作用？

本章小结

曾有权威人士将领导定义为"地球上最容易观察到的但最不容易理解的现象"。由此可见，给领导下一个统一的定义是很困难的，不同的学者对于领导有着不同的解释。我们认为，领导者是组织中那些有影响力的人员，他们可以是组织中拥有合法职位的、对各类管理活动具有决定权的管理人员，也可以是一些没有确定职位的权威人士。领导者主要有指挥、协调、激励和榜样作用。成功的领导者需要具备思想素质、知识素质、工作能力素质、气质、心理素质和身体素质。领导者的权力有职位权力和个人权力之分，同时，领导者的影响力也有权力性影响力和非权力性影响力之分。

领导活动是领导者运用权力或权威对组织成员进行引导或施加影响，以使组织成员自觉地与领导者一起去实现组织目标的过程。该定义包括三个要素：追随者、领导者能力和领导目的。

领导与管理是人们通常容易混淆的概念。二者之间有着千丝万缕的联系，领导是伴随着管理的发展而产生的。同时我们也注意到，领导和管理在很多方面都极为相似，但是二者作为两个独立的概念，还是有所不同的。

众多管理学家和心理学家对领导问题进行了广泛的研究，提出了许多有关理论，以期解决怎样有效领导的问题。这些理论大致可分为三类，第一类是领导特质理论，集中研究有效管理者应有的个人特征，目的是找出领导者与非领导者的区别；第二类是领导行为理论，集中研究领导者的工作作风和领导行为对领导有效性的影响，并将不同的领导行为分类；第三类是领导权变理论（或情境理论），研究各种影响领导行为成效的因素，并尝试找出各种环境因素与各种领导行为的最佳搭配。另外还有其他不能简单归结到上述分类中的领导理论，如变革型领导理论、诚信领导理论、服务型领导理论、复杂性领导理论、家长式领导理论、差序式领导理论。

在领导方式及相关理论中，领导的三个作用显而易见：领导者要取得被领导者的追随与服从，必须能够了解被领导者的需求并帮助他们实现各自的愿望，使组织成员保持高昂的士气和良好的工作意愿，因此本章接着介绍了领导的激励作用相关理论。在管理学中，激励是指激发、鼓励、调动人的热情和积极性。激励的定义目前在学术界还没有统一的结论，本章的定义如下：所谓激励，就是组织通过设计适当的外部奖酬形式和工作环境，以一定的行为规范和惩罚性措施，借助信息沟通，来激发、引导、保持和归化组织成员的行为，以有效地实现组织及其成员个人目标的系统活动。理论上，关于如何激发人们动机的研究成果主要分为四类：内容型激励理论、过程型激励理论、调整型激励理论以及波特和劳勒总结的激励的综合模型。

为了实现组织目标，管理者需要了解内外部信息，需要达成组织内部各个部门、各群体和各级人员的协调工作，而这些都需要通过有效的沟通来实现。因此本章又介绍了信息沟通和团队管理的相关理论。

每个企业的管理者，都应该针对组织成员的需要和行为特点，运用适当的方式，正确地指挥和引导组织成员，采取一系列措施去提高和维持组织成员的工作积极性，实现组织成员间良好的信息沟通，使组织成员统一思想，化解矛盾冲突，以便充分发挥他们的技能和水平，进而使组织取得更高的绩效。

第6章 控制职能

学习目标

学习本章之后，你应该能够：
1. 理解控制的含义和必要性。
2. 掌握控制的类型和程序。
3. 了解有效控制的要求。
4. 掌握常见的控制方法。

开篇案例

奇瑞科技的五年规划

芜湖奇瑞科技有限公司（以下简称"奇瑞科技"）是奇瑞汽车股份有限公司旗下汽车零部件产业的投资管理公司，负责生产奇瑞整车所需配套零部件。目前该公司正面临新一轮的五年规划，公司董事长将这项任务交给综合办公室。综合办公室的何部长倍感压力，他明白中国乘用车行业的快速发展为公司提供了机遇，但是下属子公司与整车厂商之间的磨合以及内部持续高速增长，也带来一系列管理问题。奇瑞科技对子公司的管理控制以财务控制为主，同时在审计、人力资源等方面进行控制，主要通过总部下设财务部、运营管理部、投资规划部、综合办公室、审计部、人力资源部等部门履行控制职能。其中，财务部、审计部履行对子公司最核心的控制职能，通过外派财务人员、全面预算管理、财务审计等实现与子公司的业绩沟通；运营管理部的主要职责是指导子公司在产品、技术、生产、销售等方面的流程性管理和集团信息化管理，并实现与奇瑞汽车采购部的协调等工作；投资规划部主要负责奇瑞科技集团层的投资问题；综合办公室主要负责奇瑞科技的组织绩效管理和子公司董事会归口管理；人力资源部主要职责是履行奇瑞科技总部人员外派、进行子公司和总部的人力资源管理。奇瑞科技的控制模式主要通过目标管理和关键绩效指标（KPI）考核实现，从效益、规模、质量、技术和效率五个方面对子公司经营业绩进行评价。

何部长对两家子公司和奇瑞科技各部门进行了调研访谈，他希望能通过访谈进一步了解奇瑞科技管控过程中存在的问题，从而将解决这些问题作为五年规划的重点，以期向董事长递交一份满意的答卷。

1. 子公司的诉求

针对奇瑞科技五年期间需要解决的诸多问题，何部长从子公司成立时管理者类型、业务范围、2010年考核情况等维度选择了A、B两家有代表性的子公司进行调研访谈。

A公司总经理：奇瑞科技对我们公司有点控制过紧或者控制不当。首先，我们对总部外派财务人员这一做法并不是很赞同,因为这些财务人员对公司内部成本的发生并不清楚。因为不了解行业,公司很多正常的成本发生,他们可能也会认为是超预算的。其实要说本质原因也很简单,他们的任务是要配合奇瑞科技控制成本,而我们公司内部则是希望提高产品质量和利润水平,这就出现目标不一致问题。必须明确外派人员的职能,把握好控制程度,才能对企业的长期发展起积极作用。其次,过多与奇瑞科技互动的管理程序,需要我们耗费大量的人力。我们是生产型企业,办公区的管理人员一共就没几个人,但是我们还必须有专人处理与奇瑞科技的过程沟通,很多程序我们认为是不需要的。比如,作为一个月资金流量达到300万元的公司,有很多超过50万元的款项,而公司规定50万元以上就要找董事长审批,我们就必须频繁地向董事长请示。最后,我想强调一下外销障碍问题,因为奇瑞科技控制了我们过多的股权,其他整车企业就认为我们是竞争对手的企业,导致我们产品在外销时遇到了巨大的障碍,当我们想采用"走出去"战略时,奇瑞科技的名号有些时候会阻碍我们的外部市场拓展,其他国内汽车整车制造商就不愿意采购我们的产品,因为奇瑞是他们的竞争对手。我个人认为奇瑞科技现在规模越来越大了,应该适当稀释其股份,这样应该是有利于我们外部市场拓展的。

B公司总经理:我觉得总部在考核、预算方面存在问题。举个例子,公司现在考核的指标都是按部门分解,制定多级KPI,但是作用并不明显,因为那些指标都是可以直接观察出来的,指标定量化的优势没有体现。另外,指标选择可能是根据公司不同而有所不同的,对我们公司来说,有的指标重要,暂时却未能纳入考核指标,如人员效率、安全事故等。公司级预算问题也是一个多年未能解决的问题,前年奇瑞科技给我公司一个5亿元的预算,结果完成10亿元,你们给了相应的激励,这也算合情合理。但是去年,奇瑞科技对我们公司的预算提升到15亿元,尽管我已经多次表示压力很大,总部也不予考虑,最后只完成了12亿元。与其他子公司相比,考核结果必然是排名靠后的。我们对这个考核结果始终是不满意的。

2. 总部职能部门的看法

财务部王部长:在对子公司的控制问题上,财务部与子公司的接触应该是最多的,因为子公司一旦需要资金担保,立刻就来我们财务部。从投资预算到财务费用,我个人认为这些监控项目还是非常有必要的,事实证明也非常有成效,所以我觉得对子公司的监控应该继续延续这种监控模式。子公司之所以会觉得控制严格,是因为他们自身实力变强了,因为奇瑞科技目前对子公司的作用除了资金帮助以外,就是与奇瑞整车采购的协调方面,但是看现在情况,协调的效果不尽如人意。所以说,奇瑞科技已经不能掌握子公司运营的核心命脉,如果再减少监控,我很担心子公司会失控。

审计部蒋部长:审计部每两年会对子公司进行一次全面审计工作,这个审计过程中,我明显感受到一些经营效果比较好的公司,反而对审计工作的配合程度要弱一些。

人力资源部程部长:不管是财务还是审计,都和我们外派的副总、财务人员相关。

我个人也意识到外派政策可能存在的缺陷,如外派人员是否真的能实现其监督作用,如果外派人员和子公司合作,我们怎么办?而子公司提及的问题,如不懂行业管理或者干涉过多等,我们也意识到了。外派人员不懂行业管理是和我们公司人员结构现状相关的,现在公司不仅技术人才缺乏,既懂技术又懂管理的人更是缺乏。我们已经根据公司现有人力资源情况,尽量选择一些匹配度高的人员进行外派了。如果公司能引进一批懂技术的管理人才就更好了。关于外派人员干涉过多的问题,我认为是制度设计的问题。

投资规划部杨部长:公司近几年不断扩张,子公司数量的增长超过了高级管理人员的成长速度。战略规划本应该是投资规划部的职责,但是,实际执行中,我们的职责就是投资,说得再明确一点我们只是综合各方观点,审视一下行业环境,分析上级或者政府提出的投资意见是否合理,职能的缺失让我很担心。

运营管理部徐部长:现在子公司越来越多,而奇瑞科技并没能把握这些子公司的命脉。运营管理工作中,一些技术类的管理我们涉及甚少,有的子公司在部门设置及其职责设置等方面也相对完善。需要我们帮助的主要是那些新成立的公司,在运营规范、现场管理等方面进行监督和指导,对那些发展较好的子公司,我们的控制能力已经越来越弱。

各方的反馈说明奇瑞科技在管理控制方面的问题确实很突出,看来新五年规划还有很多的工作要做,何部长觉得肩上的担子又重了几分。

资料来源:本案例由中国科技大学管理学院的罗彪、余杰撰写,有所删改。

6.1 控制职能概述

6.1.1 控制的含义

自从1948年美国数学家、生物学家、通信工程师诺伯特·维纳(Norbert Wiener)发表了著名的《控制论——关于在动物和机器中控制和通讯的科学》一书以来,控制论的思想和方法已经渗透到了几乎所有的自然科学和社会科学领域。维纳把控制论看作是一门研究机器生命和社会中控制与通信的一般规律的科学,更具体地说,是研究动态系统在变化的环境下如何保持平衡状态或稳定状态的科学。在控制论中,"控制"的定义是:为了改善某个或某些受控对象的功能或发展,需要获得并使用信息,以这种信息为基础而选出的、加于该对象上反馈控制的作用,就叫作控制,如图6.1所示。由此可见,控制的基础是信息,任何控制都有赖于信息的反馈来实现。信息反馈是控制论的一个极其重

扩展阅读 6.1
好马与骑师

要的概念。通俗地说，信息负反馈就是指由控制系统把信息输送出去，又把其作用结果返送回来，并对信息的再输出发生影响，起到控制的作用，以达到预期的目的。

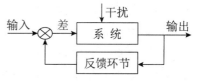

图 6.1　反馈控制

在管理工作中，作为管理职能之一的控制工作是指为了确保企业的目标以及为此而拟订的计划能够实现，各级管理者根据事先确定的标准或因发展需要而重新拟定的标准，对下级的工作进行衡量、测量和评价，并在出现偏差时进行纠正，以防止偏差继续发展或今后再度发生；或者，根据企业内外环境的变化或企业发展的需要，在计划的执行过程中，对原计划进行修订或制订新的计划，并调整整个管理工作的过程。也就是说，控制的结果可能有两种：一种是纠正实际工作与原有计划及标准的偏差；另一种是纠正企业已经确定的目标及计划与变化了的内外环境的偏差。

控制工作是每个管理者的职能。有些管理者常常忽略了这一点，认为实施控制主要是上层管理者和中层管理者的职能，基层部门的控制就不大需要了。其实，各层管理者只是所负责的控制范围各不相同，但各个层次的管理者都负有执行计划实施控制之职责。因此，各级管理者，包括基层管理者，都必须承担实施控制工作这一重要职责。

6.1.2　控制和其他职能的关系

1. 控制的必要性

控制的必要性体现在以下三个方面。

1）环境的不确定性

计划是企业对未来一定时期内的努力方向和行动步骤的描述，如果企业所面对的是一个完全静态的环境，市场供求条件不发生变化，每年都以同样的费用取得同样性质和数量的资源，同时又能以同样的价格向同样的客户销售同样品种和数量的产品，那么企业的管理者便年复一年、日复一日地以相同的方式组织企业经营，工人可以以相同的技术和方法进行生产作业，控制甚至于计划职能都将无用。但事实上，这种静态环境是不存在的，环境一直在发生变化，这些变化要求企业对原先制订的计划进行调整，从而对企业经营的内容做相应的调整。

2）管理权力的分散

当企业经营达到一定的规模，高层管理者就不可能直接地、面对面地组织和指挥全体员工。时间与精力的限制要求他委托一些助手代理部分管理事务。同样，这些助手也会委托其他人帮助自己。为了使助手们有效地完成受托的部分管理事务，高一级的管理者必然要授予他们相应的权限。因此，任何企业的管理权限都制度化或非制度化地分散在各个管理部门和相应的层次。企业分权程度越高，控制就越有必要。每个层次的管理者都必须定期或非定期地检查直接下属的工作,以保证授予他们的权力得到正确的利用,利用这些权力组织的业务活动符合计划与企业目的要求。如果没有控制,没有为此而建立的相应控制系统,管理者就不能检查下级的工作情况,即使出现权力被不负责任地滥用,或活动不符合计划要求等其他情况,管理者也无法发现,更无法采取及时的纠正行动。

3)工作能力的差异

完善的计划要求每个部门的工作严格按计划的要求来协调地进行。然而由于企业的成员在不同的时空进行工作,他们的认识能力不同,对计划要求的理解可能发生差异;即使每个员工都能完全正确地理解计划的要求,但由于工作能力的差异,他的实际工作结果也可能在质和量上与计划要求不符。某个环节可能产生的这种偏离计划的现象,会对整个企业活动的进行造成冲击。因此,加强对员工的工作控制是非常必要的。

2. 与其他职能的关系

从以上的分析可以看出,控制职能在管理过程中的重要性。可以说一个企业要顺利地实现自己的目标,一要通过计划职能制订出科学合理的目标,二要由控制职能在计划实施过程当中起到保障作用。而在控制当中用来衡量绩效的标准,则来自计划。

在控制过程中所采用的控制措施,则要通过组织结构中的每个层次贯彻下去。而组织结构的高效运作,为控制措施顺利的执行提供了组织保障。组织结构的设计也要考虑到控制职能的需要,明确命令执行的路径和各级管理者的职责。

控制措施的贯彻和实施除了靠正式的组织结构外,也离不了各级管理者充分发挥领导作用。尤其是对下属工作绩效的控制,更离不了管理者的指挥和激励。同样,有效的控制系统也为管理者充分发挥领导作用提供了有力的保障。

6.1.3 控制的内容

美国管理学家斯蒂芬·罗宾斯将控制的内容归纳为五个方面。

1. 人员控制

控制工作从根本上来说是对人的控制,因为任何企业活动的开展都依赖于员工的努力,其他几方面的控制也要靠人来完成。企业要实现目标,要求员工按照管理者制订的计划去做,从而使员工的行为更有效地趋向于企业目标,这就需要对员工进行控制。人是企业的资源中最活跃的因素,人员控制是控制中最复杂和最困难的一部分。

常用的人员控制方法有:一是现场巡视,发现问题及时纠正;二是进行系统化的评估,通过评估,对绩效好的员工予以奖励,对绩效差的,管理者就应该想办法解决。

2. 财务控制

一个企业中业务活动的开展几乎都伴随着资金的运动,要维持企业的正常运作,必须进行财务控制。

常用的财务控制方法有：一是审核各期的财务报表，以保证一定的现金存量，保证债务的负担不至于太重，保证各项资产都得到有效的利用等；二是预算控制，预算控制是一种控制成本的重要手段。

3. 作业控制

一个企业的成功与否，在很大程度上取决于它在生产产品或提供服务的能力上的效率和效果。作业控制方法就是用来评价企业的转换过程的效率和效果的。

常用的作业控制方法有：生产控制、质量控制、原材料购买控制、库存控制等。

4. 信息控制

在信息经济时代，财富的主要来源在于信息。对企业而言，信息能够影响甚至决定一个企业的命运。

常用的信息控制方法有：建立管理信息系统，企业借助管理信息系统实现信息化管理。

5. 企业绩效控制

企业的管理者关心企业的绩效，通过企业的绩效可以看出企业是否能达到目标。同时企业外部的人员也关注企业的绩效，如证券分析家、潜在的投资者、潜在的贷款者和供应商等。常用的企业绩效有生产率、市场占有率、产量、员工稳定性等，一个企业的整体绩效很难用一个指标来衡量，要恰当地衡量企业的绩效，必须采用多种办法。

6.1.4 控制的类型

采取不同的分类方法，可以把控制划分为不同的类型。

1. 按控制信息的性质划分

按控制信息的性质，控制可分为反馈控制、现场控制和前馈控制。

1）反馈控制

反馈控制是指将系统的输出信息返送到输入端，与输入信息进行比较，并利用二者的偏差进行控制的过程。反馈控制其实是用过去的情况来指导现在和将来。在控制系统中，如果返回的信息的作用是抵消输入信息，称为负反馈，负反馈可使系统趋于稳定；若其作用是增强输入信息，则称为正反馈，正反馈可使输入信息得到加强，有可能造成系统的不稳定。反馈不仅是管理系统，也是自然界和人类社会中普遍存在的一种现象。如人体的温度调节系统、电冰箱的温度控制系统、农贸市场上蔬菜供应的数量与价格、无线电信号的放大等，都体现了反馈的原理。反馈控制是管理控制工作的主要方式，是最常用的控制类型。

反馈控制具有许多优点。首先它为管理者提供了关于计划执行的效果究竟如何的真实信息。如果反馈显示标准与现实之间只有很小的偏差，说明计划的目标是达到了；

如果偏差很大，管理者就应该利用这一信息及时采取纠正措施，也可以参考这一信息使新计划制订得更有效。此外，反馈控制可以增强员工的积极性。因为人们希望获得评价他们绩效的信息，而反馈控制正好提供了这样的信息。

反馈控制的主要缺点是时滞问题，即从发现偏差到采取更正措施之间可能有时间延迟现象，在进行更正的时候，实际情况可能已经有了很大变化，而且往往是损失已经造成了。时滞现象对系统的危害极大，它可以使系统的输出剧烈波动和不稳定，导致系统的状况继续恶化甚至崩溃，因此反馈控制与亡羊补牢类似。但是在许多情况下，反馈控制是唯一可用的控制手段。

2）现场控制

从名字就可以看出，这是一种发生在计划执行过程中的控制，管理者可以在发生重大损失之前及时纠正问题。它是一种主要为基层管理者所采用的控制方法，一般都在现场进行，做到偏差即时发现、即时了解、即时解决。

现场控制主要包括这样一些内容：向下级指示恰当的工作方法和工作过程；监督下级的工作以保证计划目标的实现；发现不符合标准的偏差时，立即采取措施纠正。现场控制的关键就是做到控制的及时性，因此必须有赖于信息的及时获得、多种控制方案的事前储备以及事发后的镇静和果断。在计划的实施过程中，大量的管理控制工作，尤其是基层的管理控制工作都属于这种类型，因此，它是控制工作的基础。一个管理者的管理水平和领导能力的高低常常会通过这种工作表现出来。

在现场控制中，控制的标准应遵循计划工作中所确定的企业方针与政策、规范和制度，采用统一的测量和评价，要避免单凭主观意志进行控制工作，控制的内容应该和被控制对象的工作特点相适应。例如，对简单的体力劳动采取严厉的监督可能会带来好的效果；而对于创造性的劳动，控制的内容应转向如何创造出良好的工作环境，并使之维持下去。控制工作的重点应是正在进行的计划实施过程。虽然在产生偏差与管理者作出反应之间肯定会有一段延迟时间，但这种延迟是非常小的。控制工作的效果取决于管理者的个人素质、个人作风、指导的方式方法以及下属对这些指导的理解程度。其中，管理者的言传身教具有很大的作用。例如，工人在发生操作错误时，班组长有责任向其指出并做出正确的示范动作帮助其改正。

情 景 小 故 事

李若谷治水

春秋时期，楚国令尹孙叔敖在芍陂县一带修建了一条南北水渠。这条水渠又宽又长，足以灌溉沿渠的万顷农田，但是一到天旱的时候，沿堤的农民就在渠水退去的堤岸边种植庄稼，有的甚至还把农作物种到了堤中央。等到雨水一多，渠水上涨，这些农民为了保住庄稼和渠田，便偷偷地在堤坝上挖开口子放水。这样的状况越来越严重，一条辛苦挖成的水渠，被弄得遍体鳞伤、面目全非，因决口而经常发生水灾，变水利为水害了。面对这种情形，历代芍陂县的行政官员都无可奈何。每当渠水暴涨成灾时，便调动军队去修筑堤坝，堵塞漏洞。之后宋代李若谷出任知县时，也碰到了决堤修堤这个头疼的问题，他便贴出告示说："今后凡是水渠决口，不再调动军队修堤，只抽调沿渠的百姓，让他们自己把决口的堤坝修好。"这告示贴出以后，再也没有人偷偷地去决堤放水了。

资料来源：道客巴巴。

3）前馈控制

前馈控制是管理者渴望采取的控制类型，因为它能避免预期出现的问题，防患于未然。所谓前馈控制，就是观察那些作用于系统的各种可以测量的输入量和主要扰动量，分析它们对系统输出的影响关系，在这些可测量的输入量和主要扰动量的不利影响产生以前，及时采取纠正措施，来避免它们的不利影响。前馈控制与反馈控制的主要区别是，前馈控制是控制产生偏差的原因，而不是控制行动结果，这是前馈控制在现代管理中的一个很重要的特点。

前馈控制的最大优点是克服了某一类时滞现象。在发现偏差后，采取措施来消除偏差的过程中，不可避免要出现时滞现象。时滞现象出现的根本原因可以从物理学的观点中得到解释，一个物体从一个状态变到另一个状态是需要时间的，即速度的变化——加速度不可能无限大。

图6.2可以清楚地表明在控制过程中时滞现象是如何产生的。在某个因素的影响下，对象偏离了计划，状态出现了偏差，通过一定的装置反映出来为我们所感知，这就有了时滞δ_1。分析偏差产生的原因，找出可以消除此偏差的措施，如果有两个以上的措施则要从中比较作出选择，这也要有时间，出现时滞δ_2。然后经过时滞δ_3，我们采取了适当的措施。从采取措施开始到出现所预想的结果，又要有时滞δ_4。这样说来，总的时滞δ至少要包括δ_1、δ_2、δ_3和δ_4这四部分。

图6.2 时滞现象

时滞越大对控制越不利。因为在时滞δ中可能又会产生什么新的偏差恰好抵消或部分抵消早先出现的偏差，这样一来，我们的控制措施就不能达到预期的结果——消除早先的偏差，而会产生我们所不希望的结果——产生了一个人为的新偏差。

在实际问题发生之前就采取管理行动，可以减少系统的损失，而且可以大大改善控制系统的性能，因此前馈控制在现实中得到了广泛的应用。例如，提前雇用员工可以防止潜在的工期延误；司机在驾驶汽车上坡时提前加速可以保持行驶速度的稳定；

在工程设计的过程中,常常将前馈控制与反馈控制结合在一起,构成复合控制系统,以改善控制效果。

前馈控制需要对系统输出的未来变化趋势进行预测,并要分析可能对系统产生影响的主要扰动量。这一点往往会给管理工作带来很大困难。而且前馈控制系统一般比较复杂,一个可以操作的前馈控制系统一般应满足以下几个必要条件。

(1) 要对计划和控制系统做彻底的、认真的分析,识别重要的输入变量。

(2) 为该系统建立一个前馈控制的模型。

(3) 经常对模型进行检查,以便了解所确定的输入变量及其相互关系是否仍能反映现实情况。

(4) 定期收集输入变量数据并将其输入系统。

(5) 定期评定实际输入数据与计划输入数据的差异,并评估这种差异对预期结果的影响。

(6) 必须有措施保证。在管理过程中,前馈控制系统像其他计划与控制技术一样,只能向管理者显示问题的存在,管理者必须采取措施才能使这些问题得到解决。

前馈控制要根据偏差出现的时间和大小提前采取适当的措施。这就需要进行预测,这是一件非常困难的事情。因此对一些有规律出现的偏差采用前馈控制是适宜的。

对三种控制类型的比较如图 6.3 所示。图中的实线代表信息,虚线代表纠正措施。

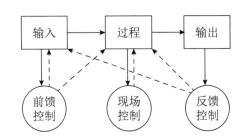

图 6.3　按控制信息的性质划分的三种控制类型比较

2. 按控制力量的来源划分

按控制力量的来源,控制可分为外在控制和内在控制。

1) 外在控制

外在控制是指一个企业或个人的目标和标准的制定以及控制工作是由其他的企业和个人来承担,自己只负责监测、发现问题和报告偏差。例如,上级管理者的行政命令、监督、组织程序规则的制约等,都是外在强加的控制。

2) 内在控制

内在控制是一种自我控制。自我控制的企业或个人,不仅能自己监测、发现问题,还能自己订立标准并采取行动纠正偏差。例如,目标管理就是一种让各级管理者和员工参加工作目标的制订,并在工作中实行自主安排、自我控制的一种管理制度和方法。目标管理通过变"要我做"为"我要做",使人们更加热情、努力地去实现自己参与制订的目标。当然目标管理只有在个人目标与企业目标差异较小、员工素质普遍较高时采用才容易奏效。而在目标差异较大、员工素质较低时，较多的外在强加控制则是更为需要的。

3. 按所采用的手段划分

按所采用的手段，控制可分为间接控制和直接控制。

1) 间接控制

间接控制基于这样一些事实，即人们常常会犯错误，或常常没有觉察到那些将要出现的问题，因而未能及时采取适当的纠正或预防措施。因此间接控制着眼于发现工作中出现的偏差，分析其产生的原因，并追究管理者个人的责任，使之改进未来的工作。

在实际工作中，管理者往往是根据计划和标准，对比或考核实际的结果，研究造成偏差的原因和责任，然后才去纠正。实际上，在工作中产生偏差的原因是很多的。例如，有时是制定的标准不正确，可对标准做合理的修订；或者存在未知的不可控的因素，如未来社会的发展状况、自然灾害等，因此而造成的失误是难免的；还有一种原因，就是管理者缺乏知识、经验和判断力等，在这种情况下可运用间接控制来纠正。同时，间接控制还可以帮助管理者总结并吸取经验教训，丰富他们的知识、经验，增强他们的判断力，提高其管理水平。

但是，间接控制存在许多缺点。最明显的是，间接控制是在出现了偏差，造成损失之后才采取措施，因此其花费的代价比较大。另外，间接控制是建立在以下五个假设的基础之上的：工作绩效是可以计量的；人们对工作有责任感；追查偏差原因所需要的时间是有保证的；出现的偏差可以及时发现；有关部门和人员将会采取纠正措施。然而这些假设在实际当中有时却不能成立。例如，工作绩效的大小和责任感的高低有时是难以精确计量或准确评价的，而且二者之间可能关系不大或根本无关；有时管理者可能不愿意花费时间去调查分析偏差的原因；有的偏差并不能预先估计或及时发现；有时发现了偏差并查明了原因，可管理者有时候或推卸责任或固执己见，而不去及时采取措施；等等。因此，间接控制尚存在一些局限性，还不是普遍有效的控制方法。

2) 直接控制

直接控制认为，计划实施的结果取决于执行计划的人，管理者及其下属的素质越高，就越不需要间接控制。因此，直接控制着眼于培养更好的管理者，提高他们的素质，使他们能熟练地应用管理的概念、技术和原理，能以系统的观点看待管理问题，从而防止出现因管理不善而造成的不良后果。

进行直接控制有许多优点。第一，由于直接控制比较重视人的素质，因而能对管理者的优缺点有比较全面的了解，在对个人委派任务时能有较大的准确性；同时，为使管理者合格，对他们经常进行评价，并进行专门的培训，能消除他们在工作中暴露出的缺点及不足。第二，直接控制可以及时采取纠正措施并使其更加有效。它鼓励用自我控制的方法进行控制。由于在对人员评价过程中会暴露出工作中存在的缺点,因此会促使管理者更加努力地担负起职责并自觉地纠正错误。第三,由于提高了管理者的素质,减少了偏差的发生,可以减小损失、节约开支。第四,直接控制可以获得较好的心理效果。管理者的素质提高后,其自信心和威信也会得到提高,下级也会更加支持他们的工作,这有利于整体目标的顺利实现。

但需注意的是,采用直接控制方法是有条件的。管理者必须对管理的原理、方法、职能以及管理的哲理有充分的理解。虽然这些不容易做到,但不是不能做到,管理者可以通过进修、实际经验的积累、上级的严格要求和精心指导等途径使自己的素质得到提高。

根据上述分析可知,直接控制是通过提高管理者和员工的素质与能力使他们在工作中不会出现偏差,而对因外部环境变化造成的偏差是无法采用直接控制的。

情景小故事

孰强孰弱

魏文王问名医扁鹊:"你们家兄弟三人,都精于医术,到底哪一位医术最好呢?"扁鹊回答说:"大哥最好,二哥次之,我最差。"文王再问:"那么为什么你最出名呢?"扁鹊答说:"我大哥治病,是治病于病情发作之前。由于一般人不明白他事先能铲除病因,所以他的名气无法传出去,只有我们家里的人才明白。我二哥治病,是治病于病情刚刚发作之时。一般人以为他只能治轻微的小病,所以他只在我们的村子里才小有名气。而我治病,是治病于病情严重之时。一般人望见的都是我在经脉上穿针管来放血、在皮肤上敷药等大手术,所以他们以为我的医术最高明,因此名气响遍全国。"文王连连点头称道:"你说得好极了。"

资料来源:学优高考网,原文出自《鹖冠子·世贤第十六》。

6.2 控制的程序和要求

6.2.1 控制的程序

控制的程序可以划分为以下三个步骤:一是确定标准;二是衡量绩效;三是采取管理行动。

1. 确定标准

标准必须从计划中产生,计划必须先于控制。换而言之,计划是管理者设计控制工作和进行控制工作的准绳,由于计划

扩展阅读6.2
麦当劳的控制系统

的详尽程度和复杂程度各不相同,而且管理者也不可能事事都亲自过问,所以就得根据计划制定具体的标准。所谓标准,就是衡量实际工作绩效的尺度。它们是根据整体计划方案制定的,可以给管理者一个信号,使其不必过问计划执行过程中的每一个具体步骤,就可以了解工作的进展情况。

然而,由于不同的企业和不同的部门的特殊性,有待衡量的产品与服务种类繁多,有待执行的计划方案也数不胜数,所以不存在可供所有管理者使用的统一的控制标准。但是,所有的管理者必须使他们的控制和控制标准与其控制工作的需要相一致。

对管理者来说,选择关键性控制点是一项艺术。因为有效的控制取决于正确地选择控制点。这些控制点有的是一些限制性的因素,有的是一些非常有利的因素,这些因素会影响到将来整个企业的业绩或计划的成败。为此,管理者在确定标准时应当自问:可以最佳地反映本部门目标的是什么?当不符合这些目标时,可以清楚地反映情况的是什么?能最好地衡量控制点偏差的是什么?应该由谁对那些失误负责任?哪些标准最省钱?经济适用的信息的标准是什么?

计划方案的每个目标,这些方案所包括的每项活动、每项政策、每项规程以及每项预算,都可以成为衡量实际业绩或预期业绩的标准。但实际上,标准大致有以下几种。

1)实物标准

这是一类非货币衡量标准,通常用于比较耗用的原材料、使用的劳动力、提供的产品及服务等。例如,单位产量工时和所耗用的燃料数、单位机器台时的产量、每吨铜导线的尺数、每日门诊的病人数等。标准也可以反映品质,诸如材料的硬度、公差的精密度、飞机的爬升高度、纤维的强度、颜色的牢固度等。

2)成本标准

成本标准是货币衡量标准,与实物标准一样可以适用于企业的各个层次。这类标准是用货币值衡量经营活动的成本。例如,单位产品的直接成本和间接成本、单位产品或每小时的人工成本、单位产品的原材料成本、单位面积的土地使用成本等。

3)资本标准

资本标准是用货币来衡量实物项目而形成的,是成本标准的变种。这些标准与企业的投入资本有关,而同资本运营无关。对于新的投资和综合控制而言,使用最广泛的资本标准是投资报酬率。还有其他的标准如负债比率、债务与资本净值比率、现金及应收账款与应付账款的比率等。

4)收益标准

收益标准指把货币值用于销售量的计算。例如,公共汽车每公里的收入、每名顾客的平均购货额、在某市场范围内的人均销售额、每治愈一个病人的收入等。

5)计划标准

为进行控制有时会安排管理者编制一个可变动预算方案,或者一个准备实施的新产品开发计划,或提高销售人员素质的计划。在评估计划的执行情况时,虽然难免会运用一些主观判断，但也还可以运用计划中规定的时间安排和其他因素作为客观的判断标准，这就是计划标准。

6）无形标准

无形标准也就是既不能以实物又不能以货币来衡量的标准。管理者经常遇到这样的难题：能用什么标准来测定公司人事部主任的才干？能用什么标准来确定广告计划是否符合长期目标？办公室的职员是否机灵？等等。对于这类问题，要确定既明确定量又明确定性的标准是非常困难的。任何一个企业当中都存在着许多无形标准，这是因为对于一些工作的预期成果还缺乏具体的研究，或者，因为工作业绩涉及人际关系。尤其是在上层机构中，很难衡量何谓"良好""有效果"或"有效率"。虽然心理学家和社会学家提出了测试、调查和抽样方法，使得判断人的行为与动机已有可能，但对于人际关系的许多管理控制却仍要以一些无形标准、主观判断、反复试验，有时甚至是以纯粹的直觉为依据。

7）以指标为标准

一些管理出色的企业往往在每一层次的管理部门建立可考核的定性指标或定量指标，这些指标往往反映了企业的一种理想。通过这些指标来进行复杂的计划工作或衡量管理者的业绩。定量指标一般采取上文讨论过的各类标准。而定性指标的规定意味着标准领域内的一个大发展，尽管它不能像定量指标那样准确地考核，但可以用详细的说明计划或一些具体目标的特征和完成日期来增强其可操作性。

在实际工作当中，不管采取哪种类型的标准，都需要按照控制对象的特点来决定。

2. 衡量绩效

衡量绩效其实也是控制当中信息反馈的过程。在确定了标准以后，为了确定实际工作的绩效究竟如何，管理者首先需要收集必要的信息，考虑如何衡量和衡量什么。这样，一方面可以了解计划的执行过程；另一方面，还可使管理者及时发现那些已经发生或预期将要发生的偏差。

1）如何衡量

有四种信息常常被管理者用来衡量绩效，它们是：个人观察、统计报告、口头汇报和书面报告。这些信息分别有其长处和短处，但是，将它们结合起来，可以大大丰富信息的来源并提高信息的准确程度。

个人观察提供了关于实际工作的最直接和最深入的第一手资料。这种观察可以包括非常广泛的内容，因为任何实际工作的过程总是可以观察到的。个人观察的显著优势是可以获得面部表情、声音语调以及态度情绪等信息，它是常被其他来源忽略的信息。

计算机的广泛应用使统计报告的制作日益方便。这种报告不仅有计算机输出的文字，还包括许多图形、图表，并且能按管理者的要求列出各种数据。尽管统计数据可以清楚有效地显示各种数据之间的关系，但它们对实际工作提供的信息是有限的。统计报告只能提供一些关键的数据，它忽略了其他许多重要因素。

信息也可以通过口头汇报的形式来获得，如会议、一对一的谈话或电话交谈等。这种方式的优缺点与个人观察相似。尽管这种信息可能是经过过滤的，但是它快捷、有反馈，同时可以通过语言词汇和身体语言来扩大信息量，还可以录制下来，像书面文字一样能够永久保存。

书面报告与统计报告相比要显得慢一些，与口头汇报相比要显得正式一些。这种形式比较精确和全面，且易于分类存档和查找。

这四种形式各有其优缺点，管理者在控制活动中必须综合使用方能获得较好效果。

2）衡量什么

衡量什么是比如何衡量更关键的一个问题。如果错误地选择了衡量的内容，将会导致严重的不良后果。衡量什么还将会在很大程度上决定企业中的员工追求什么。衡量什么？简单来说就是衡量与计划实施相关的进度、费用、质量等，这些内容往往能反映出计划实施的状况。把计划实施的状况与上述所制定的标准进行比较。

有一些控制准则是在任何管理环境中都通用的。例如，营业额或出勤率可以考核员工的基本情况；费用预算可以将管理者的办公支出控制在一定的范围之内。但是必须承认内容广泛的控制系统中存在着管理者之间的多样性，所以控制的标准也各有不同。例如，一个制造业工厂的经理可以用每日的产量、单位产品所消耗的工时及资源、顾客退货率等进行衡量；一个政府管理部门的负责人可用每天起草的文件数、每天发布的命令数、电话处理一件事务的平均时间等来衡量；销售经理常常可用市场占有率、每笔合同的销售额、下属的每位销售员拜访的顾客数等来进行衡量。

如果有了恰如其分的衡量内容，以及准确测定下属工作绩效的手段，那么对实际或预期的工作进行评价就比较容易。但是有些工作和活动的结果是难以用数量标准来衡量的。如对大批量生产的产品制定工时标准和质量标准是简单的，但对顾客定制的单件产品评价其执行情况就比较困难了。此外，对管理人员的工作评价要比对普通员工的工作评价困难得多，因为他们的业绩很难用有形的标准来衡量，而他们本身和他们的工作又恰恰非常重要。他们既是计划的制订者，又是计划的执行者和监督者，他们的工作绩效不仅决定着他们个人的前途，而且关系到整个企业的未来，因此不能由于标准难以量化而放松或放弃对其衡量。有时可以把他们的工作分解成能够用目标去衡量的活动；或者采取一些定性的标准，尽管会带有一些主观局限性，但这总比没有控制标准、没有控制机制要好。

3）衡量间隔

在计划实施过程中，外部环境总在变，无非是变得快一些、慢一些，变得大一点、小一点。计划实施的进程随着时间也不断向前推进。偏差随时随地都可能产生。为了及时发现偏差，我们自然会想到24小时在线监测是否有偏差的产生，这样做是最有把握的。

衡量的投入是设备、人力、经费等，产出是偏差的发现。如果所有的控制点都要做到 24 小时在线监测，那会需要很大的投入。综合考虑投入和产出的结果，合理的做法应该是：外部环境变化快和大时，计划实施进程快时，对关键控制点的偏差衡量间隔要短些；反之，偏差衡量间隔要长些。

3. 采取管理行动

控制的最后一个步骤就是根据衡量和分析的结果采取适当的管理行动。管理者应该在下列三种控制方案中选择一个：维持原状，纠正偏差，修订标准。当衡量绩效的结果比较令人满意，可采取第一种方案；如果发现偏差，就要分析偏差产生的原因，有时可能是人员不称职或技术设备条件跟不上等造成的，也可能是计划或标准有误造成的，对不同的情况要采取不同的更正行动。在此，重点讨论后两种方案。

1）纠正偏差

如果偏差是由于计划实施的状况偏离标准而产生的，管理者就应该采取纠正措施。这种措施的具体方式可以是管理策略的调整、组织结构的完善、及时进行补救、加强人员培训、调配资源，以及进行人事调整等。

管理者在采取纠正行动之前，首先要决定是应该采取立即纠正行动，还是彻底纠正行动。立即纠正行动是指立即将出现问题的工作矫正到正确的轨道上；而彻底纠正行动首先要弄清工作中的偏差是如何产生的、为什么会产生，然后再从产生偏差的地方开始采取纠正行动。在日常管理工作中，许多管理者常以没有时间为借口而不采取彻底纠正行动，或者因为采取彻底纠正行动会遇到思想观念、组织结构调整以及人事安排等方面的阻力，而满足于不断的救火式的应急控制。然而事实证明，作为一个有效的管理者，对偏差进行认真的分析，并花费一些时间从根本上纠正这些偏差是非常有益的。

2）修订标准

工作中的偏差也可能来自不合理的标准，也就是说指标定得过高或过低，或者是原有的标准随着时间的推移已不再适应新的情况。这种情况下，需要调整的是标准。

但是应当注意的是，在现实生活中，当某个员工或某个部门的实际工作与目标之间的差距非常大时，他们往往首先想到的是责备标准本身。例如，学生会抱怨扣分太严而导致他们的低分；销售人员可能会抱怨定额太高致使他们没有完成销售计划。人们不大愿意承认绩效不足是自己努力不够的结果，作为一个管理者对此应保持清醒的认识。如果你认为标准是现实的，就应该坚持，并向下属讲明你的观点，否则就应作出适当的修改。

除了上述情况外，也可能出现的一种情况是：外部环境变化得太大，造成偏差无法消除，以至于原定的目标无法实现，这样的话，就需要重新制订新的计划。

图 6.4 为控制过程。控制过程其实可以看作是整个管理系统的一个组成部分，并且和其他管理职能紧密相连的。管理者可以运用改变航道的原理重新制订计划或调

整目标来纠偏，可以运用组织职能重新委派职务或进一步明确职责来纠偏，可以采用妥善地选拔和培训下属人员或重新配备人员来纠偏，也可以通过改善领导方式方法或运用激励政策来纠偏。控制活动与其他管理职能的交错重叠，说明了在管理者的职务中各项工作是统一的，说明管理过程是一个完整的系统。

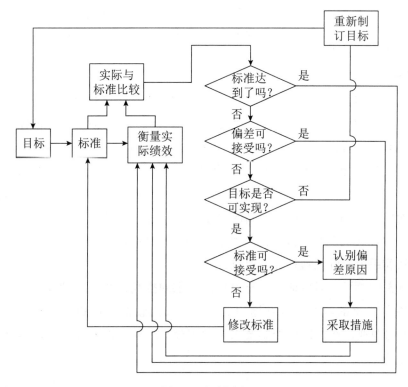

图 6.4　控制过程

6.2.2　控制的要求

要进行有效的控制，需要注意下述方面。

1. 客观性

控制应该客观，这是对控制工作的基本要求。在对员工的工作绩效进行评价时，比较容易受主观因素的影响。这可能来自两种心理方面的作用，一种是晕轮效应，即以点代面，把人的行为的某一点覆盖于人的全部行为之上；另一种是优先效应，即把第一印象看得很重要，先入为主以至于影响今后的评价。管理者应严防上述两种心理效应在评价工作中的出现，因为如果没有对绩效进行客观的评价或衡量，就不可能有正确的控制。

保证控制客观性的最有效的办法就是建立客观的、准确的和

扩展阅读 6.3
39 滴焊料

适当的标准。这种标准可以是定量的，也可以是定性的。但不论形式怎样，标准必须合理，高低适度，能够达到，而且应该是可以测定和可以考核的。

2. 灵活性

控制系统应该具有足够的灵活性以适应各种不利的变化，或利用各种新的机会。面对已经更改的计划，或者出现了未预料到的情况，控制职能应能够发挥作用。况且，几乎没有处于极稳定的环境而不需要适应性的企业，任何企业都需要随时间和条件的变化而调整其控制方式。

3. 经济性

控制是一项需要投入人力、物力、财力的事情，从经济角度上看必须是合理的，如果控制所付出的代价比它得到的好处要大，那么就失去了意义。任何控制系统产生的效益都必须与其投入的成本进行比较。为了使成本最少，管理者应该尝试使用能产生期望结果的最少量的控制。这个要求看起来简单，但做起来却比较复杂。因为一个管理者有时很难确定某个控制系统究竟能带来多少效益，也难以计算其费用到底是多少。是否经济也是相对的，因为控制的效益随业务活动的重要性和规模的大小而不同。在实际工作中，我们应尽可能有选择地进行控制，精心选择控制点；另外，尽可能改进控制方法和手段以降低消耗提高效益。

在图6.5中，可以明显地看出随着控制要求的提高，所付出的成本是非线性增加的。假设控制带来的收益是线性递增的，效益（为收益与控制成本之差）是一条如图6.5所示的曲线，在一定的控制要求下达到最高，此后随着控制要求的进一步提高而呈下降趋势。

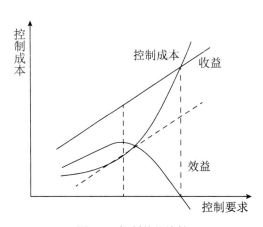

图6.5 控制的经济性

4. 可操作性

控制为管理者所使用，一个不容易理解的控制是没有价值的。人们对不能理解的，就不会信任；而对不信任的，就不会去操作或使用。不同的管理者适合或者擅长不同的控制技术。即使是很聪明的管理者也可能被专家的某些复杂技术而难倒。这方面的专家一定不会对别人炫耀自己如何内行，而是宁愿去设计一种让人们容易理解、容易掌握的方法或系统。如果从一个相当粗糙的系统中能够获得 80% 的效益，那么这个系统远比一个虽然完善但难以使用而得不到任何好处的系统更有价值。

5. 及时性

控制时机的选择十分重要。较好的控制必须能及时发现偏差，及时提供信息，使管理者能迅速采取措施加以更正。再好的信息，如果过时了，也将是毫无用处的，而且往往会造成不可弥补的损失。时滞现象是反馈控制中一个难以克服的困难。虽然从检查实施结果、将结果同标准比较到找出偏差，可能不会花费很长的时间；但分析偏差产生的原因，并提出纠正偏差的具体办法也许旷日持久，当真正采取这些办法去纠正偏差时，实际情况可能有了很大变化。解决这一问题的最好办法是采取预防性控制措施。一个真正有效的控制系统应该能及时发现出现的偏差，采取措施的力度要大，或及时调整计划，而不是等问题大了后再去解决。

6. 全局性

在组织结构中，各个部门及其成员都在为实现其各自或局部的目标而活动着。许多管理者在进行控制工作时，往往从本部门的利益出发，只求能正确实现自己局部的目标而忽视了企业目标的实现。其实企业的总目标是要靠各部门及全体成员协调一致的活动才能实现的。因此对一个合格的管理者来说，在进行控制工作时，不能没有全局观点，要从整体利益出发来实施控制，将各个局部的目标协调一致。

7. 突出重点

管理者不可能控制企业中的每一件事情，即使能这样做，也将得不偿失。因此，管理者应该控制那些对企业行为有战略性影响的因素。控制应该包括企业中关键性的活动、作业和事件。也就是说，控制的重点应放在容易出现偏差的地方，或者放在偏差造成的危害很大的地方，而不是眉毛胡子一把抓。要做好这一点，必须准确识别关键控制点。

8. 具有纠正措施

有效的控制不仅可以指出偏差，而且还应能揭示哪些环节发生了偏差，应由谁负责，并能建议如何纠正这种偏差。也就是说，它应该在指出问题的同时给出解决问题的办法，确保能采取适当的纠正措施，否则这个系统就等于名存实亡。只有通过适当的计划工作、组织工作、领导工作来纠正偏差，才能证明该控制系统是有效的。

6.3 控制的原理和方法

6.3.1 控制的原理

要使控制工作发挥应有的作用，在建立控制系统或进行控制活动时应遵循以下几个原理。

1. 未来导向的原理

未来导向的原理，是指控制工作应当着眼未来，而不是只有当出现了偏差才进行控制。由于在整个控制系统中存在着时滞，所以一个控制系统不能完全以信息反馈为基础，而要在科学预测的基础上，做好应付各种问题的预案，才能使管理者有效地预防偏差或及时采取措施纠正偏差。也就是说，控制应该是前向的，这才合乎理想。实际上这条原理往往被忽视。主要原因是大多数管理者一般依赖历史数据，在现有的管理工作水平下不容易做到未雨绸缪。但时滞问题促使我们投入更大的精力来从事面向未来的控制，这是一件很有意义的事情。

2. 反映计划的原理

反映计划的原理，是指计划越明确、越完备和越综合化，则控制越能用来体现这类计划，控制也越能有效地为管理者的需要服务。每一项计划每一项工作都各有其特点。所以，为实现每一项计划每一项工作所设计的控制系统和所进行的控制工作，尽管基本过程是相似的，但在确定用什么标准、控制哪些关键点、收集什么信息、采用何种方法评定绩效、由谁来控制和采取纠正措施等方面，都必须按不同计划的特殊要求和具体情况来设计。因为控制的任务是保证计划能按预期的目的得到执行，所以一个控制系统就不能在没有计划的情况下设计，而且设计还要反映计划的要求。

3. 适宜性原理

适宜性原理，是指一个企业的结构如果是明确而完善的，则控制就能很好地反映出组织结构中哪个部门或人员应对所采取的措施承担责任，也就能及时地纠正偏差。因为计划是由人来执行的，所以一旦出现偏差就必须由相应的管理者来负责，而这些管理者的职责正是通过组织机构而被授予的。因此，控制工作除了要能及时地发现执行过程中发生偏差的情况外，还必须知道发生偏差的责任和采取纠正措施的责任应由谁来承担，这需要由相应的组织机构的设计来完成。

4. 关键点控制的原理

关键点控制的原理，是指管理者选择计划的关键点作为控制的标准可以使控制更为有效。因为人的精力是有限的，控制的费用也是有限的，所以管理者没有必要考察计划执行的每个细节，他们只需注意那些对计划的执行起举足轻重作用的关键性问题或因素，并能够以此来掌握任何一个偏离了计划的重要偏差，而不必事事留意。管理者如何选择关键点也体现了个人的管理艺术和水平。

5. 例外原理

例外原理，是指管理者的控制应当顾及例外情况的发生，不至于面临重大的偏差而不知所措。也就是说，管理者应把主要注意力集中在那些出现了特别好或特别坏的情况上。这一点常常和关键点控制的原理混淆起来。其实，关键点控制的原理是强调控制应当重视一些关键的点，而例外原理则是强调必须留意在这些关键点上偏差的规模。如果把两者很好地结合起来就可以使控制工作既有好的效果又有高的效率。

6. 采取措施原理

采取措施原理，是指脱离计划的已知偏差，只有通过适当的计划工作、组织工作和领导工作得到了纠正，才能证明控制的有效。在实际工作中，有许多例子表明这样简单的真理被人遗忘了。如果控制工作不辅之以措施，则管理工作只是管理部门人力与时间的浪费而已。如果发现已经或将要出现的偏差，就要提出纠正措施；或者重新制订计划，把计划的执行纳入正轨。这可能会要求重组或培训下属人员，使之胜任所承担的工作；也可能只是指导下属理解计划或激励他们去实现计划而已。不管怎样，采取措施是必需的。

6.3.2 控制的方法

控制的方法有以下几种。

1. 预算控制

1）预算的概念与作用

预算是以财务术语（如收入、费用以及资金等），或者以非财务术语（如直接工时、材料、实物销售量和生产量等）来表明企业的预期成果，它是用数字编制的反映组织在未来某一个时期成果的综合计划。预算可以称作是"数字化"或"货币化"的计划，它通过财务形式把计划分解落实到组织的各层次和各部门中去，使管理者能清楚地了解哪些资金由谁来使用、计划将涉及哪些部门和人员、多少费用、多少收入以及实物的投入量和产出量等。管理者以此为基础进行人员的委派和任务的分配、协调和指挥组织的活动，并在适当的时间将组织的活动结果和预算进行比较，若发生偏差，及时采取纠正措施，以保证组织能在预算的限度内去完成计划。同时，预算可使组织的成员明确自己及本部门的任务和权责，更好地发挥作用。因此，预算从战略和全局的角度保障组织计划顺利地执行。

2）预算的种类

预算的种类很多，概括地可以分为以下几种。

（1）收支预算。这是以货币来表示企业的收入和经营费用支出的计划。由于企业主要是依靠产品销售或提供服务所获得的收入来支付经营管理费用并获取利润的，因此销售预测是计划工作的基石，销售预算是预算控制的基础，是销售预测详细的、正式的说明。表6.1是一个简单的销售预算的例子。

表 6.1 某企业的销售预算（截至 2020 年 12 月 31 日）

产　品	地　区	销售量/件	单位销售价/元	总销售额/元
A	东北	2 500	80	200 000
	华北	1 500	80	120 000
	其他	2 000	80	160 000

续表

产品	地区	销售量/件	单位销售价/元	总销售额/元
	总计	6 000		480 000
B	东北	3 000	110	330 000
	华北	2 000	110	220 000
	其他	2 400	110	264 000
	总计	7 400		814 000
总销售营业收入				1 294 000

（2）时间、空间、原材料和产品产量预算。这是一种以实物单位来表示的预算。因为在计划和控制的一定阶段采用实物数量单位比采用货币单位更有意义。常用的实物预算单位有直接工时数、台时数、原材料的数量、占用的面积和生产量等。此外，用工时或工作日来编制所需要的劳动力预算也是很普遍的。

（3）资本支出预算。资本支出预算概括了专门用于厂房、机器、设备、库存和其他一些类目的资本支出。由于资本通常是企业最有限制性的因素之一，而且一个企业要花费很长的时间才能收回厂房、机器设备等方面的投资。因此，对这部分资金的投入一定要慎重地进行预算，并且应尽量与长期计划工作结合在一起。

（4）现金预算。这实际上是对现金收支的一种预测，可用它来衡量实际的现金使用情况。它还可以显示可用的超额现金量，因而可以用来编制剩余资金的营利性投资计划。从某种意义上来说，这种预算是组织中最重要的一种控制。

（5）资产负债表预算。它可用来预测将来某一特定时期的资产、负债和资本等账户的情况。由于其他各种预算都是资产负债表项目变化的资料依据，所以，此表也就验证了所有其他预算的准确性。

（6）总预算。预算汇总表可以用于企业的全面业绩控制。它把各部门的预算集中起来，反映了公司的各项计划，从中可以看到销售额、成本、利润、资本的运用、投资利润率及其相互关系。总预算可以向最高管理层反映出各个部门为了实现企业总的奋斗目标而运行的具体情况。

3）预算的不足与改进

尽管预算是一种普遍使用的、行之有效的计划和控制方法，但它也存在着一些不足之处。

（1）容易导致控制过细。某些预算控制计划过于烦琐、详细地列出细枝末节，以致束缚了管理者在管理本部门时所必需的自由，出现了预算工作过细、过死的倾向。

（2）容易导致本位主义。有些管理者只把注意力集中在尽量使自己部门的经营费用不超过预算，而忘记了自己的首要职责是实现组织的目标。因而，部门的预算目标有时会取代组织目标。

（3）容易导致效能低下。预算通常是在上年度成果的基础上按比例增减来编制，所以许多管理者也常常以过去所花的费用作为今天预算的依据；同时他们知道他们的申请多半是要被削减的，因此预算的申请数总要大于它的实际需要数。

（4）缺乏灵活性。这也许是预算最大的缺陷。因为实际情况常常会不同于预算时的情况，情况的发展变化可以使一个刚编出来的预算很快过时。若这时管理者还受预算约束的话，那么预算的有效性就会减弱或者消失，甚至会有碍于企业目标的实现。

为了克服预算存在的不足，使预算在控制中更加有效，有必要采用可变的或灵活的预算方案。这类预算通常是随着业务量（生产量或销售量）的变化而作出不同的安排，其编制依据是对费用项目进行分析，以此来确定各个费用项目应怎样随着业务量的变化而变化。这种预算主要是费用预算。

编制可变预算的另一种方法是编制可选择和补充的预算。这种预算是按预测的各种不同情况，编制上、中、下三种不同经营水平的预算，使管理者可根据本部门的经营情况，灵活选择使用其中的一种。

人们还可以通过追加预算的办法来增加预算的弹性。即在中期或长期计划的基础上，通过预测该月业务量来编制每月的补充计划，这样可使每个管理者有权在基本预算的基础上，安排生产进程和所要使用的资金。

另外还有一种以零为基础的"零基预算"，同样可以克服不灵活的缺陷。这种方法的基本思想是，把组织的计划分为由目标、业务和所需要的资源等所组成的几个"分计划"，然后从零开始计算每个分计划的费用。由于每个分计划的预期费用都是以零为基础开始重新计划的，因而避免了预算控制中只注意前段时间变化的倾向。这种方法的优点在于：它迫使管理者重新安排每个分计划，这样可以从整体出发，连同新计划及其费用一起来考察现有的计划及其费用。但是，这种方法一般仅应用于一些辅助性业务领域而不适用于实际生产性企业。这是因为在辅助生产（例如，销售、人事、计划、财务和研究与发展等）方面的大多数计划，对各项费用的安排都拥有一定的自主权。

4）预算的编制

在编制预算之前，应首先建立一套预算制度。通过规章制度的建立，为预算的制定和执行提供保障；同时，选择出预算的类型，确定预算的期限、分类等。在此基础上，可以参考下述步骤来编制预算。

（1）上层管理者将可能列入预算或影响预算的计划和决策提交预算委员会。预算委员会在综合考虑各种因素后，估计或确定未来某一时期内的业务量。根据预测的业务量、价格与成本，又可预测该时期的利润。

（2）预算负责人向各部门管理者提出有关预算的建议并提供必要的资料。

（3）各部门管理者根据企业的计划和拥有的资料，编制出本部门的预算，并由他们相互协调可能发生的矛盾。

（4）企业预算负责人将各部门的预算汇总整理成总预算，并预拟资产负债表及损益表计算书，以表示组织未来预算期限中的财务状况。最后，将预算草案交预算委员会和上层管理者核查批准。

预算批准后,在实施过程中,必须经常检查和分析执行情况,必要时可修改预算,使之能适应企业发展的需要。

5)有效预算控制的要求

如果要使预算控制很好地发挥作用,那么,管理者必须明确:预算仅仅是管理的手段,而不能代替管理的工作;预算具有局限性,而且必须切合每项工作;预算不仅是财务人员和总会计师的管理手段,而且也是所有管理者的管理手段。有效的预算控制必须注意以下几个方面。

(1)高层管理部门的支持。要使预算的编制和管理最有效果,就必须得到高层管理部门全心全意的支持。首先要在时间、空间、信息及资料等方面给下属编制预算的工作提供方便条件。如果公司的高层管理部门积极地支持预算的编制工作,并将预算建立在牢固的计划基础之上,要求各下属单位和各部门编制他们各自的预算,并积极地参与预算审查,那么,预算就会促使整个企业的管理工作完善起来。

(2)管理者的参与。使预算发挥作用的另一种方法就是高层部门的直接参与,也就是希望按预算从事经营管理的所有管理者都置身于预算编制工作。多数预算负责人和总会计师都有这样的感觉,即真正地参与预算编制工作是保证预算成功的必要条件。不过在实际中,参与往往变成了仅仅迫使管理者去接受预算而已,这是不足取的。

(3)确定各种标准。提出和制定各种可用的标准,并且能够按照这种标准把各项计划和工作转换为对人工、经营费用、资本支出、厂房场地和其他资源的需要量,这是预算编制的关键。许多预算就是因为缺乏这类标准而失效的。一些管理者在审批下属的预算计划时之所以犹豫不决,就是因为担心下属提供审查的预算申请额度缺乏合理的依据。如果管理者有了合理的标准和适用的换算系数就能审查这些预算申请,并提出是否批准这些预算申请的依据,而不至于没有把握地盲目削减预算。

(4)及时掌握信息。如果要使预算控制发挥作用,管理者需要获得按照预算所完成的实际业绩和预测业绩的信息。这种信息必须及时向管理者表明工作的进展情况,应当尽可能地避免因信息迟缓导致出现偏离预算的情况。

2. 非预算控制

上面介绍的预算控制是一种传统而又广泛使用的控制方法。随着社会的发展和科学技术的进步,企业的规模越来越大,劳动分工越来越细,管理活动越来越广泛而复杂,信息量也越来越大,控制的技术和方法在传统的基础上也得到了很大的丰富和发展。在这里,我们根据管理对象的不同,简要介绍几种其他的控制方法和技术。需要指出的是,不管采用哪种控制方法和技术,都必须有一个管理系统作为保障,而且在实际管理活动中,必须随机应变、灵活应用。

1)审计法

审计是一种常用的控制方法,财务审计与管理审计是审计控制的主要内容,近来推行以保护环境为目的的清洁生产审计。财务审计是以财务活动为中心内容,以检查并核实账目、凭证、财物、债务以及结算关系等客观事物为手段，以判断财务报表中所列出的综合的会计事项是否正确无误，报表本身是否可以信赖为目的的控制方法。通过这种审计还可以判明财务活动是否符合财经政策和法令。管理审计是检查一个单位或部门管理工作的好坏，评价人力、物力和财力的组织及利用的有效性。其目的在于通过改进管理工作来提高经济效益。此外，审计还有外部审计和内部审计之分，外部审计是指由企业外部的人员对企业的活动进行审计；内部审计是企业自身专门设有审计部门，以便随时审计本企业的各项活动。

审计工作有一些公认的原则，以保证审计的有效性。这些原则具体如下。

（1）政策原则，审计工作必须符合国家的方针政策。

（2）独立原则，审计监督部门应能独立行使职权，不受任何干涉。

（3）客观原则，审计一定要实事求是地进行，客观地给出评价和结论。

（4）公正原则，审计工作必须站在客观的角度上，不偏不倚，公正地进行判断。

（5）群众原则，审计工作要走群众路线，依靠群众才能解决许多困难问题。

（6）经常性原则，审计工作应经常化、制度化。

2）财务报表分析法

财务报表是用于反映企业经营的期末财务状况和计划期内的经营成果的数字表。财务报表分析，也称经营分析，就是以财务报表为依据来判断企业经营的好坏，并分析企业经营的长处和短处。它主要包括三种分析：第一，利润率分析，指分析企业收益状况的好坏；第二，流动性分析，指分析企业负债与支付能力是否相适应，资金的周转状况和收支状况是否良好等；第三，生产率分析，指分析企业在计划期间内生产出多少新的价值，又是如何进行分配将其变为人工成本、应付利息和净利润的。

财务报表分析法主要有实际数字法和比率法两种。实际数字法是用财务报表分析中的实际数字来分析，但有时这种绝对的数字不能准确地反映企业的不同时期或不同企业间的实际水平，因为企业在不同的时期以及在不同的企业之间条件不同，规模大小不同，行业标准不同。比率法是求出实际数字的各种比率后再进行分析，更好地体现出了相对性，所以比较常用。

3）网络分析法

网络分析法就是应用网络图来反映出一项计划中的任务、活动过程、工序、工期及费用的先后顺序或相互关系，通过计算确定出关键路径作为控制的重点，寻求最佳的控制方案。网络分析法可以有效地对项目中使用的人力、物力、财力等进行平衡，能够合理而经济地控制项目的进度和成本，能够在实施过程中出现偏差时找出原因和关键性的因素，并从总体上进行调整，以保证项目如期完成。从某种意义上说，网络分析法是一种前馈控制，它可以及时弥补由于前面项目拖期而造成的时间短缺，而不致影响整个工期；另外，网络分析法体现了关键点控制的原理，通过把握关键路径，可以使控制工作更加简化、经济、高效。

4）统计分析法

统计分析法是运用各种数量分析方法，对有关的历史数据进行统计分析，从而了解有关因素的发展情况，并据此进行趋势预测的方法。对组织运作和管理的各个方面进行数量化统计分析以及趋势预测，对于管理者进行控制来说是十分重要的。根据分析的结果，管理者就可以采取相应的措施，纠正已经发生的错误，预防可能发生的偏差。

5）专题分析法

专题分析法是指由专门的人员针对某一专题作出专门的报告和分析的方法。专题分析法有助于对具体问题的控制。高层管理者聘用数名训练有素的分析人员组成一个参谋小组，在自己的控制下专门从事某些事项的调查研究和分析，往往可以揭示出例行的统计图所无法反映出来的一些不正常的工作情况或更好地运用资源的机会。

6）现场观察法

管理者不应忽视通过亲自观察来进行控制的重要性。预算、图表、审计人员的建议以及其他控制方法对控制都很重要，但管理者如果完全依赖这些控制方法是很难做好控制工作的。通过现场观察，即使是偶然到车间或办公室走马观花地转一圈，也能得到相当多的信息，这就是所谓的"走动管理"。

3. 作业控制

作业控制是指从劳动力、原材料等资源到最终产品和服务的转换过程中的控制。任何一个企业都是通过一个作业系统将输入转换成输出而创造价值的。系统接受输入，即人、设备和材料，然后将其转换成能满足需要的商品或服务。

目前，提高生产率已成为每一个企业控制的首要目标。生产率是指产出的所有产品或服务与得到这些产出所需的全部投入之比。在企业中，诸如设备布局、库存控制、维护控制、质量控制、时间控制等，这些都是实施作业控制、全面提高一个企业整体生产率绩效的重要决定因素。

1）设备布局

一个企业生产设备的布置或设计方式是影响企业效率的重要因素。设备布局是一种运营管理技术，其目的是设计人—机界面来提高生产系统的效率。有三种安排车间布局设备的基本方式：产品布局、过程布局和定位布局。

产品布局是指机器的组织方式是按照生产产品的工序来安排的。一般情况下，采用这种安排方式的工人位置是固定的，由传送带把正在制造的产品传送到下一个车间继续组装。过去，只有在生产大量产品的情况下产品布局才会有效率，然而，引入计算机控制的模块化组装线使生产小批量的产品也有效率。

对于过程布局，车间并不是按固定的顺序组织的。每个车间都相对独立，产品在需要进行下一步处理时被送入相应的车间，直至完成生产。过程布局通常适合于批量客户化生产产品，每种产品都根据客户的不同需求而制造。过程布局在需要转换产品时具有灵活性，然而这种灵活性通常降低了效率。

定位布局下，产品在一个固定的地点生产。它所需要的零部件由很远的车间生产，然后被送到生产区域进行最后组装。定位布局通常用于喷气式机、大型计算机和燃气涡轮机等产品的生产。这些产品要么结构复杂，难以组装；要么体积庞大，在车间之间移动非常困难。

柔性制造系统是将计算机、辅助设计、工程和制造集成为一个整体，能生产小批量的定制产品，其成本可以与大批量生产时的成本差不多。在柔性生产系统中，管理者想生产一种新部件，不用改变机器，只用修改计算机程序就够了。柔性制造系统大大减少了生产准备的时间和调整所需的时间，提高了生产效率。

2）库存控制

企业的生产要正常连续地进行，供应流不能断，就需要有一定的库存。但库存占用了一定量的流动资金，有时会造成极大的浪费，所以必须进行库存控制以减少各种占用，提高经济效益。

库存控制主要是对量大面广的原材料、燃料、配件、在制品、半成品和产成品等存货品种和数量的控制。

（1）库存品种控制。企业生产所需的物资材料种类成千上万，如果每种物资的控制方法都一样，胡子眉毛一把抓，将得不偿失，应根据其数量和资金占用等情况分别对待，其中常用的方法有 ABC 分类法。ABC 分类法，也称 ABC 分析法或分类管理法，ABC 分类法主要运用二八法则对企业生产经营活动中的问题进行分类、排列，进而找出关键的少数，按保证重点、照顾一般的原则去处理问题。二八法则揭示的是在特定的群体中，重要的因子通常只占少数，而不重要的因子却占多数，只要在管理活动中控制住重要的少数因子，便可以控制住全局。

ABC 分类法将企业的物资按其资金占用比重排列，分为 A、B、C 三类。A 类资金占用比重很大，但品种较少；C 类则相反，品种较多，但资金占用比重很小；B 类介于两者之间，其具体分类标准如下。

A 类：品种约占 10%～15%，资金占用约 70%～80%；
B 类：品种约占 20%～30%，资金占用约 15%～20%；
C 类：品种约占 60%～65%，资金占用约 5%～15%。

通过分类，对各类物资实行不同的管理。A 类品种较少，但资金占用大，是库存控制的重点，应严格控制库存品种；C 类品种多，但资金占用小，可以采用比较粗放的管理方法；B 类介于 A 类和 C 类两者之间，其控制方式可根据具体情况，采取适当的管理方式。

（2）库存量控制。订货的方式有定期订货和定量订货两种。定期订货控制系统是按照预先确定的时间间隔，周期性地检查库存量，随后发出订货，将库存补充到目标水平。定量订货控制系统就是要确定具体的订货点，当存储量降至该订货点时，立即发出订货。

（3）JIT（及时）生产方式。JIT生产方式是由日本丰田公司发明的，称为准时制库存系统，其目标是实现零库存。它的基本思路是企业不储备原材料库存，一旦需要，立即向供应商提出。由供应商保质保量按时送到，生产继续进行。这种方法对供应商提出了很高的要求。供应商必须在规定的时间，按照规定的数量和质量，将原材料或零部件生产出来，并且准确无误地运输到规定的地点。但是，许多研究指出准时制库存系统事实上将库存及带来的风险转嫁给了供应商，供应商所能做的是自己消化或再次转嫁给那些为自己供货的供应商。

3）维护控制

企业只有拥有一个高设备利用率和最低限度的停工时间的作业系统，才能以高效率的方式提供产品或服务。一台设备的故障，就像一种库存物资缺货一样，也许就意味着成本增加、交货延迟或损失销售。维护分为以下三种。

（1）预防维护。预防维护是指在故障发生前进行维护。

（2）补救维护。补救维护是指故障发生后对设备进行全部检修、替换或修复。

（3）条件维护。条件维护是指对设备状态进行检查后进行全部检修或部分修复。

例如，美国航空公司当飞机每飞行1 000小时就将发动机拆掉，这是一种预防维护。当条件允许时，每24小时就替换飞机轮胎，这就是条件维护。美国航空公司对机上洗手间设施的作业规定是：只有当设施出现故障时才登机修理，这就是补救维护的一个例子。

4）质量控制

质量有狭义和广义之分。狭义的质量指产品的质量；广义的质量还包括工作质量。

美国质量管理学会将质量定义为："对一种产品或服务能满足对其明确或隐含需求的程度产生影响的该产品或服务特征和性质的全部。"这是目前国际上最为流行的和权威的质量定义，被各国政府和企业广泛接受。在具体的实践中，不同的人员对质量的定义又有一些不同的理解，大体上可以分为四类。

第一类定义是以用户为基准的，认为质量"在顾客服务中"，能够达到客户满意度的东西就是质量。坚持这种说法的主要是企业营销人员以及广大消费者。对他们来说，高质量意味着更优的性能、更好的品质以及尽可能少的投诉。

第二类定义是生产制造部门的理念，以制造过程为基准。他们认为，质量就是按照设计、工艺等业务流程所规定的要求去做，"第一次就做好"，没有次品和废品，严把出厂关，把返修率降到最低。

第三类定义以产品为基准，主要是从质量控制和检验人员的角度出发，视质量为精确和可测量的变量。例如，他们视优质冰淇淋的质量标准为乳脂含量高，高档商品房的质量标准为建材坚固耐用且符合环保标准等。

第四类定义为管理专家和营销专家所下，正在成为一种被普遍接受的时尚，即质量不仅是指产品本身，而且还反映在服务上，包括售前服务、售中服务和售后服务，这是国际市场竞争的一个直接结果。企业产品的质量、价格、供销渠道等，都是该产品需求的决定性因素。

迄今为止，质量管理和控制已经经历了三个阶段，即质量检验阶段、统计质量管理阶段和全面质量管理阶段。

质量检验阶段大约发生在20世纪20—40年代，工作重点在产品生产出来之后的质量检查。

统计质量管理阶段发生在20世纪40—50年代，管理人员主要以统计方法为工具，对生产过程加强控制，提高产品的质量。

从20世纪50年代开始的全面质量管理是以保证产品质量和工作质量为中心，企业全体员工参与的质量管理体系。它具有多指标、全过程、多环节和综合性的特征。如今，全面质量管理已经形成了一整套管理理念，风靡全球。

全面质量管理主要包括：①全过程质量管理。对质量管理"始于市场、终于市场"。②全企业质量管理。质量管理与各部门休戚相关，质量是做出来的，不是检查出来的。③全员质量管理。④全面科学的质量管理。

5）时间控制

时间是一种不可再生的资源，正因为如此，我们每一个人都要珍惜时间，合理地运用每一秒钟。时间不像其他资源，有的人多，有的人少，时间对于每一个人都是公平的，每一个人每天都拥有24小时，只不过有的人利用得好，有的人利用得差。通过对时间的计划，管理者可以有效地利用有限的时间资源。

（1）响应时间和自由时间。作为企业的管理者，他们的时间并不都是可控的。他们常常会被要求去处理各种各样的意外事故。一般地，管理者的时间可分成为两部分：一部分为不可控时间，用于响应其他人提出的各种请求、要求和问题，这部分时间称为响应时间，管理者一天的大部分时间属于响应时间；另一部分是管理者可以自行控制的，叫自由时间。正因为自由时间是可控的，所以时间管理的重点也就在如何用好自由时间上。

（2）时间管理的步骤。时间管理的目的是有效地利用时间。这要求管理者明确在一定的时期内所要达到的目标、所需进行的活动和每一项活动的重要性与紧迫性。时间管理一般包括以下几个步骤。

第一，列出目标清单。即列出你或你所管理的部门在未来一段时间内所要实现的目标，假如你运用了目标管理方法，那么这些目标应该是清楚的。

第二，将这些目标按其重要程度排序。不会所有的目标都是同等重要的，既然每一个人所拥有的时间是有限的，我们首先要做的应该是重要的事情。

第三，列出实现目标所需进行的活动。即明确为了实现上述目标，应开展哪些活动。假如运用了目标管理方法，那么这些活动也应该是清楚的。

第四，对实现每一个目标所需进行的活动排出优先顺序。按每一项活动的重要性和紧迫性程度排列，可将所有活动分成四类：必须做的、应该做的、有时间就应该做的和可授权给他人做的。必须做的是非常重要的或非常紧迫的事，应该做的是重要且紧迫的事，不紧迫的事可留到有时间的时候做，而不重要的事可授权他人来做。

第五，按所给出的优先顺序制定每日工作时间表或备忘录。在每天早上或前一天晚上，将当天或第二天所要做的事情按其重要性和紧迫性程度列出一个清单，并制定相应的时间表。

第六，按工作时间表开展工作。在工作中，要严格按时间表进行，每做完一件事都要看一看下面一件事是什么，可以有多少时间来处理这件事。尽可能地按时完成，若不能按时完成，则要重新评价其重要性和紧迫性，并据此确定将此事推后或修改工作时间表。

第七，每天结束工作时，要回顾一下当天的时间运用情况，并安排第二天的活动。通过不断地总结经验，管理者会不断地提高工作效率。

（3）时间管理中应注意的问题。在时间管理中，管理者应注意以下几个问题。

第一，掌握生物钟。每一个人在一天的不同时间里，其工作效率是不同的。管理者应掌握自己的效率周期，并以此制订自己每天的工作计划，把最重要的事情放在自己效率最高的时候做，而把日常事务和不重要的事安排在生物钟处于低潮的时候做。一般而言，这样安排将大大提高工作效率。

第二，牢记帕金森定律。帕金森定律指出，只要还有时间，工作就会不断地扩展，直至用完所有的时间。按此，在时间管理中，我们不要给一项工作安排太多的时间。如果你给一项工作分配了较多的时间，你很可能就会慢慢来，直至用完所分配的所有时间。

第三，把不太重要的事集中在一起处理。在每天的日程中安排一段固定的时间用于处理信函、接待下属、回答问题等。一般而言，这段时间应安排在生物钟处于低潮时。

第四，尽可能减少干扰。为了充分利用时间，可把生物钟处于高潮时的时间固定为自由时间。在这段时间里，要排除干扰，关起门来静心考虑问题，不接电话、不接待下属。能拥有的自由时间的多少主要取决于你在组织中的地位，一般地，高层管理者的自由时间多，而基层管理者的自由时间少。

第五，提高会议效率。开会在管理者的时间表中占有较大的份额。因此，提高开会效率是有效利用时间的一个重要方面。当举行一个会议时，应事先规定好会议议程和会议时间，并严格执行。

（4）时间控制的表现。时间是一种重要的资源，从某种意义上来说，时间是比人、财、物等更加重要的资源。任何企业的活动都是在一定的时间内进行的，对时间进行控制，可以使企业对其实现目标过程中的各项工作，作出合理的安排，以求按期实现企业目标。因此时间控制是管理控制的一个重要方式。

时间控制在企业生产过程中表现为控制产品的生产周期、投入时间、完工时间、工时定额、交货日期等。时间控制的目的，一是缩短单位产品的加工时间，以减少制造单位产品的工时消耗；二是使劳动对象在车间之间、班组之间、工作地之间运动时，在时间上相互衔接和配合以缩短生产周期。时间控制有利于提高工时利用率，降低生产成本，有利于按时交货，提高合同履约率，从而提高企业声誉。

时间控制的关键是要确定各项活动的进行是否符合预定时间表的时间安排。在时间控制中，甘特图和网络技术是两种常用的工具，它们都有助于物资、设备、人力在指定的时间到达预定的地点，使之紧密地配合以完成任务。

6.4　信息技术在管理中的应用

现代企业所面临的环境已发生巨大的变化，如市场全球化、需求多元化、竞争激烈化、战略短线化。由于环境变化的加快，企业的决策越来越依赖于获得的信息的数量、质量及利用方式的有效性。对于信息，只有做到快速获得、大量汇集、准确处理、高效利用，才能够迅速适应环境，跟上市场节奏。

6.4.1　管理信息系统

1. 管理信息系统的含义

管理信息系统（management information system，MIS）可以有广义和狭义两种理解。

广义的管理信息系统，是指所有用于管理的信息系统，这包括正式的和非正式的，使用计算机等工具和不使用这类工具的。因为早在计算机出现以前，在一个企业或机构之内为了进行管理活动，就已经形成了信息渠道，构成了有形与无形的系统。如果冠以计算机作为限制词，则是指建立在计算机上的系统。

狭义的管理信息系统，则是指能够从内部和外部收集数据，经过加工处理，形成有用的信息，以预先确定的形式提供给各管理层次使用的、建立在计算机上的系统。

管理信息系统的结构原理如图 6.6 所示。

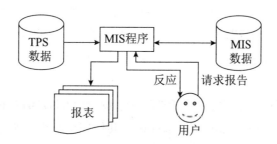

图 6.6　管理信息系统的结构原理

系统的输入是内部及外部的有关数据，数据有的来自事务处理系统（TPS）或子系统（是整个管理信息系统的有机组成部分），有的来自其他数据源（如生产现场）。这些数据经过管理信息系统程序处理后可以存入数据库（DB）。当用户请求生成报告时，系统能够打印出书面形式报表，也可在用户终端屏幕上显示，或在其他屏幕设备上显示。例如，机场候机室中显示航班与时间的翻动屏。

管理信息系统可以为各层次、各部门服务，它常常是由许多个子系统构成的，各子系统有自己的功能与输入输出设备。数据与信息在初期是集中保存，如今有了计算机网络，就可以分散保存，随时相互沟通。

2. 管理信息系统的发展

第一台用于商业目的的计算机于1954年在美国安装成功，从某种程度上说这标志着管理信息系统的开始。早期的管理信息系统只能处理一些工资、账单和类似的文书工作。后来发展到能帮助不同的职能部门的管理者作出更好的决策，由单纯的财务控制手段变成越来越重要的管理工具，至此管理信息系统变成了一个独立的部门，远程终端也引入系统中。随后，集中式的数据处理迅速地被分布式系统所取代，即部分或全部的计算机的逻辑功能是在中央主机之外实现的，管理者变成了终端用户，个人计算机变得非常普及，数据系统部门演变成了信息支持中心。同时，计算机软件开始大量涌现，用户界面的友好程度也大大改善，使计算机的使用更加简单、方便。

在目前阶段，管理信息系统主要依赖通信软件来实现其系统目标，重点是建立和实现终端用户间的联络机制。借助交互网络，一位管理者的计算机可以与其他计算机进行通信联系，这样就形成了电子邮件、电视会议和企业间的互联等。管理者携带一个小巧的移动电话和一个轻便的笔记本电脑，就可以随时与办公室中的计算机保持联系。

3. 管理信息系统在控制系统中的作用

管理信息系统的目的是向管理者提供用于决策和控制的准确而又适时的信息。而且，管理信息系统作用于企业及其所使用的资源，使得企业在多方面受到影响，使整个控制系统更加完善。

1）管理信息系统可以产生并提供决策和控制的信息

对于企业的上层管理者来说，健全的管理信息系统向他们提供的信息应包括国家和上级管理部门对企业长远规划的设想、国内外市场需求的预测、国内外同类产品主要技术经济指标和主要措施等企业外部情报，根据这类信息，管理者可以制定出企业的长远计划、战略决策和经营方针等；此外，还包括一些企业内部信息，如产品产量、质量、品种，计划完成情况，利润税收计划，资金利用率指标完成情况，经济合同完成情况等。

管理信息系统可以给企业的中层管理者提供：来自下属的各种报表，各职能部门主持制定的各种定额、技术标准、技术规程和其他规章制度，来自上层的决策，企业外的情报等。

管理信息系统还向基层管理者提供上级的计划和下属的执行情况等。

这些重要的信息可以帮助不同层次的管理者作出决策或采取控制行动。

2）管理信息系统可以提高获得信息的效率

企业中传统的信息交流方式是，从管理者开始沿着权力结构向上交流或向下交流，主要的正式信息交流是垂直进行的。而管理信息系统允许更多的正式信息以横向或超级方式进行交流。也就是说，利用企业内部网络可以更有效地完成工作，避免"正常交流渠道"的障碍，直接地获得数据或信息，而不必拘谨地通过层次结构依次上下传递信息。管理信息系统还可以减少对信息的篡改和过滤现象。另外，高级的管理信息系统可以使管理者不必到现场就能得到及时准确的信息，这样可以提高控制的效率并降低控制的成本。

3）管理信息系统可以提高管理者决策和控制的能力

当一个人不能及时处理完他所接收到的所有信息时，超载现象就产生了。由于信息系统具有扫描、过滤、处理、存储和传送信息的功能，超载现象可以减少。例如，一位销售经理不再需要花费几个小时来查找几十份报告和几千个统计数据来分析某一地区的销售量为什么下降；一个精密的管理信息系统可以在几秒钟内迅速而准确地完成这位经理的绝大部分工作，并为他提供相应的答案。因此，管理信息系统可以提高信息处理的数量和质量，有利于管理者及时而准确地采取控制措施。

4）管理信息系统对组织管理方式的影响

与手工作业方式比较，利用计算机的信息系统所提供的信息快速、准确且简单省力。因此，它能为管理者的决策提供详尽的、全面的、准确的数据资料，使管理者有可能及时掌握企业活动的全貌，从而促进在管理中运用系统的观点来考虑问题，并为在预测、库存、订货等计划和控制中运用数学模型来定量分析企业中的问题提供了可能。

在企业活动中，遇到的最大问题之一就是难以进行实验。特别是在相互关系复杂、变化因素多、持续时间长以及控制方法可能给企业活动带来损害的情况下，就更难以进行实验。然而，利用计算机可突破这个难关。信息系统能结合管理的需要，快速、准确地收集大量的资料为模型的建立和分析提供依据。总之，信息系统促使管理方法由定性向定量发展。

5）管理信息系统可以优化组织结构

利用管理信息系统，一方面可以整理资料、编制表格和分析数据，使管理者能直接查询使用信息，减少了管理人员的工作量，将他们从大量烦琐的事务性工作中解脱出来，从而有更多的精力去考虑具体的工作过程中的问题。另一方面，由于计算机控制代替了人的监督，其结果是控制的范围更加广泛。因此，在组织中可以减少一些专门从事数据整理、报表编制及简单操作的人员的数量，通过减员增效，优化组织结构。同时，由于计算机技术和通信技术的迅速发展，信息传递越来越快，提供信息不受时间和空间的限制，因而出现了促进分权管理的趋势，这对于大型的从事多种产品生产和销售的企业来说，有利于抓住机遇，占领市场。

此外，管理信息系统的建立还会对企业中的个人产生影响，使他们对机器和技术的看法发生改变，使他们的一些工作性质或工作方式发生改变，使人—机关系和人际关系的发展达到一个新的水平，等等。但管理工作毕竟是一项具有高度创造性的工作。任何一个管理信息系统，只能部分代替人的工作，而绝不能代替人的创造性劳动。因此，在利用信息系统时，必须充分考虑人的因素，要采用人—机系统，发挥人的能动作用，使控制的思想变为现实。

4. 管理信息系统的开发

管理信息系统是以上层管理者在决策中所要求达到的目标以及职能管理部门所提供的业务活动目标为依据，按照完成企业活动管理所应遵循的顺序而建立起来的，这个系统的建立过程，通常简称为系统开发。

1）系统开发的三个阶段

（1）系统分析。它决定系统目标及需要。所面临的问题是：什么是需要的信息？谁要？什么时候要？什么地方要？是什么形态？这样的信息可以得到吗？从什么地方得到？资料应该什么时候用？用什么方法收集？等等。

（2）系统设计。它是研究详细的系统规格作为将来实施的依据，以达到系统的目的，满足系统的需要。一般面对的问题是：有多少人、财、物、设备及技术等资源可以应用？如何适当地利用这些资源来满足信息的需要？

（3）系统实施。系统实施包括装置、测验、转换及操作。它一般面对的问题是：人员需要什么样的培训？系统应该如何测试？有哪些必要的措施来转换现有的系统成为新的系统？什么时候才算实施完成？

2）系统开发的基本条件

（1）建立管理体系。没有管理体系，系统将无法输入，无法加工处理，当然也就无从输出。或者由于输入数据的不正确，输出也将是徒劳无益的，甚至使管理更加混乱。

（2）配备专门人才，培训企业成员。这是因为开发系统需要两方面的专门知识，即管理知识和计算机技术知识。而这两方面知识又必须结合起来才能有利于系统开发。

（3）选用计算机主机和外围设备。要明确的一点是，计算机主机和外围设备是根据信息系统的要求配备的，因此它的选用应在系统开发之中，而不是在开发之前，否则将会造成不必要的损失。

6.4.2 企业资源计划

1. 企业资源计划的产生

20世纪40年代以控制库存量为目的，基于定期、定量采购方式产生了订货点法。

即对于某种物料或产品，由于生产或销售的原因而逐渐减少，当库存量降低到某一预先设定的点时，即开始发出订货单来补充库存，直至库存量降低到安全库存时，发出的订单所订购的物料刚好到达仓库，补充前一时期的消耗，此一订货的数值点称为订货点。订货点法本身具有一定的局限性，如某种物料库存量虽然降低到订货点，但是可能在近一段时间企业没有收到新的订单，近期内没有新需求产生，暂时可以不用考虑补货。因此订货点法有时会造成一些较多的库存积压和资金占用。

20世纪60年代，随着计算机技术的发展，企业为加强物料的计划与控制，最大限度降低库存量、减少资金占用，产生了物料需求计划（material requirements planning，MRP）。MRP系统借助计算机的运算能力，依据客户订单确定主生产计划（master production schedule，MPS），根据产品结构确定物料清单（bill of material，BOM），通过将主计划展开，计算确定物料需求量，再根据在库物料，编制零件的采购或生产计划。但这种方法没有考虑到生产企业现有的生产能力和采购有关条件的约束，没有信息反馈，也谈不上控制。

20世纪70年代，为了兼顾企业的生产能力，新增了生产能力需求计划（capacity requirements planning，CRP），CRP模块与MRP模块之间通过反馈关系形成一个封闭的回路系统，即闭环MRP系统。闭环MRP系统实现了企业生产管理中的物流管理，成为生产计划与控制系统，但与物流关系密切的资金流的管理没有涉及。

20世纪80年代，随着计算机网络技术的发展，MRP系统进一步与企业的财务、销售、技术、采购等方面的管理职能直接联结，产生了一种新的综合计划管理系统，即制造资源计划（manufacturing resources planning），为区别于物料需求计划，定名为MRP Ⅱ。

MRP Ⅱ系统是以产品生产为核心，把企业作为一个有机整体，从整体最优的角度出发，运用计算机网络，将企业的生产、财务、销售、技术、采购等部门的管理信息综合起来，对生产全过程进行计划与控制，形成闭环生产信息管理系统，达到企业资源的最佳配置。

MRP Ⅱ系统包含财务会计功能，可以由生产活动直接产生财务数据，把实物形态的物料流动直接转换为价值形态的资金流动，实现物流和资金流的统一，保证生产和财务数据的一致，改变了过去资金信息滞后于物料信息的状况，有利于实时作出决策。但MRP Ⅱ系统只能管理企业内部的物流和资源流。随着全球经济一体化的加速，企业与其外部环境的关系越来越密切。MRP Ⅱ已不能满足需要。

随着计算机通信技术的飞速发展，新的技术不断产生，如计算机辅助设计（CAD）、计算机辅助制造（CAM）、计算机集成制造（CIM）、客户导向制造管理系统等。为了克服MRP Ⅱ的缺陷，吸收新的技术应用成果，进而从整体上有效利用企业的资源，企业资源计划（enterprise resources planning，ERP）由此产生。

信息技术发展推动了ERP的产生。ERP是一种以市场和客户需求为导向，以实行企业内外资源优化配置，消除生产经营过程中一切无效的劳动和资源，实现信息流、物流、资金流、价值流和业务流的有机集成和提高客户满意度为目的，以计划与控制为主线，以网络和信息技术为平台，集客户、市场、销售、计划、采购、生产、财务、质量、服务、信息集成和业务流程重组等功能为一体，面向供应链管理的现代企业管理思想和方法。从本质上看，ERP 仍然是以 MRP 为核心，但在功能和技术上却超过了传统的 MRP Ⅱ，打破了 MRP Ⅱ 只局限于传统制造业的旧的观念和格局，把触角伸向各个行业，特别是金融业、通信业、高科技产业、零售业等，大大地扩展了应用范围。

2. ERP 的管理思想

ERP 就是在 MRP Ⅱ 的基础上通过反馈的物流和反馈的信息流及资金流，把客户需求和企业内部的制造活动以及供应商的制造资源整合在一起，体现完全按用户需求制造的一种"供应链"管理思想的功能网链结构模式。ERP 具有先进的三层客户机/服务器结构，这种结构由数据服务器、应用服务器和客户机组成。ERP 采用多数据库集成技术，支持多种硬件平台的运行。ERP 具有图形用户界面（GUI），方便用户使用。ERP 采用面向对象技术和第四代编程语言和开发工具。ERP 能够结合或支持其他诸如数据仓库、工作组、Internet/Intranet、电子数据交换（EDI）、电子商务等技术。ERP 是现代管理思想的产物，它将许多先进的管理，如敏捷制造、精益生产、并行工程、供应链管理、全面质量管理等体现在 ERP 系统中，成为崭新的现代制造企业的管理手段。

对于企业来说，ERP 首先是管理思想，其次是管理手段与信息系统。管理思想是 ERP 的灵魂，不能正确认识 ERP 的管理思想就不可能很好地去实施和应用 ERP 系统。ERP 的核心管理思想就是实现对整个供应链的有效管理，主要体现在以下几个方面。

1）对整个供应链资源进行管理的思想

现代企业的竞争已经不是单一企业与单一企业间的竞争，而是一个企业供应链与另一个供应链之间的竞争，即企业不但要依靠自己的资源，还必须把经营过程中的有关各方如供应商、制造工厂、分销网络、客户等纳入一个紧密的供应链中，才能在市场上获得竞争优势。ERP 系统正是适应了这一市场竞争的需要，实现了对整个企业供应链的管理。

2）精益生产和敏捷制造的思想

ERP 系统支持混合型生产方式的管理，其管理思想表现在两个方面：一是精益生产的思想。企业把客户、销售代理商、供应商、协作单位纳入生产体系，同他们建立起利益共享的合作伙伴关系，进而组成一个企业的供应链。二是敏捷制造的思想。当市场上出现新的机会，而企业的基本合作伙伴不能满足新产品开发生产的要求时，企业组织一个由特定的供应商和销售渠道组成的短期或一次性供应链，形成"虚拟工厂"，把供应和协作单位看成是企业的一个组成部分，运用"同步工程"，组织生产，用最短的时间把新产品打入市场，时刻保持产品的高质量、多样化和灵活性，这即是敏捷制造的核心思想。

3）事先计划与事中控制的思想

ERP 系统中的计划体系主要包括主生产计划、物料需求计划、能力计划、采购计划、销售计划、利润计划、财务运算和人力资源计划等，而且这些计划功能与价值控制功能已完全集成到整个供应链系统中。另外，ERP 系统通过定义事务处理相关的会计核算科目与核算方式，在事务处理发生的同时自动生成会计核算分录，保证了资金流与物流的同步记录和数据的一致性。从而实现了根据财务资金现状，追溯资金的来龙去脉，并进一步追溯所发生的相关业务活动，便于实现事中控制和实时作出决策。

4）信息集成和资源优化配置的思想

ERP 系统体现了信息集成和资源优化配置的思想。一方面，它以市场和客户需求为导向，以实现盈利为目标，通过运用各种先进管理思想和方法对企业内外资源实行优化配置，消除生产经营过程中一切无效的劳动和资源，进而提高有效客户反应和客户满意度。另一方面，它还借助互联网技术，沟通和集成了供应链上各个合作伙伴的信息资源，使得信息在整个供应链范围内得以集成和共享，实现了供应链范围内信息流、物流、资金流、业务流和价值流的整合，极大地提高了企业和供应链的管理水平和生产力水平。

3. ERP 系统的功能模块

ERP 是操作性的 IT（信息技术）系统，它收集各方面信息，掌握了整个企业的原材料、订货、生产安排、成品库存及其他信息，它包含许多职能模块。

（1）财务模块：记录不同部门的财务信息，如收益和成本资料。

（2）物流模块：具有不同物流职能的几个子模块，包含运输、库存管理和仓库管理等。

（3）生产模块：记录生产过程的流程，标明在什么地方、什么时间、生产什么。

（4）订单完成模块：记录全部订单完成的循环，记录企业满足需求的过程。

（5）人力资源模块：处理有关人力资源的任务，如人员安排。

（6）供应商管理模块：记录供应商的表现与原材料的配送情况。

这些模块相互关联，因此每一领域的管理者都能知道其他领域的情况，使得信息资源共享，在管理中的视野更广阔。ERP 系统适应了以客户为中心的管理模式。

4. ERP 在中国的应用和发展

自从 1981 年沈阳第一机床厂从德国工程师协会引进第一套 MRP II 软件以来，MRP II /ERP 在中国的应用与推广已经历了 40 年的风雨历程。据不完全统计，我国目前有数以万计的企业购买或使用了这种先进的管理软件。然而，其应用的效果大不相同，差距较大。下面就 MRP II /ERP 在中国的应用和发展做回顾与分析。

1）启动期

20 世纪 80 年代是中国 MRP II /ERP 的启动期，其主要特点是 MRP II 的引进、实施以及部分应用。应用范围局限在传统的机械制造业内。由于受多种条件的制约，应用的效果不是很理想，被人们称为"三个三分之一论"阶段，即"国外的 MRP II 软件三分之一可以用，三分之一修改之后可以用，三分之一不能用"。

20 世纪 80 年代，中国刚进入市场经济的转型阶段，企业参与市场竞争的意识尚不具备或不强烈。企业的生产管理问题很多，如机械制造工业人均劳动生产率大约仅为先进工业国家的几十分之一；产品交货期长；库存储备资金占用大、设备利用率低等。这时我国机械工业系统中的一些企业如沈阳第一机床厂、沈阳鼓风机厂、北京第一机床厂、北京第一汽车制造厂等先后从国外引进了 MRP II 软件。作为 MRP II 在中国应用的先驱者，它们曾经走过了一段坎坷而曲折的道路。

分析其原因：第一，存在管理软件本身的技术问题。当时引进的国外软件基本上是运行在大、中型计算机上，多是相对封闭的专用系统，开放性、通用性极差，设备庞大，操作复杂，系统性能的提升困难。而且国外的软件没有完成本土化的工作，在中国只有极少数人能够使用，同时耗资巨大等。第二，缺少 MRP II 应用与实施的经验。当时对 MRP II 理论系统的认识只停留在初级阶段，基础较差。第三，存在思想认识上的障碍问题。当时企业的领导大都对这一项目重视程度不够，只是将其视为一项单纯的计算机技术。

2）成长期

1990—1996 年是 MRP II /ERP 的成长期。在这期间，MRP II /ERP 在中国的推广应用取得了较好的成绩，从实践上否定了以往的观念，被人们称为"三个三分之一休矣"的阶段。

随着改革开放的不断深化，我国的经济体制已从计划经济向市场经济转变，产品市场形势发生了显著的变化。MRP II 软件的应用领域突破了机械行业扩展到航天航空、电子与家电、制药、化工等行业。如北京第一机床厂的管理信息系统实现了以生产管理为核心，连接物资供应、生产、计划、财务等各个部门，可以迅速根据市场变化调整计划、平衡能力，效率提高了 30 多倍，为此于 1995 年 11 月获得了美国制造工程师学会（SME）授予的"工业领先奖"。成都飞机制造公司实施 MRP II 后，仅在进口器材管理方面就节约了 300 万元，库存积压下降 20%，生产周期缩短了 1/10，纸质信息单减少了 50%，节约工时费用和材料费用 600 万元。

之所以取得这样的成绩，分析其原因：第一，计算机技术的发展。如客户机 / 服务器体系结构和计算机网络技术的推出与普及，软件系统在 UNIX 小型机 / 工作站上以及微机平台上的扩展，软件开发趋势的通用性和开放性。第二，中国企业已进入体制转变和创新阶段，积极地革新企业管理制度和方法，并采用新型的管理手段来增强企业的综合实力。第三，一些国外的软件公司已完成了本地化的工作，同时我国的财务制度和市场机制也逐渐向国际化靠拢。第四，人们在经历了一段学习和探索之后，在观念上开始转变，实践上也积累了一定的经验。

这段时期 MRP II 的应用也存在不足之处。如实施 MRP II 时缺少整体规划；应用广度不够，局限在制造业内；管理的范围和功能只局限于企业内部，尚未将触角伸向市场。

3）成熟期

由于 MRP II 的局限性，1997 年后开始引入 ERP 概念。进入 21 世纪，ERP 系统更新升级速度明显加快，并呈现出与信息技术相融合的趋势。越来越多的中国企业开始借助 ERP 系统将企业实际管理需求与先进信息技术相结合，打造企业主程一体化体系，打破各部门各区域、各系统之间沟通和协作的壁垒，有效实现快速反应、紧密协作、良好运营，全面提升核心竞争力。ERP 体现了以市场为核心的现代企业管理思想，成为新世纪中国企业管理的基石。分析其原因：第一，中国改革开放取得了丰硕成果，中国出现了一批具有现代企业运行机制、管理规范、效益良好的企业。为了更好地发展，这些企业必然要接受先进的 ERP 管理思想，实施 ERP 软件系统。对于那些管理不善、效益不好的企业，虽然不宜匆忙实施 ERP 系统，但可以运用 ERP 的管理思想来改善企业管理、挖掘内力、提高效益，待以后条件具备再实施 ERP 系统。第二，中国完全具备开发高质量国产 ERP 软件的能力。中国培养了一批高素质的管理人才和计算机软件人才。全国拥有了一批具备竞争力的专业软件公司。第三，政府部门的系统规划和宏观引导，将成为 ERP 事业的首要推动力量。国产软件是国家"十四五"规划期间重点方向之一，ERP 平台软件即为国产软件核心方向之一。

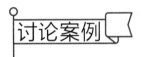
讨论案例

中化集团：从深陷支付危机到建立基于全面预算管理的风险管理系统

引言

中国中化集团有限公司（Sinochem Group，简称中化集团）于 1950 年在北京成立，前身为中国化工进出口总公司，曾经是中国最大的进出口外贸企业。现为国务院国有资产监督管理委员会监管的国有重要骨干企业。中化集团主业分布在能源、农业、化工、地产、金融五大领域，是中国四大国家石油公司之一，也是最大的农业投入品（化肥、种子、农药）一体化经营企业、领先的化工产品综合服务商，并在高端地产酒店和非银行金融领域具有较强的影响力。

20 世纪 90 年代末，随着国家进出口经营权的放开以及政策性垄断资源逐步丧失，中化集团传统外贸经营模式基础发生了根本性动摇。1998 年，在亚洲金融危机影响加剧、国家石油和化肥经营体制发生重大变化的背景下，中化集团长期扩张积累的矛盾集中暴露，引发了严重的支付危机，一度面临破产的局面，只能通过"止血堵漏"来暂时化解危机。2008年以后，由于受到美国金融危机和欧洲债务危机的影响，全球经济低迷，但是作为外贸集团的中化集团不但没有受到外围经济不景气的影响而业绩低迷，其经营业绩反而节节上升。10年间遭遇两次金融危机，却有着截然不同的表现，中化集团究竟是如何做到的呢？

1. 深陷支付危机

中化集团之所以在1999年出现支付危机，是由于当时集团经营长期处于粗放状态。由于企业治理结构有待完善，集团公司对经营单位的权责利并未有所规范，且系统资源分散，企业集团对旗下子公司缺乏有效的管控和激励手段；管理水平低下，企业内部缺乏相应的信息沟通渠道。这使得企业资产状况严重恶化，大量资金由于业务超长期限、超规模无序放账、交易质量低下而导致损失严重或被沉淀到不良资产上，再加上公司在进行大量投资时过度依赖短期银行贷款，而且忽视投资后的管理，导致企业存在大量无效益投资，以至于旗下相当一部分的子公司都出现资不抵债的情况。

1997年7月2日，在泰国政府宣布以浮动汇率制代替固定汇率制以后，当天内泰铢兑换美元的汇率便下降了17%，并由此引发了一场波及东亚、东南亚主要经济体的亚洲金融风暴。受亚洲金融危机和广东国际信托投资公司的影响，1998年，所有外资银行停止了对全国各信托公司的信贷业务。中化集团亦因为信托公司而面临严重的支付危机。1998年年初，中化集团的信用资源高达46亿美元，但是到了年底却只剩下28亿美元。而1998年全年，中化集团实际占用额度基本徘徊在36亿美元。面对外资银行不断的还债催促，中化集团在竭尽全力地调集各海外企业资金及总公司留存外汇资金近1亿美元偿还了部分即将到期的外债后，总公司外汇账户余额仅存15万美元。显而易见，当时中化集团的现金链几乎处于断裂状态，企业实际上已经资不抵债、濒临破产。

面对危机，集团一方面积极争取国务院和有关部委的支持；另一方面主动出击，开始输血堵漏、积极自救。为挽大厦于将倾，公司高管带领财务部门的员工整日奔波于各大银行和政府部门之间，寻求一切可能的援助。通过一系列努力，中化集团重新获得了银行界的信任，信用额度不断恢复，直至化解了这场惊心动魄的支付危机，重新在国际金融市场站了起来。

2. 痛定思过，建立基于全面预算管理的风险管控系统

"输血"救得了急，却去不了根。度过支付危机之后，公司认真反思危机根源，启动了对未来发展影响深远的"管理改善工程"，进行大刀阔斧的改革。公司逐步建立严密规范的规章制度和管控流程，增强总部控制力，形成了较为完善的适应市场竞争要求的管理体系和内控机制。其中，最为关键的一项是，逐步建立起基于全面预算管理的风险管控系统。

中化集团首先从文化、组织和制度上进行改革，保证其风险管理系统的实施。①文化环境：得到了集团领导层面上的重视。相应的风险评价指标以及绩效考核指标会由集团总公司的高管亲自落实。集团总裁甚至亲自布置业务流程的再造，以减少推行阻力。风险管控系统的最高统筹机构风险管理委员会直接对集团总会计师负责。②组织环境：集团总部功能明确，建立了扁平式职能管理架构，设立了战略、人力资源、预算及评价、投资、审计稽核、风险和安全生产七大专业委员会，18个职能部室，负责执行管理控制，为经营单元提供支持服务。此外，专门成立了集团风险管理委员会和集团风险管理部，培养起一支超过1 800人的风险管理队伍。集团风险管理委员会的主要职责包括集团风险管理目标和策略的制定、重大事项集体决策平台的提供以及根据集团战略配置资源和管理风险。集团风险管理部定位为负责中化集团风险管理工作的职能部门，其主要职责是建立与战略转型相匹配的风险管理体系，确保风险控制在可承受范围内。在风险管理委员会的统筹和领导下，各责任主体需要在各自职责范围内识别和评估风险，建立并完善以制度为基础、与风险管理相对应的工作和控制流程。③制度环境：集团建立了以"战略—经营计划及预算—绩效评价—人力资源"为主要内容的基本管理流程和运行机制，制定了一系列规章制度来保障管理机制的有效运行，形成了一整套完善的制度体系。特别是，制定并修改了与全面预算管理相关的制度，包括《全面预算管理规定》《风险管理规定》《资金集中管理办法》《风险管理体系认证手册》《特殊时期资金管理指导原则》《存款资金风险控制制度》等。集团同时改造相应的业务流程，使得订立的制度得到业务上的落实。

3. 风险控制系统的控制活动

（1）资金集中管理体系。中化集团的资金统一管理包括资金预算管理、账户集中管理、现金集中管理、融资集中管理和结算集中管理五大部分的内容。其中，资金预算管理既是中化集团全面预算管理的一个重要组成部分，又是资金集中管理的核心，同时也是融资集中管理、现金集中管理和结算集中管理活动的基础；而现金集中管理是资金统一管理的重要表现形式，结算集中管理则是现金集中管理的延伸。

（2）定期质询纠偏。定期质询纠偏机制是事中管理的一部分。集团总公司通过对旗下各经营单位进行定期质询纠偏，促使经营者自觉追求高业绩，有效控制经营风险，建立其预算质询制度。集团总公司每个月都会汇总各经营单位的业绩情况，找出在风险管理过程中存在的潜在问题，及时向集团管理层汇报。每个季度则会召开绩效评价会议。每半年召集一次关键岗位人员会议。最后，集团各经营单位如果需要调整预算，必须上报集团总公司，而集团总公司会在严格审核子公司超追加的资源申请以后才会决定是否批准。

（3）前中后台分离制衡机制。中化集团在建立其风险管理体系的过程中，设计了一套前中后台职位分离制衡的机制，从而保证了预算管理的事前防范、事中执行和监控、事后处理这样一套风控系统的有效执行。其中前台人员的主要职责是业务开拓，中台人员的主要职责是风险管理和合同执行，而后台人员则负责管理和控制现金流以及完成结算工作。关键岗位的财务人员每年都需要接受360度的考核，考核来源包括经理层的评价、业务部门的评价、下属评价和总公司4个财务部门的评价，考核内容包括每个季度一次的分析评价报告和会计报告质量、人员管理、职业道德等。

4. 风险控制系统的监控活动

1）基于全面预算管理的绩效考核机制

中化集团根据国资委考核指标的要求和集团自身的实际情况，建立了一套具有中化特色的评价体系。中化集团的绩效评价体系是以其预算指标作为参考，并通过制定平衡计分卡设计了一套包括财务类指标、资金控制类指标、风险控制类指标和战略类指标等关系到企业经营方方面面的评价指标体系，每个季度都会对各经营单位的经营管理情况进行包括预算完成度、经营内涵、成长性、战略规划推进、管控水平、同业比较等方面的多维度评价。

2）监控报告

中化集团的风险监控报告机制是以月度报告或者年度报告等定期报告的形式披露重大风险的影响程度和风险管控的效果，帮助相关风险管理人员分析和完善其风险管理工作，以完善风险管理系统中的监控机制。

3）独立的内部审计部门

中化集团的内部审计部门直接对集团总裁负责，使得集团的内部审计稽核独立于集团总公司其他职能部门以及其他子公司等被审计单位。此外，中化集团内部审计的审计方法由原来着重差错防弊的传统财务收支审计向以监督检查内部控制的执行并促进制度的建设为核心的风险导向型审计转变。

4）针对违规者的处罚机制

中化集团建立了一套健全的处罚机制，对违规操作者予以相应的惩罚。当有工作人员出现违规操作时，首先会交由风险管理部调查违规事件，并界定相关人员的责任。同时，审计稽核部亦会进行全面稽查，并核实违规操作所造成的损失。两个部门的调查稽核结果最终会汇总为一份报告，并在此基础上向人力资源部提出处罚建议。在接受了处罚建议以后，人力资源部会根据相关责任人处于关键岗位与否，分情况对违规操作的人员予以处罚。

5）风险认证评级体系

中化集团根据集团自身情况量身定制了一个涵盖两大维度九个方面的风险认证评级体系。其中，两大维度是指风险管理能力评估和风险水平评估，九个方面是指风险管理偏好、体系、人员素质、历史出险状况、行业风险状况、公司发展定位、业务模式、经验产品及其市场竞争力、财务表现，总计68项指标、165个评分项。

中化集团的预算制定首先是根据企业的战略规划进行的。战略规划应从大体上概括出企业的特征和未来的发展目标。在进行战略规划的时候，企业要对外部环境进行分析并且判断企业内部能力，然后确定战略的方向并制订规划目标。在确定企业的战略以后，中化集团会把它们自己的战略规划细化为年度经营计划。年度经营计划可以看作企业为实现战略目标而制订的具体执行计划，具体包括市场客户开发计划、内控计划、成本控制计划、人力资源开发计划、资源配置计划、精益管理行动计划等。最后，根据年度经营计划分解落实中化集团的战略目标并编制年度经营预算。通过这样一种从远期战略目标到年度预算计划的层层下降的预算编制安排，可以明确集团总公司和各经营单位的权利与责任，防止下级经营单位偏离主业盲目经营。

而从编制内容上看，中化集团的全面预算管理体系颠覆了传统上仅仅包含财务指标的预算，还涵盖了风险、战略、薪酬、资金等多个方面的指标。中化集团的全面预算指标体系可以划分为经营成果指标、经营过程指标和资源配置指标。

经营成果指标反映企业的经营业绩，包括销售收入预算、税前利润预算、三项费用预算、EVA（经济附加值）预算等。销售收入预算根据集团的年度经营计划编制落实，强调业务和收入结构的优化以及主营业务收入的增长；税前利润预算强调高业绩、高回报率的经营理念；三项费用预算以零基预算做管理，重点关注三项费用中可控制的部分；EVA预算则要求企业追求经济附加值的持续增长。

经营过程指标旨在反映企业经营效率和经营质量，包括营运周转率预算、授信预算、账龄预算、风险预算等预算指标。营运周转率预算指标可以帮助反映营运效率，帮助企业优化业务结构，提高经营质量和资产使用率；授信预算和账龄预算可以帮助企业评估客户的信用风险和坏账风险；风险预算是企业对主要风险点作出评估以后，按照风险敞口分配企业经营资源以优化企业经营质量的一种风险应对措施。

资源配置指标反映与经营成果预算相匹配的资源，包括资金预算、投资预算以及固定资产预算等预算指标。资金预算强调投入与产出比率，资源会向有利于优化经营模式的业务倾斜，对于附加值较低的业务，集团会严格控制分配向低附加值业务的资源；投资预算要根据集团战略发展的需要，实行专项审核；固定资产预算则要根据企业的实际需要、经营规模和盈利目标制定，对于那些利润率低下、成长能力较弱的子公司，集团则要严格控制其固定资产支出。

中化集团通过设计这样一套全方位的预算管理指标体系不仅关注到经营结果，还关注到经营过程和经营质量，强调价值的创造、风险的控制和资源配置的优化，并在全面预算编制的基础上评估集团的具体风险点。

5. 中化集团基于全面预算管理的风险管控体系的总结

中化集团基于全面预算管理的风险管理活动覆盖了集团几乎整个风险管理系统的管理活动。其中，中化集团因为其支付危机的经历以及外贸集团的特点，把客户信用风险和存货风险作为其主要风险点。而客户信用风险和存货风险的识别与评估则是在中化集团的全面预算的编制基础上进行的，在各自的风险识别和评估的基础上再制订风险的应对方案。此外，控制活动要素中的定期质询纠偏和信息与沟通要素中的信息管理系统的建立纠正了预算在试行过程中潜在的偏离，使得企业风险可以实时监控。而监控要素中的绩效考核机制则是基于预算指标建立的。

在中化集团风险管控体系中，尽管也存在着一些独立于全面预算管理的风险管理系统，但是它们的存在往往也是服务于其全面预算管理的风险管理体系。譬如，中化集团的资金集中管理体系需要其全面预算管理提供资金预算，从而保证集团的资金得以统一调配管理。前中后台人员分离制衡机制产生的初衷就是保证预算管理的有效执行。前中后台分离制衡机制保证了业务人员、风险管理人员与财务人员之间的独立性，强化了中化集团的预算制定的客观性以及基于预算管理的风险管控系统执行和监控的独立性，从而加强了整个集团的风险管控。而会计核算统一则是为集团内部提供了一套统一的会计预算，使得中化集团总公司为集团内部各子公司进行统一的预算编制以及相应的绩效考核成为可能。由此可见，全面预算管理在集团的风险管控系统中处于核心地位。

中化集团在1998年深受亚洲金融危机影响一度陷入泥潭，但是在2008年影响范围更为广泛的全球金融危机中一跃成为明星企业。10年间两次危机，公司表现截然不同，基于全面预算管理的风险管控体系所发挥的巨大作用不言而喻。

资料来源：本案例由中山大学管理学院刘运国、刘梦宁、邱家俊撰写，有删改。

思考题

1. 请结合案例分析预算管理对于公司内部控制的重要作用。
2. 试从控制类型的角度分析中化集团在风控系统升级中采取的控制活动。
3. 中化集团的风控体系建设中内部环境的改革是重要的一环，这是否体现了控制与其他管理职能之间的关系？

本章小结

控制是保证组织的计划与实际相适应的必不可少的职能。控制就是检查工作是否按既定的计划、标准和方法进行，发现偏差，分析原因，进行纠正，以确保企业目标的实现。对企业进行计划控制的基本原因三个：适应环境的需要；企业规模扩大导致的管理权力分散；完善的计划要求每个部门的工作严格按计划的要求来协调地进行。

美国管理学家斯蒂芬·罗宾斯将控制的内容归纳为：人员控制、财务控制、作业控制、信息控制和企业绩效控制。控制可分为多种类型：按控制信息的性质分为反馈控制、现场控制和前馈控制；按控制力量的来源分为外在控制与内在控制；按所采用的手段分为间接控制和直接控制。

控制的程序包括确定标准、衡量绩效和采取管理行动。要使控制工作发挥应有的作用，在建立控制系统或进行控制活动时应遵循六个原理：未来导向的原理；反映计划的原理；适宜性原理；关键点控制的原理；例外原理；采取措施原理。企业中的控制活动是通过企业的控制系统来完成的，有效的控制系统需满足八个基本要求：客观性、灵活性、经济性、可操作性、及时性、全局性、突出重点及具有纠正措施。控制的方法主要包括三类，预算控制、非预算控制和作业控制。常用的预算控制方法有：收支预算；时间、空间、原材料和产品产量预算；资本支出预算；现金预算；资产负债表预算；总预算。非预算控制方法有审计法、财务报表分析法、网络分析法、统计分析法、专题分析法和现场观察法。作业控制方法包括设备布局、库存控制、维护控制、质量控制和时间控制。

教师服务

感谢您选用清华大学出版社的教材！为了更好地服务教学，我们为授课教师提供本书的教学辅助资源，以及本学科重点教材信息。请您扫码获取。

▶ 教辅获取

本书教辅资源，授课教师扫码获取

▶ 样书赠送

企业管理类重点教材，教师扫码获取样书

 清华大学出版社

E-mail: tupfuwu@163.com
电话：010-83470332 / 83470142
地址：北京市海淀区双清路学研大厦 B 座 509

网址：http://www.tup.com.cn/
传真：8610-83470107
邮编：100084